Le Complot des franciscains

John SACK

Le Complot des franciscains

Traduit de l'américain par Guy Riveste

Michel LAFON

Titre original :
The Franciscan Conspiracy.

7-13, boulevard Paul-Émile-Victor – Îles de la Jatte
92521 Neuilly-sur-Seine Cedex

La bénédiction de saint François au frère Léon.

« Si Satan existait, l'histoire de l'Ordre qu'a fondé saint François lui apporterait la plus exquise satisfaction... La vie de ce saint a eu pour conséquence de créer un ordre opulent et corrompu, de renforcer la hiérarchie et de faciliter la persécution de ceux qui font preuve de caractère ou de liberté de pensée. Compte tenu de ses objectifs et de sa nature, il est impossible d'imaginer un résultat plus amèrement ironique. »

BERTRAND RUSSELL

« Ne me dites pas que François a échoué. L'esprit de compromis imprégnait son rêve ; il a gagné ses frères à sa cause... et les a changés – comme il a essayé de se changer dès le départ – en des moines bons mais ordinaires. L'esprit de compromis s'est emparé de son corps et l'a enterré dans l'une des plus importantes églises d'Italie. Il s'est aussi emparé de l'histoire dangereuse de sa vie et l'a transformée en des biographies censurées et adaptées. Mais rien de tout cela n'a atteint saint François... François a réussi, et ce sont les autres qui ont échoué... »

ERNEST RAYMOND

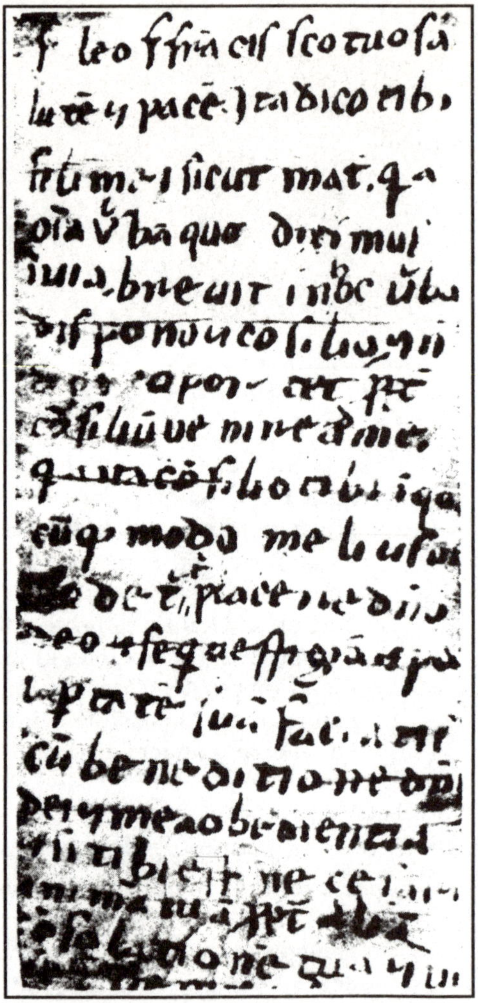

PROLOGUE

ASSISE
25 mars 1230

Simon della Rocca Paida guettait la ruelle par laquelle les moines allaient arriver. *Venez à moi, vermine, que l'on règle une fois pour toutes cette malheureuse affaire!* Le chevalier se redressa sur sa selle et agrippa son épée. Il avait la bouche sèche.

La présence de la foule ajoutait à sa nervosité. Les curieux s'étaient massés sur la grand-place, en dépit de l'averse matinale et de la boue qui leur montait jusqu'à la cheville.

Giancarlo, le maire, avait proclamé ce jour férié, et rien ne pouvait altérer l'humeur festive des habitants d'Assise, ni la pluie printanière ni la barrière érigée pendant la nuit.

Ses gardes civils avaient traîné quelques poutres et plusieurs blocs de marbre depuis la nouvelle basilique encore inachevée, pour édifier un muret. Ils poussaient à présent les gens derrière le mur, comme des poissons dans un étang, et les citoyens se bousculaient là pour occuper le meilleur poste d'observation. Le vacarme s'amplifia. Ceux qui guettaient le chant des frères perdaient leur temps, et leurs perpectives se limitaient à la direction que fixait Simon.

Enfin, le chevalier aperçut des volutes d'encens montant de la ruelle. Un grand crucifix se balançait au-dessus des calottes des enfants de chœur qui agitaient les encensoirs. La procession s'engagea sur la place. Trop tard pour douter.

Simon avait placé ses cavaliers devant le porche de l'église supérieure. Il leur fit un signe, mit son casque puis en effleura l'aigrette pour conjurer le sort. Sa main s'agitait sur la poignée de son épée, tandis qu'il serrait les genoux contre les flancs de son cheval. Il avala sa salive et, à la tête de sa troupe, s'avança à la rencontre de la procession. Les sabots faisaient un bruit de succion dans la boue et le cliquetis sourd des armures recouvrait à peine les chants. Une double file de cardinaux revêtus de soutanes et de chapes rouges s'avançait à petits pas, comme un mille-pattes brillant. Ni les cardinaux ni les évêques vêtus d'hermine qui les suivaient ne manifestèrent d'inquiétude à l'approche des chevaux, pas plus que les paroissiens qui faisaient le signe de la croix et la génuflexion devant la barricade.

Pourquoi se seraient-ils alarmés ? Les guerriers venaient de la Rocca Paida, cette forteresse qui protégeait la ville contre les dangers extérieurs. Et nul n'ignorait que les Pérugins désiraient s'emparer de la dépouille du saint. C'est en tout cas ce que Simon espérait. L'effet de surprise serait son meilleur allié.

Derrière les évêques, venaient les frères et les porteurs du cercueil. Tous traversèrent la grand-place, le long du remblai. Le crucifix, les cardinaux et les évêques avaient déjà disparu sur le sentier poussiéreux, vers l'église inférieure, et attendaient sur le parvis. Le moment était venu. Simon cria :

– *Adesso* ! Maintenant !

Il enfonça ses éperons dans les flancs de sa monture. Le cheval se cabra comme pendant les batailles. On entendit le bruit d'un os qui se brise, et un frère disparut sous l'animal avec un cri de douleur, tandis qu'un autre s'élançait pardessus le remblai pour éviter la charge de la bête. Simon sourit sous son casque et brandit sa lame. Alors qu'il faisait tourner sa monture, il vit les gardes civils repousser un groupe d'hommes tentant d'escalader la barricade.

– Bloquez le haut du sentier, ordonna-t-il au soldat qui chevauchait près de lui.

Deux de ses hommes se dirigeaient déjà vers le cercueil. Les moines coopérèrent d'abord et se précipitèrent vers l'église, où se trouvait le maire avec les autres gardes civils. Mais dans un ballet de mitres, de capes et de soutanes, les soldats chassèrent les prélats du parvis afin de s'approprier la bière. Les frères comprirent alors que c'était un piège.

Simon engagea son cheval sur le sentier. Près de lui, un moine retint un garde par le bras, criant d'une voix aiguë. D'un coup de son gantelet métallique, le cavalier l'envoya à terre et le cheval de Simon contourna le corps qui dévalait la pente. Le capuchon du moine avait glissé de sa tête, libérant une longue tresse noire. *La veuve romaine ! Qu'elle soit maudite !* pensa Simon. Du sang coulait sur sa joue au moment où elle réussit à se remettre sur pied, mais elle ne semblait nullement s'en préoccuper. Elle brandit le poing ; ses yeux verts lançaient des éclairs.

– Comment osez-vous, Simon ? hurla-t-elle. Comment osez-vous voler notre saint ?

Le chevalier prit une profonde inspiration en s'entendant interpeller par son nom. Il regretta que le maire eût engagé des soldats d'une autre ville pour ce sale travail. Il galopa vers le portail de l'église. Les gardes s'étaient emparés du cercueil. Ils avaient repoussé un dernier moine, à peine plus grand qu'un enfant, qui se cramponnait de toutes ses forces au couvercle. *Ce doit être Léon le Nain*, se dit Simon. Les hommes de Giancarlo se massèrent derrière le chevalier, sous les imprécations des ecclésiastiques. Celui-ci sauta de son cheval et tendit les rênes à un des gardes.

– Vous brûlerez en enfer pour cette infamie, Simon ! cria quelqu'un près de son oreille.

Il se retourna en brandissant son épée, mais l'évêque d'Assise brandit la croix qu'il avait au cou pour parer l'attaque. Simon se mordit la lèvre et s'engouffra dans l'église. Le maire le rejoignit aussitôt. À l'intérieur, le marchand de laine attendait au côté du châtelain de Todi.

– Rentrez le cercueil ! cria Giancarlo à ses hommes.

Puis il posa une lourde poutre en travers de la porte. Haletant, il s'adossa contre le panneau sculpté pendant que Simon relevait la visière de son casque et s'épongeait le front avec la manche de son gambeson matelassé. Alors que le chevalier remettait son épée au fourreau, il remarqua les coulées sanglantes sur la lame.

La pénombre et le silence de l'église l'apaisèrent. Il remarqua le visage livide du châtelain, la moue de dédain du marchand et la mâchoire crispée du maire, puis se demanda pourquoi chacun d'eux avait décidé de ce sacrilège. Il songea que le marchand n'hésiterait sans doute pas à vendre les reliques de son seul frère.

À l'autre bout de la nef, une voix tonna :

– Dépêchez-vous d'apporter le cercueil.

Le maître d'œuvre, le frère Élie et son laquais attendaient de chaque côté de l'autel. Un cercle de torches brûlait sur les étais derrière eux, rappelant à Simon la menace proférée par l'évêque au sujet de l'enfer. La lumière des torches projetait sur le sol de l'église l'ombre agrandie de la frêle silhouette d'Élie, celui qui avait organisé le vol. Simon se demanda si Élie allait pouvoir entendre sa confession et l'absoudre, alors qu'ils avaient tous deux perpétré ce péché. Il redoutait d'affronter la populace à l'extérieur avec l'âme en état de péché mortel.

Quand les quatre hommes atteignirent la nef, ils remarquèrent que l'autel avait été déplacé : le roc était creusé par en dessous d'une profonde excavation. Avec des cordes, aidés par les moines, les hommes descendirent le cercueil. Ils lâchèrent les cordes, puis Élie fit basculer l'un des piliers derrière l'autel jusqu'à entendre un déclic. Enfin, un moine éparpilla de sa sandale la poussière qui avait recouvert le marbre.

– Les travailleurs ont commencé à poser les dalles dans l'abside hier, dit-il. Ils recouvriront cet espace demain. Il ne demeurera aucune trace. Personne ne saura où il repose.

Il fit une génuflexion et s'inclina devant le sarcophage.

– Aucune trace, père François, murmura-t-il avec satisfaction. Ce secret demeure vôtre.

Simon se remémora la rencontre au palais de Giancarlo, alors qu'Élie démontrait qu'il fallait cacher le corps, même aux yeux des fidèles, pour le protéger des chasseurs de reliques. Dès le début, il avait mis en doute les motivations de cette décision. Car il savait Élie en colère depuis l'élection qui avait suivi la mort du saint. Pour le remplacer au poste de ministre général de l'Ordre, la confrérie avait nommé un moine âgé, certes pieux, mais dont les compétences administratives n'étaient rien en comparaison des siennes. Élie avait toutefois pris sa revanche : le pape en personne lui avait demandé de construire cette basilique. Et voilà qu'il avait caché la plus précieuse relique de l'ordre, à cet endroit où nul ne la trouverait jamais. La prochaine fois, les frères y songeraient à deux fois avant de voter contre lui.

Élie fit signe à son serviteur d'approcher.

– Frère Illuminato, le coffret.

Le jeune homme disparut dans la pénombre du transept. Quand il revint un peu plus tard, il tenait entre les mains un reliquaire doré. Élie en souleva le couvercle et en tira un anneau serti d'une pierre d'un bleu profond. Il le glissa à son doigt, tandis que son serviteur remettait un anneau semblable à chacun des trois autres hommes.

– À partir de ce jour, nous serons les *Compari della Tomba*, la Confrérie de la tombe, annonça Élie. Jurons, sous peine de mort, de ne jamais révéler où reposent ces ossements.

– Que la mort frappe quiconque découvre cet endroit, ajouta Giancarlo d'un air sombre. Que Dieu en soit témoin !

– Que Dieu en soit témoin ! répétèrent les autres.

Ils tendirent dans la lumière le poing qui portait l'anneau et unirent leurs mains.

– Amen ! Qu'il en soit ainsi ! clamèrent-ils à l'unisson.

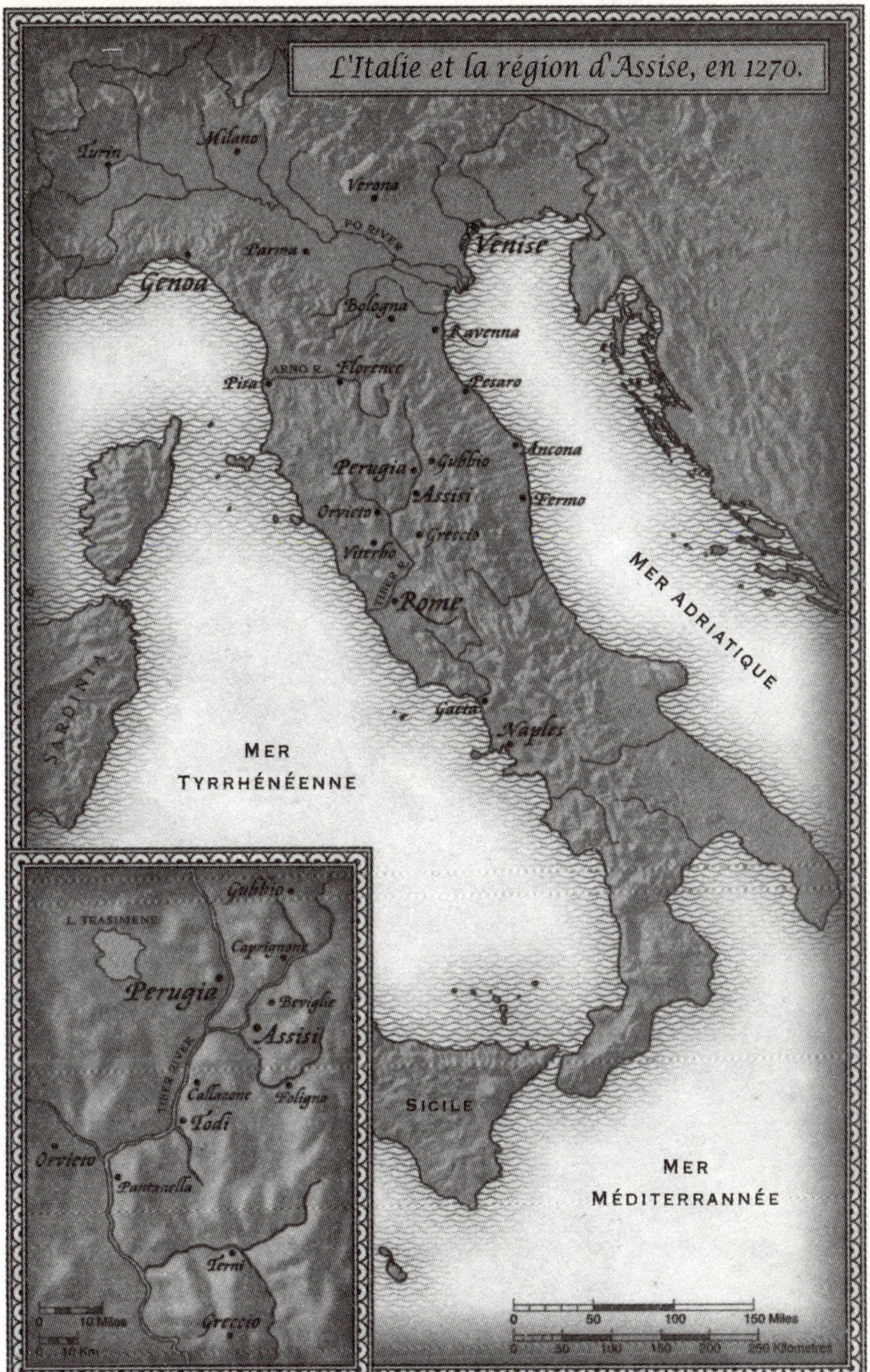

L'Italie et la région d'Assise, en 1270.

PREMIÈRE PARTIE

Le griffon

1

Fête de saint Rémi
1er octobre 1271

Le frère Conrad fronça les sourcils en atteignant la fin du sentier en lacets qui menait à sa cabane. L'écureuil qui agitait sa queue sur le rebord de la fenêtre l'avertissait qu'un visiteur attendait à l'intérieur, quelqu'un d'autre que l'envoyé de Rosanna.

– Chut, frère Legris ! dit-il d'un ton de reproche en laissant tomber le paquet de branches qu'il portait sur son épaule. Accueille l'étranger comme tu le ferais pour moi. Il pourrait être un ange de Dieu.

L'ermite prit l'écureuil dans le creux de ses mains et le posa délicatement sur le tronc d'un pin. L'animal grimpa sur une branche alors que Conrad passait le seuil de la cahute.

Indifférent à ce qui se passait autour de lui, le visiteur dormait la tête sur la table, le visage caché sous son capuchon. Conrad émit un grognement d'approbation en constatant qu'il s'agissait d'un moine. S'il devait se montrer sociable et faire la conversation, au moins le sujet serait-il d'ordre spirituel. Toutefois, les sandales de cuir et la bure grise neuve de son hôte lui plaisaient moins. Il s'agissait sans doute d'un conventuel, l'un de ces moines gâtés qui vivaient comme des moines noirs cloîtrés, plutôt que comme les fils déracinés de saint François. Il se prit à espérer que la conversation ne dévierait pas vers la vieille querelle au sujet de la nature de la vraie pauvreté. Il était à la fois agacé et prudent sur ce problème, qui ne lui avait causé jusque-là que des ennuis. Il partit chercher le bois mort qu'il avait ramassé plus tôt. En cet après-midi d'automne, le soleil se couchait tôt sur les Apennins et l'air de la montagne se refroidissait déjà. Il apporta plusieurs poignées de feuilles mortes, de cônes de pin et d'aiguilles sèches et dressa un petit tas dans le cercle de pierres plates au centre de la pièce. Pendant qu'il allumait le feu, un murmure ensommeillé lui parvint :

– Frère Conrad d'Offida ?

La voix étonnamment aiguë ressemblait à celle d'un choriste prépubère. Il devina que son visiteur était un novice, et encore, probablement trop jeune. En théorie, l'Ordre n'acceptait aucun candidat de moins de quatorze ans, mais les autorités ignoraient souvent cette interdiction.

– Oui, je suis le frère Conrad. Que la paix soit avec toi, jeune frère.

– Et avec vous. Je m'appelle Fabiano.

L'adolescent se frotta le nez du revers de la main.

– Fabiano. Bon ! Bienvenue. Quand le feu aura pris, je vais faire cuire de la soupe. J'ai des fèves qui trempent dans la bouilloire.

– Nous avons apporté de la nourriture, répondit le jeune garçon. Du fromage, du pain et des raisins.

– Nous ?

– Le serviteur de Monna Rosanna m'a mené jusqu'ici. Sa maîtresse vous envoie de la nourriture supplémentaire au cas où vous n'en auriez pas assez pour vous-même et un hôte.

– Je reconnais là la manière courtoise de la dame.

Les flammes brûlaient maintenant avec force, remplissant la pièce d'une odeur de pin d'Alep. La fumée s'échappait vers l'extérieur par un petit trou dans le toit noir de suie. La lueur de l'âtre se reflétait dans les yeux sombres du visiteur, à l'ombre de son capuchon. Conrad installa la bouilloire sur le feu et prit le sac de nourriture. Rosanna, que Dieu bénisse son cœur généreux, avait aussi prévu un oignon. Il en coupa deux tranches pour les manger crues avec le fromage, et versa le reste dans la soupe.

– Qui t'a envoyé à Monna Rosanna ? demanda Conrad.

– Mes supérieurs d'Assise. Ils m'ont dit d'aller à Ancône, et près de cette ville, j'ai rencontré deux moines qui m'ont indiqué sa maison. Elle semblait curieuse quand je lui ai dit que je devais vous retrouver...

Il s'interrompit et regarda Conrad d'un air interrogateur.

– Nous avons grandi ensemble, expliqua l'ermite, presque comme frère et sœur. Elle et son mari prennent soin de moi quand ils le peuvent.

Un flot de souvenirs envahit son esprit : deux enfants partageant des gâteaux secs sur un quai pendant que le soleil se réfléchissait dans l'eau à leurs pieds. Comme leurs reflets s'étaient éparpillés dans les vaguelettes en ce lointain après-midi, l'image se fragmenta aussitôt, car Fabiano avait repris son bavardage :

– Êtes-vous orphelin, frère Conrad ? Est-ce pour cela que vous avez vécu dans cette famille ?

– Le passé de cette créature n'a pas d'importance.

Ce n'était pas là le type de conversation qu'il avait espéré. Il aurait volontiers abandonné le sujet, mais Fabiano semblait si déçu qu'il ajouta :

– Mon père était pêcheur à Ancône. Dieu l'a rappelé à Lui lors d'une tempête alors que je n'étais encore qu'un petit garçon. Les parents de Monna Rosanna m'ont recueilli. Ils m'ont envoyé chez les frères quand j'ai eu quinze ans, pour recevoir une bonne éducation. Maintenant, quatorze ans plus tard, je suis ici, et voilà toute mon histoire.

– Et votre mère ? insista la jeune homme.

– Au paradis, sûrement. Mon père m'a dit qu'elle était morte en invoquant la Vierge Marie pendant qu'elle me donnait la vie.

L'arôme des fèves cuites remplit la hutte. Fabiano prit une profonde inspiration et se gratta la tête.

– J'aime entendre les gens parler de leur vie. Je voudrais tant voyager dans le monde et recueillir des histoires, comme le frère Salimbene. Connaissez-vous le frère Salimbene ?

– Ce n'est pas un moine sur qui tu devrais prendre exemple. Dis-moi plutôt pourquoi tu es ici.

Les yeux sombres de l'adolescent exprimèrent tout à coup une intense compassion. Et il comprit.

– Le frère Léon ?

– Oui.

– Est-il mort en paix ?

– Oui, dans la même cabane que saint François.

– Il doit en avoir été heureux.

L'ermite vacilla sur ses talons. Il s'attendait certes à la mort de son ami et mentor. Après tout, Léon avait plus de quatre-vingts ans. Mais la nouvelle l'ébranlait quand même.

Les voies du Seigneur étaient impénétrables. Léon avait imploré le ciel pour qu'il l'appelle à Lui avec son maître saint François, mais Dieu l'avait alors enchaîné à la vie, durant un demi-siècle de travail et d'écriture. Le petit prêtre avait été l'infirmier personnel du fondateur de l'ordre. Il avait changé ses pansements et frotté de baumes les lésions qui apparaissaient sur ses mains, ses pieds et son côté après la terrible vision sur le mont La Verna. Léon avait également été le confesseur et le secrétaire du saint. Fonction la plus puissante de l'Ordre si le pouvoir l'avait intéressé. Mais François avait précisément choisi son compagnon pour sa merveilleuse simplicité. En amoureux des surnoms, il l'avait rebaptisé Léon, le lion, *Fra Pecorello di Dio*, frère Petit Agneau de Dieu.

Même les moines plus jeunes, comme Conrad, avaient entendu le célèbre récit de sa querelle avec Élie après la mort de François, lorsqu'il avait réduit en miettes le grand vase dans lequel le ministre général recueillait les dons pour la nouvelle basilique. Élie l'avait fait battre, puis l'avait banni d'Assise pour ce geste. Léon avait alors écrit des pamphlets dénonçant le laxisme et les abus au sein de l'Ordre. Se disant inspiré par l'esprit du saint, il devint la conscience des frères, et la faction conventuelle le détestait pour cela.

Conrad se demanda si le frère Bonaventure, dernier de la lignée des successeurs d'Élie, s'était élevé au-dessus de cette vieille rivalité.

– Le ministre général a-t-il inhumé le frère Léon avec dignité ? demanda-t-il.

– Oh oui ! Dans la basilique, aux côtés de ses compagnons. Ils disent que c'est le plus grand des honneurs.

– C'est ce qu'il méritait, approuva Conrad.

Le jeune garçon retira son capuchon pendant que Conrad remuait la soupe. Ses cheveux noirs, épais, pendaient jusqu'à la pointe de ses oreilles. Ses yeux en forme d'amande dégageaient une impression de naïveté que rehaussaient ses longs cils. La peau laiteuse des joues et des tempes était si translucide, même dans la lumière diffuse, que Conrad pouvait en voir les veines. Son sourire était large, son nez, long et droit, avec des narines dilatées. *Un nez noble*, pensa Conrad. *Cet enfant est trop beau pour vivre avec de vieux moines, en particulier des frères qui souhaitent égaler les moines noirs.*

L'adolescent tira de son sac, qu'il avait laissé sous la table, un parchemin roulé.

– Mon maître de noviciat m'a demandé de vous donner cette lettre. Le frère Léon a dit qu'il était urgent qu'on vous la remette après sa mort.

L'ermite déroula le vélin près du feu et le parcourut plusieurs fois.

– Que dit-il ? interrogea Fabiano.

– Elle n'est pas scellée. Je suis étonné que tu ne l'aies pas lue. Ton maître de noviciat ne t'a-t-il pas encore appris à lire ?

– Un peu. Je peux déchiffrer quelques mots. J'ai demandé aux moines que j'ai rencontrés sur la route de me la lire, mais ils m'ont répondu que c'était... sans intérêt.

Conrad leva les yeux au ciel. Ce garçon n'avait aucune pudeur, et sa naïveté était peut-être dangereuse.

– Ces moines t'ont-ils précisé leur nom ? s'enquit-il.

– Non. Mais l'un d'eux était très âgé, et l'autre avait les cheveux blonds, si cela peut vous aider.

– Non, ça ne m'aide pas.

Ces moines pouvaient se révéler des fauteurs de troubles. Conrad espérait que le manque de jugement de Fabiano ne porterait pas à conséquence.

À nouveau, il parcourut le manuscrit.

– La lettre me conseille d'être bon, comme Léon l'aurait sûrement fait, mais le style ne ressemble pas au prêtre que j'ai connu.

En tenant le parchemin plus près des flammes, il lut à voix haute :

– *À Conrad, mon frère dans le Christ, le frère Léon, son indigne compagnon, offre sa loyale vénération envers Notre-Seigneur.* Jusqu'ici, ça ressemble à Léon. Mais écoute ceci : *Rappelle-toi comment nous t'avons conseillé d'étudier et d'apprendre. Lis avec tes yeux, discerne avec ton esprit, éprouve en ton cœur la vérité des légendes.* Servite pauperes Christi.

Conrad brandit le parchemin devant Fabiano.

– Servir les pauvres du Christ ?

Il s'arrêta un moment pour laisser au jeune garçon le temps de comprendre les mots, comme si celui-ci pouvait en saisir la signification.

– *Rédigé à Assise durant la quatorzième année de l'administration de Bonaventure di Bagnoregio, ministre général de l'Ordre des frères mineurs...* Léon ne me demanderait jamais d'étudier, pas même les récits de la vie de saint François, si ce sont vraiment les « légendes » dont il parle. François estimait que les érudits perdaient un temps précieux qu'ils auraient dû consacrer à la prière. Pour ce qui est de servir les pauvres, c'est Léon qui m'a envoyé dans ces montagnes. Maintenant, il veut que je me consacre au service des pauvres ? Voilà qui me paraît étrange.

Il frappa de l'ongle le parchemin.

– Ce n'est même pas l'écriture de Léon, ajouta-t-il. Elle est trop ample et trop maladroite. Léon était un habile calligraphe.

L'ermite approcha encore la lettre de la lumière. Elle était encadrée d'une bordure ovale mais, dans la semi-obscurité, il n'y pouvait déceler aucun tracé. Il laissa tomber le parchemin sur la table, où il s'enroula pour former un cylindre. Ce message évoquait le babillage d'un vieillard gâteux, mais l'esprit de Léon renfermait tant de secrets... Compte tenu de l'écriture différente, le message pouvait même être une ruse de Bonaventure. Le jeune garçon venait du Sacré-Couvent, la maison mère de l'Ordre.

– Tu vas manger et retourner dormir, résolut-il. Tu as eu une rude journée.

Il réfléchirait au message pendant la nuit, en espérant trouver l'inspiration avant l'aube.

Il remplit deux bols de bois avec le contenu de la bouilloire. Pendant ce temps, Fabiano passait ses doigts dans sa chevelure d'un air pensif.

– Étiez-vous triste de la quitter? questionna-t-il enfin.

Conrad n'allait pas rouvrir cette blessure d'enfance. Il toucha ses lèvres du bout de l'index.

– Nous devrions observer le silence pendant que nous mangeons, petit frère. Notre fondateur souhaitait que ses frères recherchent le silence du soir jusqu'au matin. Nous avons assez parlé pour aujourd'hui.

Léon, ce fin renard, savait depuis longtemps. Pendant les quarante-cinq dernières années, il avait gardé ses secrets comme une louve protectrice, trop entêté, même maintenant, pour les emporter dans la tombe. Il avait plutôt choisi de confier ses louveteaux mort-nés à l'un des ermites rebelles.

Le frère Illuminato écrasa un moustique sur son poignet en souhaitant pouvoir écraser Conrad aussi facilement. Il tira sur les rênes de son âne et épongea de sa manche la sueur qui inondait son front. Même en octobre, une journée au soleil pouvait affaiblir un voyageur, en particulier un voyageur aussi âgé que lui. Avec la mort de Léon, il devenait le seul survivant des frères qui avaient partagé la vie de saint François.

– Je dois me reposer, frère Zefferino, dit-il à son compagnon. Mes vieux os fragiles ne peuvent plus chevaucher aujourd'hui.

– Comme vous voudrez, mon père.

Le jeune moine passa la jambe par-dessus le cou de son âne et glissa jusqu'au sol, puis il aida le prêtre à descendre.

Illuminato, les mains sur les hanches, arqua son dos en s'étirant comme un vieux matou. Il boitilla jusqu'au sommet de la colline.

– C'est magnifique, commenta-t-il avec un geste englobant la vallée sculptée par la rivière Tescio.

Des rangées de peupliers de Lombardie, brillants dans leurs couleurs automnales, bordaient la route en contrebas. D'autres taches jaunes marquaient l'emplacement de chênes verts dispersés parmi les conifères des forêts environnantes. Au bas de la colline, quelques cabanes en bois étaient rassemblées autour du campanile de brique d'une église, et la route se divisait en deux : au nord-ouest vers Gubbio, au sud-ouest vers Assise.

Le compagnon d'Illuminato tenait d'une main les rênes des deux ânes, pendant que, de l'autre, il chassait une mouche qui tournait autour de sa tonsure blonde.

– Allons-nous dormir à Fossato di Vico ce soir ? s'enquit-il. J'y ai un ami parmi les chanoines de la cathédrale.

– Dormir ? Non, Zefferino, répliqua le prêtre. Tu ne dormiras pas avant demain. Nous ne pouvons pas perdre de temps. Rends-toi immédiatement au village. Sur la colline en face de la cathédrale, tu verras un *palazzo*. Demande le seigneur Giancarlo et dis-lui que « Amanuensis » aimerait demeurer chez lui ce soir.

– Amanuensis ?

– Il saura ce que cela signifie. Implore-le aussi, pour l'amour de ce même nom, d'échanger ton âne contre une monture fraîche, un cheval rapide si possible.

Le vieux prêtre pointa du doigt l'embranchement en contrebas.

– Suis la route du nord jusqu'à la maison des frères de Gubbio. Dis au frère prieur que si l'ermite Conrad quitte les montagnes et s'arrête chez lui pour se reposer, il doit le retenir, par la force si nécessaire. Je vais continuer jusqu'à Assise et avertir le ministre général.

– Comment le prieur reconnaîtra-t-il l'ermite ?

Illuminato fronça son nez velu et ses yeux brillèrent.

– Bah ! C'est un zélote, un de ces *zelanti* puants, fiers comme Satan de ne jamais prendre de bain. Ils sentiront son odeur bien avant de le voir. Il porte une barbe noire, tout comme ces païens de Sarrasins, et une crinière hirsute où il y avait auparavant une tonsure de prêtre.

Il cracha sur la route poussiéreuse pour marquer son dégoût et ajouta :

– Le jeune garçon pourrait être avec lui aussi, mais il ne devrait pas causer de difficulté. Demande au prieur de le retenir aussi.

Illuminato reprit ses rênes.

– Va maintenant, mon frère, et que Dieu t'accompagne. Chacun d'entre nous recevra une récompense pour ce travail.

Il regarda Zefferino s'éloigner en fouettant son âne le long de la colline jusqu'à ce qu'homme et bête disparaissent à un tournant de la route. Puis il partit dans la même direction à une allure plus tranquille. Ses tendons flasques et ses hanches maigres avaient suffisamment souffert en une journée.

N'avait-il pas prévenu Élie, des années auparavant, de ne pas fustiger cet affreux Léon ? *Laisse-le tempêter !* lui avait-il conseillé. Mais cela se passait en 1232, et Élie, imbu de son nouveau pouvoir – ministre général de l'Ordre, enfin –, avait harcelé Léon depuis Assise. C'est ainsi qu'il avait ouvert la fissure béante comme la bouche de l'enfer qui s'apprêtait à engloutir les deux mouvances de l'Ordre.

Le prêtre serra les dents, furieux contre Élie, et contre lui-même aussi. Il aurait dû confisquer la lettre au jeune garçon. Son intelligence n'était plus aussi vive qu'auparavant. Lorsqu'il arriverait au *palazzo*, il demanderait du parchemin au vieux *signore*. Il devait à tout prix coucher sur le papier tout ce dont il pourrait se souvenir. Le vieux Giancarlo portait l'anneau de la confrérie ; il n'épargnerait aucun effort pour éliminer ce dernier obstacle à leur serment.

2

Conrad et Fabiano étaient couchés, recroquevillés dans leur manteau, de chaque côté du feu. La respiration de l'adolescent se fit régulière pendant que l'ermite regardait la couleur du plafond passer du rouge vif au gris. Des souris parcouraient la hutte, à la recherche de miettes de pain et de restes de nourriture. Une brise fraîche traversant la fenêtre le fit frissonner. La plupart du temps, plongé dans un sommeil serein, il n'aurait remarqué ni la brise ni les créatures de la nuit.

Dans son esprit, il relisait sans cesse la lettre de Léon. Tout le message semblait faux : l'écriture, les mots, et même le vélin. Léon vénérait la madone Pauvreté avec autant de passion que saint François lui-même. S'il avait eu quelque argent, il ne l'aurait pas gaspillé pour une dispendieuse peau d'agneau. Non, il l'aurait donné à des pauvres.

Conrad, en plus, ne savait que penser du messager. Il ne pouvait croire que Léon ait pu transmettre un écrit par l'intermédiaire de ce diablotin du Sacré-Couvent. Son mentor n'accordait sa confiance à personne au sein de la maison mère. Ces dernières années, il avait caché l'existence de ses pamphlets aux autres frères, par crainte de se les voir confisquer. Il n'avait montré qu'un seul de ses parchemins à Conrad, qu'il considérait comme son fils spirituel. Quant au reste, il le laissait aux Dames pauvres de Saint-Damien.

Dans ce couvent où aucun homme ne pouvait pénétrer, à l'exception du père confesseur, ses manuscrits étaient en sécurité, hors d'atteinte des sbires de Bonaventure.

Certes, ce Fabiano avait survécu à une dangereuse randonnée à travers les Apennins, et réussi à débusquer Conrad jusque dans son ermitage. Ce garçon était sûrement plein de ressources. Il avait même parlé avec familiarité du frère Salimbene, bien que Conrad ne pût imaginer ce que ce jeunot pouvait avoir en commun avec ce vieux crapaud. Il lui revint en mémoire la visite du chroniqueur obèse au Sacré-Couvent. Salimbene gardait toujours autour de lui un groupe de frères qui riaient à ses histoires paillardes pendant la majeure partie de l'après-midi. L'image des traits enflés et des joues flasques du frère – témoignant d'une vie de festins parmi la noblesse –, avec sa tête chauve dégoulinant de sueur sous les rayons du soleil, le faisait encore grincer des dents.

Jetant un regard de l'autre côté du feu, l'ermite constata que Fabiano frissonnait. L'adolescent devait être peu habitué au froid des montagnes. Conrad souffla sur les tisons jusqu'à ce qu'ils émettent une pluie d'étincelles orange. Puis il ajouta du bois et remua les braises.

– Arrêtez ! hurla soudain Fabiano.

Conrad s'immobilisa. Qu'avait-il fait pour l'alarmer ?

– Arrêter quoi ? demanda-t-il doucement.

Fabiano ne répondit pas et Conrad s'aperçut que le novice était toujours endormi. Son cri avait été provoqué par quelque cauchemar. Les pieds du jeune garçon s'agitaient sous son manteau, tentant de s'éloigner de quelque chose ou quelqu'un. L'ermite le regarda jusqu'à ce que Fabiano se calme, puis il ferma les yeux.

Il n'avait aucune conscience du temps qui s'était écoulé et ne savait pas s'il était endormi ou éveillé lorsqu'une lueur pâle, bleuâtre, se profila derrière ses paupières closes. Deux frères pauvrement vêtus, leurs silhouettes indistinctes, se penchaient au-dessus de lui. Le plus jeune des deux posa une main lacérée sur l'épaule de l'autre.

– Conrad, appela le plus âgé en remuant à peine les lèvres.

La douceur et l'affection qui transparaissaient dans sa voix parvinrent à réveiller l'ermite. Il reconnut son mentor et, en constatant les blessures sur la main du jeune frère, il sut qui était le compagnon de Léon. *Frère Léon ! Père François !* Il voulait parler, mais aucun son ne s'échappait de sa gorge.

– Découvre la vérité des légendes, ordonna Léon.

– Alors le message est vraiment de vous ? Il semblait si peu vraisemblable...

– Traite la messagère avec courtoisie. Ne te préoccupe pas de sa jeunesse, ni de son inexpérience. Tu auras besoin de son aide pour ce que tu dois accomplir.

Conrad ouvrit brusquement les yeux.

Elle ?

Il se redressa et observa Fabiano à travers les flammes. Son dos étroit était orienté vers le feu. Y avait-il, vers la ligne des hanches, une courbe qu'il n'avait pas remarquée auparavant ?

Il faut prendre au sérieux les visions de saints. Leurs voix entendues en prière ou dans un sommeil profond révèlent toujours la vérité. Pour l'instant, il ne pouvait demeurer dans la cabane avec « Fabiano ». Saint Chrysostome n'avait-il pas prononcé cette mise en garde : « C'est par les femmes que le démon pénètre dans le cœur des hommes » ?

Conrad déposa la dernière branche morte sur le feu, enleva son manteau et l'étendit sur la silhouette endormie puis, sur la pointe des pieds, il marcha sur la paille jusqu'à la porte. L'ermite sentit aussitôt l'air froid sur ses oreilles et ses joues. Il se recroquevilla contre le mur près de la porte, ses bras entourant ses genoux, et il leva les yeux vers le ciel.

Léon, que m'as-tu fait ? Tu sais que je n'ai aucune expérience des femelles. Il n'était qu'un adolescent lorsqu'il avait quitté la famille de Rosanna et n'avait eu depuis lors pratiquement aucun contact avec ces créatures. Pendant le dernier été qu'ils avaient passé ensemble, même elle, d'un simple sourire suggestif ou d'un clignement délibéré de ses yeux sombres, pouvait accélérer son pouls et déclencher une tempête dans son cœur. Au fil des années, il en était venu à accepter l'exquise douleur qu'il avait ressentie lors de leur séparation comme une bénédiction salvatrice. Il n'avait même pas eu la possibilité de lui faire ses adieux. La mère de Rosanna lui avait assuré que la jeune fille était trop malade pour assister au déjeuner familial le jour où son père l'avait brusquement envoyé à la maison des frères à Offida.

La lueur dans les yeux d'une biche qui paissait à quelques pas de la cabane attira son attention. Il l'avait prénommée « Chiara » alors qu'elle n'était encore qu'un faon. Il tendit la main et elle vint à lui. L'ermite gratta les poils raides de son encolure, qu'il examinait chaque semaine pour voir si l'animal avait des tiques, puis la repoussa doucement. C'était là une compagne qui convenait parfaitement à un solitaire. *Que Dieu m'épargne de devoir subir les femmes*, supplia-t-il en tentant de retrouver le sommeil.

En temps normal, Conrad se réjouissait du lever du jour, lorsqu'il respirait à pleins poumons l'air pur et froid, et ajoutait sa prière du matin aux chants des moineaux et des tourterelles. Mais aujourd'hui, dehors, alors que les premiers rayons de soleil filtraient à travers les cimes des arbres, son cerveau fourmillait encore d'images de femmes. *Si Fabiano est une fille, cela explique ses questions frivoles.* Mais comment Léon pouvait-il affirmer qu'il aurait besoin de cette créature bavarde ?

Il se rappela à quel point Léon avait admiré sainte Claire. Avec une attitude encore plus déterminée que n'importe lequel des frères, la fondatrice de l'Ordre des Clarisses avait démontré une force indomptable en s'astreignant à la pauvreté après la mort de François. Clouée au lit, brisée par le jeûne et l'austérité, elle s'était accrochée à la vie pendant encore trente ans, jusqu'à ce que le Saint-Père donne son approbation à la règle des clarisses. Léon s'était agenouillé à côté de sa paillasse à Saint-Damien, deux jours après qu'elle eut reçu la décision pontificale, la regardant avec tristesse alors qu'elle embrassait le décret et rendait l'âme. Mais ce Fabiano indiscipliné et la vénérée Claire n'avaient en commun que leur sexe.

Léon avait également parlé en bien d'une autre femme, la riche veuve qui avait réconforté François sur son lit de mort. Au fil des années, elle avait aidé Léon en versant à l'ordre de l'argent pour une nouvelle bure après que la sienne eut été réduite en lambeaux, et l'avait hébergé pendant ses années d'exil. Donna Giacoma de... quelque village près de sa Rome natale. Conrad frotta ses joues engourdies en réfléchissant. Donna Giacoma – si elle était toujours en vie – aurait pu fournir le dispendieux vélin. Cette possibilité conférait une certaine logique à cette mystérieuse affaire.

Conrad entendit le novice, ou la novice, si c'est ce qu'elle était, remuer dans la paille. Il pencha la tête et feignit de dormir tandis que Fabiano passait la porte en chancelant de sommeil et se dirigeait vers les arbres. Il fut tenté de suivre son hôte des yeux pour voir s'il allait se tenir debout ou s'accroupir, mais la pudeur l'en empêcha.

Toutefois, cela pouvait mener à un autre indice. Comme la plupart des séminaristes, Conrad avait lu le *De Contemptu Mundi* du pape Innocent. Il se rappelait encore le passage qui décrivait en détail l'horreur que ressentait le pontife envers le sang menstruel. *Si le sang de la femme touche des fruits, ils ne mûriront pas. La moutarde perd sa saveur, l'herbe se dessèche et l'arbre perd ses fruits avant terme. Le fer rouille et l'air s'assombrit. Lorsque les chiens en mangent, ils attrapent la rage.* Si Fabiano était une fille, et si, par chance, elle était en période de menstruation, il n'aurait qu'à vérifier l'endroit plus tard. Toutefois, ce souvenir engendra chez l'ermite un profond malaise, et il eut un haut-le-cœur, réaction qu'il avait eue lorsqu'il avait appris de la bouche de Rosanna l'existence de cette malédiction féminine, et plus tard lorsqu'il avait rencontré les sorcières du Sud, dont on disait qu'elles versaient du sang cataménial dans leurs philtres d'amour. Il venait d'avoir onze ans quand Rosanna, d'un an plus âgée que lui, lui expliqua pourquoi elle ne pouvait courir dans les collines cet après-midi-là. Elle semblait s'être transformée en femme en l'espace d'une nuit et, par la suite, il ne put la considérer qu'avec un respect mêlé de crainte. Conrad décida qu'il trouverait une autre tactique pour découvrir son identité.

Quand il revint à la hutte, Fabiano semblait maussade. Conrad lui fit signe d'approcher de la table. Il coupa une miche de pain sur la longueur avec son couteau. et y plaça du fromage et des raisins. Il parla d'une voix neutre en tendant le tout à Fabiano.

– Le frère Hilarion est-il encore maître des novices au Sacré-Couvent ?

– Oh, nous brisons le silence, maintenant ? Frère Conrad, s'il y a quelque chose que vous voulez savoir, vous n'avez qu'à me le demander. Il est évident que vous avez découvert que j'étais une femme.

L'ermite en resta tout embarrassé.

– Je me réveille avec un deuxième manteau sur moi et vous dormez à l'extérieur. Que devrais-je penser ? Un homme courtois s'aperçoit qu'il partage sa hutte avec une femme et lui donne sa cape. Je l'en remercie. En revanche, un homme sans cervelle préférerait geler dehors plutôt que d'attraper quelque perversion féminine comme on attrape la petite vérole, alors il s'enfuit pour protéger son âme si pure. Et de cela, je ne le remercie pas !

La peau translucide de son visage et de son cou avait pris une teinte rosée et ses yeux sombres brillaient d'un éclat menaçant. Le visage de Conrad s'était empourpré. Le discours direct de la jeune fille l'embarrassait et le stupéfiait tout à la fois. Elle avait mis au jour son astuce maladroite – très bien –, mais elle avait montré un manque total de respect envers sa qualité de prêtre. Il se devait d'être furieux contre elle, au nom de sa fonction.

– Mon vrai nom est Amata, poursuivit-elle avant qu'il ne puisse protester. Fabiano est, ou était, le nom de mon frère.

Elle jouait négligemment avec le parchemin de Léon pendant qu'elle mangeait, mâchait et parlait en même temps.

– Je devrais dire sœur Amata. Je suis une sœur servante à Saint-Damien. Le serviteur d'une grande dame a apporté ce message à notre mère supérieure, qui me l'a confié. Savez-vous, mon frère, à quel point il est dangereux, même pour un homme, de traverser seul ces montagnes ? Et si une horde de *banditi* avaient découvert qu'ils avaient attrapé une femme... et non pas seulement une bourse d'argent ou une paire de nouvelles sandales, j'aimerais mieux avoir la gorge tranchée ! La vie serait pire que la mort, même la mort éternelle en enfer.

– Prends garde à tes paroles, mon enfant ! Tu blasphèmes ! s'exclama Conrad.

– Je sais de quoi je parle, mon frère. Cela s'appelle la réalité, un endroit que vous n'avez pas vu depuis des années, il me semble. Et ne m'appelez plus « mon enfant » ! J'ai presque dix-sept ans. Si je n'étais pas rattachée à un couvent, je dirigerais une maison pleine de bambins pendus à mes jupes.

Elle sourit, mais ses yeux ne laissaient transparaître aucune joie.

– Votre Rosanna n'était-elle pas mariée à mon âge ? poursuivit-elle.

Conrad lui lança un regard rageur. En fait, Rosanna s'était mariée tardivement : elle venait d'avoir seize ans. Il vivait chez les frères depuis deux mois quand la lettre lui était parvenue. Ses parents l'avaient fiancée au marchand Quinto, écrivait-elle, et elle lui demandait de prier pour elle et de la bénir. Il jeûna pendant plusieurs jours pour expier les sentiments qu'il avait éprouvés à la lecture de cette nouvelle. Les prières ne vinrent que bien après.

Du coude, Amata déroula le message de Léon sur la table. Une expression perplexe surgit dans ses yeux. Sa colère disparut aussi soudainement que celle d'un bébé turbulent auquel on aurait donné un nouveau jouet.

– Est-ce que ce sont des mots ? demanda-t-elle en parcourant du doigt la bordure du vélin. Je vois un *M*, et ceci ressemble à un *A*.

Conrad lui arracha le parchemin et se précipita vers l'entrée. La bordure comportait en effet une série de lettres, d'une écriture minuscule que Conrad reconnut comme celle de Léon. Il chercha un point de départ à partir duquel il pourrait trouver des mots et des phrases, et discerna le même commandement qui terminait le message principal, Servite pauperes Christi. Il murmura les mots en lisant :

– *Mets-toi au service des pauvres du Christ. Fra Jacoba connaît bien la soumission parfaite. Qui a mutilé le Compagnon ? D'où vient le Séraphin ? La première biographie de Thomas marque le début de la cécité ; le Testament jette une première lueur. Les ongles du lépreux mort sont incrustés de vérité.* Servite pauperes Christi.

La signification lui échappait autant qu'au début.

– Pourquoi écrit-il par énigmes ? questionna Amata.

– Si je ne peux pas comprendre le message, Bonaventure n'aurait pas pu non plus, si ce document était tombé entre ses mains.

Il mit le parchemin dans sa tunique.

– Mais il y a une chose que je comprends, enchaîna-t-il. Je dois lire les légendes et le testament que Léon mentionne ici. La bibliothèque du Sacré-Couvent a ce qu'il me faut.

Conrad se crispa à cette pensée. Les frères comme lui, qui pratiquaient la pauvreté complète, n'étaient pas bienvenus à la maison mère. Lorsqu'il y vivait, il s'était attiré de graves problèmes en citant la règle de saint François : *Les frères ne doivent rien posséder, ni maison, ni terrain, ni quoi que ce soit.*

– Regardez-nous, avec nos vêtements de soie, nos visages resplendissants et notre nourriture fine, avait-il clamé. Nous possédons des livres. Nous possédons ce luxueux monastère. Il ne nous manque que des épouses !

Cela c'était produit sept ans auparavant, en 1264, peu après son retour de Paris. Bonaventure avait remplacé Jean de Parme au poste de ministre général. Il montrait une grande sévérité envers les frères récalcitrants comme Conrad, et fit connaître aussitôt au nouveau prêtre les cellules humides des profondeurs du Sacré-Couvent. Si Conrad n'avait pas promis, sur l'insistance de Léon lui-même, de vivre dans l'isolement et de renoncer à prêcher, il se languirait encore à cet endroit, comme Jean lui-même.

– Jean de Parme est un martyr vivant, dit-il.

Conrad avait tellement pris l'habitude de se parler à voix haute ou à son ami écureuil, le frère Legris, qu'il en oubliait la présence d'Amata.

– Tout se déroulera selon la volonté de Dieu, poursuivit-il. Je dois partir pour Assise, ma sœur. Ce matin même.

– Je peux venir avec vous ? Nous serions plus en sécurité si nous voyagions ensemble.

Conrad hésita. Un autre cas de conscience. Saint François avait demandé à ses premiers disciples de ne jamais voyager avec des femmes, et même de ne pas manger dans la même assiette, contrairement aux usages de la noblesse. Il avait peut-être déjà enfreint cette règle en partageant son repas du matin.

– Jc promets de me comporter avec la plus grande pudeur, ajouta la jeune fille.

Elle fit une moue, mais Conrad discerna un éclair dans ses yeux. *Elle se moque de moi. Mais elle a raison pour ce qui est de la sécurité lorsqu'on voyage à deux.*

Puis l'ermite se rappela que la deuxième version de la règle de François disait seulement que les frères ne devaient pas avoir avec les femmes des *familiarités suspectes*. Saint François avait même ordonné à ses disciples de voyager par paires ; un frère cheminant seul éveillerait sûrement la méfiance, comme Amata lorsqu'elle avait rencontré les deux moines sur la route. Et il n'enfreindrait pas l'esprit de la règle, car il ne ressentait aucune affection pour cette gamine effrontée. La tentation de la chair ne le menaçait en rien.

– Fais en sorte de tenir ta promesse, lui enjoignit-il.

Il scruta la cabane en tentant de décider ce qu'ils devraient emporter.

– As-tu remarqué si les frères qui ont lu le message de Léon s'étaient aussi intéressés à la bordure ?

– C'est possible. Le vieux moine a retourné la lettre en tous sens. Est-ce que j'ai mal agi en le leur montrant ?

– J'ai bien peur que oui ! Mes frères conventuels soupçonnent que tout ce que Léon a écrit contient des germes de sédition... et ils pourraient bien avoir raison.

Il se pencha dans l'ombre derrière la table et déposa une urne sur le banc.

– Il faut que tu prennes connaissance du manuscrit de Léon, au cas où je ne reviendrais pas ici.

Il ôta le couvercle de l'urne et en tira un paquet de forme cylindrique. Une forte odeur de poisson envahit la pièce, arôme réconfortant pour Conrad, qui l'associait toujours à son père et aux quais d'Ancône. L'ermite enleva une gaine de toile et plusieurs couches de tissu décoloré. Il mit au jour un épais manuscrit qu'il étendit sur la table. Amata le caressa avec curiosité.

– Cela s'appelle un parchemin de papier, expliqua-t-il. Le frère Léon disait qu'il était importé d'Espagne par la dame qui avait apporté sa lettre à Saint-Damien. Aucune peau à gratter et à assouplir, et les pages demeuraient toujours en ordre. Le printemps dernier, sachant qu'il était au seuil de la mort, il m'a fait appeler et m'a demandé de faire des copies de cette chronique pour les frères spirituels qui se terrent en Romagne et dans les Marches. Nous ne sommes plus que quelques-uns, et nous sommes les seuls qui pouvons garder la vérité vivante.

– Quelle vérité ?

– La véritable histoire des frères mineurs. Depuis la mort de saint François, notre ordre s'est transformé en un monstrueux griffon. À moitié aigle, il s'élance vers le ciel sur les ailes de la sainteté et de la dévotion. Je pourrais te nommer des dizaines de frères qui prennent ainsi leur essor. Mais il est aussi à demi lion, et il dissimule les griffes de la cruauté et de l'injustice. Léon a été témoin des épreuves atroces qu'ont subies ces frères demeurés fidèles à la règle. Lorsque Élie est devenu ministre général, il a emprisonné et torturé nombre d'entre eux ; il a même assassiné le frère César de Spire. Lorsque Crescentius a succédé à Élie, il les a dispersés. Certains sont devenus par sa faute des martyrs en Arménie inférieure. Bonaventure...

– Mais le frère Élie a construit la basilique, interrompit Amata. Le monde entier accourt à Assise pour l'admirer !

Conrad soupira d'impatience. De toute évidence, elle ignorait tout du schisme qui avait déchiré l'ordre. Elle avait beaucoup à apprendre avant de pouvoir lui apporter l'aide que Léon avait promise. Il adopta le ton indulgent d'un maître d'école.

– Même si Élie était proche de saint François, il n'a rien compris à la vie de notre fondateur. Dans son humilité, François avait demandé à reposer hors des murs de la ville, sur la Colle d'Inferno, où on déversait les déchets d'Assise et où l'on enterrait les criminels de droit commun. Mais qu'a décidé le frère Élie ? Il a fait en sorte que toute la colline soit offerte à l'Ordre, un ordre qui ne possédait rien pendant que son maître vivait, et il y a construit la plus magnifique basilique de tout le monde chrétien : un gigantesque mausolée pour le *Poverello*, comme les gens l'appelaient, le Petit Pauvre de Dieu. Voilà à quel point Élie a mal compris François.

– Je connais la Colle d'Inferno. C'est mon grand père Capitanio qui l'a donnée au frère Élie.

Conrad lui jeta un regard incrédule par-dessus la table. D'abord, cette jeune femme affirmait connaître un moine mondain comme le frère Salimbene, et maintenant elle annonçait que sa famille avait fait don du terrain de la grande basilique ?

Amata se pencha sur le manuscrit.

– Ne devrions-nous pas le prendre avec nous ? Nous pourrions demander à la mère prieure de le cacher.

– Non. Nous serions la proie des inquisiteurs s'ils nous attrapaient, et la chronique leur servirait de prétexte. Je vais l'enterrer dans son urne. Toi et moi sommes les seuls à savoir qu'il existe. Si je ne reviens pas...

– Oh, non ! Je ne suis pas libre d'aller et de venir à ma guise. C'était la première fois que je traversais ces montagnes.

– Dieu seul sait pourquoi tu es impliquée dans cette affaire, ma sœur, mais s'Il veut que tu sois son instrument, Il t'en donnera les moyens.

Conrad tenta de remettre le manuscrit dans l'urne, mais il lui glissa des mains et tombèrent alors sur la table des plumes, une corne à encre, une pierre ponce, une règle, un poinçon et un bout de craie. Il rougit de sa maladresse pendant qu'il se penchait pour tout ramasser.

– Tu vois, j'ai tout ce qu'il faut pour faire des copies, sauf le parchemin. J'avais l'intention de demander quelques feuilles à Monna Rosanna.

Amata éclata d'un grand rire, mais non pas, comme il l'imaginait, à cause de sa maladresse.

– Et c'est vous qui proclamez que les érudits perdaient leur temps ? Je savais bien que vous ne le pensiez pas.

– Pourquoi ?

– Regardez votre bure. Le siège et les coudes sont plus usés que les genoux. Vous passez autant de temps sur votre derrière que n'importe quel scribe à son pupitre.

Conrad hésita entre le rire et la colère, puis choisit la première solution.

– Je l'avoue. J'ai étudié avec les plus grands à Paris. Nous, les élèves, nous pensions appréhender les secrets de l'univers, à travers des syllogismes spécieux et des débats sur le nombre d'anges qu'on pourrait placer sur le bout d'une aiguille. Le seul fait de penser à ces années-là me donne la migraine.

Il souriait encore en se dirigeant vers son jardin pour y prendre une bêche. *Et je ne sais toujours pas combien d'âmes désincarnées pourraient remplir un bol de soupe.*

– Attendez dehors un instant, lui cria Amata par la fenêtre. Je dois m'occuper d'un... problème féminin.

Des affaires de femelles, encore ! Conrad tourna le dos à la hutte et en profita pour contempler les arbres qui brillaient encore de rosée, comme un million de minuscules bûchers. À ce moment, il sut à quel point sa forêt lui manquerait. Sa hâte de prendre la route s'évanouit soudain. Il songea qu'il allait peut-être quitter ce lieu pour toujours, alors qu'il en était venu à le considérer comme un avant-goût du paradis. L'ermite voulait s'abreuver une dernière fois à la sérénité de l'endroit. Il résolut de laisser la porte ouverte, au cas où ses amis de la forêt auraient besoin d'un abri. Il se demanda s'il leur manquerait, et s'il faisait preuve d'hérésie en attribuant des sentiments humains à des animaux.

– Je suis prête ! s'exclama Amata. J'ai aussi remballé l'urne pour vous.

L'ermite creusa un trou dans le coin de la hutte. Amata le regardait attentivement alors qu'il plaçait l'urne dans le trou et la recouvrait de paille. Elle tint le couvercle en place pendant qu'il tassait la terre autour. En essuyant sa bêche de bois, il crut discerner dans le visage de la jeune femme une détermination qu'il n'avait pas vue auparavant. Se pouvait-il que cette jeune sotte, malgré son impertinence, possède une part de courage ? *Elle en aura besoin*, pensa-t-il, *si elle doit traverser la tempête qui s'annonce*. Et la tempête, aussi inévitable que l'hiver qui approchait, se déchaînerait bientôt.

À cet instant lui revint l'image de son père en train de se noyer, luttant contre la tourmente qui l'engloutissait. *Que Dieu ait pitié de nous.*

3

Orfeo Bernardone s'essuya le visage avec la large manche de son cafetan. Il passa ses doigts à travers ses cheveux emmêlés dans son cou et réajusta la chéchia rouge qui pendait sur son oreille. Le soleil dardait sans pitié ses rayons sur le port d'Acre, en ce matin où pas une brise ne soufflait de la mer, et ce lieu ressemblait plutôt à un désert brûlé qu'à la Terre promise. Le marin plissa les yeux pour se protéger de la lumière réfléchie par les maisons blanches des Maures et, plus loin, les dômes des mosquées et des palais. De grands palmiers arboraient quelques feuilles au sommet de leurs troncs maigres, comme s'ils hésitaient à jeter leur ombre sur les minuscules silhouettes à leurs pieds.

– Tu es extraordinaire, Marco, dit-il à son compagnon. Ta calotte est aussi sèche que quand tu l'as posée sur ta tête.

Il tira sur les boucles blondes qui sortaient de sous la calotte du jeune maître Polo.

– Et maintenant, il n'y a qu'un seul cheveu qui ne soit pas en place.

L'adolescent repoussa sa main.

– Un marchand en pleine ascension doit se soucier de son apparence, se justifia-t-il. Si un autre commerçant te voit transpirer, il saura tout de suite qu'il vient de réaliser un meilleur profit que toi.

Ils pénétrèrent dans le labyrinthe de kiosques et de ruelles du marché. Orfeo respira les odeurs mêlées de clou de girofle, de macis et de muscade, les arômes qui émanaient des sacs de cannelle et de gingembre des Indes, du musc de Tebeth. Les princes de la cour et de l'Église payaient des fortunes pour obtenir ces épices à Rome, mais ici il pouvait savourer les mêmes délices sensuelles simplement en se promenant le matin. Quel merveilleux endroit que l'Orient !

Des enfants en haillons se pourchassaient sur la place du marché, et de timides femmes voilées portant des cruches sur la tête lui rappelaient ces paysannes qui allaient chercher de l'eau dans les villages de son Ombrie natale. Cependant, en comparaison avec Acre, l'Ombrie était froide comme les promesses d'une vierge. Dans les rues du port, les croisés côtoyaient les Sarrasins et les Maures noirs, et les juifs faisaient des affaires avec les Arméniens et les chrétiens nestoriens, tous liés comme les rayons d'une roue au moyeu de l'argent. Tels les marins échoués sur l'île des Mangeurs de lotus, les races convergentes semblaient oublier leurs saintes croisades ou leurs djihads, et même leur terre natale, et souhaitaient demeurer pour l'éternité entière sur ces côtes idylliques.

La tolérance de la ville étonnait Orfeo encore plus que ses habitants. En Ombrie, un homme pouvait se retrouver sur le bûcher parce que la vue de ses vêtements dépenaillés offusquait un riche évêque ou parce qu'il avait comparé le paradis à une meule de fromage pour illustrer quelque point de vue théologique. Mais à Acre, toutes les cultures et toutes les philosophies avaient trouvé un foyer. Les minarets d'où les muezzins appelaient les fidèles à la prière se partageaient la ligne d'horizon avec les bastions de la noblesse européenne : les tours de la comtesse de Blois et du roi Henri II, les Hospitaliers, les Templiers, les Chevaliers teutoniques et – là où les murs de la ville longeaient la baie – les châteaux du patriarche d'Acre et du légat pontifical, Tebaldo Visconti da Piacenza. Dans le dédale de places et de ruelles, Orfeo croisait des Grecs, des Normands, des Aragonais, des Kurdes, des Turcs et, bien sûr, des marchands de Pise et de Gênes. Si les deux jeunes gens portaient des épées à leur ceinture, c'était surtout pour se protéger de leurs concitoyens.

Ce matin-là, ils se rendaient au-delà du bazar, dans un des corridors étroits qui serpentaient en s'éloignant du centre d'échanges. Dans cette venelle, des musiciens chantaient des refrains provocateurs au son de cithares, près d'une maison où deux courtisanes basanées, des jumelles, attendaient de les recevoir.

– Une dernière fois avant que nous ne naviguions vers Laiaissa, avaient promis les Italiens.

La perspective d'une nouvelle aventure les enthousiasmait autant que le souvenir de leur dernière et voluptueuse rencontre avec les deux sœurs sensuelles.

– Marco, pourquoi ne me donnes-tu pas la réponse de ton père ? demanda Orfeo pendant qu'ils louvoyaient entre les murets. Dis-moi si je vais moi aussi devenir un marchand prospère.

– Il traite avec la réalité, *amico*. C'est un homme de logique.

Une grimace assombrit le visage de Marco alors qu'il imitait les intonations de son père :

– Orfeo est un rameur. À l'exception des attaques en mer contre les navires génois, quelle formation a-t-il en matière de combat ? Pourquoi devrions-nous le prendre comme homme d'armes ? Peut-il même monter un cheval ou un chameau ? Les Tartares vont-ils nous ridiculiser quand ils verront ce que nous appelons un cavalier ?

Alors, cela se passerait comme il le redoutait. Depuis que l'on avait recruté Orfeo dans l'équipage de la galère vénitienne des Polo, il rêvait de passer à l'étape suivante et de voyager avec les marchands de joaillerie, d'accompagner leurs caravanes à travers l'Arménie inférieure et supérieure, la Turquie et Cathay, jusqu'à la cour de Kubilaï Khan lui-même. *Giesu*, quelle expérience ce serait ! Il n'avait que quelques années de plus que Marco, et peut-être pourrait-il revenir riche lui aussi, assez riche pour vivre la vie palpitante qu'avait connue Marco dès sa naissance... Mais à mesure qu'il écoutait, par l'entremise de Marco, le sombre pronostic de Niccolo Polo, il craignait de plus en plus de rester marin durant sa vie entière. Ses économies ne suffiraient jamais à lui permettre d'établir un commerce et il avait depuis longtemps rompu tous ses liens avec son père et ses frères marchands. Il baissa la tête et examina ses sandales pendant qu'ils déambulaient dans la poussière des rues.

– Oh ! une dernière chose qu'il a dite, ajouta Marco. Sa conclusion a été : « Mais après tout, c'est ton ami, mon fils. Puisque tu l'aimes, nous allons lui trouver une place. »

– Quoi ! C'est vrai ? Gloire à tous les saints confesseurs ! Je m'en vais à Cathay ! cria Orfeo.

Il saisit l'adolescent à bras-le-corps et l'embrassa sur la joue puis le souleva pour le serrer contre lui, si fort que le malheureux grogna de douleur.

– Tu es censé me protéger et non me briser les côtes, haleta Marco.

Orfeo rit et prit tout à coup un air grave.

– Je crois que je devrais m'y mettre tout de suite, remarqua-t-il.

Il avait repéré, par-dessus l'épaule de Marco, trois hommes qui s'approchaient, portant les couleurs de Gênes.

Orfeo prit vite la mesure des trois individus. Ils n'étaient pas costauds et n'auraient sans doute pas valu cent drachmes le lot sur le marché aux esclaves. En revanche, Orfeo avait une constitution de lutteur et se vantait souvent de pouvoir immobiliser un bœuf. Les années qu'il avait passées comme rameur avaient transformé son corps d'adolescent grassouillet. Mais ils étaient trois et il faudrait sans doute se servir de l'épée plutôt que d'utiliser la force brute.

Surexcité par les bonnes nouvelles de Marco ou simplement inspiré par son nouveau rôle de garde du corps, il eut envie de leur chercher querelle. Il parla d'une voix forte alors que les hommes s'approchaient.

– N'est-il pas vrai, Marco, que Gênes est peuplé de mauviettes incroyantes et de femmes impudiques ?

Tout en pérorant, il regardait les hommes d'un air furieux. Ils lui renvoyèrent son regard et l'un d'eux rétorqua :

– Non, mais ce qui est vrai, c'est que tous les Vénitiens sont des lèche-bottes et des menteurs.

Marco se tourna vers eux, si bien que lui et Orfeo se tenaient épaule contre épaule devant les Génois. Les cinq hommes agrippèrent simultanément leurs épées.

– Sieur Polo, sieur Polo, cria une voix aiguë et essoufflée derrière eux. Venez vite. Votre père dit que vous devez retourner tout de suite au camp.

– Oh, sieur Polo, répéta l'un des Génois en imitant la voix de crécelle. Tu ferais mieux de courir voir ton père avant de te faire égratigner.

– S'il vous plaît, rengainez tous vos épées ! hurla l'eunuque d'une voix perçante. Ceci est extrêmement important.

– Qu'y a-t-il ? tonna Marco sans quitter des yeux les trois hommes et leurs lames menaçantes. Qu'est-ce qu'il y a de si important ?

– Nous avons un pape, sieur Polo ! Après trente et un mois, nous avons enfin un pape.

Dans la grand-salle de son château, Tebaldo Visconti da Piacenza attendait de recevoir l'entourage des Polo, tamponnant ses tempes moites avec un mouchoir brodé. Le soleil brillant inondait la pièce à travers les fenêtres arquées.

S'était-il déjà écoulé deux années, depuis que Niccolo et son frère Maffeo étaient arrivés à Acre en qualité d'émissaires du grand Khan ? Plus il avançait en âge, plus les mois passaient rapidement. Il se rappela sa première impression en voyant les deux marchands vénitiens : des hommes discrets. Ils avaient transmis à Tebaldo, le légat pontifical d'Acre, les desiderata de l'empereur.

– Kubilaï Khan, chef suprême de tous les Tartares, demande au souverain pontife de Rome une centaine d'hommes instruits, possédant une connaissance approfondie de la religion chrétienne de même que des sept arts, en mesure de démontrer, au moyen d'arguments justes et équitables, que les dieux des Tartares et les idoles qu'ils vénèrent dans leurs maisons ne sont que des esprits malins et que la foi que professent les chrétiens se fonde sur une vérité plus évidente que toute autre. Le grand Khan souhaite aussi obtenir une fiole de l'huile sacrée de la lampe qui brûle au sépulcre du Seigneur Jésus-Christ, qu'il affirme vénérer et considérer comme le Dieu véritable.

Mais c'était en l'an de grâce 1269, et le pape Clément IV était mort l'année précédente.

– Son siège est toujours vacant, avait expliqué Tebaldo aux frères Polo. Retournez à Venise. Allez dans vos foyers et vos familles, et attendez l'élection du nouveau pape.

Niccolo avait alors découvert que son épouse, qu'il avait quittée enceinte quinze ans auparavant, lui avait donné un fils. Elle l'avait appelé Marco, d'après le nom du saint patron de la ville. Niccolo apprit aussi qu'elle était morte en couches. Puis, deux ans après leur première rencontre avec Tebaldo, les deux frères Polo étaient retournés à Acre en emmenant Marco. Ils ne pouvaient patienter plus longtemps, avaient-ils déclaré. Kubilaï Khan interpréterait leur absence prolongée comme une insulte, et les répercussions seraient graves pour tous les chrétiens.

Maintenant, alors même qu'ils se préparaient à poursuivre leur voyage, le conclave des cardinaux avait passé outre les revendications de la faction angevine en faveur d'un pape français et annoncé leur choix. Ils avaient élu le légat pontifical d'Acre.

Tebaldo se leva de son trône de cèdre du Liban au moment où des voix et des bruits de pas se répercutaient dans les corridors de pierre. Maffeo Polo fit son entrée à la tête de son clan. Il fit une génuflexion et embrassa l'anneau de Tebaldo.

– Votre Sainteté, dit-il. Quelle merveilleuse surprise ! Quel nom adopterez-vous ?

– J'ai décidé de m'appeler Grégoire... Grégoire, le dixième pape de ce nom.

Il se rassit pendant que les visiteurs restaient debout devant le trône. Ils avaient toujours respecté son rôle de légat, mais l'extrême déférence qu'il voyait en ce moment sur leurs visages l'embarrassait. Même dans ses rêves les plus ambitieux, il n'avait jamais imaginé devenir pape. Et maintenant qu'il avait été élu dirigeant de l'Église chrétienne, il préférait mettre l'accent sur l'un des titres les plus humbles de la papauté : *servus servorum Dei*, le serviteur des serviteurs de Dieu.

– La nouvelle n'aurait pu arriver à un meilleur moment, répondit-il. Une journée de plus, et vous auriez été en train de naviguer vers l'Arménie inférieure.

Il adressa un signe de la main à l'ecclésiastique qui attendait près d'une porte entrebâillée. L'ecclésiastique fit un geste à son tour et deux frères dominicains corpulents s'avancèrent dans le hall.

– *Signori*, je vous cède les frères Guielmo da Tripoli et Niccolo da Vincenza. Par la grâce de Dieu, ils se trouvaient à Acre quand la nouvelle de mon élection nous est parvenue de Rome. Ce ne sont pas les cent érudits que souhaite le grand Khan, mais il s'agit d'hommes de lettres et de science.

C'était le mieux qu'il pouvait faire dans un si bref délai et il espérait que la pauvreté des missionnaires ne représenterait pas un inconvénient dans la conversion des Tartares païens au christianisme. Examinant les deux prêcheurs, il se demanda s'ils survivraient au voyage vers Cathay.

L'ecclésiastique s'approcha du trône et remit à Tebaldo un parchemin de vélin marqué de son sceau personnel.

– Outre mes meilleurs vœux à Kubilaï Khan, cette lettre pontificale autorise ces frères à ordonner des prêtres, à consacrer des évêques et à donner l'absolution tout autant que je le ferais moi-même... Je vous accorde à tous ma bénédiction pour que vous demeuriez en santé et en sécurité. Je sais que beaucoup d'obstacles se dresseront sur votre route : la glace, le sable, les inondations, les guerres, les barbares, et de nombreux autres dangers.

Les deux dominicains échangeaient des regards nerveux.

S'étant débarrassé des formalités, Tebaldo se laissa glisser contre le dossier sculpté du trône et s'épongea les tempes.

– En vérité, mes amis, je ne serai pas désolé de quitter Acre. Vos collègues marchands et même vos braves croisés ont fait de ma vie un enfer.

Fallait-il prendre un air coupable ou attristé ? Tebaldo eut un sourire amer.

– Vous comprenez sûrement, poursuivit-il. Nous avons transporté ici les meilleurs guerriers de la chrétienté pour reprendre la Terre promise. Mais Baybars 1er et ses Mamelouks ont pris le château des Templiers à Safed et y ont décapité les chevaliers. Ils ont rasé Antioche et massacré ses quatre-vingt mille habitants, à l'exception de quelques-uns : les soldats étaient trop fatigués pour continuer à tuer, et les malheureux sont maintenant esclaves. Je m'attends qu'ils atteignent les murs d'Acre elle-même. Et il prendra la ville. Nous, les chrétiens, nous chamaillons tellement entre nous que nous ne faisons jamais front commun. Vos frères vénitiens vendent des armes à Baybars. Les Génois alimentent son commerce d'esclaves. Les Templiers et les Hospitaliers se querellent entre eux et nuisent à nos efforts de négociation avec les Sarrasins en refusant d'échanger leurs prisonniers musulmans. « Nous avons besoin de leurs talents d'artisans », me rétorquent-ils. Tout le monde songe à son propre profit plutôt qu'à la volonté de Dieu, ou même qu'à notre bien-être mutuel.

Il soupira bruyamment.

– Pardonnez-moi, *signori*. Vous n'êtes que des marchands de joaillerie et vous avez bien servi notre cause. Le temps que j'ai passé ici a été difficile. Je suis seulement fatigué, et il me tarde de regagner ma terre natale.

Il se redressa :

– Ah, voilà votre fils Marco. Mais je ne crois pas connaître le jeune homme qui l'accompagne. Est-ce un autre de vos fils, sieur Polo ?

– Non, Votre Sainteté. Permettez-moi de vous présenter Orfeo di Angelo Bernardone, un ami de mon fils et un homme d'armes de notre expédition.

– Un autre de vos compatriotes vénitiens, alors ?

– Un citoyen d'Assise, Très Saint-Père.

Puis le marchand ajouta :

– C'est un neveu du vénéré saint François de cette ville.

Tebaldo observa le jeune colosse. Le nouveau pape se croyait habile à juger les personnalités. Le jeune homme se tenait convenablement, et Tebaldo appréciait l'énergie et la curiosité que dégageaient ses yeux bruns. Ils laissaient supposer de l'ardeur et un esprit vif. *C'est dommage que celui-là n'ait pas de formation théologique*, pensa-t-il, puis une autre idée lui traversa l'esprit.

– Sieur Bernardone, dit-il, avec la permission de messieurs Polo, j'aimerais que vous naviguiez avec moi jusqu'à Venise. Avec vous à bord, nous pourrons nous assurer la protection de votre saint oncle. Je ne doute pas qu'il se trouve plus près du Trône de Dieu que tout autre saint, à l'exception de la sainte Mère de Notre-Seigneur.

Les frères Polo inclinèrent le buste en signe d'assentiment, mais Tebaldo discerna l'ombre d'une déception sur le visage d'Orfeo, qui semblait bien peu honoré d'avoir été choisi entre tous par le pape. Marco fit une grimace en direction de son ami et lui murmura quelque chose à l'oreille. Le jeune homme eut un signe de tête affirmatif et s'avança, le corps raide. Il s'agenouilla devant le trône, s'inclina jusqu'à ce que son front effleure la mule de soie blanche et embrassa l'ourlet de la robe du nouveau pontife.

– Je suis votre serviteur et celui de Dieu, Votre Sainteté. Tout ce que je suis et tout ce qui m'appartient est à votre disposition.

4

Assis parmi les rochers éparpillés de l'ancien éboulis, Conrad attendit Amata. Le soleil n'avait pas encore atteint son zénith, mais les rochers étaient déjà chauds. C'était une de ces curieuses journées d'octobre qui s'accrochent obstinément à l'été. La brise légère qui soufflait sur la colline n'offrait qu'un piètre soulagement contre la chaleur.

L'ermite s'éloignait peu de sa forêt. Lorsqu'il s'aventurait sur quelque sommet, c'était d'ordinaire pour célébrer dans la contemplation un jour saint particulier. Les rochers escarpés offraient à la vue un panorama, une enfilade de montagnes bleues et pourpres, ensevelies sous la neige ou parées de magnifiques chutes, une démonstration du pouvoir créateur de Dieu parmi lesquels Conrad grimpait, aussi minuscule que les araignées qui escaladaient le mur de sa hutte. Les Apennins de Dieu anéantissaient tout orgueil humain.

Il considéra le sentier qu'il venait de gravir.

– Es-tu certaine d'être une chèvre de montagne ? cria-t-il à Amata, qui peinait sur la pente.

La jeune fille s'appuya contre un rocher et aspira l'air chaud puis, quand elle eut repris son souffle, elle avoua :

– J'ai peut-être exagéré un peu. Je ne suis pas habituée à escalader de telles montagnes.

– Mais tu disais vrai en affirmant que tu ne craignais pas les hauteurs ?

– Contentez-vous d'avancer. Je serai derrière vous. Si votre raccourci nous épargne une semaine de voyage, je vous serai reconnaissante de l'avoir pris.

– Nous arriverons bientôt à un sentier de chèvres qui traverse le devant de la montagne, expliqua Conrad. La partie la plus étroite ne compte que quelques pieds, mais un seul mauvais pas t'entraînerait beaucoup plus bas dans la vallée... Je serais porté à croire que seule une âme innocente qui ne craint pas le jugement de Dieu oserait une telle tentative.

– Si vous n'avez pas peur, moi non plus. Mais il serait beaucoup plus facile de grimper sans ces longues robes. L'ourlet de la mienne s'accroche aux rochers et me fait trébucher. Une rumeur dit que l'Ordre projette de retourner aux tuniques courtes comme celles des premiers frères.

– Ils travaillaient pour gagner leur pain comme des ouvriers ordinaires, répondit-il. Comme tu l'as souligné ce matin, notre propre génération passe la majeure partie de son temps couchée. Ceux du Sacré-Couvent reçoivent maintenant des commissions pour copier des manuscrits, comme les moines noirs. De plus, même si l'Ordre rétablit la règle des tuniques pour ses frères, toi et tes sœurs cloîtrées vous continuerez de porter la robe, au nom de la décence.

– C'est une honte, ne trouvez-vous pas ? s'écria Amata derrière lui.

Conrad se retourna brusquement. Elle lui souriait, avec sa robe remontée bien au-dessus des genoux. L'ermite plaça vivement une main devant ses yeux et détourna le visage.

– Ma sœur ! Pour l'amour de la Vierge Marie, couvre-toi !

– Si vous étiez un laboureur et moi, votre maîtresse, je m'habillerais de cette façon tous les jours en travaillant à vos côtés... et vous donnerais ainsi beaucoup de plaisir.

– Je ne suis pas un laboureur et tu n'es pas ma maîtresse. Je suis un moine et un prêtre qui se consacre au service de Dieu. Si, ne serait-ce que pendant un instant, je prenais plaisir à la vue de tes longues jambes, cet instant pourrait être le premier maillon de la chaîne qui m'entraînerait dans l'abîme. Respecte la promesse que tu m'as faite au sujet de la pudeur.

Il n'avait pas voulu dire « longues » jambes. Il n'avait pas voulu non plus regarder, mais le bref coup d'œil qu'il avait jeté l'avait fait tressaillir : jusque-là, il n'avait pas pensé à elle en termes de corps – ou de longueur de jambe.

Si Amata avait remarqué le glissement, elle fut assez gentille pour ne pas le souligner, ce qui permit au moine de s'imaginer qu'elle ne s'en était pas aperçue.

– Vous êtes un drôle de prêtre... Vous n'avez pas encore touché votre bréviaire une seule fois et il est presque midi.

Conrad sourit. Rien n'échappait donc à cette enfant ? Si elle n'était pas née femelle, elle aurait pu devenir un honnête étudiant en droit canon ou en droit civil.

– Les voies qui mènent au paradis sont nombreuses, ma sœur. Certains, par exemple, choisissent la voie physique pour obtenir le salut. Le croisé trouve Dieu en décapitant des Sarrasins ou en devenant un martyr. Les *flagellanti* se fouettent avec des lanières de cuir pendant qu'ils récitent les psaumes pénitentiels.

– J'ai vu un groupe de flagellants une fois, quand j'étais petite. Ils avaient traversé notre commune pour se rendre à Todi. Leur chair sanguinolente éclaboussait tout ce qui se trouvait à proximité. J'ai fermé les yeux, tellement ils étaient dégoûtants.

– On les a vus partout, ces onze dernières années. Nombreux furent ceux qui craignaient que 1260 ne soit l'année de l'Apocalypse.

Conrad pensa à Jean de Parme, isolé dans sa cellule. Et pour quelle raison ? Pour continuer à croire les prophéties de l'abbé Joachim de Flore après qu'elles furent passées de mode au sein de la hiérarchie de l'Église. Il marqua une pause et poursuivit :

– Pour leur part, les religieux cloîtrés comme les moines noirs de saint Benoît ont choisi la voie de la dévotion en chantant et en priant selon la règle.

Il tira un bréviaire de l'intérieur de sa robe et en tourna les pages.

– Sept fois par jour et au milieu de la nuit, comme l'a recommandé le roi David. J'ai d'abord essayé la voie de l'intellect en commençant par le *trivium* et le *quadrivium*.

– Le qui et le quoi ?

– Les sept arts qu'il faut maîtriser avant d'étudier la théologie : le *trivium*, c'est-à-dire la grammaire, la rhétorique et la dialectique, et le *quadrivium*, c'est-à-dire la musique, l'arithmétique, la géométrie et l'astronomie.

Il ralentit le pas pour reprendre son souffle, car le sentier grimpait toujours.

– Après avoir reçu des leçons particulières en théologie à Paris, reprit-il, je suis retourné à la maison mère, à Assise, et j'ai commencé à mettre en pratique les formalités dévotionnelles. Curieusement, après plusieurs années d'études et de prières routinières, je me suis senti de plus en plus éloigné non seulement de Notre-Seigneur, mais aussi de mes frères. À mes yeux, il manquait quelque chose à la vie du couvent. Alors j'ai commencé à me poser des questions sur les frères ermites et je me suis demandé s'ils vivaient plus près de Dieu que le reste d'entre nous.

Il s'enthousiasmait au fur et à mesure de son discours.

– Ce n'est que dans ces montagnes, ma sœur, que j'ai finalement commencé à voir Dieu... toujours « au travers d'un verre, obscurément » comme disait saint Paul, mais peut-être aussi clairement qu'on peut l'espérer sur cette terre. Et comment y suis-je arrivé ? En demeurant assis. Rien de plus. Je m'adosse contre le mur de mon ermitage et je laisse Dieu venir à moi. Si je ferme les yeux, Il m'apparaît. Si je les ouvre, je Le vois dans chaque créature qui marche ou rampe devant ma porte. Il est dans chaque arbre et dans chaque buisson, dans chaque...

Amata l'interrompit d'un geste. Elle s'arrêta au milieu du chemin, posa les mains sur ses hanches en le jaugeant comme une femme sur le point de décider si elle achète ou non un esclave.

– Comme je l'ai dit, vous êtes un drôle de prêtre, qui se transforme en moulin à paroles. Je ne suis pas certaine que vous soyez fait pour devenir ermite. Ce n'est peut-être pas votre vocation. Peut-être auriez-vous dû rejoindre les frères prêcheurs de saint Dominique plutôt que les frères mineurs.

Il demeura bouche bée. *Pourquoi ai-je jeté mes perles à ce cochon ? La plupart des érudits ne prendraient même pas la peine d'instruire une femelle et encore moins une femme énergique.*

Ils étaient parvenus à un endroit où le sentier débouchait sur un précipice. Loin en contrebas, un ruban lumineux serpentait à travers un tapis de verdure. Malgré la perversité d'Amata, Conrad ne pouvait ignorer la leçon qu'offrait cette scène.

– Voici un exemple de la vie d'ermite à son apogée. Le puissant Hercule ne pourrait lancer une pierre au-delà de cette rivière. Les arbres sur ces rives, qui semblent d'ici de simples bosquets, sont en réalité plus hauts que dix hommes. À cette altitude, nous voyons le monde à travers les yeux de Dieu, dans toute son insignifiance, point d'observation qui vaut à lui seul toute la philosophie du monde. Profites-en, ma sœur, pendant que tu en as l'occasion.

Au moins, elle ne le contredisait pas. Il la mena au bord d'une falaise, vers une étroite saillie qui traversait l'escarpement vers l'ouest.

– C'est le chemin que nous devons suivre. Tu devrais accrocher tes sandales à ton cou pour avoir une meilleure prise avec tes orteils... Nous n'allons perdre qu'une journée de voyage si nous faisons marche arrière ici et repartons de la cabane demain.

Elle grimaça en regardant le sentier des chèvres et en mesurant sa largeur. Ses lèvres bougèrent et Conrad se demanda si elle priait ou si elle rassemblait son courage.

– Es-tu prête ?

La jeune fille hocha la tête en signe d'assentiment pendant qu'elle enlevait ses sandales.

– Ne regarde pas en bas, lui conseilla-t-il pendant qu'elle nouait ses sandales autour de sa taille.

Il attacha leur sac de nourriture à l'arrière de sa propre ceinture.

– Appuie-toi contre la paroi et avance lentement de côté en cherchant des prises pour tes mains. Ne t'inquiète pas du temps que cela prendra. Concentre-toi seulement sur ton prochain pas.

Il étudia le visage de la jeune fille. La couleur de sa peau avait acquis une nuance encore plus blanche, mais, si elle se mordait la lèvre inférieure, ses yeux affichaient la détermination qu'il avait discernée avant qu'ils ne quittent l'ermitage.

– Bon. Allons-y. Que Dieu nous protège, dit Conrad.

Ils firent le signe de croix et, côte à côte, avancèrent au bord du ravin.

Conrad remercia Dieu pour l'air calme qui régnait maintenant. La sueur coulait le long de son cou, dans son dos, et il devait cligner des yeux pour en éloigner les moucherons. Mais il savait qu'une poussée d'air ascendant de la vallée pourrait gonfler leurs bures comme des voiles et les arracher à la paroi rocheuse aussi facilement que des pissenlits.

À une allure d'escargot, il repoussait du pied les pierres instables pour faciliter la progression d'Amata. Elle le suivait de près, plus silencieuse que les pierres qui plongeaient vers l'abîme. Il savait qu'elle éprouvait, autant que lui, des démangeaisons. Sa nouvelle robe devait être plus lourde que la sienne, usée jusqu'à la corde. Il se demandait ce à quoi elle pensait mais ne voulait pas perturber sa concentration. Quand il parla, ce fut pour exprimer un murmure de soutien afin de l'aider à garder sa concentration :

– Un pas... un pas.

Ils arrivèrent à un tournant qui marquait le milieu de la piste. Il savait qu'après ce tournant le sentier s'élargissait et était protégé par un surplomb – une cavité dans laquelle ils pourraient se reposer un moment et relâcher la tension dans leurs bras et leurs épaules. Il se tourna pour en informer Amata au moment où la pierre à laquelle elle s'agrippait se détachait de la falaise. Elle émit un cri aigu et vacilla. Conrad tendit le bras pour attraper la manche de la jeune fille et la stabiliser. Il entendit des bruits au-dessus de leur tête, et une pluie de cailloux s'abattit sur eux.

– Dépêche-toi ! Nous devons atteindre le tournant !

Amata semblait paralysée. Les fragments de roches qui tombaient étaient de plus en plus gros, de plus en plus nombreux. Une pierre de la taille de sa tête lui frappa l'épaule. Elle cria alors que Conrad l'agrippait par la taille et la tirait vers lui.

– Reste avec moi ! cria-t-il. N'abandonne pas maintenant !

Les jambes d'Amata commencèrent à se mouvoir. Utilisant sa main libre pour trouver des prises, Conrad la conduisit lentement au-delà de l'escarpement, jusqu'à la large cavité sur le sentier. Il l'aida à s'asseoir, le dos contre la falaise, puis il se laissa glisser à ses côtés, lui entourant les épaules de son bras pendant que le corps tout entier de la jeune fille était secoué d'un violent tremblement. Elle tenta de parler, mais ses dents qui claquaient l'en empêchèrent, et elle ne put que sangloter.

Il avait déjà observé un tremblement semblable chez un renard qui s'était précipité dans sa cabane pour échapper à une meute de chiens hurlants. Le renard avait une confortable avance sur la meute, et Conrad referma la porte avant que les chiens ne puissent suivre leur proie. Il avait tenu la porte fermée pendant que le renard tremblait assis sur ses pattes arrière, jusqu'à ce qu'une troupe de cavaliers émerge du sentier à la suite de la meute.

– C'est un sanctuaire ici, déclara-t-il aux chasseurs. Le frère Renard a demandé asile dans cet ermitage.

Par un trou dans la porte, il lança un coup d'œil sur le groupe de seigneurs, une bande de brutes, et espéra que sa réputation locale de saint homme excentrique les arrêterait. Pourquoi risqueraient-ils sa malédiction et mettraient-ils leur âme en péril pour un simple renard ? Les regards qu'ils lancèrent vers la cabane allaient du ressentiment à l'exaspération. Ils discutèrent entre eux en grommelant, puis tournèrent bride. Ils appelèrent les chiens et se dirigèrent vers le bas de la montagne.

– Le tremblement va passer, ma sœur. C'est la danse de San Vito. Les plus vaillants guerriers éprouvent des tremblements semblables après la bataille.

Il la berça doucement comme un père qui calme un enfant effrayé et, à son propre étonnement, fredonna une berceuse. Il avait le sentiment de tenir entre ses bras un élément de sa propre jeunesse car, lorsqu'il clignait des yeux, il imaginait étreindre Rosanna – Rosanna comme il se souvenait d'elle à seize ans, et non la trentenaire potelée – qui avait survécu à huit grossesses et trois naissances, et qui lui faisait parvenir de la nourriture une fois par semaine. Il se dégageait même d'Amata une légère odeur de poisson qui lui rappelait les enfants d'Ancône, une odeur qu'elle avait dû capter en manipulant l'emballage du parchemin de Léon.

Ils avaient un point de vue différent. Conrad pointa du doigt l'autre versant de la vallée. Ici et là, des affleurements rocheux couleur d'ambre s'amoncelaient les uns sur les autres.

– C'est le village de Sassoferrato et, là-bas sur la droite, on peut apercevoir Fossato di Vico. Il nous aurait fallu quatre jours par la route du sud.

Il éprouva tout à coup un sentiment de tendresse, émotion à laquelle il aurait pu raisonnablement s'attendre pendant une méditation sur l'Enfant Jésus. Mais il n'était pas préparé à ressentir de l'affection pour une femelle en chair et en os. Conrad s'inquiéta soudain que Dieu puisse l'arracher de son perchoir s'il succombait à la plus faible impulsion. Il tenta de faire resurgir en lui l'hostilité qu'il avait ressentie avant de s'engager sur le rebord, mais la vulnérabilité de la jeune fille avait évacué ce limon de son âme. Malgré son outrecuidance et ses airs bravaches, elle avait besoin de sa protection.

Elle cessa enfin de trembler et il retira son bras.

– Je crois que tu vas mieux. Comment va ton épaule ? Peux-tu lever le bras ?

Impatient de l'aider, il lui saisit l'avant-bras pour l'aider à le soulever, mais, plutôt que de sentir un muscle, ses doigts rencontrèrent quelque chose de solide sous la manche, comme une attelle, plus épaisse qu'un os. Amata éloigna son bras en grimaçant.

– Il n'est pas cassé, dit-elle, mais je ne crois pas qu'il me sera utile pour les vendanges quand je retournerai à Saint-Damien.

Elle modifia la position de ses jambes pour se relever.

– Nous devrions repartir.

En touchant ce qu'Amata cachait dans sa manche, il l'avait incitée à se remettre en mouvement. Il voulut demander ce qu'elle cachait puis songea que le moment était mal choisi.

– Tu es certaine de t'être assez reposée ? La plupart des gens n'oublieraient pas si vite après avoir frôlé la mort. En particulier quelqu'un d'aussi couvé que toi.

– Couvée ? Que savez-vous de ma vie ? Vous agissez parfois comme un idiot, mon frère, mais vous venez de me rappeler que j'ai une autre raison de revenir à Assise en un seul morceau.

Elle tenta de se relever à l'aide de son bras valide.

– Reste ici un moment de plus, ma sœur. Dis-moi de quoi tu parles.

Il s'agissait d'excuses maladroites. Il avait voulu dire : « Si je te connaissais mieux, je ne ferais pas de remarques stupides. »

– Si nous arrivons entier là-bas, je vous le raconterai peut-être, murmura la jeune fille.

Le ciel avait commencé à se couvrir et des éclairs fusaient au sud-est. Les crêtes éloignées prirent une allure menaçante à mesure que l'obscurité augmentait et s'étendait sur elles. Ces nuages pouvaient annoncer la pluie ou, pis encore, l'air qui refroidissait provoquerait les courants ascendants que redoutait Conrad. Ils devaient se remettre en route sans tarder.

Il soutint le bras d'Amata et, lorsqu'elle eut retrouvé son équilibre, il détacha sa ceinture de corde et la lui tendit.

– Attache-la à la tienne avant que je la renoue autour de ma taille.

– Ne craignez-vous pas que je vous entraîne avec moi si je glisse ?

– Quoi qu'il se produise, nous arriverons ensemble, ma sœur. Dieu nous a unis dans cette entreprise. Je crois qu'Il veut que nous continuions ou que nous arrêtions ensemble.

– Voilà un joli discours pour un frère ! ironisa Amata. Je vous remercie de vous inquiéter pour moi. J'ai été dure avec vous. J'éprouve peu d'affection pour l'habit religieux que nous partageons et pour les quelques hommes que j'ai rencontrés par le passé. Vous êtes une bonne personne et vous m'avez bien traitée. Je veux vous dire que je suis désolée avant que nous ne nous engagions sur cette piste dangereuse.

– Je m'excuse aussi pour les jugements sévères que j'ai pu porter à ton endroit.

Elle sourit encore, mais ses yeux devinrent tristes.

– Mon frère Fabiano avait l'habitude de dire : « Un baiser d'adieu au cas où je mourrais... »

Conrad pouvait voir qu'elle était au bord des larmes. Il se pencha vers elle et frôla des lèvres le front de la jeune fille.

– Au cas où, petite sœur.

Elle rougit et baissa les yeux. Elle serra un moment entre ses doigts la ceinture du moine, puis la lia à la sienne.

5

Parvenus au plateau découvert sur lequel débouchait le sentier, tous deux s'effondrèrent. Amata était étendue sur le dos dans la poussière, agitant l'air de ses mains et riant à gorge déployée. Toujours lié à la jeune fille par sa ceinture, Conrad s'étira. Son cœur battait à se rompre, mais son anxiété diminuait.

– Nous avons réussi ! s'exclama-t-elle.

– Dieu soit loué, haleta l'ermite.

Une percée lumineuse dans les nuages permettait d'entrevoir le soleil se couchant derrière les plus hauts sommets.

– Il faut vite trouver un endroit où établir notre camp, ajouta-t-il. Nous avons assez travaillé pour aujourd'hui.

La vue s'étendait vers le nord et l'est à partir du plateau, de même que vers le sud. Ici et là, on pouvait deviner sur le flanc des montagnes des villages et des fermes. Ils étaient encore loin d'un véritable hameau, mais ils pouvaient s'attendre à croiser des gens le lendemain.

– L'endroit où nous allons se trouve juste au-delà de la chaîne la plus éloignée, indiqua-t-il. S'il y a une éclaircie dans les nuages ce soir, observe le soleil couchant. Il marque notre parcours vers Gubbio. De là, nous suivrons les rives du Chiaggio jusqu'à Assise. Nous y serons dans deux jours, trois au plus.

Elle se redressa et porta son regard au nord, vers les crêtes montagneuses.

– Allons-nous apercevoir le château des Malatesta ? J'aimerais le voir, même de loin.

– Impossible, leur fief se trouve à plusieurs lieues d'ici, presque sur la côte.

– Je déteste les seigneurs. En particulier quand ils sont vieux, difformes et méchants comme Gianciotto Malatesta.

Conrad connaissait l'histoire qui avait entraîné des commérages si savoureux que même le serviteur de Rosanna n'avait pu résister à l'en informer lorsqu'il lui apportait de la nourriture. Le clan Malatesta de Rimini et les seigneurs Polenta de Ravenne souhaitaient former une alliance. Ils avaient arrangé un mariage entre Gianciotto et Francesca Polenta. La fiancée aurait eu à peu près le même âge qu'Amata. Sachant que Francesca rejetterait probablement Gianciotto à cause de son âge avancé et de sa laideur, les Malatesta envoyèrent son jeune frère Paolo, *Il Bello*, pour le représenter à son mariage. Quelque temps après la cérémonie, dit-on, Paolo et Francesca lisaient l'histoire de Lancelot dans le jardin du château. Émus par le désir du beau chevalier pour Guenièvre, l'épouse du roi Arthur, ils commencèrent à s'enlacer et à s'embrasser. Ils cessèrent de lire, ce jour-là. Apparemment, leur passion l'emporta également sur leur prudence, car l'un des serviteurs de Gianciotto les surprit et alerta son maître. La fin se révéla tragique.

– Gianciotto brûlera sûrement en enfer pour le meurtre de sa femme et de son frère, assura Conrad. Mais on ne peut douter que les amants expient aussi leurs péchés.

– Leurs péchés ? Est-ce un péché d'aimer ? Jésus ne nous a-t-il pas dit de nous aimer les uns les autres ?

– Comme il nous a aimés, ma sœur. Il ne parlait pas du désir charnel. De plus, Francesca était l'épouse du frère de Paolo.

– Comme si elle avait eu un choix dans ce mariage ! Ces seigneurs épousent qui ils veulent, jamais par amour. Pour un territoire ou de l'argent, ou pour conclure un traité. Ils prennent et assassinent ceux qui s'opposent à leurs désirs. Je les déteste du plus profond de mon âme.

– Bien sûr qu'il existe de méchants seigneurs, mais il en est aussi de bons, tout comme tu trouveras des bons et des méchants chez les manants. Ils font tous partie du plan de Dieu.

– Je connais aussi des hommes bons.

La voix d'Amata devint rêveuse.

– Mon père était un homme honorable. Mais les individus comme Gianciotto Malatesta...

Les muscles de sa mâchoire se contractèrent, d'abord de tristesse, puis de rage.

En silence, l'ermite observa le bois de chênes qui s'étendait sur la pente en contrebas. Des oiseaux voletaient de branche en branche, avec des chants assourdis et intermittents.

Il huma l'air. Il pouvait sentir la tempête imminente, et il lui semblait que les oiseaux la sentaient eux aussi. La première pluie de la saison était toujours une averse. Au moins lui et Amata auraient tout le bois dont ils auraient besoin pour contrer l'humidité. Des branches brisées par le vent gisaient par terre entre les arbres ; le chêne brûlait mieux que tout autre.

Il essaya de se représenter un paysan à l'âme noble, ce qui, supposait-il, correspondait à la description du père d'Amata. C'était chose assez facile, puisque neuf hommes sur dix labouraient le sol. Selon sa propre expérience, la plupart des manants et des métayers étaient trop occupés à travailler pour songer à des idéaux plus élevés. Leur religion se résumait à des amulettes et à des formules magiques pour éloigner la maladie et obtenir des récoltes abondantes. Lorsque les jours saints leur accordaient un répit, ils les passaient en général à boire, à se bagarrer et à perpétrer toutes sortes de méfaits. Pourtant, en tant que confesseur, Conrad avait connu quelques rares exceptions, des travailleurs qui surpassaient de loin leur maître en matière de vertu.

– Ton père a-t-il été exploité par son seigneur ?

– Mon père priait son Dieu sans arme, avec sa femme et ses enfants, dans la chapelle familiale, lorsque le diable sous forme humaine a enfoncé les portes et les a massacrés. Ma mère s'est jetée contre lui pour le protéger et l'un des fils du même Satan les a transpercés de son épée. Mon frère a essayé de s'enfuir en sautant par la fenêtre de la chapelle... Il est tombé en criant mon nom. Ensuite, je n'ai plus rien entendu.

Elle enfouit son visage dans ses mains. Ses épaules et son dos tremblaient.

– Je ne sais même pas s'ils ont eu des funérailles convenables.

Conrad tourna les yeux vers l'ombre envahissante sous les arbres. Il craignait de poser la question suivante, mais il en avait assez entendu pour souhaiter connaître le reste de l'histoire.

– Comment as-tu réussi à survivre ?

– J'ai essayé de courir, mais j'ai glissé dans le sang de mes parents. Le carrelage de la chapelle en était inondé. Je me souviens avoir pensé que le carrelage et le sang étaient presque de la même couleur. J'avais l'impression de faire un mauvais rêve dans lequel, en réalité, lorsque je m'éveillerais, tout aurait disparu. J'ai roulé sur moi-même et vu une hache brandie au-dessus de ma tête. J'ai pensé que j'allais être la prochaine victime... Mais leur chef a crié au chevalier de retenir son geste. Je n'avais que onze ans et il me voulait comme servante pour sa fille. Les attaquants m'ont emmenée avec eux.

– C'était la femme qui est entrée à Saint-Damien ?

– Oui. Elle les déteste tout autant que moi.

Amata se redressa. Elle parlait calmement.

– La dame a décidé que je ferais partie de la dot qu'elle verserait au couvent. J'étais soulagée, même si en vérité je n'ai aucune attirance pour la vie monacale. Mais je me serais suicidée plutôt que de rester avec son père et ses frères.

– Et ton suicide aurait causé la damnation de ton âme, lui rappela Conrad. Vos familles étaient-elles en guerre ? Y avait-il quelque querelle entre vous ?

– Non. C'était une simple question d'argent. Au moins trois vies perdues, et je ne sais combien d'autres parmi nos serviteurs, tout cela pour épargner le prix d'un péage. Nos terres se trouvaient à l'endroit où se touchent les frontières communales de Pérouse, d'Assise et de Todi. Nous appelions cet endroit le Coldimezzo, la « colline du Milieu ». Naturellement, nous imposions un tarif aux marchands qui traversaient nos terres. Les négociants de laine d'Assise nous menaçaient, mais mon père et son frère Guido se contentaient de rire. Ma maîtresse m'a révélé plus tard que c'était l'un des marchands de laine qui avait embauché son père pour nous assassiner.

Elle scruta l'ombre qui gravissait le flanc de la colline vers eux, mais Conrad devina qu'elle revoyait la chapelle ensanglantée du Coldimezzo. Après un silence, elle se tourna vers lui :

– C'est ça, ma vie d'enfant gâtée.

Et c'est aussi le motif pour lequel elle voulait tant retourner à Assise, songea Conrad, *en même temps qu'une raison de m'en éloigner*. La guerre faisait rage partout où les gens se rassemblaient. Les villes et les pays s'affrontaient sur des questions de routes marchandes et de territoires. Dans l'enceinte des villes, les guelfes bourgeois et les gibelins aristocrates guerroyaient pour leur allégeance au pape ou à l'empereur du Saint Empire. Les familles s'entretuaient pour d'anciens conflits, et les enfants égorgeaient leurs parents ou leurs frères pour accélérer le transfert d'héritage. La mort aux mains d'un meurtrier était chose courante pour les nobles, et pour les citoyens ordinaires, les duels, les funérailles et les poursuites judiciaires qui s'ensuivaient formaient le théâtre de la vie. Les veuves, les veufs et les orphelins proliféraient, assoiffés de vengeance.

– Tu n'as pas mentionné les autres membres de ta famille, ton oncle Guido et sa maisonnée. N'ont-ils pas été pris dans l'attaque, eux aussi ?

– Non. Les lâches étaient au courant de cela. Ma cousine Vanna devait épouser un notaire de Todi ce mois-là. Ses parents s'étaient rendus à la ville avec elle pour préparer le festin. Nous devions les rejoindre quelques jours plus tard.

Elle se coucha sur le dos dans la poussière et ferma les yeux. Elle commença à fredonner un chant funèbre, populaire parmi les paysans. Conrad comprit qu'il n'en apprendrait pas davantage.

Elle devait avoir pleuré souvent la perte de ses proches pendant ces cinq années, alors que sa haine croissait et qu'elle préparait sa vengeance. Peut-être se demandait-elle pourquoi son oncle n'était pas venu la chercher. Peut-être ignorait-il où on l'avait emmenée, ou qui avait commis les meurtres. Il était sans doute revenu de Todi pour découvrir une scène de carnage. Les serviteurs s'étaient peut-être enfuis ou, s'ils étaient restés, révélés incapables de nommer les assaillants.

Quel genre de chevalier embauchait des tueurs à gages ? Et pourquoi Amata était-elle demeurée à Saint-Damien ? Pourquoi avait-elle livré la lettre de Léon en courant de graves dangers, alors qu'elle aurait pu se sauver et parcourir un trajet assez facile sur de bonnes routes, jusqu'au Coldimezzo ?

Il éprouva un désir puissant de caresser ses cheveux, comme il avait caressé la fourrure du renard pourchassé. Toutefois, comme il tendait la main vers la jeune fille, il ressentit une sensation douloureuse dans le ventre, qui lui fit arrêter son geste.

Il profita du fait que ses yeux étaient fermés pour observer son visage, en espérant y trouver un indice qui l'aiderait à comprendre cette mystérieuse femme-enfant. Elle serrait les mâchoires et des larmes coulaient doucement le long de ses joues. Conrad se sentait presque coupable d'avoir été témoin de l'impuissance de la jeune fille. Il regarda avec une certaine crainte la main avec laquelle il avait failli caresser sa chevelure.

Pendant sa jeunesse, il avait plongé souvent pour ramasser des éponges dans la baie d'Ancône. Un jour, pendant qu'il méditait, il s'était surpris à comparer ces créatures à des âmes humaines. Laissée à sécher au soleil, l'éponge devenait légère et éthérée, comme l'âme exposée aux rayons aveuglants de la grâce divine. Au moment où Amata était arrivée avec la lettre, son âme avait presque atteint cet état de légèreté qu'il espérait depuis longtemps. Mais pendant les deux jours suivants, son esprit était devenu de plus en plus lourd pendant qu'il prenait connaissance des préoccupations de Léon, puis de celles de la jeune fille, pendant qu'il éprouvait l'une après l'autre des émotions depuis longtemps oubliées. Tout à coup, il souhaita être seul.

– Je vais chercher un abri, annonça-t-il. Il va pleuvoir beaucoup cette nuit. Je reviens tout de suite.

Il défit le lien entre leurs ceintures, se leva et balaya de la main la poussière sur sa bure. Pendant qu'il descendait du plateau vers les arbres, il se retourna une dernière fois pour contempler la silhouette solitaire étendue au sommet, puis détourna la tête et s'engouffra dans le bois noyé d'ombre.

Orfeo éprouvait encore du regret en regardant la marée emmener son ami vers l'entrée de la baie. Les rameurs manœuvraient habilement la galère à travers l'étendue d'eau protégée.

Au revoir, Marco, se dit-il en lui faisant un signe de la main. *Je te souhaite une vie agréable. Je penserai à toi en traversant les places de Venise et je te rappellerai au souvenir des courtisans.*

S'il avait pu, il aurait chassé de son esprit les histoires de l'aîné des Polo sur les dames de Kinsai, les plus belles du monde, qui se balançaient dans des litières décorées, avec des peignes d'ivoire dans leur chevelure noire et des boucles d'oreilles de jade. Ou les récits sur ces dames de palais qui, fatiguées de regarder les courses de chiens royaux, se débarrassaient de leurs vêtements et plongeaient nues en riant dans les lacs où elles s'ébattaient comme des bancs de poissons argentés.

– *Addio, compare*, murmura-t-il en agitant la main une dernière fois pendant que la galère dépassait la digue. *Addio, Cathay.*

Il traîna les pieds jusqu'au bout du quai, ignorant l'odeur dans l'air salin et les cris aigus des mouettes, puis il arriva près d'un vaisseau de guerre anglais qu'on approvisionnait pour le voyage à Venise. Le prince anglican, Edouard, le nouveau chef des croisés, avait mis une escadre de ses navires à la disposition du pape, sitôt qu'il avait appris l'élection de Tebaldo.

Orfeo observait le navire, et le marin en lui ne pouvait s'empêcher de s'émerveiller. Les barrots de pont faisaient saillie sur les flancs du vaisseau, tenus en place par des chevilles de bois, à la manière du Sud. Le rapport entre la largeur et la longueur des poutres elles-mêmes était de trois pour un. De toute évidence, le bâtiment de guerre avait été construit pour résister aux courants du Nord et à la haute mer, alors qu'une galère comme celle de Niccolo Polo fendait avec légèreté les eaux calmes de la Méditerranée. Le gaillard d'avant du navire s'élevait sur plusieurs étages, comme les caraques des Sarrasins, et un gaillard supérieur surplombait l'unique mat.

Grâce à sa hauteur, les archers et les frondeurs de ce bâtiment détenaient un avantage sur les galères de combat plus basses. Les constructeurs avaient espacé les ouvertures des rames de seulement deux largeurs de main entre les tolets et l'on pouvait jeter dans la bataille deux cents rameurs dans un birème ou un trirème. Avec un fort vent arrière, le navire atteindrait une vitesse de douze nœuds. Aucun pirate n'oserait attaquer une telle flottille.

Orfeo grommela en s'apitoyant sur son sort. Il espéra qu'au moins les pirates pourraient égayer le voyage. Il reprit le chemin de la ville, le cœur serré. Il vit les hauts bastions d'Acre se refléter dans la mer, ondoyant puis disparaissant dans les vagues. Si le nouveau pape s'exprimait déjà avec l'infaillibilité pontificale, ces monuments illustrant la puissance seraient réduits en miettes dans peu d'années. Cependant, tout ce qu'Orfeo savait pour le moment, c'était que, par le caprice de ce pape, l'édifice encore fragile de ses espoirs et de ses rêves venait de s'effondrer à tout jamais.

Il releva le menton, comme pour regarder de haut les tours du port. Elles étaient droites, froides et rigides, comme le père et les grands frères qui avaient dominé sa jeunesse. À cette époque, il se réfugiait dans les bras de sa grand-mère lorsque les adultes tentaient de réprimer son esprit rebelle. Durant toutes les années qui s'étaient écoulées depuis, les femmes avaient continué de le réconforter, alors que les hommes de sa famille, ses amis et ses camarades de bord étaient partis, l'abandonnant avec sa souffrance.

Et cette soirée allait se passer de même. Tournant le dos au bâtiment de guerre, Orfeo se dirigea vers la ruelle où il avait retrouvé Marco, le matin même, de si joyeuse humeur.

6

– Maudite soit cette boue ! Sale bête paresseuse !

Primo enleva ses galoches et les lança sur le chargement de bois de chauffage avant de descendre dans la boue épaisse du sentier. Il pesta contre les roues de bois enlisées dans la vase. La tempête qui avait fait rage dans les montagnes la nuit précédente avait transformé le sentier en bourbier.

Il avança de quelques pas sur la route étroite et arracha furieusement quelques branches aux pins les plus proches. Il les plaça devant les deux roues pour améliorer la traction et alla se cabrer contre l'arrière du tombereau.

– Hue ! Tire, Jupiter ! cria-t-il en grognant et en poussant sur l'arrière du véhicule.

Les roues avancèrent légèrement.

Il se retourna pour appuyer son dos contre le chargement et enfonça ses talons dans la boue. Ses pieds glissèrent et il s'écroula lourdement. Avec un bruit sourd, le chariot retomba dans l'ornière.

– *Porco Dio ! Putana Madonna !*

Il prit rageusement une poignée de boue et la lança sur la route dans la direction des deux frères qui approchaient. Le plus costaud des deux portait un sac relié par une corde à son épaule et semblait ne pas remarquer l'humidité du terrain. Il marchait avec assurance pendant que le plus petit relevait sa bure et marchait avec précaution sur le côté de la route.

Voilà tout ce dont j'avais besoin, des prêtres qui me dépassent sur la route, et des frères mendiants en plus ! Primo avait croisé un padre le jour avant que sa mère n'attrape une maladie mortelle. Il demeurait convaincu que la rencontre malchanceuse avec le prêtre avait causé sa mort. Comme ses concitoyens du village, il avait une peur morbide des ecclésiastiques, mais, contrairement à eux, il surmontait ses craintes. Primo dévisagea les frères avec animosité.

– Je n'ai pas d'argent, pas de nourriture supplémentaire, et je ne veux pas être sauvé, cria-t-il.

Le plus petit des deux moines éclata d'un grand rire aigu, presque féminin. Le fermier secoua la tête d'un air dégoûté. *Pas deux prêtres. Juste un prêtre sodomite et sa pute novice*. Il n'avait jamais fait ça avec de jeunes garçons comme ces païens de Grecs.

Primo attrapa le rebord de son chariot et se remit sur ses pieds. Il essuya la vase sur sa tunique. La glaise s'était amoncelée sur les poils épais de ses jambes nues.

Les deux moines s'avancèrent à quelques pas du chariot. Le plus petit se fit entendre en premier.

– *Servite pauperes Christi*, Padre. Exactement comme Léon a dit.

– Qu'est-ce qu'il a dit ? demanda Primo.

– Il a dit que nous devrions vous aider, répondit le moine plus âgé.

Primo retira sa calotte et s'en servit pour s'essuyer le visage.

– Quoi ? Et vous saliriez vos doigts bénis ? Je croyais que vous ne pouviez toucher que les objets saints et l'argent.

– Vous voulez de l'aide ou non ? insista le moine.

– Désolé, padre. Bien sûr que je veux que vous m'aidiez. À cheval donné, on ne regarde pas les dents !

Il lança les rênes du bœuf au novice.

– Tiens, *fratellino*. Voyons si tu peux redonner un peu d'élan à ce bœuf paresseux. Nous allons pousser par-derrière si le padre le veut bien.

Le moine étudiait la bête.

– Il n'est pas très gros.

– Ouais. C'est ça mon problème. Il n'a que deux ans, mais c'est tout ce qu'il me reste. Le prêtre a pris sa mère pour payer les frais d'enterrement quand ma mère est morte. Comme vous faites partie de cette race de voleurs, vous savez comment ça fonctionne.

– Votre curé pouvait user de son *droit de meilleur cheptel*. C'est une coutume ancienne de prendre le meilleur animal du membre de la famille qui survit.

Le moine regarda Primo droit dans les yeux :

– Pour un homme qui a besoin d'aide, vous ne réussissez pas à retenir votre langue.

Le garçon intervint :

– Je suis prêt. Vous n'avez qu'à commencer à pousser.

Le frère continuait de fixer Primo de ses yeux gris malveillants qui pouvaient jeter un mauvais sort. Le fermier baissa la tête. Il ne pouvait se permettre de se faire un ennemi de ce frère, et il eut un geste vers l'arrière du chariot.

– Après vous, padre.

L'homme appuya son épaule contre les larges roues. Avec un cri, le garçon entreprit de tirer devant le chariot pendant qu'il aiguillonnait le bœuf de sa main libre. Les branches de pin craquèrent sous les roues, libérant un parfum qui supplanta l'odeur musquée du bovin et, petit à petit, le chariot avança en craquant. La cloche autour du cou de l'animal tintait au rythme de ses pas.

– Continuez de pousser ! cria Primo. Emmenez-moi jusqu'au sommet de cette pente et je vous offre la balade, nous pourrons rouler sans difficulté pendant plusieurs lieues.

Tous trois redoublèrent d'efforts, et même le bœuf semblait revigoré par leur énergie.

– C'est bien, Jupiter. T'es un bon garçon. Continue !

Les frères crièrent de joie en atteignant le sommet de la colline et Primo administra une claque entre les clavicules du plus vieux des deux. Le coup surprit le moine, mais il répondit par un large sourire.

– Nous l'avons eu, dit-il.

Primo grimpa sur son siège, d'une humeur radieuse.

– Êtes-vous fatigués ? Il y a de la place pour un d'entre vous ici.

– Non, nous sommes habitués à marcher, répondit le moine, mais merci quand même.

– Moi, je profiterais bien de votre offre, interrompit le novice.

Il tendit son bras droit.

– Je me suis blessé à l'autre épaule. Pouvez-vous m'aider à monter ?

Primo saisit le bras tendu.

– Soulevez-lui les fesses, padre.

Le garçon rit de bon cœur.

– Vous l'avez entendu, frère Conrad ? Soulevez-moi les fesses.

– Fabiano ! Fais attention à qui tu parles.

Primo s'esclaffa.

– J'espère que je ne vous serre pas trop. Cette planche est très étroite, remarqua le garçon.

– J'ai déjà eu une vache qui faisait vingt fois ton poids, indiqua Primo. Je n'aurais pas osé la traire à côté d'un mur. Elle m'aurait écrasé contre lui !

Il regarda derrière le garçon.

– Je pense que ton prêtre est un peu jaloux, toutefois.

Il chanta nonchalamment :

À travers la forêt feuillue, Bovo cheminait
Pendant que sa Rosabella trottinait tout près.

– Fabiano ! cria le frère. Tes pieds n'ont pas été blessés ?

– Votre novice ne m'attire pas du tout ! lança Primo, hilare.

Le frère tourna la tête d'un air de colère, mais le garçon parla en premier.

– Êtes-vous marié, *signore* ?

– Non. Mais je suis mûr pour le mariage depuis que ma mère est morte. Ça serait bien pour mon père et moi d'avoir une femme à la maison.

– J'ai déjà espéré la même chose, répliqua le novice. Seulement me marier et avoir des enfants.

– Eh bien, tu peux encore faire des bébés s'ils ne te châtrent pas et qu'ils te laissent vagabonder loin de ton monastère. Il y a plus d'un petit bâtard dans notre village qui a les yeux bleus du curé.

Le frère ramena vivement son capuchon sur sa tête, accéléra le pas et s'éloigna devant eux. Ses pieds glissaient dans la boue, mais par entêtement il réussit à mettre une certaine distance entre lui et les deux autres.

– Attendez, padre ! lui cria Primo. Je veux vous poser une question sérieuse.

Le frère s'arrêta et attendit que le chariot le rattrape, mais refusa de rabattre son capuchon. Alors que Jupiter s'arrêtait à sa hauteur, Primo questionna :

– Avez-vous entendu l'histoire des danseurs dans la cour de l'église ?

Le fermier ne pouvait voir le visage de l'homme, mais un grognement guttural lui confirma que le moine écoutait.

– C'était un jour férié en l'honneur de la Vierge. Tous les habitants du village étaient ivres morts et dansaient autour des pierres tombales. Toute la nuit, ils avaient chanté en chœur *Chérie, aie pitié*. Et certaines ont eu pitié d'eux dans l'ombre, vous savez. Mais pendant ce temps, avec tout ce vacarme au-dehors, le vieux prêtre ne pouvait trouver le sommeil. Vous imaginez de quoi il avait l'air à la messe, le lendemain matin, les yeux exorbités et se tenant des deux mains à l'autel pour rester debout. Puis il lève les yeux vers le ciel pour commencer les prières, mais plutôt que de dire « Dieu, aie pitié », il dit : « Chérie, aie pitié. »

Il éclata de rire et frappa à nouveau du poing la cuisse du novice.

– Quel scandale ! J'en ris encore aujourd'hui.

Le garçon massa sa jambe douloureuse, mais réussit à rire.

Alors que le moine marchait à une centaine de pas devant, le garçon commença à s'agiter :

– Vous êtes allé trop loin. Vous l'avez mis en colère.

– Non. Il a la peau épaisse et j'avais besoin d'un bon rire après cette nuit pluvieuse.

– Malgré cela, vous n'aviez pas à le ridiculiser. Je vais aller lui parler. Je ferais mieux de marcher avec lui.

Le novice sauta du chariot et courut vers son compagnon. Quand il le rattrapa, Primo se retrouva aux premières loges pour le spectacle. Dans leurs longues bures boueuses, ils ressemblaient à la marionnette Pulcinella et à sa femme, se lançant des insultes et agitant les bras comme des fléaux à grain.

Enfin, le moine ralentit le pas et attendit que le chariot le rejoigne.

– Où allez-vous, *signore* ? grommela-t-il.

Primo retira sa calotte et prit un air qu'il espérait suffisamment penaud.

– À l'abbaye de Sant'Ubaldo près de Gubbio, mon révérend. J'apporte ce bois aux moines de l'endroit. Je dois en livrer un chargement à l'abbé avant de pouvoir couper mon propre bois dans la forêt. Nous y arriverons cet après-midi s'il ne pleut pas et que le dos de Jupiter tient bon.

– Alors vous êtes au service des moines noirs de saint Benoît ? s'étonna le moine.

– C'est encore pire que ça : malgré les avertissements et les sermons, je sers deux maîtres. Mais je ne peux pas dire que j'en aime un et que je déteste l'autre, parce que j'aimerais bien me débarrasser des deux. Mon premier maître, c'est le comte Alessandro. Il a tué un de ses paysans parce qu'il n'avançait pas assez vite sur la route. Il a carrément lancé son cheval sur lui. Bien sûr, il a été absous parce que le paysan était un de ses serfs mais, en guise de pénitence, il donne aux moines un pâturage, la moitié de son bois, et la moitié du mien. En ce moment, vous êtes en face de la moitié d'un homme. Une moitié de moi est au service de l'intendant des moines, et l'autre moitié appartient au magistrat du comté. Je ne peux pas vous dire laquelle des deux moitiés travaille le plus fort, et pendant ce temps personne ne s'occupe de ma propre terre.

Le moine rabattit son capuchon. Il réfléchissait en marchant près du chariot, alors que le novice s'attardait à quelques pas derrière. Pendant un moment, on n'entendit que le son de la cloche du bœuf, le grincement du tombereau et le bruit des sabots dans la boue.

– Saint François avait raison, conclut le moine. C'est un jour triste quand des hommes de Dieu décident qu'ils ont besoin de biens. Et c'est encore plus triste quand ils vendent des absolutions pour les obtenir.

– Votre saint a dit beaucoup de choses vraies, même s'il était une sorte de mendiant dégoûtant, à sa façon. Je vois que vous ne comprenez pas, continua Primo. C'est en l'an 1225 que mon vieux père, qui avait à cette époque l'âge de votre novice, a rencontré le saint homme en chair et en os. Les frères le transportaient sur un âne. Il était aveugle comme une chauve-souris en plein jour, et ses mains et ses pieds étaient tout enveloppés pour couvrir les blessures du Christ.

– Il n'y a rien de répugnant dans le fait qu'il était aveugle ou blessé, coupa le frère. Il avait attrapé une maladie des yeux en Égypte en essayant de convertir le sultan au christianisme. Pour ce qui est des stigmates du Christ crucifié, c'était le plus grand don jamais accordé au fils d'un mortel.

– Bien sûr. Mais je n'ai pas fini mon histoire. Comme je le disais, mon père le regardait quand un lépreux est sorti d'un bois en boitillant et en agitant les bras avant de présenter son bol à aumône. « Amenez-moi mon frère », a dit le saint, puis il a cherché des mains la tête du mendiant. Aussitôt qu'il trouve le visage et les lèvres, il l'embrasse comme si c'était la plus belle des créatures. Vous pouvez toujours parler, moi je trouve ça dégoûtant.

– Vous n'êtes pas le seul à penser ainsi, admit le frère. Je n'aurais pas non plus la force de faire une chose pareille. Le zèle sacré est aussi un don de Dieu.

Partout dans les montagnes, la brume du matin s'élevait en volutes duveteuses. Le fermier pouvait tout juste apercevoir, plusieurs lieues au loin, les grandes tours grises de l'abbaye sculptée à même la pente du mont Ingino. Sous l'abbaye, au pied de la montagne, nichait le village de Gubbio.

– Regardez là-bas, mes frères, conseilla-t-il. C'est la fin de mon voyage. Vous feriez mieux de vous y arrêter cette nuit, vous aussi. La table de dom Vittorio fait honneur à ses hôtes.

Le soleil assécha la route, qui se transforma en une marne croûtée. Le chariot se déplaçait plus rapidement. Les trois voyageurs atteignirent le monastère entre none et vêpres.

Conrad s'arrêta un moment pour apprécier l'étirement des muscles de ses cuisses, heureux d'approcher de la fin d'une journée de marche, heureux également de se séparer du bruyant fermier. Amata s'était amusée à ses dépens pendant la majeure partie de la journée. *Quel fardeau elle doit être pour sa mère prieure et ses sœurs à Saint-Damien !* Plus tôt elle se retrouverait derrière les murs du couvent et plus tôt il se retrouverait seul, mieux ce serait.

Il remplit ses poumons de l'air odorant. Une brise fraîche souffla en une bourrasque capricieuse, dispersa les feuilles jaunies de la forêt, puis s'arrêta aussi brusquement qu'elle avait commencé.

Devant eux, un vieux moine plissait les yeux dans l'embrasure de la maison du gardien. Derrière le minuscule abri, un pont de bois surplombait les eaux de la rivière Chiaggio et menait à la porte massive du monastère. Ses murs ressemblaient à ceux d'une forteresse avec leurs judas et leurs meurtrières.

Sur l'autre berge de la rivière, une tourterelle solitaire sautillait parmi les roseaux, picorant de temps à autre les graines éparpillées au sol par la tempête. *C'est ce que je ferai dans quelques jours,* se dit l'ermite : fouiller parmi de vieux parchemins en essayant de trouver une seule graine qui donnerait une signification à ce voyage.

Pendant la dernière heure de marche, les pensées de Conrad s'étaient tournées vers le message de Léon. Il s'attrista en comprenant qu'il arriverait bientôt à Assise et n'avait aucune idée de ce qu'il devait chercher. *Découvre la vérité sur les légendes*, avait écrit Léon : un indice aussi mince que la graine que cherchait la tourterelle.

– Bonjour, Primo ! lança le portier. Amène ton chariot jusqu'à la porte nord et demande un pichet au cellérier.

Les deux hommes échangèrent des plaisanteries pendant que le chariot passait devant le gardien. Puis le vieux moine se tourna vers les frères.

– Que la paix de Dieu soit avec vous, mon frère, dit Conrad.

– Et aussi avec vous, répliqua le moine. Passerez-vous la nuit avec nous ?

C'était, bien sûr, impossible. Le fait de laisser entrer une femelle entre les murs d'un monastère serait un grave manquement, malgré le déguisement d'Amata : Conrad n'était pas certain qu'elle puisse continuer à jouer le rôle de novice. Même s'ils devaient rester la majeure partie de leur temps dans des quartiers réservés aux hôtes, ils devraient à un moment ou à un autre retrouver la communauté.

– Dieu bénisse votre bonté, répondit l'ermite, mais nous voulons nous rendre à Gubbio tandis qu'il fait encore jour.

Pendant que Conrad refusait l'hospitalité du gardien, un grondement s'éleva et la route commença à trembler sous leurs pieds. Le vieux moine ne montra aucun signe d'inquiétude et désigna du doigt le flanc de la colline, où une dizaine de moines lourdement armés galopaient vers eux en montant de la vallée. Ils ne chevauchaient pas des palefrois fragiles, mais d'énormes destriers de guerre aux poitrails larges comme des barils. Une meute de chiens courait avec eux, longeant les abords du chemin pour éviter les sabots. Les chevaux galopaient en ligne droite vers les voyageurs, leur bouche bordée de salive et leurs oreilles aplaties. Paralysé, Conrad ne pouvait que croiser les bras devant son visage. Au dernier moment, le chef de file tira sur les rênes tout en appuyant ses pieds sur les étriers. Il semblait d'une force physique remarquable, et la croix incrustée de joyaux qui s'agitait sur sa vaste poitrine trahissait son identité : c'était dom Vittorio, le frère supérieur de Sant'Ubaldo.

– Bienvenue, mes frères ! cria-t-il à Conrad et à Amata.

Debout sur ses étriers, il semblait leur parler du sommet des arbres qui encadraient sa tête presque chauve.

– C'est sûrement la providence qui vous a envoyés à moi pour que cette journée ne soit pas un désastre total.

Conrad écarquilla les yeux devant la multitude de piques et de hallebardes, les carquois des flèches derrière les épaules des hommes, les massues et arbalètes qui pendaient à leurs selles. Ils pourchassaient un animal plus dangereux qu'un chevreuil.

Le supérieur suivit son regard.

– Ces maudits Pérugins ! expliqua-t-il. Dieu envoie leur âme en enfer ! Ils ont embauché une bande de malfrats qui nous attaquent quand nous traversons les cols, mais nous n'avons trouvé aucun de ces vauriens aujourd'hui.

Conrad se rappela que le supérieur de Sant'Ubaldo possédait la majeure partie des terres agricoles et des forêts autour de Gubbio et qu'il agissait comme le seigneur d'un manoir en protégeant son fief contre les ennemis et les prédateurs. *Une autre malédiction de la propriété*, pensa-t-il. Une raison de plus pour être reconnaissant de l'amour que portait son ordre à la madone Pauvreté – ou tout au moins son amour hypothétique pour la Dame.

Dom Vittorio fit signe aux autres de se diriger vers le monastère. L'énorme porte s'ouvrit de l'intérieur avec un bruit de chaînes et de barres. Quand le dernier cheval eut traversé le pont, l'ermite s'était déjà engagé sur la route qui menait à Gubbio alors qu'Amata traînait derrière.

– Attendez, mes frères. Je veux que vous soyez mes hôtes ce soir.

– *Grazie molte*, révérend père, répliqua Conrad, mais notre ordre possède une maison à Gubbio. C'est là que nous coucherons.

Il existait dans cette ville un couvent des Dames pauvres où Amata pourrait se loger. Si près d'Assise, Conrad préférait éviter toute complication.

– J'insiste pour que vous restiez.

À en juger par son ton, il semblait évident qu'il obtenait toujours ce qu'il voulait.

– Je veux que vous dirigiez le service demain. Après tout, c'est l'anniversaire de votre fondateur.

Déjà le 4 octobre ? Conrad ne pouvait croire qu'il eût oublié la fête de saint François, le jour le plus important dans le calendrier de l'Ordre. C'est ce qui arrivait quand on cessait de lire son bréviaire. Saisi de remords, il ne put que répondre faiblement :

– Nous ne connaissons pas très bien vos rituels.

– Ah, mais vous pourriez au moins lire les Psaumes des vigiles. Vous me feriez une faveur en acceptant.

L'attitude neutre du supérieur laissait aussi entendre qu'il considérerait tout refus comme une rebuffade.

Échec et mat ! Comment ne pas accéder à cette requête sans admettre qu'il avait voyagé avec une femelle ces deux derniers jours ? Il jeta un coup d'œil à Amata, plaidant pour obtenir son soutien. Il espérait que son esprit vif trouverait une solution à ce dilemme, qu'elle pourrait finalement se montrer utile, comme Léon l'avait promis.

– Passons la nuit ici, Padre, dit-elle. Je n'ai jamais dormi une nuit dans une abbaye de ces moines.

Les yeux de l'ermite s'écarquillèrent alors que la jeune fille prenait un air d'innocence moqueuse. Pendant un instant, il s'imagina en train de lui administrer une fessée.

Du haut de sa monture, dom Vittorio inclina la tête en direction d'Amata.

– Merci, jeune frère, dit-il. Tu seras traité de manière aussi cordiale qu'un cardinal ou un émissaire pontifical. Si ton grossier compagnon insiste pour continuer son chemin, il peut le faire sans toi.

Conrad baissa la tête pour cacher son exaspération. Ils l'avaient battu. Il ne pouvait que les suivre tandis que le supérieur conduisait son étalon sur le pont et qu'Amata trottait consciencieusement derrière lui. Il devait les rejoindre, ne serait-ce que pour garder un œil sur elle. Dieu seul savait quels ennuis elle pouvait provoquer s'il l'abandonnait à ses caprices.

7

Conrad compta quelque cent vingt hommes et garçons alors qu'il regardait les moines entrer dans le réfectoire après les vêpres : un immense monastère. Ils prirent un siège le long de deux rangées de tables à tréteaux qui s'étiraient sur toute la longueur de la salle. Dom Vittorio mena Conrad, Amata et son prieur à une table plus petite, placée sur une plate-forme à l'extrémité du réfectoire. Fermant la procession, le lecteur de la semaine grimpa les marches qui menaient au lutrin.

Conrad se réjouissait de se nourrir après cette journée sur la route, même s'il ne s'agissait sans doute pas d'un repas complet. Dans un monastère strict, les moines auraient pris leur repas principal à la mi-journée. Or, dom Vittorio ne donnait pas l'impression d'être rigide. Conrad le voyait davantage comme un châtelain de campagne, l'un de ces survivants d'une époque féodale à l'agonie. L'odeur savoureuse des viandes chaudes provenant de la cuisine confirma son impression.

L'air du soir s'était rafraîchi, mais le frère cuisinier avait alimenté le foyer, qui répandait une chaleur confortable. Conrad remarqua que le réfectoire servait aussi d'armurerie. Tout autour de lui, les flammes du foyer se reflétaient sur des arbalètes polies, des boucliers de métal, des armes de fer et des plastrons accrochés au mur. À en juger par les ornements de la pièce, il aurait aussi bien pu se trouver dans la grand-salle du duc de Spolète.

Sur un signe de dom Vittorio, le lecteur entama la lecture de la biographie d'un saint bénédictin. Aussitôt, le niveau des murmures s'accrut aux tables. Les têtes se tournèrent dans leur direction. Conrad remarqua que l'attention se fixait de plus en plus sur Amata et, pis encore, elle renvoyait leurs regards aux moines avec son sourire irrésistible. Ne réalisait-elle pas que, même déguisée en garçon, elle n'était pas moins en danger parmi des moines indisciplinés ? Il se sentait comme Lot protégeant ses anges visiteurs des citoyens de Sodome et Gomorrhe. Non qu'Amata pût être considérée comme un ange, même avec une imagination débridée. Pourtant, il se pencha vers la jeune fille et murmura :

– La modestie, *mon frère*, la modestie.

Heureusement pour les nerfs de Conrad, le dîner arriva. Plutôt que le bouillon fade, le pain de grain et les pois chiches auxquels il aurait pu s'attendre, le cuisinier et sa petite armée d'aides apportèrent des plats de porc rôti et des fromages. Un jeune assistant coupa devant eux des tranches de délicieux pain blanc. Un autre remplit leur coupe de vin aromatique, et dom Vittorio souriait à ses hôtes avec affabilité.

– Mangez, mes frères. Demain, vous reprendrez la route. Il faut refaire vos forces.

Les murmures se transformèrent en un vacarme qui noyait la voix du lecteur. Conrad observa l'autre extrémité de la salle et s'aperçut que les chiens de chasse avaient envahi la pièce et arpentaient les espaces entre les tables. De temps en temps, l'un des moines lançait en l'air un morceau de viande ou de pain, provoquant des rixes entre les bêtes. Aux tables des novices, le jeu semblait consister à jeter un morceau de nourriture sur le bord de la table opposée et forcer ainsi un frère novice à disputer sa nourriture à un chien sautillant.

Bien qu'il eût des scrupules à manger aussi voracement que les moines, l'estomac de l'ermite rejeta ses objections. Il termina chacune des épaisses tranches de porc qu'on lui offrait à titre d'hôte. Amata dévorait elle aussi avec appétit et, à la fin du repas, elle applaudit avec les moines pendant que les tables étaient renversées sur leurs tréteaux. Les moines jetaient sur les dalles les coupes d'étain vides et les restes de nourriture pendant que les chiens ajoutaient au tumulte en jappant furieusement pendant qu'ils se précipitaient sur les restes. À travers ce chahut, Conrad voyait se mouvoir les lèvres du lecteur, jusqu'à ce que le moine ferme finalement son livre et fasse le signe de croix.

Le repas du soir était terminé.

L'équipe des cuisines se rangea en file contre le mur en attendant que les chiens aient terminé. Les moines retournèrent vers la basilique pour complies, le dernier service religieux de la journée. Comme ils entraient dans la nef et prenaient leur place désignée dans les stalles du chœur, Conrad et Amata se détachèrent du groupe. Les deux frères gris se tinrent à l'écart dans le transept nord pendant que les moines noirs priaient pour jouir d'un sommeil paisible et de la protection contre le démon qui, les prévenaient les Psaumes, effectuait ses tournées *sicut leo rugiens*, comme un lion rugissant, pendant la nuit, en cherchant une proie. Conrad inclina la tête et souhaita qu'Amata connaisse assez le latin pour prendre ce conseil à cœur.

L'ermite avait vécu si longtemps hors des communautés qu'il avait oublié la puissante résonance que pouvaient produire tant de voix masculines jeunes ou âgées chantant à l'unisson. *Malgré leur comportement peu consciencieux*, pensa-t-il, *ces moines savent chanter*. Les voix de basses, en particulier, faisaient vibrer sa poitrine. Alors que la basilique s'assombrissait et que tous disparaissaient dans l'obscurité croissante, il laissa des larmes de joie couler de ses yeux et descendre le long de ses joues. Il ne savait pas si Amata le voyait, mais il ne s'en souciait pas.

Une période de méditation suivit le dernier hymne, et dom Vittorio chercha les frères des yeux et leur fit signe de le suivre.

Il les mena dans une chambre attenante à son bureau.

– Normalement, c'est ici que je dors, mais notre hôtellerie est présentement en réfection. Je laisse mon lit à mes honorables visiteurs.

Une unique chandelle éclairait la pièce, mais elle donnait au lieu plus de confort que Conrad ne l'aurait cru possible dans un monastère. Une chaise de lecture rembourrée était placée devant une fenêtre à carreaux sertie de plomb et un haut tabouret capitonné était posé près de la table de travail. Deux grandes tapisseries ornaient les murs de pierre. L'une d'elles représentait un sanglier pris en tenaille par des chasseurs, et l'autre, un fauconnier en train de retirer le capuchon de son oiseau. Toutefois, ce qui l'étonna le plus, ce fut le lit du supérieur. D'habitude, les moines dormaient sur un simple matelas de paille. Or celui-là comportait une structure de bois qui élevait le matelas bien au-dessus du plancher froid. Les rideaux liés aux colonnes de lit étaient assez écartés pour révéler la présence d'un édredon de duvet et d'une pile d'oreillers aussi larges que des sacs de blé. Lorsque les rideaux étaient fermés, ils protégeaient des courants d'air l'hiver ou des moustiques l'été. Le matelas paraissait rembourré de plumes d'oie. Conrad se demanda si un pape avait jamais dormi dans un tel lit.

Le supérieur s'approcha de lui et chuchota :

– Le lit est assez grand pour vous deux... ou je peux demander qu'on apporte un autre matelas pour votre novice.

L'ermite devina que la proposition de dom Vittorio représentait aussi bien une mise à l'épreuve qu'une suggestion.

– Oh non, non ! balbutia-t-il en reculant vers la porte. La même chambre ? Ce ne serait pas...

– N'en dites pas plus. Vous avez raison d'éviter les soupçons d'inconvenance. J'ai honte d'admettre qu'il se trouve dans mon monastère des gens dont l'esprit est trop préoccupé par l'impureté de la chair. Ils pourraient mal interpréter le fait que vous partagiez votre chambre. Le jeune garçon dormira dans le dortoir des novices.

Il se tourna vers Amata.

– Viens avec moi, mon fils.

Amata sourit et emboîta le pas à dom Vittorio.

– Attendez, laissa tomber Conrad.

Sans réfléchir, il saisit l'épaule blessée de la jeune fille. Amata lança un cri de douleur. Le ton aigu de sa voix les surprit tous les trois. Les joues en feu, Conrad prit la parole en tentant de détourner l'attention du moine.

– J'avais oublié de mentionner, révérend père, que Fabiano s'est blessé au bras hier.

Sa voix tremblait et, un instant, il eut peur de tout révéler, mais il lui semblait que leur seul espoir résidait dans le fait qu'il continue de parler.

– Nous devrions lui céder le lit confortable. Une paillasse dans le dortoir des prêtres suffira amplement à mes besoins. D'habitude, je dors sur le sol.

Dom Vittorio fixa Amata avec curiosité pendant qu'il suivait l'ermite vers la porte.

– Comme vous voudrez, frère Conrad... Ne te préoccupe pas de la cloche des vigiles, jeune frère, et repose-toi bien. Si ta blessure est encore douloureuse au matin, je demanderai à l'infirmier de l'examiner à la lumière du jour.

Amata inclina la tête, avec un peu trop d'empressement, aux yeux de Conrad. La pauvre fille semblait trop terrifiée pour parler, de crainte que sa voix ne la trahisse.

Il pouvait déjà deviner qu'il n'y aurait aucun repos pour lui avant qu'ils ne quittent cet endroit. Les muscles de son estomac se contractèrent alors qu'il accompagnait le supérieur dans le cloître ; les tranches de porc, grasses et riches, gargouillaient dans ses intestins. Le claquement des sandales de dom Vittorio sur les dalles et même le murmure des pieds nus de Conrad se répercutaient sur les murs avec un son puissant dans le silence de l'endroit.

L'ermite observa l'espace peu éclairé. Il pouvait presque sentir les silhouettes sombres qui se tenaient accroupies en attendant derrière chaque colonne que la lune éclairait. *Je t'en prie, sois sage cette nuit, Amata*, implora-t-il.

Habitué qu'il était à des sons comme le grattement d'une branche de pin contre le mur de son logis, Conrad eut du mal à trouver le sommeil. Le dortoir avait été divisé de telle façon que chaque dormeur eût sa propre cellule, mais les cloisons de bois à hauteur d'homme ne diminuaient en rien la cacophonie rauque qu'émettaient des dizaines de moines ronflants.

Pourtant, même si la pièce avait été aussi calme qu'un cimetière, son inquiétude à l'égard d'Amata l'aurait tenu éveillé. Chaque bruissement de matelas, chaque craquement des lattes du plancher le faisait se redresser. Heure après heure, son imagination lui représentait des moines quittant leur lit et revenant un peu plus tard. Enfin, au milieu de la nuit, la fatigue le submergea et il glissa dans un sommeil agité.

Le reste de la nuit se révéla court. Plus tôt qu'il ne semblait humainement décent, le veilleur de nuit agita sa cloche afin d'annoncer qu'il était temps de se lever pour les vigiles.

À demi endormi, Conrad répéta les paroles du roi David qu'il avait citées à Amata la veille : « Sept fois durant le jour je Te louerai et, pendant la nuit, j'invoquerai Ton Nom. » Il se frotta les yeux, s'étira et suivit d'un pas mal assuré les moines qui se dirigeaient en silence vers la basilique. Il se frotta les mains et les bras pendant qu'il marchait ; l'air de la nuit avait refroidi le cloître et le soleil ne se lèverait pas avant cinq autres heures. Dans l'église, les moines noirs formaient quatre rangées, deux de chaque côté de la nef, et les prêtres s'étaient rangés le long des ailes surélevées près du mur, alors que les novices se tenaient debout en dessous, au niveau du sol. Ne jouissant d'aucune ancienneté dans ce groupe, Conrad prit la position la plus éloignée, au bout d'une rangée de prêtres. Il ne voyait pas Amata. Apparemment, elle avait suivi le conseil de dom Vittorio et continuait de dormir.

L'ermite s'accorda un instant de sommeil pendant que son voisin de chorale arrangeait les signets de soie dans le grand psautier en équilibre sur le lutrin. Quand il se força à rouvrir les yeux, il se sentit quelque peu justifié en voyant les autres apparemment aussi fatigués. Même dom Vittorio paraissait avoir mal dormi. Ses yeux étaient bouffis, ses joues parsemées de rougeurs, et sa voix grinçait comme les chaînes rouillées d'un pont-levis lorsqu'il entama la bénédiction pour débuter : *Jube, Domine, benedicere.*

Un à un, les hymnes, les psaumes et les antiennes s'écoulèrent des lèvres de Conrad jusqu'à la première lecture. Sur un geste de dom Vittorio, il fit une genuflexion et monta dans la chaire derrière la stalle du frère supérieur. L'un des moines avait déjà ouvert le livre aux passages concernés. Il entonna les quatre premières leçons tirées du livre des confesseurs. Plus il lisait, plus il se surprenait à apprécier son rôle dans le service religieux des moines noirs, fier que saint François soit ainsi honoré par les membres d'un autre ordre, parfois rival. Toutefois, comme il tournait la page pour amorcer la cinquième lecture, il s'interrompit soudain. Trois fois, il parcourut des yeux le titre : *Lectio de legenda major ministri Bonaventuræ.*

Est-ce pour cela que Dieu m'a infligé cette nuit de tourments ? se demanda-t-il. Le dernier texte était tiré de la « Légende majeure », la biographie de saint François par Bonaventure. Conrad avait-il enfin trouvé un indice lui permettant de comprendre le message de Léon ? Une fois de plus, une partie de la lettre de son mentor lui revint à l'esprit pendant que, stupéfait, il s'agrippait aux côtés du lutrin : *Lis avec tes yeux, discerne avec ton esprit, éprouve en ton cœur la vérité des légendes.*

Une quinte de toux s'élevant du chœur le ramena à sa tâche. Des rangées de visages contrariés le fixaient, et dom Vittorio se racla la gorge ostensiblement. Conrad inclina la tête pour s'excuser et reprit.

Franciscus, Assisii in Umbria natus, psalmodia-t-il, *François, né à Assise en Ombrie...* et il se laissa de nouveau entraîner par le récit. Cependant, au milieu de la septième leçon, il s'arrêta encore une fois. Le passage racontait comment, deux ans avant la mort de François, un séraphin muni de six ailes flamboyantes apparut au saint et imprima sur ses mains, ses pieds et son flanc les stigmates du Christ crucifié.

De toute façon, Conrad aurait dû marquer une pause à cet endroit. Le moment où l'ange marquait le corps de saint François était le plus dramatique et le plus émouvant des chroniques de l'Ordre. N'importe quel frère aurait été touché. Mais, alors même que son cœur s'émouvait à cette pensée, l'une des questions de Léon tenaillait son esprit. *Qu'en est-il du séraphin*? Était-ce le séraphin dont Léon parlait? Non, puisque l'ange venait à l'évidence du paradis. Alors, que sous-entendait Léon par cette phrase?

Quand il eut terminé le passage, il tenta de rassembler ses pensées pendant que les moines chantaient le *responsorium* et le *versicule* qui suivaient, mais un mouvement à l'entrée de la basilique le tira de ses réflexions. L'un des novices venait d'arriver et il s'était prostré devant le maître-autel pour expier son retard. Pendant qu'il prenait place dans le chœur, il murmura quelque chose à l'oreille d'un autre novice et les deux gloussèrent. Conrad suivit leur regard et constata, dans la nef sombre, qu'Amata venait d'apparaître. Elle marcha jusqu'à la stalle au bout de la rangée de novices, face aux traînards, et (était-ce possible?) sembla sourire au jeune homme. Conrad plissa les yeux pour mieux voir dans la pénombre de la basilique.

Le chœur le rappela à sa tâche. Les moines commencèrent à tousser à l'unisson, un peu plus fort et d'une manière plus irritante que la première fois. Il amorça la dernière leçon. Encore à demi éveillé, la tête encombrée de nouvelles questions, il avait l'impression que son cerveau était aussi lent que le bœuf de Primo.

Pourquoi devrait-il se préoccuper d'Amata? Une colère inattendue le saisit alors qu'il psalmodiait le passage final. La scène de la mort de saint François ne pouvait rivaliser avec le fourmillement de pensées qui s'entrechoquaient dans son cerveau.

Ma colère n'est-elle pas juste ? Je suis responsable d'elle, après tout. Mais non. Dieu lui a accordé le libre-arbitre, comme à n'importe quel autre être humain. Or la femme est faible. Elle a besoin de ma force. J'aurais dû trouver une façon de la protéger.

Il réussit tant bien que mal à achever sa tâche et descendit les marches de la chaire. C'est à ce moment qu'il songea : *Frère Conrad, serais-tu jaloux* ?

C'est grotesque ! Il lança à Amata un regard furieux en passant devant elle dans la nef alors qu'il regagnait à son siège. Il vit la jeune fille tressaillir.

Quand il eut rejoint son voisin de chorale, il se laissa glisser contre le dossier de sa stalle et fixa la rangée de crânes rasés devant lui. La nuque de la jeune fille avait acquis une teinte pourpre et ses frêles épaules tremblaient d'une manière à peine visible. L'ermite laissa échapper un soupir pendant que le chant grégorien s'amplifiait autour de lui. Il tourna les yeux vers le tabernacle d'or, sur le maître-autel.

Que Dieu me pardonne mes soupçons. Je l'ai mal jugée. Je l'ai terriblement mal jugée.

8

– Conrad, prenez cette nourriture ! Mon épaule est endolorie.

Amata et l'ermite venaient de traverser le pont de bois devant le monastère et le vieux gardien les suivait toujours des yeux.

– *Scusi*, ma sœur. Sois patiente. Nous devons montrer à dom Vittorio que ta blessure guérit. Autrement, il voudra t'envoyer à l'infirmerie.

– Je suis sûre qu'il ne le ferait pas, répondit la jeune fille d'un ton neutre.

– Comment peux-tu dire ça ? Tu l'as entendu hier soir.

– Et je crois toujours qu'il ne m'aurait pas envoyée à l'infirmerie ce matin. De toute façon, nous sommes sortis de l'abbaye, maintenant.

Elle grimaça en laissant glisser de son épaule le sac de nourriture qu'elle tendit à l'ermite. Le cellérier les avait généreusement approvisionnés.

À l'endroit où le sentier descendait vers la ville, Amata s'arrêta et désigna Sant' Ubaldo, qui se détachait comme un rempart sombre contre le ciel rosé. Au-dessus de l'abbaye, des nuages gris avaient commencé à s'éclairer d'un rose éclatant.

– Ne trouvez-vous pas étrange, remarqua la jeune fille, que le soleil se lève toujours à l'est ?

– Quoi, qu'est-ce que cela a à voir...

– N'avez-vous jamais réfléchi à cela ? Le soleil se couche à l'ouest du monde chaque soir, mais, au lever du jour, il est revenu d'où il était parti. Comment est-il revenu là pendant la nuit ? Cela ne suscite-t-il pas des questions dans votre esprit ?

– Non. Je sais que tout est possible avec Dieu, et cela me suffit.

– Et pendant que vous chantiez dans l'obscurité, le soleil réchauffait déjà notre nouveau pape. Dom Vittorio disait qu'il devrait être en mer maintenant et voguer de la Terre promise vers Venise. Avez-vous prié pour sa sécurité et celle de tous les marins ce matin ?

– Je n'avais même pas entendu parler de l'élection jusqu'à ce que nous brisions le silence après primes. Évidemment, je souhaite que le Saint-Père fasse un bon voyage. Et tous ceux qui l'accompagnent également.

Amata sourit de cet air à la fois sage et satisfait que Conrad avait appris à connaître au fil des jours. Depuis Vigiles, il s'était montré gracieux, essayant de se racheter pour la supposition qu'il avait émise plus tôt. Elle ne posait pas de question sur son changement de comportement, mais répondait avec exubérance. Toutefois, elle persistait à éviter les questions de l'ermite sur sa nuit dans la chambre de dom Vittorio. Conrad soupçonnait qu'elle le taquinait volontairement, ce qu'il méritait, bien sûr, pour avoir imaginé le pire.

L'angélus du matin résonna au loin, signalant aux gardiens de nuit de la cité que le moment était venu d'ouvrir les portes.

La ville de Gubbio s'étendait comme un pied basané au fond de la vallée, son gros orteil enfoncé dans la gorge créée par le mont Calvo à l'ouest et le mont Ingino, où ils se trouvaient maintenant. Au-delà des murs de la ville, Conrad pouvait apercevoir les ruines d'un ancien amphithéâtre romain. Apparemment, Iguvium, comme se nommait la ville à l'époque des César, s'était jadis étendue jusqu'à la plaine du Chiaggio, avant que des siècles de guerre entre cités-États rivales ne l'aient forcée à reculer jusqu'à ses limites actuelles.

Le grincement des portes de la cité qui s'ouvraient pour accueillir le jour nouveau déchira la quiétude de l'aube. L'ermite se souvint de la dernière fois qu'il avait traversé Gubbio, le printemps où il avait reçu le parchemin du frère Léon.

– Connais-tu la *Corsa dei Ceri*, ma sœur ? demanda-t-il.

Amata secoua la tête.

Conrad s'arrêta et posa son fardeau par terre.

– J'y ai assisté une fois. Tous les 15 mai, à la veille de la fête de leur saint patron, les habitants de Gubbio organisent une course sur le mont Ingino, à partir de cette barrière un peu plus loin, jusqu'à l'abbaye. Trois équipes de dix hommes portent trois énormes chandelles de bois sur ce sentier. Les chandelles ont la taille de six hommes et sont lourdes comme le fer, et chacune est couronnée d'une figure en cire représentant un saint : saint Ubald, bien sûr, ainsi que saint Georges et saint Antoine. C'est magnifique de voir les équipes lutter avec leur fardeau pendant l'escalade, les saints se balançant sur leur colonne, et toute la ville à leur poursuite.

– Quel saint a remporté la victoire l'année où vous étiez ici ?

– La course n'a pas vraiment d'importance. En tant que saint patron de la ville, saint Ubald doit toujours gagner. Saint Georges finit toujours deuxième, et saint Antoine toujours dernier.

Amata éclata de rire.

– Alors pourquoi font-ils cette course ?

L'ermite ramassa le sac de nourriture et reprit la descente du sentier.

– Tu dois comprendre, ma sœur, que le rite n'existe que pour accroître la dévotion des paysans. Comme ils ne savent pas lire, ils ne peuvent tirer leur inspiration des Écritures comme les évêques et les prêtres. Les fidèles ont besoin d'une image ou d'un spectacle pour se rassembler et, grâce à cette course, ils ravivent chaque printemps leur foi endormie. Cette course annuelle produit sur leur âme le même effet que le retour de la chaleur sur leurs champs.

Parvenus à la fin du sentier, ils saluèrent le gardien et pénétrèrent dans la cité. Un jeune garçon, les jambes maigres couvertes d'égratignures, les dépassa en poussant devant lui un troupeau de chèvres. Les cloches des chevreaux s'agitaient bruyamment pendant qu'ils sautillaient autour des biques saturées de lait ou s'amusaient à donner des coups de cornes en des combats insouciants. Conrad leur jeta un regard inquiet. Malgré toute son affection pour les créatures qui hantaient la forêt autour de son ermitage, y compris les chèvres sauvages, il partageait le sentiment populaire à l'endroit de leur version domestiquée. Il ne s'agissait pas vraiment de démons, bien qu'une lueur satanique se cachât dans ces yeux jaunes. Leur puissance secrète ressemblait plutôt à celle des anciens satyres, avec leurs cornes recourbées, leurs tétines ou leurs testicules pendants, leurs barbiches au poil clairsemé, et leur sang si chaud qu'il pouvait, disait-on, faire fondre des diamants. Il frissonna et fit le signe de croix.

À cette extrémité de la ville, plusieurs maisons étaient construites en pierre. Autour de Conrad et d'Amata, les portes et les volets s'ouvraient alors que les servantes entreprenaient leurs tâches matinales. Du monastère jusqu'aux murs, le sentier descendait en pente escarpée. Les rues étroites et abruptes étaient encore glissantes de la pluie qui était tombée et ils devaient avancer prudemment pour éviter de glisser sur les détritus que les habitants jetaient par les fenêtres.

Conrad connaissait bien les rues de Gubbio. Il avait l'intention de traverser la grand-place, de suivre la rue Paoli jusqu'à la Piazza del Mercato, de prendre un raccourci par le marché et de quitter rapidement la ville par la Porta Marmorea. Les maisons serrées les unes contre les autres et les rues qui s'animaient le mettaient mal à l'aise.

Amata, quant à elle, n'avait jamais vu Gubbio. Elle posait des questions sur chaque édifice, qu'il s'agisse de la cathédrale des Santi Mariano e Jacopo Martiri, bizarrement construite, avec son chevet encastré dans une colline, ou du palais Prætorio. Les tours sans fenêtres des forteresses tranchaient sur la ligne d'horizon, les masures de bois s'entassaient de chaque côté des rues, et tout cela fascinait la jeune fille. Au moment où ils atteignaient la Piazza del Mercato, plusieurs marchands avaient déjà ouvert leur éventaire et commencé à crier les mérites de leurs marchandises, compromettant les derniers signes d'un matin calme.

– *Buon giorno,* frères, leur lança d'une voix chantante une femme qui les dépassait en tenant une cruche en équilibre sur sa tête.

Une fillette, maigre et timide, la suivait, portant une miche de pain aussi longue qu'elle était grande. Sans doute pour respecter un vœu que ses parents avaient prononcé, l'enfant portait l'habit et la guimpe d'une nonne. Ses pieds nus étaient rouges de froid et Conrad se demanda pourquoi la mère n'avait pas donné à sa fille des bottes comme les siennes. Peut-être l'enfant n'était-elle qu'une servante.

Le boulanger du village étalait ses produits, et l'arôme du pain bien cuit fit venir l'eau à la bouche de Conrad. Amata jeta un regard suppliant dans sa direction et joignit les mains en signe de prière, mais il se contenta de hausser les épaules.

– Tu sais que nous n'avons pas un sou, ma sœur. Et nous n'avons pas besoin de mendier, avec toutes les provisions qu'on nous a données.

Le visage d'Amata se tordit en une grimace espiègle que Conrad s'efforça d'ignorer. Elle était si frivole, ce matin !

L'ermite traversa la place dans la direction du Convento di San Francesco, situé à l'autre extrémité. Plus tôt dans sa carrière, il aurait peut-être prolongé son voyage afin de rendre visite à ses frères à Gubbio, mais après des années passées dans la solitude, il se sentait trop étranger.

Un frisson lui parcourut l'échine, né d'un étrange sentiment d'anxiété, pendant qu'ils longeaient les murs du monastère. Plus loin, il aperçut la Porta Marmorea, maintenant ouverte, et la route déserte qui menait à Assise. Pressé par la clameur de plus en plus bruyante autour d'eux, il accéléra le pas.

Ils avaient presque franchi la Piazza del Mercato lorsque trois sonneries de trompette retentirent, en provenance d'un coin éloigné, atténuant le babillage des marchands.

– Repentez-vous ! Repentez-vous ! hurlait un homme d'une voix tonitruante. *Penitentiam agite* ! Le royaume de Dieu est plus près que vous ne le croyez.

Les clients matinaux qui grouillaient autour des éventaires s'interrompirent et se dirigèrent vers le vacarme.

– C'est Jacopone ! crièrent des voix aux gens qui sortaient la tête par les portes et les fenêtres.

Un groupe de petits garçons, déçus de n'avoir pas réussi à lapider un chat sur un toit où il s'était réfugié, ramassèrent d'autres cailloux et se glissèrent parmi leurs aînés. En lançant des pierres à un fou, ils pourraient compenser pour le chat. De plus, comme il dépassait d'au moins une tête les gens qui l'entouraient, il constituait une cible plus facile.

– Partons pendant qu'ils se divertissent, suggéra Conrad par-dessus son épaule.

Comme il n'entendait pas la réplique d'Amata, il se tourna pour découvrir qu'elle avait suivi les garnements.

Il l'aperçut dans la foule et joua des coudes pour parvenir jusqu'à elle. Elle avait réussi à se glisser au premier rang du cercle. Le dénommé Jacopone se tenait sur la base d'une fontaine de marbre, au centre de la place, et toisait la foule d'un air furieux. Toutes les fenêtres de la place étaient ouvertes et quelques pâles *nobildonne* étaient même sorties sur leur balcon – une rare apparition publique, pensa Conrad. Ces dames de la noblesse ne descendaient dans la rue que pour se rendre à la messe du dimanche, de peur d'éclabousser leur traîne. Normalement, seules les servantes et les femmes du commun se montraient en public.

Jacopone leva les bras vers le ciel et tourna sur lui-même en scrutant les spectateurs de ses yeux sombres injectés de sang. Ses joues, à peine dissimulées par une barbe en bataille, saillaient sous son crâne étroit. Il ne portait qu'un pagne et une cape noire en peau de mouton, ornée d'une grande croix peinte en rouge qui s'étalait dans son dos du col à l'ourlet et d'une épaule à l'autre.

– Je reviens tout juste de Rome, commença-t-il. Je suis allé voir la cour pontificale.

Quelques spectateurs gloussèrent, mais leur rire sonnait faux et leurs voisins leur firent signe de se taire. Deux ou trois spectateurs au plus auraient pu affirmer avoir visité la Ville éternelle. Jacopone ignora les murmures.

– Laissez-moi vous parler de la journée de travail des cardinaux de Rome, les *cardinales carpinales*. Chaque matin, après le consistoire pontifical pendant lequel ils débattent des affaires des rois et de poursuites judiciaires ainsi que d'autres mondanités, ces *grabinales* mangent et boivent comme des pourceaux. Ensuite, ils titubent jusqu'à leur lit pour la sieste du midi. Tout l'après-midi, ils paressent dans leurs appartements, fatigués par l'inactivité, ou bien ils s'amusent avec leurs chiens ou leurs chevaux favoris, leurs bijoux et leurs nobles neveux et nièces.

Jusqu'à ce moment, il avait parlé avec calme. Il se tut puis, pointant un doigt accusateur vers l'église de San Giovanni Battista, de l'autre côté de la place, il lâcha d'une voix de stentor :

– Devrions-nous nous étonner que les Français aient découvert une lettre infâme, une lettre rédigée avec du sang issu des profondeurs de l'enfer par Lucifer lui-même et affectueusement adressée à ses chers amis, les prélats de l'Église ? « Nous vous remercions chaleureusement, disait-elle, car toutes les âmes confiées à vos soins nous sont envoyées. »

Conrad n'avait jamais entendu parler de cette lettre. Il fut pris d'une terreur soudaine qui l'immobilisa sur place, comme si quelque esprit malin avait traversé son corps, le laissant dans un état de *rigor mortis* effroyable. Une tension presque palpable s'empara de la foule.

Jacopone vociféra :

– N'est-ce qu'une coïncidence si les mots *Prælatus* et *Pilatus* se ressemblent tant, lorsque les riches et nobles prélats crucifient, par leurs actions, le pauvre Christ aussi sûrement que l'exécrable Pilate il y a douze siècles ?

Il marqua une nouvelle pause, mais une dame de la noblesse cria d'une voix tremblante :

– Tu mens, tu n'es jamais allé à Rome, sinon tu ne parlerais pas de manière si irrévérencieuse de ces saints hommes.

Elle plaça une main sur sa poitrine d'un air outré, en triturant la broche attachée à son vêtement. Un serviteur apparut sur le balcon derrière elle et déposa sur ses épaules nues un manteau d'hiver bordé de fourrure noire.

– Continue, Jacopone, lança une femme dans la foule. Son oncle est un de ces cardinaux bien gras.

Le prédicateur referma lui aussi sa cape sur son torse maigre. Il jeta un bref coup d'œil au balcon puis ferma les yeux.

– Laissez-moi vous parler des femmes et de la *vanitas feminarum.*

Il s'exprima d'une voix chantante, les paupières closes, comme s'il prononçait de mémoire les mots d'un poème.

– Femme, tu as le pouvoir de porter des coups mortels. Autant qu'un plant de basilic, ton regard peut être mortel. Mais à moins qu'un homme ne marche par hasard dessus, la plante ne fait de mal à personne, alors que toi, tu te déplaces ouvertement, librement, avec ton regard empoisonné. Tu peins ton visage pour ton mari en disant qu'il se plaît à te regarder. Mais tu mens. Il ne ressent aucune joie devant ta vanité, sachant que tu te pares pour quelqu'un d'autre. Tu es maligne, diablement maligne. Avec tes chaussures à hauts talons, tu transformes ta petite personne en grande dame. Ton teint pâle devient rosé, et tes cheveux noirs blondissent grâce à un postiche de fibres malodorantes. Tu adoucis ton visage avec une crème qui conviendrait mieux aux vieilles bottes. Et quand tu donneras naissance à une fille, si son nez est mal formé, tu le pinceras et le tireras jusqu'à le changer. Il te manque la force pour combattre, mais la faiblesse de ton bras est plus que compensée par la vigueur de ta langue.

Le visage de Jacopone reflétait la sérénité pendant qu'il chantonnait et ses yeux restèrent fermés, même lorsque la femme hurla :

– C'est un fou ! Chassez-le hors des murs !

Un garçon qui se tenait à côté de Conrad saisit l'occasion que lui présentait la femme.

– *Pazzo ! Pazzo !* c'est un fou ! cria-t-il.

Il leva le bras pour lancer une pierre au prêcheur, mais Conrad l'attrapa au poignet et la pierre tomba de sa main.

– Ce n'est pas un fou, c'est un saint *bizzocone,* précisa Conrad en utilisant le terme désignant les pénitents itinérants. Il y a de la sagesse dans ses paroles, même pour les gamins imbéciles.

Jacopone ouvrit les yeux et parut apercevoir Conrad et Amata pour la première fois. Un voile de tristesse s'étendit sur son visage. Il inclina la tête et recommença à chanter, mais cette fois sa voix avait adopté le ton d'un chant funèbre.

– Frère Rinaldo, où étais-tu passé ? Es-tu au paradis ou en enfer ? Tu es maintenant allé là où la vérité est évidente, tes cartes sur la table, le bien et le mal en pleine clarté. Il est trop tard pour les sophismes, la prose ou les rimes. Seule la vérité triomphera. À Paris, tu as obtenu ton doctorat. L'honneur était grand et le coût élevé, mais, maintenant que tu es mort, le dernier examen commence. Il ne reste pour toi qu'une question : as-tu eu le sentiment qu'être un moine pauvre et méprisé représentait le plus grand honneur ?

Ces mots ébranlèrent Conrad. Décrier la vanité des femmes était une chose, mais critiquer un frère décédé en était une autre.

– Tu fais injure à la mémoire d'un homme bon, sieur Jacopone, interrompit-il d'une voix forte. Le frère Rinaldo et moi suivions le même cours à Paris. Il n'a jamais recherché les honneurs. Dieu lui avait fait don d'une grande intelligence.

Jacopone ne répondit pas. Il ferma les yeux et joignit les mains en un geste de prière. À la grande surprise de Conrad, une voix semblable à la sienne s'éleva humblement de la bouche du pénitent.

– Je suis un frère. J'ai étudié les Écritures. J'ai prié, supporté la maladie avec patience. J'ai aidé les pauvres, respecté mes vœux d'obéissance, de pauvreté et même de chasteté...

Jacopone ouvrit un œil et regarda furtivement Amata.

– ... autant que je l'ai pu, accepté la faim et le froid, me suis levé tôt pour les vigiles et les laudes.

Tout à coup, sa voix s'amplifia alors que son visage devenait rouge de colère.

– Mais quand quelqu'un me lance des paroles dures, je crache le feu. Vois maintenant tout le bien que j'ai fait dans cette bure de frère. Quand j'entends des paroles cruelles qui me sont adressées, je peux difficilement pardonner et oublier.

Jacopone fixa Conrad d'un air neutre pendant que les gens huaient. Quelqu'un poussa Conrad dans le dos et il trébucha jusqu'au centre du cercle, pratiquement contre le prêcheur.

– J'ai composé d'autres louanges en hommage à l'humilité, murmura Jacopone à l'oreille de Conrad. Souhaites-tu les entendre ?

Conrad tremblait de fureur, et sa gorge était tellement nouée qu'il ne pouvait émettre une réplique. Une main le saisit sous le bras et tenta de le tirer à travers la foule.

– Il a raison, Padre, dit Amata. Vous êtes colérique.

La jeune fille souriait. Il entendit à peine le reste du sermon. Les paroles de Jacopone et d'Amata l'emplissaient de remords. Autour de lui, les gens avaient commencé à sangloter et à se frapper la poitrine en demandant que Dieu leur pardonne, alors que Conrad priait afin d'obtenir le pardon pour son orgueil. Le bruit des lamentations s'accrut puis cessa brusquement.

Jacopone, épuisé, s'assit sur le rebord de la fontaine.

– Allez-vous-en, les enfants, dit-il en les éloignant d'un geste de la main. Je suis fatigué maintenant. Allez en paix et servez Dieu.

Il prit de l'eau dans le creux de sa main et la lécha. Les habitants de la ville retournèrent aux éventaires d'un pas plus lent et d'un air plus réfléchi qu'à leur arrivée, car le prêcheur leur avait donné matière à réflexion.

Quand la foule eut déserté le centre de la place, Conrad s'approcha du pénitent.

– Pardonne-moi, sieur Jacopone. Je ne sais pas ce qui m'a pris. Je n'ai pas perdu patience ainsi depuis des années. J'ai encore tant de travail à accomplir...

Un petit rire moqueur interrompit ses excuses. Amata se tenait devant lui, les poings sur les hanches.

– Frère Conrad, lui dit-elle sur un ton de reproche, vous n'aviez personne contre qui perdre patience pendant des années.

Elle se tourna vers Jacopone et leva les yeux au ciel en signe d'exaspération.

– Je viens tout juste de le faire sortir des montagnes.

– Tu es un ermite ? demanda Jacopone.

Conrad inclina la tête.

– Et tu choisis de revenir à la ville ?

– Pour l'instant. Je dois remplir une mission à Assise et je ne sais pas combien de temps j'y demeurerai.

– Je préférerais être un ermite, moi aussi, mais je semble destiné à cette vie publique. Tu dois garder à l'esprit, frère Conrad, que, si un homme agit bien, Dieu l'habite et qu'il est avec Lui *partout*, dans la rue et parmi les gens tout autant que dans une église, dans un désert ou dans la cellule d'un anachorète. Il n'a que Dieu. Il ne pense qu'à Dieu. Toutes les choses et tous les êtres ne sont que Dieu à ses yeux. Personne ne peut non plus le distraire, car il ne cherche rien d'autre que Dieu. Un homme qui doit Le chercher de manière particulière ou dans des endroits particuliers n'a pas encore atteint Dieu.

Conrad rougit comme un enfant réprimandé par son tuteur.

– Je suis un tel homme, confessa-t-il.

– Et il en est ainsi de tous les hommes que j'ai rencontrés, et de moi-même aussi, avoua le pénitent.

– Où vas-tu ensuite ?, questionna Conrad.

– Partout. Nulle part.

– Alors, accompagne-nous. Il y a longtemps que je n'ai parlé de spiritualité.

– Comme tu veux. Il semble que le dessein de Dieu pour cette journée n'ait pas fini de se dévoiler.

Il se leva avec raideur et ramena sur lui les pans de son épaisse cape.

Un adolescent aux cheveux blonds avait observé les deux hommes pendant qu'ils parlaient. Alors qu'ils s'apprêtaient à partir, il s'avança vers eux d'un air embarrassé.

– Que la paix soit avec toi, mon fils, dit Conrad. Que désires-tu ?

– Je m'appelle Enrico.

Il hésita, déglutit, puis se força à parler :

– Avez-vous dit que vous alliez à Assise ?

– Oui.

– Est-ce que je peux voyager avec vous ? Je m'y rends pour entrer chez les frères au Sacré-Couvent.

9

Enrico tira de sous sa ceinture une feuille de parchemin.

– J'ai une lettre de l'évêque de Gênes. Il demande au ministre général des frères de m'accepter comme novice.

– Je savais que tu venais de quelque part dans le Nord, observa Amata.

Le garçon sourit et se détendit un peu.

– Oui, je viens de la paroisse de Vercelli. Il n'y a pas beaucoup de garçons blonds en Ombrie, je crois.

Elle lui rendit son sourire.

– On en voit à peu près aussi souvent que nous avons un nouveau pape, encore que j'aie rencontré un moine aux cheveux blonds et aux yeux bleus voilà seulement quatre jours.

Elle aimait son allure. Ses bottes de feutre, sa courte tunique de laine et sa houppelande ornée d'un capuchon trahissaient son origine paysanne. Il avait dû connaître le dur labeur, ainsi qu'en témoignaient ses mains crevassées et ses jambes robustes. Comme beaucoup de gens du Nord, il avait une carrure imposante. Adulte, il deviendrait sans doute aussi corpulent que dom Vittorio. Elle trouvait aussi son sourire plaisant, peut-être trop complaisant. Toutefois, c'étaient ses yeux azur, clairs et beaux, qui l'intriguaient le plus. Cependant, il leur manquait quelque chose, une étincelle d'intensité. Sans cette étincelle, ils trahissaient sa timidité, la volonté molle d'un suiveur-né.

Les yeux bleus faibles d'un fils à maman, pensa-t-elle. *Il aura toujours besoin d'une femme pour lui dire quoi faire dans la vie. Et si jamais il quitte l'Ordre, il fera un mari peu fiable... Voilà un garçon qui deviendra novice dans deux jours, et je l'imagine déjà trompant sa femme.*

Conrad rendit la lettre à Enrico.

– Je n'ai pas besoin de la lire. Tu es le bienvenu si tu veux nous accompagner. Nous pourrons parler de l'Ordre en marchant, mais tu devrais savoir qu'Assise n'est pas le meilleur endroit pour suivre la règle de saint François.

Amata bâilla. Ce bon vieux Conrad ! Toujours fidèle à son obsession. Toujours sur le point de monter en chaire et de vociférer contre la scission entre les frères conventuels et les frères spirituels. Jacopone marchait à leur rythme et semblait intéressé, mais elle ne l'était pas. Alors qu'ils quittaient la ville, elle les laissa marcher devant à une certaine distance. Elle préférait regarder le matin s'épanouir, les paysans travailler dans les vignobles avoisinants. À en juger par le meuglement des bœufs à longues cornes, les enfants des petites fermes étaient lents à nourrir les animaux aujourd'hui. Dans les champs, le foin fraîchement coupé, placé en piles coniques autour de poteaux et maintenu en place par des branches, dégageait une odeur douce. Les fruits mûrissaient sur les toits des fermes et le grain séchait dans des sacs pendus aux arbres. Au loin, on entendait le bruit de clapets de bois et des cris de colère alors que les fermiers chassaient les chevreuils de leurs champs. L'hiver arriverait bientôt. Comment son père décrivait-il cette période ? La saison entre la satisfaction de la récolte et l'impatience des semailles.

Elle profita de sa position derrière les hommes pour imaginer leurs trois corps mâles en mouvement sous leurs vêtements. Jacopone avait l'apparence d'un cadavre, à l'intérieur de sa longue cape. Conrad, quant à lui, était assez petit, à peine plus grand qu'Enrico et probablement plus léger. Il était sans doute puceau, aussi, malgré son amitié avec Monna Rosanna. Il marchait d'un pas raide, sans aucune souplesse dans les bras ni les épaules. Ah, Enrico !... Elle admira les mollets musclés du jeune homme et, dans son imagination, se représenta le reste de ses jambes, jusqu'à ses hanches sveltes et ses fesses fermes.

Le lendemain, elle serait de retour à Saint-Damien et redeviendrait sœur Amata. Cette pensée la déprimait. Malgré ses bizarreries, elle avait apprécié ces quatre jours avec Conrad. Il lui plaisait d'être en compagnie de ces trois hommes, même si elle traînait à l'arrière. Les hommes semblaient indifférents aux blessures insignifiantes qui précipitaient ces sœurs dans les bras de la mère prieure à longueur de journée. N'eût été leur éloquence, tous trois auraient pu passer pour ces braves brutes de paysans qu'ils venaient de croiser.

Comme elle souhaitait quitter ce couvent ! Non pas que la mère prieure la traitât durement, mais la sainteté et l'amour divin ne l'avaient jamais attirée. L'amour humain, l'amour que sa mère avait éprouvé pour son père et pour lequel elle l'avait préparée, voilà l'expérience à laquelle elle aspirait. L'amour véritable, et non la fourberie de son grand-oncle Boniface ou la luxure de Simon della Rocca et de ses fils.

Jacopone poursuivait :

– Non, Enrico, un poème n'exprime pas qu'un sentiment, il relate une expérience. Pour écrire une seule ligne, un poète doit visiter de nombreuses villes et parler à beaucoup de monde. Il doit fouiller la terre avec les animaux, s'envoler avec les oiseaux et s'étirer avec le plus petit mouvement d'un bourgeon qui s'épanouit. Il doit retourner dans le temps vers des routes inconnues et des rencontres imprévues, vers des maladies d'enfance et – pardonne-moi, Padre –, et même vers des nuits d'amour, chacune différente des autres, et la peau des femmes... des femmes... assoupies entre leurs draps.

Sa voix adopta un autre ton. Il détourna la tête de Conrad et Amata perçut de la rancœur dans ses yeux enfoncés. L'indignation vertueuse qu'il avait affichée sur la grand-place s'était évanouie, son teint avait pâli.

Sainte mère de Dieu, pensa Amata. *La femme sur le balcon avait raison. Il est fou, fou de douleur pour l'amour d'une dame*. Elle douta que Conrad et Enrico eussent remarqué quoi que ce soit.

Les voyageurs marchèrent en silence pendant un certain temps, avant que Jacopone ne se racle la gorge. Quand il reprit la parole, ce fut avec beaucoup d'émotion.

– Le poète doit veiller les agonisants, par la fenêtre ouverte, entendre les cris de douleur à l'extérieur et la respiration intermittente dans la pièce. Et, en dernier lieu, il doit laisser ces souvenirs se dissiper, puis attendre qu'ils reviennent.

– Et c'est de ces souvenirs que naissent les vers ? s'enquit Enrico.

– Pas encore, mon fils. Pas encore. Pas avant qu'ils ne deviennent sa chair et son sang, ses pensées sans nom, et qu'ils ne fassent qu'un avec son être. Ce n'est que dans ces rares moments de pureté que le poète peut extraire le premier mot d'un vers.

– Goûtez et voyez comme le Seigneur est bon, cita Conrad.

Amata se rappela comment Conrad passait du coq à l'âne. Le regard vide d'Enrico l'amusa. Jacopone lui aussi l'avait remarqué.

– Le frère Conrad dit que le psalmiste qu'il cite, étant un poète et un mystique, comprenait que l'expérience se trouve au cœur des deux rôles. Il ne suffit pas de lire les paroles du Seigneur dans les Écritures ou d'entendre parler de Lui par les prêcheurs. Vous devez Le goûter, faire vous-même l'expérience de Dieu. Un fermier peut vous vanter la qualité de ses olives, mais ses propos ne signifieront rien jusqu'à ce que vous en ayez savouré une. L'expérience est l'essence de tout.

Quel bon moment pour lui dire cela, alors qu'il est sur le point de s'enfermer dans un monastère pour Dieu sait combien d'années ! pensa Amata. *S'il est intelligent, ils en feront un érudit, comme ils l'ont tenté avec Conrad. Quelle expérience va-t-il acquérir alors ? L'expérience des mots longs et imprononçables ! Il s'en tirera mieux s'il se révèle être un sot. De cette façon, au moins il ne comprendra jamais ce qu'il manque.*

Suivant la crête des monts Gualdo, ils grimpèrent la route surélevée menant de Gubbio à Pérouse. Par une percée entre les collines dentelées, Amata pouvait apercevoir Assise, loin vers le sud. Dans l'ensemble, Gubbio lui avait paru une cité sombre, ennuyeuse, boueuse. Mais Assise, en équilibre sur son escarpement rocheux, suspendue entre le mont Subasio et les vallées formées par les rivières Tescio et Chiaggio, ressemblait à un pendentif translucide sur une toile de fond verdoyante. Les églises, les murs, les tours de marbre rose et corail resplendissaient dans le soleil matinal. Le caractère chaleureux de la ville contrastait avec l'aspect macabre de Gubbio, tout comme l'air embaumé qui montait des vallées d'Assise faisait contraste avec les vents froids qui tourbillonnaient autour des bastions montagneux de Gubbio.

Les trois hommes qui philosophaient sur la poésie et vantaient les mérites de l'expérience avaient manqué la scène. Elle voulait attirer leur attention sur le spectacle, mais Conrad avait repris son thème favori.

– Je t'en prie, Enrico, va au Sacré-Couvent. Découvre tout ce que tu peux sur nos traditions, apprends à lire et à écrire, va étudier à Paris s'ils veulent t'y envoyer. Mais n'oublie jamais qu'un jour tu devras choisir si tu désires être un vrai fils de saint François et vivre selon sa règle et son testament, ou si tu souhaites te contenter de suivre la voie plus facile du frère conventuel. Mais sache aussi qu'en décidant de te joindre aux frères spirituels, en choisissant la voie de la pauvreté totale, tu choisiras également celle de la persécution. Des frères sont déjà morts pour avoir fait ce choix.

Amata émit un grognement. *Ils devraient l'appeler le frère Solennel !* Elle aurait voulu l'approcher sur la pointe des pieds, le saisir par la taille, le soulever et le tenir ainsi jusqu'à ce qu'il promette de rire au moins une dizaine de fois par jour. La foule s'était moquée de lui, et il avait ri de lui-même quand il lui avait parlé de ses années à l'université, mais cette scission au sein de l'Ordre avait assombri son esprit. Pis encore, sa mélancolie semblait croître à mesure qu'ils approchaient d'Assise.

Les hommes étaient parfois étranges. Comment pouvaient-ils parler d'expérience, alors qu'ils passaient leur temps à réfléchir ? *Jacopone est un penseur, mais il a également vécu, et sa passion l'a presque anéanti. Enrico doit savoir quelques petites choses aussi, s'il a gardé les yeux ouverts autour de la grange de son père.*

Elle s'avisa soudain que tous trois s'étaient arrêtés, attendant qu'elle les rejoigne.

– C'est ici que nous quittons la grand-route, déclara Conrad. Le sentier nous mènera au pont romain qui se trouve au fond de la gorge.

Comme la plupart des sentiers de montagne, celui-ci était abrupt et étroit. Amata s'en réjouit silencieusement car ils marcheraient en file et, ainsi, Conrad devrait renoncer à ses sermons. Le soleil était maintenant presque à son zénith dans le ciel sans nuage. Elle pouvait voir le Chiaggio serpenter au loin, encore boueux de la pluie de l'avant-veille et, sur ses rives, les tours de Santa Maria di Valfabbrica et le château de Coccarano. C'était une contrée qu'Amata avait connue lors de ses randonnées avec sa maîtresse.

Elle supposa que Conrad contournerait Valfabbrica, une autre abbaye de moines noirs, et qu'il éviterait tout autant le château. Leur halte au monastère de Sant' Ubaldo lui avait inspiré plus d'émotions qu'il n'en pouvait supporter. Sans doute Conrad se sentirait-il plus en sécurité parmi les animaux sauvages de la forêt. Elle-même n'avait aucune objection à cela, pourvu qu'ils entretiennent un bon feu pendant toute la nuit. Et des choses pouvaient se produire dans l'obscurité... Elle résista à la tentation d'appuyer ses mains sur les épaules d'Enrico pour se rétablir – et à la tentation de taquiner Conrad une fois de plus par un tel geste.

Fut-ce la pensée des animaux sauvages qui l'incita à se retourner et à porter les yeux vers les arbres, puis derrière elle ? Elle eut l'intuition fugace qu'on les observait, mais la piste tournait trop fréquemment pour qu'elle puisse voir à bonne distance dans les deux directions. Elle allongea le pas jusqu'à ce qu'elle ait rattrapé les autres. Tout à coup, elle ne souhaitait plus traîner les pieds.

Elle espérait que Conrad s'arrêterait pour ouvrir le sac de nourriture à un endroit plus large mais, bien sûr, il n'était pas le genre d'homme à remarquer la faim. Il semblait pressé de continuer.

Comme elle l'avait deviné, Conrad évita Valfabbrica l'après-midi. Enrico et Jacopone discutaient de droit civil, comme s'ils savaient de quoi ils parlaient, et l'ermite s'était enfermé dans ses pensées. Il les fit marcher presque jusqu'à la tombée de la nuit. À ce moment, l'estomac d'Enrico cria famine. Jacopone grignotait l'écorce d'une petite branche qu'il avait ramassée le long de la route, mais semblait aussi immunisé contre la faim que Conrad. Il pouvait probablement vivre, comme un prophète fanatique, de sauterelles et de miel, ou même d'air s'il le fallait.

Conrad leur accorda une halte dans une forêt de chênes-lièges et de pins.

– Nous pouvons nous reposer ici. Je connais une grotte non loin de la route. Nous avons encore le temps de ramasser du bois pour le feu avant la nuit. Nous avons parcouru une bonne distance aujourd'hui. Nous arriverons à Assise au milieu de la journée, demain.

Les quatre voyageurs s'étaient rassemblés autour du feu. À l'extérieur de la grotte, des chouettes ululaient en duo.

– Mon modèle de vertu est un saint qui a choisi la pauvreté... commença l'ermite, et non pas un frère mineur comme vous pourriez vous y attendre, ni un membre d'un ordre religieux. Donato le banquier peut même faire honte à ceux d'entre nous qui ont fait vœu de pauvreté. Il avait été très riche, mais il est devenu si plein de compassion pour les autres, grâce à son amour de Dieu, qu'il a offert tous ses biens aux pauvres. S'il s'était joint à notre Ordre, il aurait suivi l'exemple du frère Bernard, le fils aîné de saint François. Mais ce banquier est allé plus loin. Il s'est vendu lui-même comme esclave et a donné aux pauvres la somme ainsi obtenue. Je n'ai jamais entendu parler de quelqu'un comme lui.

– Moi, si, murmura Jacopone. Le prêteur sur gage toscan, Luchesio da Poggibonsi.

Le pénitent inclina la tête. La fumée qui se dégageait du feu dérivait vers sa silhouette voûtée, mais elle ne semblait en rien le déranger. Il paraissait, aux yeux d'Amata, aussi immuable que le rocher sur lequel il était assis.

– J'ai honte d'avouer, mes amis, que dans mon ancienne vie, j'étais usurier. Entre autres péchés, à l'encontre des lois de Dieu et de l'Église, je prêtais de l'argent à des taux exorbitants. Comme Luchesio dans sa jeunesse, j'avais entrepris de grimper l'échelle sociale, mon argent et celui des autres faisant office de barreaux. Je me suis élevé assez haut pour devenir l'un des principaux dirigeants des guildes de ma ville.

Il montra sa cape usée.

– Difficile à imaginer, n'est-ce pas ?... Mais Luchesio avait un avantage que je n'avais pas. Alors qu'il avait depuis peu adopté cette voie inepte, il rencontra saint François, qui le persuada de faire pénitence. Il vendit tout ce qu'il possédait au profit des veuves, des orphelins et des pèlerins. Puis il partit vers les régions marécageuses ravagées par la peste, avec son âne chargé de médicaments. Au début, sa propre femme s'était moquée de lui et l'avait traité d'idiot, comme on pourrait s'y attendre d'une femme riche qui se retrouve pauvre du jour au lendemain à cause de la générosité de son mari. Pourtant, lorsqu'elle eut compris son dessein, elle se joignit à son œuvre et mérita elle-même le titre de *buona donna*.

Jacopone redevint silencieux. Il contemplait le feu d'un air morne, jusqu'à ce que, petit à petit, la douleur brille dans ses yeux.

– Je connais un exemple de justice, intervint Enrico.

Il agitait la main comme un écolier qui veut attirer l'attention. Conrad lui fit signe de parler.

– Mon père a déjà travaillé comme gardien aux portes de Gênes. Il m'a raconté comment les pères de la cité avaient accroché une cloche de plaignants à l'extérieur des murs. Tout homme traité de manière injuste pouvait sonner la cloche et les magistrats devaient examiner son affaire. Au fil des années, la corde de la cloche s'usa et quelqu'un attacha une plante grimpante à sa place. Un jour, un chevalier qui ne voulait pas débourser pour le fourrage de son vieux destrier le laissa libre de paître en dehors de la ville. Le cheval avait tellement faim qu'il dévora la plante grimpante et que la cloche se mit à sonner. Les juges arrivèrent aussitôt et estimèrent que le cheval avait réclamé son droit d'être entendu. Ils menèrent une enquête et décidèrent que le chevalier, dont le cheval l'avait servi si loyalement dans sa jeunesse, avait l'obligation de le nourrir aussi dans son vieil âge.

Jacopone sortit de sa rêverie et gloussa.

– Bien raconté, garçon, approuva-t-il. Et voici une autre histoire de justice. En fait, c'est une énigme que je te propose. Dis-moi quelle décision tu aurais prise dans ce cas. Un jour, un célèbre cuisinier poursuivit en justice l'un de ses serviteurs – un serviteur doté d'un nez très large, ajouterai-je – pour avoir consommé, grâce à son énorme nez, l'arôme des aliments exquis qu'il avait préparés sans avoir rien déboursé pour ce plaisir. Méritait-il d'être indemnisé ou non ?

– Ils auraient dû jeter le cuisinier en prison pour avoir fait perdre du temps à tous ces gens, suggéra Amata.

Enrico leva les bras en signe d'impuissance. Conrad balaya la question du revers de la main.

– Je n'aurai jamais la prétention de comprendre le fonctionnement d'un tribunal civil, avoua-t-il.

Jacopone les considéra avec un sourire entendu.

– C'est pourquoi certains hommes deviennent juges et d'autres non. Dans cette affaire, le juge se montra particulièrement sage, beaucoup plus sage que moi la première fois que mon maître me posa cette question. Il prit une décision en faveur du cuisinier.

– Non ! s'écria Amata.

– Je vous le dis, affirma Jacopone. À titre de sentence, il ordonna au serviteur au gros nez de payer pour l'odeur en faisant cliqueter ses quelques pièces de monnaie assez fort pour que le cuisinier les entende.

Enrico et Conrad applaudirent.

– Excellente décision, convint l'ermite. Le juge était un vrai Salomon.

– Avez-vous été juge, sieur Jacopone ? interrogea Amata.

– J'ai été notaire, mon frère, mais jamais juge. Certes, nous sommes tous membres de l'honorable guilde des juristes, mais je ne peux pas dire que j'aie fait honneur à la profession.

Il changea vite de sujet :

– Mais qu'en est-il de toi ? N'as-tu pas quelque histoire à nous raconter ?

Elle jeta un coup d'œil à Conrad puis décida de regarder Enrico pendant qu'elle parlait.

– C'est une histoire de stupidité, lâcha-t-elle.

– De stupidité ?

La voix de Conrad avait pris un ton de nervosité qui ravit la jeune fille.

– Oui. La stupidité d'un marchand itinérant. C'est une histoire que m'a racontée frère Salimbene.

– Salimbene ? répéta l'ermite.

– Il était une fois un marchand itinérant qui avait entrepris un long voyage. De retour après deux ans d'absence, il trouva un enfant nouveau-né dans sa maison. « Holà, ma femme ! s'écria-t-il, d'où vient cet enfant ? Il n'est sûrement pas de moi. – Cher époux, dit-elle, pardonne ma négligence.

Je me suis retrouvée perdue dans les montagnes un après-midi d'hiver. Le roi des neiges me prit par surprise et me viola. J'ai bien peur que ce garçon n'en soit le résultat. » Le marchand ne dit pas un mot, mais, lorsqu'il se rendit en Égypte pour affaires quelques années plus tard, il prit l'enfant avec lui et le vendit comme esclave. Lorsqu'il retourna chez lui, sa femme lui demanda : « Où est mon fils ? – Hélas, ma fidèle épouse, se lamenta-t-il, nous avons transpiré pendant des semaines dans ces contrées torrides jusqu'à en perdre la raison. Mais ton pauvre garçon, étant le fils du roi des neiges, souffrait plus que les autres et, en fin de compte, il a fondu. »

Enrico éclata de rire et Conrad grommela :

– Et quelle était la morale de cette histoire, d'après le frère Salimbene ?

– Que le marchand était stupide d'avoir laissé sa femme seule pendant deux ans...

De l'autre côté du feu de camp, le pénitent sanglotait, le visage enfoui dans les mains. Amata lui toucha l'épaule.

– Qu'est-ce qui vous trouble, sieur Jacopone ? demanda-t-elle. Ai-je si mal raconté mon histoire ?

Il s'essuya les yeux avec un coin de sa cape.

– Pardonnez-moi, mes frères. Je pensais à Umiliana de Cerchi, qui devait être mon exemple de pénitence... Elle vivait dans une chambre nue à l'arrière d'un des plus riches établissements bancaires de Florence, où elle menait une vie de pénitence, jeûnant et pleurant, pour expier les transactions malhonnêtes de ses frères.

Il chassa d'un air absent la fumée qui tourbillonnait autour de son visage.

– Cette femme était ma tendre épouse, une sainte de plein droit. Pendant que je récoltais des sommes énormes grâce à mes prêts usuraires, pendant que j'administrais les propriétés et l'argent de mes clients, toujours dans mon propre intérêt, pendant que je perdais mes gains au jeu et la réputation de ma famille aux dés, tout en forçant cette pieuse femme à porter les vêtements les plus extravagants et à agir comme un faire-valoir pour mon prestige, elle faisait pénitence en espérant racheter mon âme perdue au prince des Ténèbres.

– Et pourquoi n'êtes-vous pas encore avec elle ? s'étonna Amata. Où est-elle maintenant ?

– Elle est partie, mon enfant. Elle est morte depuis quatre ans. Un soir, je l'avais envoyée me représenter au mariage d'un de mes clients. Comme je devais m'occuper de mes livres de comptes et évaluer ma richesse, je lui avais dit que je la rejoindrais plus tard. Mais, avant que je n'arrive, un balcon surchargé de fêtards s'est effondré alors qu'elle prenait l'air en contrebas. Ils ont transporté son corps brisé jusqu'à notre maison. Lorsque sa servante et la nourrice de notre bébé ont retiré son coûteux vêtement pour laver son corps avant les funérailles, elles ont constaté qu'elle portait en dessous un cilice de laine rugueuse. Pendant toute l'année qu'avait duré notre mariage, elle avait torturé sa peau délicate à cause de mes péchés. Je n'avais jamais remarqué cela... Je n'avais même jamais imaginé qu'elle puisse le faire...

Il ferma les yeux et chantonna doucement :

– Je me souviens d'une femme à la peau olive, aux doux cheveux noirs et magnifiquement vêtue. Son image me tourmente encore, et j'aimerais tellement lui parler.

Personne ne dit mot jusqu'à ce que l'ermite brise le douloureux silence. Il murmura avec respect :

– Nous devrions nous retirer maintenant, mais l'un de nous doit rester éveillé pour monter la garde et alimenter le feu. Nous pourrions nous en charger à tour de rôle.

Amata avait hâte de se reposer après la marche forcée de Conrad, mais, l'atmosphère de la soirée s'étant rompue, sa rêverie de l'après-midi – une dernière nuit dans une clairière isolée près du corps robuste d'Enrico – lui revint à l'esprit.

– Je ne peux pas dormir en ce moment, affirma-t-elle. Mon estomac me fait encore souffrir. Je prendrai le premier quart.

À distance des étincelles que projetait le feu, les voyageurs étendirent des branches de pin qu'ils avaient ramassées. Amata prépara sa couche puis rampa à travers celle d'Enrico pour atteindre l'entrée de la grotte.

– Essaie de demeurer éveillé, lui murmura-t-elle en passant. J'ai une autre histoire à te raconter, mais il ne faut pas que ces vieillards l'entendent.

10

Orfeo quitta sa couche juste avant l'aube. Le ciel avait une couleur d'étain qui suffisait à peine à éclairer le navire. Le dortoir qu'il partageait dans le gaillard d'arrière avec le nouveau pape et le reste de l'entourage de Tebaldo avait été aspergé de parfum pour contrer l'odeur écœurante qui s'élevait du pont des rameurs. Contrairement aux Vénitiens, qui embauchaient des hommes libres, les Anglais avaient adopté la coutume génoise qui consistait à utiliser des esclaves turcs.

Enchaînés à leur rame le jour, et au pont où ils dormaient la nuit, ils se vautraient dans leurs propres détritus, se réjouissant de chaque vague qui franchissait le bastingage. Le fait que les marins du roi Édouard puissent tolérer une telle puanteur ne faisait que confirmer la piètre opinion d'Orfeo quant aux habitants du Nord.

L'esprit encore lourd de sommeil, il fit un signe de tête au timonier qui montait la garde sous une toile étendue au-dessus de la poupe du navire, puis avança sur la pointe des pieds parmi les esclaves. Il traversa la longueur de la galère et grimpa jusqu'à la plate-forme en haut du gaillard d'avant, où le vent soufflait sans obstacle sur son visage. La brise marine nettoya ses poumons et eut sur lui un effet vivifiant. Il s'assit le dos contre le parapet, les genoux repliés contre la poitrine.

Pendant les deux dernières heures, Orfeo s'était agité dans son lit, les poings fermés, mouillant sa couche de sueur. Il avait eu de la difficulté à respirer et, quand il avait trouvé le sommeil, il avait rêvé qu'il était attaqué par une horde d'hommes sans visage, encapuchonnés, qui chargeaient puis disparaissaient aussitôt dans le brouillard. Maintenant qu'il était réveillé, un sentiment de danger l'oppressait encore. Pourtant, la mer était calme et on ne distinguait pas un nuage dans le ciel. Le vent soufflait juste assez pour garder gonflée la voile carrée. Le convoi, trois vaisseaux de guerre et une galère d'approvisionnement, demeurait intact. Un marin ne pouvait souhaiter une aube plus tranquille.

Un rayon de lumière frappa le bastingage devant lui. Les premiers rayons brillèrent dans le sillage du navire. Il leva la main pour se protéger de l'éclat du soleil, regarda sa peau passer du rose au corail puis à l'orange, comme si les teintures de l'atelier de laine de son père coulaient de ses doigts.

Orfeo étira ses jambes et les appuya contre la masse de fer d'un crochet d'abordage. Il tenta de se souvenir de son rêve. Peut-être Dieu voulait-il le mettre en garde contre quelqu'un – peut-être contre cet assassin gonflé d'orgueil qu'il avait un jour appelé son seigneur : son père avait-il finalement mérité la damnation éternelle ? Il tenta en vain de se représenter les traits du vieil homme. Les visages de ses frères remplaçaient l'un après l'autre celui de son père. Mais non, ils n'avaient aucun lien avec son rêve. Il fixa son imagination sur Marco, qui devait à présent traverser l'Arménie et allait s'engager dans des territoires inconnus.

De sa mémoire surgit ensuite la silhouette d'une jeune fille – une enfant, qu'il ne connaissait même pas. Il ne l'avait vue qu'une seule fois, sur l'une des tours du château de sa famille ; elle le regardait de ses yeux en amande. Ses longs cheveux noirs descendaient sur son épaule en une longue tresse nouée par une corde de cuir. Pendant que leurs pères se querellaient à propos du péage qu'exigeait le châtelain, Orfeo détacha un linge de soie jaune de son bras et le noua pour en faire une marionnette. Puis il inséra son doigt dans la marionnette et le plia en imitant un geste de révérence. Elle disparut lorsqu'il fit suivre le geste de la marionnette de sa propre révérence.

Peut-être était-ce là l'origine de son cauchemar. Plus il approchait de sa terre natale, plus il était hanté par la raison de son départ. Il s'était souvent représenté l'image du château après l'attaque : les murs enfoncés, les dépendances en flammes, les habitants massacrés, la jeune fille parmi eux. L'homme de main de son père, Simon della Rocca, était aussi minutieux qu'impitoyable.

Je n'ai qu'à voyager avec le pape jusqu'à l'île de Nègrepont, puis jusqu'à Venise. Le Saint-Père ne m'a rien demandé de plus. Ensuite, je pourrai m'engager sur une galère et retourner en Palestine.

Il sursauta lorsque le gong sonna le réveil des esclaves. Les chaînes s'agitèrent au milieu des voix bourrues. En tant que rameur, Orfeo pouvait comprendre la rigidité matinale des esclaves. La vie de passager l'ennuyait et, sans souhaiter la misère de leur servitude, il leur enviait leur travail. Pauvres bougres ! Ils détestaient leur rame. Elle symbolisait leur déchéance, alors que lui y voyait un moyen d'oublier son passé.

Il serait de retour sur la mer avant la nouvelle année, se rassura-t-il.

Les deux vieillards n'émettaient aucun bruit en dormant. Les parents d'Enrico gênaient souvent son sommeil avec leurs ronflements. Le lit qu'il partageait avec ses frères se trouvait trop près de celui de ses parents, dans l'unique pièce où la famille prenait ses repas. Certaines nuits, les ronflements étaient si puissants qu'il se levait, franchissait la porte basse qui séparait l'habitation de l'étable et se couchait dans la paille parmi les animaux.

Il scruta l'obscurité à l'entrée de la grotte. Fabiano était allé dans cette direction seul. La bravoure du novice l'impressionnait. Ses frères l'avaient souvent mis au défi de passer la nuit dans les bois pour montrer son courage ; il avait toujours préféré supporter leurs railleries.

Enrico voulait demeurer éveillé et entendre l'histoire du jeune garçon, mais il ne savait combien de temps il pourrait lutter contre le sommeil. Il venait de fermer les yeux lorsqu'il entendit Fabiano appeler doucement :

– Frère Conrad ? Sieur Jacopone ?

Le novice s'agenouilla près de lui en posant un doigt sur ses lèvres. Enrico se souleva sur un coude et Fabiano lui enjoignit de le suivre.

– Attends-moi ici, lui dit Fabiano dès qu'ils sortirent de la grotte. Je vais mettre une autre branche dans le feu et je reviens tout de suite.

La lune presque pleine et la lueur du feu provenant de la grotte projetaient une lueur crépusculaire à travers les arbres. Les feuilles bruissaient dans le vent. Enrico dressa l'oreille pour écouter les pas de bêtes sauvages et scruta les fourrés à la recherche d'un mouvement ou de la lueur d'un regard animal. Il se sentit soulagé par le retour de Fabiano. L'adolescent lui saisit la manche et l'entraîna loin de la grotte.

– Ne devrions-nous pas rester près du feu ? murmura Enrico.

– J'ai trouvé une clairière de l'autre côté de la route. Tu n'as pas peur de l'obscurité ?

Enrico évita de répondre.

– Tu avais dit que tu monterais la garde.

– Nous serons tout près. Ce n'est pas une histoire très longue.

La démarche d'Enrico se fit plus hésitante lorsqu'ils s'éloignèrent vers le bois obscur. À un moment, une branche morte craqua sous son poids. Fabiano s'arrêta et jeta un regard inquiet vers la grotte.

– Sois prudent. Il ne faut pas les réveiller.

Dans la clairière, le novice se tourna pour lui faire face. Sous la faible lueur de la lune, Fabiano semblait beaucoup plus petit. Ils se tenaient si près l'un de l'autre que le novice devait pencher la tête vers l'arrière pour le regarder.

– C'est l'histoire d'un jeune ermite, Rustico, et d'une jolie fille, Alibech.

– Ce n'est pas l'histoire de l'ermite Conrad ?

– Non !

– Même si elle était à peine une adolescente, poursuivit le novice, cette Alibech s'était enfuie de chez elle pour éviter que ses parents ne la donnent en mariage. Elle voulait seulement mener une vie de prière dans le désert. Elle erra de grotte en grotte, demandant aux ermites qui y vivaient de l'instruire des voies divines. Chaque fois, les vieux sages, sachant que même eux n'étaient pas à l'abri de la tentation, lui donnaient des racines et des herbes, des pommes sauvages et des dattes, et l'envoyaient chercher de l'aide auprès de l'ermite suivant. Elle parvint alors à la grotte de Rustico. Imbu d'orgueil juvénile, Rustico décida de mettre sa fermeté à l'épreuve et reçut la jeune fille dans sa cellule. Toutefois, il découvrit bientôt qu'il lui était impossible de résister à sa beauté et à son innocence – car, il s'en était rendu compte, elle ne connaissait rien aux hommes. Après plusieurs jours, il céda devant le feu qui faisait rage dans son bas-ventre. Il demanda à la fille de s'agenouiller devant lui, afin qu'il puisse lui enseigner comment renvoyer le diable en enfer.

Fabiano tira sur la tunique d'Enrico.

– Agenouille-toi, ordonna le novice. Tu dois jouer le rôle de Rustico.

Enrico obéit et l'autre garçon s'agenouilla également devant lui. Les feuilles sèches craquaient sous leurs genoux, mais cette fois Fabiano ne dit rien à propos du bruit. « Premièrement, dit Rustico à la jeune fille, nous devons enlever nos bures et nos sous-vêtements. »

– Faut-il vraiment faire cela ? se récria Enrico. Il fait froid loin du feu.

– Écoute, si tu te plains sans arrêt à propos de tout, tu vas gâcher l'histoire !

– Pardon. Je n'ai jamais fait ce genre de chose auparavant.

Enrico retira sa bure. Il pouvait entendre le froissement de tissu alors que Fabiano faisait de même. Il frissonna dans l'air nocturne et hésita à retirer son sous-vêtement. Il regarda le novice d'un air implorant.

Ce qu'il vit lui coupa le souffle. Il avait déjà vu sa jeune sœur nue, mais ses seins n'étaient que des bourgeons, rien en comparaison des fruits mûrs qu'il avait maintenant devant les yeux, des seins presque aussi larges que ceux de sa mère lorsqu'elle allaitait un nouveau-né. Dans la semi-obscurité, il suivit des yeux la ligne de la silhouette svelte, la courbe des hanches, le profil des cuisses, jusqu'aux épaisses boucles noires qui incitaient à l'exploration. Il tendit la main vers la peau douce de l'abdomen, mais s'interrompit pour ne pas mettre à l'épreuve la réalité de la jeune fille en la touchant. Il ouvrit la bouche pour parler, mais elle lui mit un doigt sur les lèvres. Puis elle reprit le fil de son histoire comme si de rien n'était.

– « Rustico ! s'écria Alibech, quelle est cette chose que tu as et que je n'ai pas, et qui s'élève comme un obélisque devant toi ?

– Hélas, ma fille, c'est *il diavolo*, le diable même que je viens de mentionner. Dieu m'a imposé cette bête qui me cause des souffrances jour et nuit, à un point tel que j'ai souvent pensé que cette douleur allait me tuer. Mais maintenant, Il a exaucé mes prières en t'envoyant à moi. Parce qu'Il t'a donné quelque chose que je n'ai pas, un enfer dans lequel ce diable peut plonger et soulager ma douleur. »

La jeune fille commença à caresser Enrico.

– Tu dois avoir froid, chuchota-t-elle. Je gèle aussi, mais cela me fait l'effet contraire.

Elle guida sa main vers sa poitrine et plaça le bout de son doigt sur la protubérance foncée de son mamelon.

– Je ne peux pas continuer mon histoire si tu ne m'aides pas. Tu as entendu ce qu'a dit Alibech ? Tu dois t'élever comme un obélisque... Es-tu nerveux ? Tu dois te détendre.

Tu te souviens de ce que les hommes ont expliqué ? Tu dois faire l'expérience de la vie. Même celle des nuits avec des dames à la peau blanche.

Il pressa son mamelon entre son pouce et son index, avec curiosité, mais doucement, pour ne pas lui faire mal. Il cligna des yeux pour lutter contre l'étourdissement.

– Voilà qui est mieux, dit-elle en continuant à le caresser.

– Tout va bien, tu sais. Tu n'as pas encore prononcé tes vœux. Je devrais te surnommer « Rico le géant ». Et tu peux m'appeler Amata. C'est mon vrai nom.

Il rit doucement et, des deux mains, commença à masser les seins de la jeune fille.

– Rico le géant. Comme le sieur Jacopone, observa-t-il.

Elle plaça sa main libre sur celle d'Enrico.

– Jacopone ? Pourquoi parles-tu de lui en un moment pareil ?

– *Jacopone.* C'est un surnom ; ce n'est pas son vrai nom. Il m'a dit que cela signifiait « Jacopo le géant ». Les gens de son village l'appelaient ainsi à cause de sa grande taille.

Amata interrompit ses caresses. Ses doigts se raidirent et elle serra fortement.

– Qu'est-ce que j'ai dit ?

– Quels villageois ? Ceux de Gubbio ?

– Non. Pas Gubbio. Il a dit qu'il venait de Todi, dans un coin perdu de l'Ombrie.

Elle se rassit sur ses talons, rompant le contact avec les mains du jeune homme. Elle serra ses bras contre son estomac et commença à gémir.

– Pourquoi, mon Dieu ? geignit-elle. Pourquoi viens-tu chercher toutes les personnes qui me sont chères ?

Amata mit son poing dans sa bouche et mordit durement ses jointures.

Elle avait oublié le jeune homme. Elle se laissa tomber sur le côté et ses pieds raclèrent le sol de la forêt. Tout à coup, ses poings fendirent l'air comme pour combattre quelque ennemi invisible.

– Ma chère cousine, quelle horrible manière de mourir...

Elle délire, pensa-t-il. Il commença à s'inquiéter à l'idée que le bruit puisse réveiller les autres. Il remit ses vêtements, pour éviter de se faire surprendre ainsi en compagnie de la jeune fille. Il envisagea de se glisser de nouveau dans la grotte, mais, à ce moment, elle roula sur le dos.

Che bella! Che grazia di Dio! Sa peau brillait dans la clarté lunaire, parfaite et virginale, et ses yeux remplis de larmes irradiaient la lumière comme des pierres précieuses. Elle ressemblait à une créature féerique, à une nymphe des bois, étendue sur l'humus sombre. Il se mit à lui caresser le ventre.

Elle retira la main d'Enrico.

– Je ne peux pas faire ça maintenant.

– Qu'est-ce qui s'est passé ?

Elle ne répondit pas tout de suite. Finalement, au moment où il pensait qu'il ne pouvait pas rester plus longtemps, elle parla à nouveau.

– *Signore Jacopo dei Benedetti da Todi*, le célèbre notaire.

Elle avait prononcé le nom lentement, sur un ton respectueux.

– C'est ainsi qu'on l'appelait quand il était encore sain d'esprit. L'homme le plus grand de Todi. Au moment où on m'a emmenée de chez moi, il était fiancé à ma cousine Vanna. Je ne l'avais jamais rencontré en personne avant aujourd'hui. C'est ma propre cousine qui a été écrasée sous ce balcon. Elle était comme une grande sœur pour moi, la sœur la plus aimée qu'une fille puisse avoir, la personne qui me comprenait le mieux.

Elle s'assit et ramassa ses vêtements autour d'elle. Enrico la regarda en silence pendant qu'elle se rhabillait. Il n'était pas tant intrigué par ses vêtements que par les objets qu'elle avait sanglés sous eux – quelque chose de blanc et qui craquait contre son abdomen, un étui sombre contre son avant-bras. Elle capta son regard.

– Ce parchemin est une chronique de l'histoire des frères, précisa-t-elle. Je l'apporte à Saint-Damien demain.

Plusieurs sœurs savent écrire. Je vais leur demander de le copier et en faire la surprise au frère Conrad. Alors, ne dis rien à ce propos.

Elle leva le bras pour qu'il puisse voir.

– Et ce couteau me sert à éloigner le danger. Le dernier homme qui m'a touchée sans mon consentement ne peut plus compter jusqu'à dix sur ses doigts, conclut-elle avec fierté.

Elle noua la ceinture autour de sa taille et prit la main du jeune homme.

– Je suis désolée, Enrico. Je n'avais pas prévu que cela finirait de cette façon. Peut-être pourrai-je terminer l'histoire un autre jour. Au moins, tu auras le souvenir de sœur Amata et de ce que tu as vu ce coir.

– Amata... La bien-aimée. Ce nom te va bien. Je sais que moi je t'aime.

– Cela porte malchance de m'aimer.

Il la suivit vers la lueur vacillante qui émanait de la grotte. Soudain, elle s'arrêta et lui fit signe de rester silencieux. Il l'imita alors qu'elle s'accroupissait derrière un arbre.

Elle murmura :

– Il y a une bande d'hommes sur la route.

Amata compta cinq silhouettes à la forte carrure. Elle songea à la bande de chasseurs de dom Vittorio et à leur proie – les truands embauchés par les Pérugins pour terroriser les voyageurs. Avaient-ils été suivis à partir de Gubbio ? Seuls les voleurs et les meurtriers avaient des raisons de se trouver là au milieu de la nuit, à chercher des feux de camp. Le feu qui protégeait des animaux et du froid attirait les hors-la-loi de cette espèce.

Les hommes s'arrêtèrent près de l'arbre où se cachaient Amata et Enrico, préparant leur plan à voix basse. Ils se dispersèrent, se tenant à quelque dix mètres l'un de l'autre, de chaque côté de la route, afin d'approcher la grotte sous plusieurs angles. Amata pouvait apercevoir des gourdins et des piques, et elle devina qu'ils cachaient sous leurs vêtements d'autres armes plus petites.

– Ils vont tuer Conrad et Jacopone, souffla-t-elle à l'oreille d'Enrico. Je dois les prévenir. Attends ici.

Elle prit plusieurs inspirations profondes, retardant le moment inévitable où elle devrait s'élancer entre les brigands et révéler sa présence. Elle pensa à Conrad et à la façon dont il avait risqué sa vie pour l'aider à franchir la paroi montagneuse, et ce souvenir lui redonna courage.

– Réveillez-vous, mes frères ! hurla-t-elle. *Banditi !* Réveillez-vous !

Elle courut aussi vite qu'elle le pouvait vers les bois de l'autre côté de la route, mais l'un des hommes l'attrapa par la manche. Il la fit tourner sur elle-même et leva son gourdin. D'instinct, elle s'élança contre la poitrine de l'homme, si bien que l'arme ne frappa que l'air. L'homme grogna puis poussa un cri de douleur en laissant tomber son gourdin. Il avait saisi à deux mains le poignet d'Amata, essayant de l'éloigner alors qu'elle tordait son couteau dans son ventre en tentant d'atteindre le cœur. Du sang chaud giclait sur son poignet. L'homme lâcha prise dans un frémissement au moment où Enrico atterrissait sur son dos.

– Cours, Amata ! cria-t-il pendant que deux autres brigands s'emparaient de lui et l'entraînaient plus loin.

Son assaillant faiblissait et elle enfonça encore sa dague. Avec un regard d'infinie tristesse, il tomba à genoux puis bascula vers l'avant, le visage contre terre. Elle se pencha pour ramasser son gourdin. Dans la confusion des ombres, Enrico appela à l'aide.

Amata eut à peine le temps d'apercevoir l'homme qui fonçait sur elle avec sa pique. Au dernier moment, elle bondit vers l'arrière et entendit le bruit de sa bure et du parchemin de Léon que la lame fendait alors qu'elle évitait de justesse d'être éventrée. Des branches craquèrent derrière elle et, au moment où l'homme à la pique ramenait ses bras vers lui pour projeter son arme vers l'avant, Conrad, qui fonçait sur lui, le souleva de terre. L'ermite retrouva son équilibre et prit position devant Amata.

– Au nom de Dieu, laissez-la ! cria-t-il aux hommes.

– Ces gens-là ne craignent pas Dieu, rétorqua Amata. Prenez ce gourdin et battez-vous, ou recommandez votre âme à Dieu.

Elle fourra le gourdin dans la main de Conrad.

L'homme à la pique eut un moment d'hésitation et appela ses camarades.

Les deux individus qui avaient entraîné Enrico rejoignirent leur chef. *Mauvais signe*, pensa Amata. Ils ne se souciaient plus du jeune homme. Le dernier de la bande rejoignit alors ses compagnons.

Conrad et la jeune femme faisaient face aux quatre brigands. L'ermite se tenait immobile. L'arme qu'Amata lui avait mise dans la main pendait à son côté. Une trêve éphémère s'ensuivit pendant que l'homme à la pique évaluait la situation.

– C'est celui que nous cherchons. Finissons le travail et partons d'ici, décréta-t-il.

Amata recula vers les arbres, saisit un pan de la bure de Conrad et tenta de le tirer vers elle.

Il résista.

– Pourquoi dites-vous que je suis l'homme que vous cherchez ? Me connaissez-vous ? Je ne suis pas d'ici.

Le beuglement de la trompette de Jacopone en provenance de la grotte brisa ce moment de répit. Devant le regard étonné des brigands, Amata tenta à nouveau d'attirer Conrad. Pendant ce temps, Jacopone s'avançait bruyamment à travers les arbres en rugissant alors qu'il comblait l'écart entre eux.

– Ah ! Les anges de Dieu les protègent ! hurla le chef.

– *Un drago* ! s'exclama un autre.

Amata se retourna pour discerner deux grands yeux enflammés vers le bas de la colline.

La bande demeura paralysée alors que l'apparition se rapprochait ; pendant ce court délai, Jacopone s'était rué sur eux. Il enfonça une branche enflammée dans le visage de l'homme à la pique tandis que, avec une autre branche, il harponnait le vêtement de l'homme. Le brigand hurla de douleur et, son vêtement en flammes, se sauva dans la forêt. Les trois autres, le dragon à leurs trousses, s'empressèrent de regagner la route vers Valfabbrica. Jacopone réussit à mettre le feu à un autre vêtement avant d'abandonner la poursuite.

Une fois les brigands hors de vue, Conrad s'agenouilla près de celui qui avait attaqué Amata. Il retourna le corps et plaça une main sur la poitrine ensanglantée.

– Il est trop tard pour l'absolution finale, dit-il. Son âme est déjà en route pour sa demeure éternelle.

– Vers l'enfer, j'espère, répliqua Amata.

– Est-ce toi qui l'as tué ?

Elle perçut un soupçon de respect dans sa question.

– Ce n'était pas un combattant très efficace, répondit-elle.

Elle laissa Conrad agenouillé à côté du hors-la-loi, rejoignit la route et courut sur une courte distance en direction d'Assise, puis revint sur ses pas, à l'endroit où avait eu lieu le combat.

– Enrico ! appela-t-elle. Enrico !

Alors que Jacopone revenait avec ses deux torches, Amata aperçut le corps immobile à l'orée du boisé. Elle approcha mais ne pouvait se résigner à le toucher. Elle eut un haut-le-cœur.

Amata tomba à genoux près du corps.

– Non, Rico, non ! hurla-t-elle en pleurant. Pas toi !

11

Conrad accourut et plaça sa main sur la poitrine d'Enrico comme pour le brigand, puis il approcha son visage. Amata, impuissante, joignit les mains, priant et en désespérant à la fois.

– Il respire encore, mais à peine. Où est le sieur Jacopone ?

– Il arrive, Padre. Nous sommes ici ! cria Amata en direction de la route. Dépêchez-vous !

Le pénitent brandit ses torches et poussa un cri de triomphe.

– Je n'ai pas combattu comme ça depuis que nous avons chassé Gaetani et ses gibelins hors de Todi, lança-t-il.

– Tu nous as sauvé la vie, frère, dit Conrad. Mais nous arrivons peut-être trop tard pour Enrico. Il est presque mort. Nous devons l'amener ailleurs avant que les *banditi* ne reviennent. Laisse une de tes torches à Fabiano et trouve quelques branches fabriquer pour un brancard.

Jacopone jeta un coup d'œil au blessé et se précipita entre les arbres. Conrad porta une main à son front et regarda autour de lui.

– Suis-moi, ma sœur, décida-t-il. Je n'aime pas dépouiller un cadavre de ses vêtements, mais nous avons besoin de ceux du brigand pour transporter Enrico. Nous pourrons glisser les branches à travers les manches.

Hébétée, Amata obtempéra en titubant. Conrad lui ordonna de se retourner pendant qu'il dévêtait le corps. Elle pivota et scruta l'obscurité jusqu'à ce qu'il crie :

– *Dio mio*, ma sœur ! Qu'as-tu fait ? Tu as tué un frère.

Conrad avait enlevé le manteau. Elle vit que le cadavre portait une bure grise ceinte d'une corde comme la leur. Il arborait au cou une grossière croix de bois attachée avec une lanière de cuir.

– Il a essayé de me tuer.

Elle n'avait même plus la force de se défendre. La torche dans sa main éclaira la tête chauve de l'homme et ses traits figés.

– Padre ! Je le connais ! Je l'ai vu ce matin !

– À Gubbio ?

– Oui. Sur la grand-place. Il se tenait derrière la foule avec d'autres membres de notre Ordre. Il ne portait pas son capuchon et je me souviens avoir pensé qu'il semblait apprécier le froid.

– Mais pourquoi nous attaquer ?

– L'un d'entre eux a dit qu'ils vous cherchaient. J'ai peur pour vous, Padre. S'il vous plaît, n'allez pas au Sacré-Couvent. Vous vous dirigez vers un piège mortel.

– Pour l'instant, je ne vois pas d'autre possibilité... Et puis une vie est-elle si importante ? Si ces hommes m'avaient tué plus tôt, je serais déjà en train de me réjouir avec le frère Léon et saint François. Et je connaîtrais la signification de cette lettre...

– Mais Léon vous veut vivant pour rendre public ce que vous apprendrez.

Jacopone sortit du bois en tirant deux arbres minces dont il avait arraché les branches. Il les laissa tomber près d'Enrico puis rejoignit Conrad et Amata.

– Nous devons d'abord enterrer ce frère, objecta l'ermite.

– L'enterrer ? s'écria Amata. Nous n'en avons pas le temps ! Il faut que nous emmenions Enrico loin d'ici.

– Cet homme était un frère. Il devrait être enterré comme un chrétien et non pas abandonné pour servir de nourriture aux charognards.

Conrad enleva la croix de la dépouille et la tendit à Amata.

– Tiens ceci pour marquer l'emplacement de sa tombe. Sieur Jacopone, aide-moi à lui enlever sa bure. Nous pouvons l'envelopper dans son manteau et ériger un monticule funéraire par-dessus son corps.

– Donnez-moi sa ceinture, demanda Amata. Elle pourra me servir.

Elle attendit sur la route, la torche dans une main et la croix dans l'autre, pendant que ses deux compagnons tiraient le cadavre sous les arbres. Craignant le retour de la bande, elle ne quittait pas des yeux les endroits où la piste disparaissait dans chaque direction. Trois d'entre eux s'étaient sauvés en direction de Gubbio, mais l'homme à la pique pouvait se cacher n'importe où. Elle dressa l'oreille pour écouter les bruits dans la forêt au-delà de Conrad et de Jacopone, qui déversaient des feuilles, des aiguilles de pin et de la terre. Elle écouta également en direction d'Enrico, espérant entendre un gémissement ou un cri de douleur, un signe de vie. Le silence accrut son inquiétude.

Après un intervalle qui lui parut interminable, Jacopone surgit des ténèbres et changea la ceinture contre la croix qu'elle tenait. Amata se précipita du côté de la route où se trouvait Enrico et ramassa une brassée de branches pour fabriquer une nouvelle torche. Alors qu'elle transférait le feu d'une poignée de brindilles à l'autre, elle scruta le visage du jeune homme. Sa peau pâle était marquée d'égratignures et d'ecchymoses, et le sang séché qui imprégnait ses cheveux blonds formait une crinière gluante.

Le même âge qu'aurait maintenant son frère Fabiano. Elle s'assit par terre et lui caressa le front, puis passa ses doigts dans ses cheveux pour les démêler.

Enrico cligna des yeux puis les ouvrit tout grands en la reconnaissant.

– Amata, murmura-t-il. Tu es toujours vivante.

– Dieu merci, Rico, toi aussi.

– Je n'en suis pas si sûr. J'ai mal partout et je me sens faible.

– Tu as fait preuve de bravoure en sautant sur le dos de l'homme.

Il esquissa un sourire.

– Le premier acte de bravoure de ma vie, et j'ai perdu.

– Ne parle pas ainsi. Nous sommes tout près du Sacré-Couvent. Les moines de l'endroit vont te soigner.

Ses paupières se fermèrent. Il secoua la tête en essayant de demeurer conscient.

– Souviens-toi, je suis Fabiano, et non Amata, murmura-t-elle.

Conrad et Jacopone avaient construit un brancard avec les branches et la bure. Le corps du blessé demeura inerte pendant que tous deux le plaçaient sur la civière puis la soulevaient sur leurs épaules. Amata se plaça devant eux pour éclairer les ornières du chemin.

– Maintenant, que la grâce de Dieu le protège, et nous aussi, dit Conrad. Allons-y.

La route, bien que cahoteuse, resta plane pendant près d'une lieue, jusqu'au carrefour de Porziano. Dans une clairière sur leur droite, ils entrevoyaient la façade d'une minuscule chapelle de campagne où ils pourraient se réfugier en cas de besoin. Conrad s'arrêta, le temps de poser le brancard par terre et de jeter un coup d'œil par la porte entrebâillée. Enfin, il fit signe à Amata de venir avec la torche et ils pénétrèrent à l'intérieur.

La lumière déclencha une agitation dans la chapelle, alors qu'un petit animal s'enfuyait le long d'un mur. Au-dessus d'eux, l'air se remplit de battements d'ailes et une nuée de chauves-souris s'envola par un trou de la toiture. Amata resta immobile devant l'entrée jusqu'à ce que le bruit ait cessé, puis suivit Conrad vers l'autel. L'air sentait la chair brûlée. Elle avait entendu des histoires de Juifs qui tuaient des animaux sur leurs autels et les offraient en sacrifice. *Leurs temples doivent avoir constamment cette odeur*, pensa-t-elle.

L'ermite dépoussiéra la pierre qui formait l'autel et ouvrit la porte du tabernacle.

– Ce n'est pas un endroit sûr. On n'utilise plus ce lieu comme une église. Il n'y a pas d'eucharistie pour nous protéger.

– Même dans ce cas, nous pourrions nous arrêter un moment. Tout ce mouvement pourrait tuer Enrico.

– Nous nous reposerons au lever du soleil. Il serait trop dangereux de nous arrêter dans l'obscurité.

Un gémissement se fit entendre dans la pénombre derrière l'autel. Conrad prit la torche d'Amata et la leva au-dessus de sa tête.

– Si tu es un homme et non une bête, identifie-toi, dit-il.

– Que le diable emporte ton âme de zélote, Conrad d'Offida ! lâcha une voix rauque. Nous n'avions pas l'intention de te blesser. Nous devions seulement te faire prisonnier.

Conrad contourna l'autel et discerna la silhouette affaissée contre le mur. L'homme brandit sa pique dans leur direction, mais il semblait trop faible pour les blesser.

– Jette ton arme si tu veux que nous t'aidions.

– L'aider ? Il a failli m'éventrer ! protesta Amata.

– Jette ton arme, répéta Conrad en dessinant un cercle avec la torche. Veux-tu être brûlé une fois de plus ?

La pique s'abattit sur le sol poussiéreux. Conrad s'avança, mais Amata dressa son bras devant lui.

– Soyez prudent. Il pourrait avoir un couteau.

– Alors, prends son arme et tiens-le en respect. Je pense qu'il préférerait vivre.

Amata trouva la pique dans l'obscurité et en pressa la pointe contre la poitrine de l'homme. Conrad approcha la torche.

– Le connais-tu aussi ? demanda-t-il.

– Je ne peux pas voir son visage. Abaissez son capuchon.

L'homme poussa un hurlement quand la main du prêtre frôla son visage. C'était de là que provenait l'odeur de chair brûlée. Ses traits carbonisés étaient indiscernables, son visage une masse suintante dans laquelle perçait un œil méchant qui la scrutait. Conrad rabaissa le capuchon. La chevelure de l'homme avait la couleur de la paille, autour de la tonsure religieuse.

Amata se pencha un peu plus en posant la main sur l'autel pour garder son équilibre.

– Je pense que c'est un des frères qui m'ont suggéré d'aller voir Monna Rosanna. En tout cas, ses cheveux lui ressemblent.

– Impossible ! N'étaient-ils pas à pied ?

– Non. Ils avaient des ânes. Je vous l'ai dit, l'autre était âgé. Ils pourraient avoir atteint le monastère de Gubbio hier. Dieu merci, nous n'avons pas couché là la nuit dernière.

Conrad approcha la flamme du visage de l'homme.

– Connais-tu la signification de la lettre du frère Léon ?

– Non.

Il toussa et des mucosités sanglantes giclèrent sur sa poitrine. Sa voix était rauque et les mots se formaient avec difficulté.

– Mon compagnon m'a seulement dit... que le ministre général... aimerait l'avoir... et vous aussi.

Il tenta de lever la main, mais elle retomba sur sa poitrine.

– Le nom de ton compagnon !

Les lèvres de l'homme se courbèrent en une grimace.

– Amanuensis.

– Ce n'est pas un nom, objecta Conrad, c'est un métier.

– Amanuensis, répéta l'homme d'une voix assurée.

Conrad fronça les sourcils.

– Il dit probablement la vérité. Bonaventure me considère comme un fauteur de troubles. Il n'apprécierait pas mon retour, mais ce n'est pas une raison pour m'emprisonner.

L'homme toussa à nouveau.

– Pour l'amour de Dieu, aidez-moi, implora-t-il. Écoutez ma confession. Je dois libérer mon âme de son fardeau.

– Très bien, mon frère, acquiesça Conrad. Attends à l'extérieur, Fabiano, et ne t'inquiète pas. Je te promets de rester à bonne distance de lui.

Amata apporta la pique près de la porte, mais resta assez proche pour entendre le murmure des deux voix. Elle distinguait Jacopone dans la clarté lunaire. Il s'était agenouillé près du brancard, et son inquiétude s'était accrue. *Jesu Domine!* Pourquoi Conrad attachait-il plus d'importance aux besoins des autres qu'aux leurs? Alors qu'un long nuage passait devant la lune, elle vit la silhouette du pénitent se fondre dans l'obscurité puis revenir. Pendant ce temps, Conrad continuait d'écouter le frère blessé. Enfin, la torche repassa de l'autre côté de l'autel.

– Repose en paix, maintenant, et garde ton esprit libre de péchés, entendit-elle. J'enverrai des frères t'aider aussitôt que nous parviendrons à Assise.

L'ermite lui tendit la torche, et lui et Jacopone hissèrent à nouveau le brancard sur leurs épaules. Elle tenta de tenir d'une main la torche qui brûlait, mais ses doigts commencèrent à éprouver des crampes et, avec réticence, elle jeta la pique dans les bois.

À une faible distance au-delà de la chapelle, le sentier grimpait jusqu'aux hauteurs de Nocigliano, la dernière colline à escalader avant Assise. La boue était durcie et presque gelée sous les sandales d'Amata, et elle s'étonna que les hommes ne semblent pas ressentir le froid sous leurs pieds nus. La force que dégageaient les deux ascètes l'impressionnait. Conrad ouvrait la voie, et le sentier abrupt les ralentissait à peine. Elle se souvint des histoires de son père sur les guerriers spartiates de l'Antiquité, les combattants les plus féroces de mémoire d'homme. Tout comme Conrad et Jacopone, ils évitaient les femmes. Elle ne voulait même pas penser à ce que cela impliquait.

La lune disparaissait derrière les montagnes tandis que, devant eux, le sentier qui montait s'éclairait de plus en plus. Amata vit la silhouette des arbres en haut de la colline et se réjouit d'entendre le chant sporadique des oiseaux.

– Continuons jusqu'au sommet, sieur Jacopone, l'encouragea Conrad. Nous pourrons nous y reposer.

Ils posèrent leur fardeau à l'endroit où la route s'ouvrait sur le bassin de la rivière Tescio. La lueur du jour naissant s'étendit au-delà des montagnes environnantes et Amata discerna la plaine gisant sous elle comme un univers miniature avec ses villages éparpillés, ses hameaux solitaires et ses champs cultivés qui s'étiraient jusqu'aux pentes lointaines. La plus proche de ces villes était Assise, et elle se sentit submergée par la colère en voyant la tour principale et les murs crénelés de la forteresse de la Rocca Paida en surplomb de la cité. Elle écrasa sa torche dans la boue en souhaitant pouvoir broyer Simon della Rocca et ses fils avec autant de facilité.

Jacopone choisit un buisson convenable, glissa la main dans son pagne; il allait se soulager lorsque Conrad l'attrapa par le manteau.

– Allons un peu plus loin dans les bois, mon frère. Je t'accompagne.

Elle entendit bouger derrière elle; Enrico s'agitait sur son brancard et battait l'air de ses bras.

Elle se précipita vers lui.

– Je suis là, Rico. Nous sommes presque à Assise.

Elle lui saisit les poignets et ramena ses mains contre sa poitrine.

Conrad revint avant que le jeune homme ne puisse répondre.

– Nous sommes tous là, petit frère, dit-il.

Il plaça la paume de sa main contre le front d'Enrico et le dévisagea.

– Je viens d'entendre la confession d'un homme blessé, et j'écouterai aussi la tienne si tu le souhaites.

– Oui, Padre. Confessez-moi. Je sais que je suis en train de mourir.

– Ne peux-tu attendre d'avoir atteint le monastère ? demanda Amata.

– Je suis désolé. Il faut que je me confesse. Maintenant. Il sera peut-être trop tard au monastère.

– Enrico a raison, approuva Conrad. Nous ne devrions pas prendre un tel risque. Éloigne-toi un peu sur la route et attends avec le sieur Jacopone. Laisse ce garçon se confesser en privé.

Amata s'écarta. Elle sentait que son cœur ne pourrait pas supporter la mort d'une autre personne aimée, non plus qu'une autre attaque ennemie.

Conrad la détesterait sûrement après avoir entendu la confession de Rico.

Elle s'efforça de retenir ses larmes. Jacopone s'approcha d'elle et posa ses énormes mains sur ses épaules.

– La respiration intermittente des mourants. La commission des péchés et le pardon. Tout cela fait partie de la poésie, mon frère. Toute la vie est un poème épique sans fin.

Seigneur Jésus-Christ, Fils de Dieu, accorde-moi, pécheur, ta miséricorde. Seigneur Jésus-Christ, Fils de Dieu, accorde-moi, pécheur, ta miséricorde.

Les lèvres de Jacopone remuaient sans bruit pendant qu'il récitait cette prière qu'il avait débitée des milliers de fois ces quatre dernières années. Cela lui était devenu aussi naturel que de respirer. Il s'était assis sur une grosse pierre, les mains jointes sur les genoux, les yeux mi-clos. Sur le côté de la route, un insecte noir, luisant, se débattait dans une mare.

Conrad se dirigea à grands pas vers Jacopone.

– Où est Fabiano ?

Son visage se tordait de colère. Il avait hurlé sa question comme un juge qu'il avait connu a Todi.

Le pénitent fit un signe du pouce en direction de la route d'Assise. Les yeux gris de l'ermite se remplirent alors de larmes et, de la manche de son vêtement, il essuya ses joues barbues. Il tendit le poing et regarda vers le ciel. Puis il laissa retomber ses bras.

– Enrico est mort, dit-il. Parce que cet égoïste, ce pervers de Fabiano n'a pas su monter la garde, ce garçon est mort.

– Les enfants lapident les grenouilles pour le plaisir, mais les grenouilles meurent pour de vrai.

Jacopone sauta de son perchoir.

– Il m'a appelé *cousin*.

– Qui ?

– Ton novice. « Adieu, cousin, m'a-t-il dit. Je partage votre peine. » Je ne sais pas ce qu'il voulait dire. Ma femme avait un cousin du nom de Fabiano, mais il est loin d'être un novice. Vanna a porté le deuil de ses cousins pendant des mois. Nous avons retardé notre mariage. J'aimerais que nous ne nous soyons jamais mariés. J'aimerais que nos parents n'aient jamais organisé notre rencontre. Elle serait encore en vie aujourd'hui, la pauvre... Tout est entremêlé, plein d'énigmes. Tu es un homme intelligent, frère Conrad. Comprends-tu ce que tout cela signifie ?

12

Certes, Conrad comprenait. Il savait fort bien pourquoi Amata avait appelé le pénitent *cousin* et pourquoi elle portait le deuil de sa femme avec autant de tristesse. Or, ce qu'il avait appris du lien entre Amata et Jacopone, il venait de l'entendre pendant la confession d'Enrico et il ne pouvait violer le caractère sacré de l'extrême-onction.

L'ermite aurait aimé éprouver plus de pitié pour la cousine d'Amata morte, mais la fureur que lui inspirait le comportement de la jeune femme était si ardente qu'elle éliminait toute compassion. Il essaya de se rappeler qu'Amata était à peine plus qu'une enfant, mais cette rationalisation ne lui fut pas d'un grand secours. Conrad aurait voulu hurler. Il aurait voulu pleurer – pour ce jeune homme mort, pour Jacopone et sa bien-aimée Vanna, pour Amata – pour l'humanité entière qui allait à l'aveuglette, de manière si désordonnée et si malencontreuse, vers le Jugement dernier. Et pour sa propre impétuosité. Rien de ce qui s'était passé au cours de cette nuit sinistre ne serait arrivé s'il était resté dans sa cabane, s'il avait refusé de se laisser entraîner dans le labyrinthe des secrets de Léon. *Chi non fa non falla*, répétait le père de Rosanna. *Qui ne fait rien ne commet pas d'erreurs*.

Pour l'instant, Jacopone et lui devaient assumer la pire conséquence de son choix : prendre en charge le corps d'Enrico.

Il tapota le pénitent dans le dos.

– Viens, mon ami. Ce garçon devrait être enterré au Sacré-Couvent. Les frères pourront informer sa famille.

Les deux hommes hissèrent le brancard sur leurs épaules et poursuivirent leur route, Jacopone en tête. Des arbres formaient une arche au-dessus du chemin, créant un tunnel si sombre que Conrad eut l'impression qu'ils s'étaient fourvoyés dans un souterrain menant en enfer. Dans son imagination, les broussailles devinrent le légendaire asphodèle infecté par le noir venin qui s'écoulait lentement de la mâchoire du Cerbère à trois têtes. Comme le poète antique Orphée portant sa lyre, ils étaient descendus dans les entrailles de l'Hadès à la recherche de... de quoi ?

Le poète légendaire avait au moins son Eurydice, qui constituait une raison d'affronter les tourments qui l'attendaient, mais Conrad n'avait personne d'aussi tangible vers qui se tourner. Et il se sentait attiré vers une catastrophe personnelle.

L'ermite s'inquiétait également pour le poète squelettique. Qu'adviendrait-il du pénitent quand ils auraient atteint Assise ? Si la ville l'acceptait comme un pécheur repentant, on ne lui ferait pas de mal. Mais si les gens le considéraient comme un fou, les lois qui s'appliquaient aux lépreux arrêtés à l'intérieur des murs lui seraient fatales. Il pourrait être lapidé, ou pire.

Les deux hommes laissèrent la forêt derrière eux et arrivèrent sur une colline rocheuse. En contrebas, l'ermite distingua la porte qui menait à la partie nord-est de la cité. C'était la route la plus directe pour entrer dans Assise, mais le spectacle d'un ermite en loques et d'un pénitent transportant la dépouille d'un adolescent le long des rues attirerait l'attention de la foule.

– Prends le sentier sur la droite, conseilla-t-il à Jacopone.

Le chemin étroit et sinueux serpentait le long de la colline au-dessus de la forteresse et des remparts nord.

Lorsqu'ils atteignirent le coin le plus à l'ouest, où la basilique de Saint-François et le Sacré-Couvent s'étendaient hors de la cité dans un splendide isolement, ils amorcèrent la descente, en évitant de glisser sur les rares touffes d'herbe qui parsemaient le schiste instable. Alors qu'ils approchaient de la Porta di San Giacomo di Mororupto, Jacopone releva la tête et renforça sa prise sur les perches. *Dans la gueule du loup*, pensa Conrad avec résignation.

– Que la paix du Seigneur soit avec toi, mon frère, dit l'ermite au garde civil tandis qu'ils franchissaient le portail.

Le gardien attrapa sa pique et s'approcha d'eux, l'air inquiet, en montrant la dépouille.

– Qu'est-ce qui s'est passé ?

– Nous avons été pris dans une embuscade pendant la nuit, répliqua l'ermite. Plusieurs hommes nous ont attaqués et ont blessé mortellement notre compagnon. Nous amenons son corps au Sacré-Couvent.

Les yeux du garde scrutèrent Jacopone, cherchant des lésions sur la peau du pénitent. Il marcha autour d'eux, se gratta la poitrine d'un air pensif. En fin de compte, il leur fit signe d'entrer.

– Je vais m'en assurer, dit-il.

De sa guérite, il pouvait observer toute la grand-place jusqu'à l'église supérieure de la basilique et aux marches qui menaient à l'église inférieure et au Sacré-Couvent.

Conrad poussa Jacopone à travers la piazza. Le silence prolongé du pénitent rendait Conrad nerveux, et le garde soupçonneux.

Le visage qui apparut à la grille après que Conrad eut tiré la cloche du monastère affichait un air sceptique. L'ermite ne reconnut pas le portier, qui ne sembla pas non plus se souvenir de lui. De plus, à en juger par l'air de dédain qu'adoptait le jeune frère, il était plus décontenancé par les vêtements usés des deux étrangers que par le cadavre qui gisait dans la poussière entre eux.

Conrad raconta à nouveau comment ils avaient été victimes d'une attaque.

– Nous avons emporté ce malheureux pour qu'il soit enterré, termina-t-il. Il aurait dû être l'un d'entre nous. Il porte à la ceinture une lettre adressée au frère Bonaventure de la part de l'évêque de Gênes.

Le portier ignora son explication.

– Avez-vous l'intention de passer la nuit ici ? demanda-t-il d'une voix glaciale.

– Pas moi. En tout cas, pas aujourd'hui.

Il ne savait pas ce que les autres frères allaient penser de sa bure rapiécée. S'ils avaient l'impression que Conrad leur adressait un reproche en mettant en évidence sa pauvreté, il se retrouverait dans le donjon du monastère sans même pouvoir jeter un coup d'œil à la bibliothèque. Maintenant qu'il était arrivé à la porte du Sacré-Couvent, il se rendit compte qu'il hésitait à en franchir le seuil.

– Je ne peux parler pour mon compagnon, ajouta-t-il.

Il se tourna vers Jacopone, mais le pénitent s'était volatilisé aussi silencieusement que la rosée qui s'évaporait sur les toits de tuiles.

– S'il vous plaît, aidez-moi à amener le garçon à l'intérieur, dit-il au portier. Mon compagnon...

Il s'interrompit parce qu'il n'avait aucune explication quant à la disparition de Jacopone.

Le portier ouvrit avec un grognement de colère. Sans un mot, il se pencha pour prendre une extrémité de la litière et tirer le corps à l'intérieur sans attendre que Conrad en saisisse l'autre extrémité. Son attitude suggérait que le voyageur était un importun, et que plus tôt il repartirait, mieux ce serait.

Conrad jeta un dernier regard à Enrico, aux sillons qu'avait laissés le brancard dans le sol, à la bure qui avait servi de brancard. Il avait failli oublier le moine mort et l'homme à la pique !

– Un autre frère, le frère Zefferino, toujours blessé, continua-t-il, se trouve dans une chapelle en ruine près du carrefour de Porziano.

Le portier leva les yeux vers lui. De toute évidence, il connaissait le nom.

– Vous avez abandonné un frère blessé et vous avez emmené cette dépouille ?

– Tous deux étaient vivants quand nous avons quitté la chapelle. J'ai promis au frère que nous lui enverrions de l'aide. Vous pouvez sûrement dépêcher là-bas deux frères robustes ?

– Je vais m'en occuper.

Il mit la main sur la porte pour la fermer, mais Conrad arrêta son geste.

– J'ai une autre question. Y a-t-il un frère Jacoba qui vit dans cette communauté ?

– Frère Jacoba ? Je ne connais aucun frère de ce nom. Vous ne voulez pas dire plutôt *sœur* Jacoba ? Jacoba est un nom de femme.

Bien sûr ! Conrad se sentit stupide d'avoir omis un élément si évident. Peut-être avait-il mal lu l'écriture minuscule de Léon. Il aurait aimé relire la lettre et examiner le message une fois de plus, mais il s'en abstint par prudence. Le portier continuait de le surveiller, tout comme le garde civil qui avait suivi ces étrangers à travers la grand-place. Conrad se demanda s'il se tenait là au moment où Jacopone était parti.

Il rabattit son capuchon sur sa tête.

– Je vous remercie de votre aide, mon frère. J'apprécierais votre gentillesse si vous transmettiez au ministre général la lettre de l'évêque. Elle mérite une réponse.

– Le frère Bonaventure en décidera, trancha le portier en claquant la porte.

Du labyrinthe de rues derrière Conrad monta soudain un son de trompette. Il sourit. Le pénitent irait bien, maintenant. Le poisson était retourné à son cours d'eau.

Soulagé quant à la sécurité de Jacopone et à la sienne pour le moment, Conrad s'éloigna à grands pas du Sacré-Couvent. Il devrait bientôt y revenir mais, pour le reste de cette journée, il voulait savourer sa solitude retrouvée. Laissant derrière lui le monastère et le gardien, il ralentit le pas et descendit la via Fonte Marcella.

Une fois arrivé dans la ville proprement dite, Conrad comprit qu'il devait se contenter d'être seul en pensée. Les rues et les ruelles s'étaient animées. Des enfants encore trop jeunes pour être embauchés comme apprentis le dépassaient en criant, le forçant à se serrer contre les maisons pour éviter d'entrer en collision avec eux. De partout surgissaient les bruits et les odeurs du commerce. Les tanneurs de cuir et les cordonniers, les orfèvres, les fabricants de laine et les ateliers des teinturiers et des tisserands, leurs fouleurs et leurs feutreuses, leurs ouvrières qui travaillaient à l'empennage des flèches, leurs armuriers et leurs selliers, tous travaillaient fiévreusement. La foire des récoltes aurait bientôt lieu et les marchands s'assureraient d'être bien approvisionnés.

Assise avait prospéré pendant ses six années d'absence. Il croisa plusieurs équipes de maçons qui transformaient les maisons de bois en bâtiments de brique ou de pierre. Les rues principales avaient été pavées et l'on avait creusé des rigoles pour évacuer les eaux usées. Il s'émerveilla à la vue des nouveaux égouts, car il n'en avait vu qu'une seule fois auparavant, pendant son séjour à Paris. Et les tours ! Les tours de la noblesse s'étaient multipliées à mesure que les châtelains abandonnaient leurs domaines campagnards et envahissaient la ville. Elles étaient si épaisses et si hautes qu'elles jetaient constamment une ombre sur les rues.

Il suivit la pente vers la basse-ville et la porta San Antimo. Il avait décidé de passer l'après-midi dans la vallée au sud de la cité et de dormir au pied des remparts, à la Portioncule, la « petite portion », où l'Ordre avait connu ses humbles débuts. Au modeste oratoire où les premiers frères avaient prié, quelques-unes des premières cellules demeuraient intactes; en tout cas, elles l'étaient au moment où il avait quitté Assise. Le matin venu, il tenterait de rencontrer la personne la plus susceptible d'avoir remis à Léon le vélin sur lequel il avait écrit sa lettre, la veuve donna Giacoma.

L'air se réchauffa lorsque Conrad eut quitté l'ombre des tours et des maisons. Il passa sous les murs et erra dans une oliveraie chargée de fruits. Il trouva un arbre plus jeune à l'écorce lisse et s'assit à cet endroit ensoleillé, le dos contre le tronc de l'arbre, prit un morceau de pain dans son sac et, tout en mangeant, relut lentement la lettre de Léon.

Rien de neuf.

Il tenait le vélin à bout de bras, masquant la lumière du soleil. Le frère Léon, avec l'audace qui le caractérisait, pourrait avoir utilisé une encre qui n'apparaissait que lorsqu'elle était chauffée ou éclairée par-derrière. Mais une fois encore, son mentor le déçut. Le message ne contenait rien de plus ou de moins que ce qu'il avait déjà lu.

Lis avec tes yeux, discerne avec ton esprit, éprouve en ton cœur la vérité des légendes. Légendes. Au pluriel. Là se trouvait sans doute le point de départ. Mais quelles légendes ? La version qu'avait rédigée Bonaventure de la vie de saint François en était certainement une. Dieu avait insisté sur cette direction en le faisant s'arrêter à Sant'Ubaldo le 4 octobre. Il découvrirait assez facilement la *Legenda major* au Sacré-Couvent.

« Le Premier de Thomas » pouvait se référer à une légende qui avait circulé un moment – la première biographie de saint François écrite par Thomas de Celano. Mais les ministres provinciaux l'avaient bannie cinq ans auparavant, de même que tous les documents précédant la version autorisée de Bonaventure. Même si la bibliothèque du Sacré-Couvent en possédait encore une copie, on lui interdirait de la voir. Il pouvait exister d'autres légendes...

La question du frère femelle le troublait aussi. Léon avait écrit « Fra Jacoba ». Mais le portier avait raison :

Jacoba était un nom féminin. Peut-être Léon avait-il voulut écrire « Jacob*o* » ou « Jaco*po* » ou encore « Jaco*mo* ». Il eut un mouvement de recul devant la multitude de possibilités. Il possédait si peu d'éléments à partir desquels travailler ! Il n'avait pas besoin d'une faute d'orthographe ou d'une fausse piste.

Alors que le soleil montait dans le ciel, Conrad cessa de chercher une signification à la lettre. Il en répéta les mots dans son esprit jusqu'à ce qu'ils lui deviennent aussi familiers qu'une prière. Finalement, il se redressa, enroula le parchemin et le remit dans les plis de sa bure.

Un coup de vent envoya tournoyer des feuilles mortes à ses pieds. L'ermite marcha sans but dans le verger, s'arrêta un moment pour ramasser une branche élaguée. Il examina l'écorchure au milieu de la branche, puis enfonça le bâton dans un mélange gris-vert de feuilles d'olivier, de paille et de fumier, empilé entre deux rangées d'arbres. Il détacha de larges tranches de la matière en décomposition et laissa l'air humide s'écouler en dessous. Le temps venu, le fermier aurait un sol fertile ; le temps venu, Conrad obtiendrait ses réponses. Pour l'instant, ce compost et les indices de Léon devaient naturer...

Il jeta la branche, puis se rappela ce que son père lui avait enseigné pour que fermente un tas de détritus. Il regarda autour de lui pour s'assurer qu'il était seul et, levant sa bure, il urina sur la pile. Il se souvint à quel point il s'était senti grand lorsque lui et son père avaient uriné côte à côte dans leur jardin, ce matin-là, alors qu'il avait cinq ans.

Conrad regrettait l'amour de son père, mais il n'était pas homme à rouvrir les portes du passé.

Il passa le reste de la journée à se promener dans les lieux que vénérait la confrérie. Il se rendit à la rivière Torto et aux ruines de la masure où les premiers frères avaient subi leur initiation hivernale. Il escalada le mont Subasio jusqu'aux *carceri*, les caves où François se réfugiait lorsqu'il voulait jeûner et méditer en solitaire. Puis, alors que l'obscurité gagnait la colline, il redescendit jusqu'au bassin que dominait la ville, et Conrad mangea le reste de la nourriture qu'il avait apportée avec lui avant de pénétrer dans l'oratoire de la Portioncule.

L'ermite regarda le Christ de bois suspendu au-dessus de l'autel, qui semblait se tordre sur Sa croix dans la lueur vacillante de l'unique lampe à huile de la chapelle. Conrad pouvait presque voir saint François en prière, presque entendre ses paroles se mêler au courant d'air qui sifflait dans les embrasures de la pièce.

Léon lui avait raconté comment le saint s'agenouillait en pleurant devant ce crucifix pendant des heures. Parfois, François s'étendait sur le sol de terre battue, les bras en croix, jusqu'à ce que ses muscles deviennent douloureux, liant sa propre souffrance et sa propre solitude au spectacle sacrificiel. Les gens avaient connu François comme étant un saint homme joyeux errant sur les routes. Ils avaient également entendu ses appels à la pénitence et au renoncement. Mais personne ne connaissait autant que Léon la profondeur de sa contrition, comment il avait affamé et exploité *frère Âne* (comme il appelait son corps). Il malmenait sa bête au cours de longues veilles sans sommeil, ignorant la maladie et l'épuisement, le privant de la moindre couverture pendant les nuits de février. Il subsistait avec de la nourriture infecte et la mêlait à de la cendre jusqu'à ce que la bête affaiblie s'effondre, incapable de suivre le rythme de son imagination débridée. Son âme s'était échappée de sa cage vers le ciel, il était parti seul – enfin libre de cheminer sans son frère Âne.

Pendant qu'il se concentrait sur le crucifix, Conrad sentit une soudaine chaleur monter dans son dos. Elle se répandit le long de son épine dorsale jusqu'à ses épaules puis dans ses bras, les incitant à s'élever de ses côtés jusqu'à ce qu'ils assument la position du Christ agonisant sur la croix. Sa tête s'inclina sur le côté et il demeura dans cette posture jusqu'à ce que la peur et l'hésitation qu'il avait ressenties à la porte du Sacré-Couvent se soient évanouies – jusqu'à ce qu'il sache au plus profond de son être qu'il était prêt et ne serait jamais seul.

– Oui, Seigneur, murmura-t-il. Je ferai tout ce que vous me demanderez.

Et, cette fois, son cœur et ses lèvres vibraient à l'unisson.

13

Conrad quitta la Portioncule dès que le ciel se fut assez éclairci pour qu'il puisse grimper jusqu'à la ville sans trébucher. Sa brève retraite dans les lieux saints de l'ordre lui avait apporté une nouvelle énergie et compensait jusqu'à un certain point les événements perturbants des derniers jours. La silhouette floue des remparts, à peine visible à travers le brouillard matinal, adoucit son état d'âme.

La brume s'épaissit alors qu'il approchait de l'oliveraie où il s'était reposé la veille. Il ralentit le pas. Pendant qu'il avançait, un murmure de voix masculines endormies surgit tout autour de lui jusqu'à devenir un crescendo de grognements. L'ermite pouvait aussi entendre des hennissements de chevaux et des cliquetis de métal. Plus loin, il se retrouva devant une auberge ouverte sur des guerriers à demi vêtus, leurs armes et leurs boucliers posés près de leurs couches.

– Que la paix de Dieu soit avec vous, mes frères, dit-il pour mettre fin à l'étrangeté de la situation. Je crois que je tourne en rond dans le brouillard.

Les hommes n'avaient aucune raison de s'alarmer et ils reprirent leurs activités.

L'ancienne route romaine qui menait aux États du Nord passait sous les murs d'Assise, tout près de ce verger. Conrad se souvint de la manière dont Léon avait décrit le passage triomphal d'Otto IV pendant l'hiver 1209, après que le pape Innocent III l'eut couronné empereur romain germanique. Innocent, avec sa témérité habituelle, ordonna à Otto de quitter Rome et de retourner en Germanie le lendemain de la cérémonie. Le pape souhaitait tuer dans l'œuf toute tentative fâcheuse de la part de l'empereur et de ses six mille chevaliers qui campaient dans la Ville éternelle.

Malgré la rebuffade polie d'Innocent, les citoyens d'Assise, de bons gibelins impériaux pour la plupart, applaudirent au passage d'Otto. En cette époque de changements politiques, les habitants soutenaient les deux partis et rendaient également hommage au pape et à l'empereur. Les citoyens d'Assise s'agitèrent tellement qu'ils dérangèrent François et ses quelques disciples, qui occupaient alors la masure près de la rivière Torto. Égal à lui-même, François ignora l'événement et envoya l'un de ses compagnons entretenir Otto de la fragilité des gains terrestres.

Le successeur d'Otto, Frédéric II de Hohenstaufen, était mort en l'an de grâce 1250, et Charles d'Anjou avait décapité le dernier fils de Frédéric en 1268. La colonne vertébrale du Saint Empire romain germanique s'était fracturée une fois pour toutes. La papauté avait remporté la victoire.

Était-ce bien certain, avec la présence de tant de soldats qui bivouaquaient près de la route principale en plaisantant en dialecte romain ? Les princes germaniques avaient-ils réglé leurs querelles pour se réunir sous la férule d'un nouveau dirigeant ?

Il jeta un regard autour de lui.

– Sommes-nous en guerre, mes amis ? demanda-t-il.

– Pas de ce côté-ci de la Terre promise, frère. N'avez-vous pas entendu la nouvelle ? Le nouveau pape navigue d'Acre à Venise. Nous avons rassemblé les fils de chaque famille noble de la région pour l'escorter jusqu'à Rome. Il y aura beaucoup d'activité dans votre village quand nous repasserons par ici.

Saisi d'un doute soudain, il s'agenouilla devant Conrad.

– Bénissez notre voyage et priez pour que nous revenions sains et saufs, mon père.

Les autres chevaliers, entendant la demande de leur camarade, s'agenouillèrent eux aussi.

L'ermite sortit un bréviaire de sa poche et le feuilleta jusqu'à la prière des voyageurs. Levant la main droite au-dessus des têtes inclinées, il implora :

– Entends, ô Seigneur, notre supplique, et fais que le voyage de tes serviteurs s'effectue en toute sécurité et qu'il soit prospère.

Il ajouta l'oraison *pro navigantibus*, « pour ceux qui se trouvent sur la mer ».

Après le dernier « amen », les hommes firent le signe de croix et se relevèrent.

Au moment où l'ermite quitta la taverne, les murs de la cité avaient disparu dans le brouillard.

À l'intérieur d'Assise, Conrad trouva sans difficulté la maison de la noble Romaine dans la brume. Les citoyens se levaient tôt, martelant et sciant, construisant des stalles pour la foire à venir, montant des étalages ou plaçant des planches sur des tréteaux, et à chaque carrefour quelqu'un lui indiquait la direction à prendre.

Comme il s'y attendait, la maison se trouvait dans la haute ville, à mi-chemin entre l'église de San Giorgio et la basilique. Un escalier sinueux conduisait de la Via San Paolo jusqu'à la ruelle devant la maison de donna Giacoma. L'enceinte était aussi solide qu'une forteresse, son toit d'ardoise descendait jusqu'à des gouttières de plomb au coin desquelles se tenaient d'effrayantes gargouilles contemplant l'ermite d'un œil hautain. Leurs bouches étaient grandes ouvertes et, pendant les averses, l'eau qui s'engouffrait en cascade dans ces mâchoires se déversait sur les passants. Contrairement aux fenêtres du rez-de-chaussée, ouvertes sur la lumière matinale, l'étage supérieur ne comportait que des meurtrières. Un blason écarlate encastré dans le linteau rocheux affichait une troupe de lions sur le point de partir en chasse, des aigles avec leurs griffes sorties, et un nœud de vipères dont les langues menaçantes semblaient viser toute personne approchant de la porte.

Conrad avait appris de la bouche de Léon une partie de l'histoire de la propriétaire : fille des princes normands qui avaient soumis la Sicile quelques décennies plus tôt, elle avait été mariée pendant huit ans à Graziano, l'aîné du clan assassin romain des Frangipane, qui manipulait les papes. Héritière de guerriers, et veuve de l'un des plus puissants barons de Rome, elle avait abandonné son palais de la Ville éternelle, à la mort de saint François, et emménagé à Assise afin de se rapprocher de son tombeau.

Conrad tenta de s'imaginer à quoi elle pouvait ressembler – peut-être courbée par l'âge mais majestueuse, ses cheveux et ses oreilles couverts d'un voile retenu par un diadème d'or.

Le bruit métallique du heurtoir se répercuta le long de la ruelle. Conrad s'attendait à voir apparaître un œil soupçonneux à la grille, comme au Sacré-Couvent, mais la porte s'ouvrit toute grande. L'apparence du jeune garçon qui l'accueillit contrastait avec l'extérieur de l'enceinte. Son attitude était si douce et si avenante que Conrad pensa que c'était à cela que devaient ressembler les anges lorsqu'ils prenaient une forme humaine. Une chevelure noire, coupée en mèches droites sur le front et recourbées aux épaules, encadrait un visage pur. Il portait des bas bleu pâle, des mules de feutre et un vêtement bleu bordé de blanc – les couleurs de la Vierge Marie. Quelqu'un avait brodé le mot latin AMA, *aime*, au long de l'ourlet de son bliaut.

– Que la paix soit avec vous, mon père. En quoi puis-je vous être utile ?

– J'aimerais parler à ta maîtresse. Je suis Conrad d'Offida, un ami du frère Léon.

– Madonna est encore à la chapelle.

Pendant qu'il parlait, l'estomac de Conrad criait famine. Immédiatement, le page ajouta :

– Peut-être aimeriez-vous attendre dans la cuisine ?

Conrad acquiesça avec reconnaissance et le suivit dans le vestibule. La maison dégageait un parfum de pin brûlé et des feux crépitaient dans plusieurs pièces de chaque côté du couloir. Les murs étaient couverts de tapisseries et des roseaux frais atténuaient la dureté des sols de terre cuite. Des lampes à mèche de jonc brillaient dans les coins que n'atteignait pas la lumière du soleil. Les lourdes chaises sculptées, le long des murs, étaient décorées de coussins écarlates. Dans l'ensemble, la maison de donna Giacoma dégageait une atmosphère de confort et d'hospitalité.

– Maman, un visiteur, dit le guide de Conrad à la cuisinière alors qu'ils traversaient l'arrière-cuisine dans des odeurs de pain chaud, d'épices séchées et de levure.

Une montagne de pâte attendait près du pétrin à côté d'une bouilloire à huile. De la table où elle tranchait un fromage couleur crème, la femme leva les yeux vers Conrad. Elle semblait à peine plus âgée que le garçon, et avait la même pâleur, mais avec des duvets sur les joues et la lèvre supérieure. Son tablier blanc était taché de soupe et de jus, et ses avant-bras nus saupoudrés de farine.

– Le pain est juste assez froid, remarqua-t-il. Veuillez vous asseoir avec maestro Roberto, mon père.

Un homme plus âgé, portant les mêmes couleurs que l'adolescent, fit signe à Conrad de s'asseoir en face de lui à la table. Il affichait la même ouverture et la même curiosité que les deux autres, mais Conrad décela dans son regard une pointe de soupçon.

– Je ne crois pas vous avoir déjà vu ici auparavant, mon père, dit-il après que Conrad eut placé son banc.

– C'est la première fois que je viens.

– Il connaissait le frère Léon, intervint le jeune homme.

– Ah ! Alors vous êtes fort bienvenu. Je suis l'intendant de donna Giacoma, alors il est de mon devoir de m'inquiéter lorsque des étrangers arrivent. Parfois, notre maîtresse a le cœur trop tendre. Il lui arrive souvent de se laisser duper par des charlatans qui veulent obtenir le gîte et le couvert. Les religieux sont les pires. Ils l'impressionnent avec des histoires de visions qu'ils ont eues, de voix angéliques qu'ils ont entendues, et tentent de lui vendre une dent de Jean le Baptiste, ou une assiette qui aurait servi pendant la Cène. On nous en a proposé assez pour nourrir tous les apôtres et deux fois autant d'invités. Je suis sûr que vous comprenez.

– Elle doit être reconnaissante d'avoir un homme prudent comme vous qui protège ses intérêts, répondit Conrad.

La cuisinière éclata de rire.

– Non, mon père, personne d'autre qu'elle ne protège ses intérêts. Elle nous dit ce qu'elle veut et nous le faisons de bon cœur.

La femme plaça devant chacun des hommes un bol de bois rempli d'une épaisse bouillie de farine, une chope de lait et un morceau de pain recouvert de fromage. L'intendant inclina la tête.

– Voulez-vous nous dire le bénédicité, mon père ? Nous demandons à nos hôtes religieux de mériter leur repas en priant pour le bien de nos âmes.

Conrad s'exécuta volontiers.

Lorsqu'il eut terminé sa bouillie et nettoyé son bol avec le dernier morceau de pain, l'ermite perçut une odeur plus sucrée que les relents de cuisine. Il inspira et ses narines frémirent de plaisir.

– La frangipane, bien sûr, précisa l'intendant. Le parfum de la fleur de l'alpinie pourpre.

Il se leva pendant qu'il parlait et regarda derrière Conrad.

– *Buon giorno*, Giacomina.

– *Buon giorno*, vous tous.

La femme parlait d'une voix rauque qui tremblait légèrement. L'ermite se redressa en vacillant, renversant presque son banc, embarrassé de n'avoir pas entendu entrer donna Giacoma dans la cuisine.

Il en comprit aussitôt la raison. La vieille femme se déplaçait sans bruit, les pieds nus, à l'aide d'une canne, et traversait la pièce en boitant. Elle portait la tunique gris-brun des frères. Conrad se souvint que Léon lui avait dit un jour qu'elle vivait comme une tertiaire. Donna Giacoma était imposante, ce qui n'avait rien de surprenant compte tenu de ses ancêtres ; mais ce qui étonna Conrad, ce fut l'absence de rides dans son visage arrondi, terni seulement par une cicatrice sur la joue. Elle aurait pu passer pour une femme de cinquante ans. Ses cheveux blancs le surprirent aussi ; elle les portait à découvert et rassemblés sur le dessus de la tête à la manière d'une servante, mais les peignait de façon à couvrir modestement ses oreilles. Sous ses mèches, ses yeux verts brillaient d'une intensité féline.

Conrad jugea son attitude à la fois charmante et peu commune. Cela expliquait la grâce avec laquelle ses serviteurs l'avaient accueillie, car il émanait d'elle un pouvoir doux qui ne pouvait manquer d'influencer ceux qui vivaient en sa présence. Un mot lui vint à l'esprit – *gentilezza* : un air de distinction qui allait au-delà de la noblesse acquise par la naissance. Il comprenait comment François et Léon en étaient venus à révérer leur amie.

L'ermite expliqua la raison de sa visite. Il avait quelques questions concernant une lettre qu'il avait reçue après la mort de Léon, et il apprécierait que la Madonna lui accorde la faveur de lui consacrer quelques moments de son temps.

Le visage de la femme s'éclairait à mesure qu'il parlait.

– Vous l'avez reçue ? J'étais si inquiète que la tâche soit trop lourde pour la mère prieure...

– Elle l'a confiée au membre le plus... obstiné de sa congrégation.

Donna Giacoma fit signe au jeune garçon de s'approcher.

– Pio, conduis le frère Conrad dans la partie ensoleillée de la cour. Le brouillard commence à disparaître.

Elle ajouta à l'intention de l'ermite :

– Je vous rejoindrai aussitôt que j'en aurai fini avec maestro Roberto.

L'ermite suivit le page sous une arcade qui formait un cloître autour de la cour. Un balcon de bois ornait l'étage supérieur, alors que le côté le plus éloigné de la ruelle s'élevait bien au-dessus du reste de l'enceinte. C'était le donjon où pouvait se réfugier la maisonnée si la ville était attaquée. Le page indiqua un banc de pierre où Conrad pourrait se prélasser au soleil et écouter le gargouillement de la fontaine de marbre au centre de la cour.

Donna Giacoma arriva peu après. L'ermite prit la lettre dans les replis de sa bure et la déroula devant elle tandis qu'elle s'asseyait.

– J'espérais que vous pourriez lire mon écriture, observa-t-elle. J'ai appris à lire et à écrire lorsque j'étais enfant, mais je n'ai pas eu beaucoup d'occasions de mettre cet art en pratique. Le frère Léon a insisté pour me dicter cette lettre plutôt que de la dicter à mon secrétaire.

– Il avait ses raisons, encore que, pour le moment, je n'aie aucune idée de leur nature.

De son doigt, il suivit la bordure du message.

– Vous a-t-il dit ce que signifiait cette partie qu'il a écrite lui-même ?

Donna Giacoma scruta le bord du document avec curiosité.

– Je ne savais pas que cela figurait dans la lettre. Ses doigts étaient devenus si déformés et il lui a fallu tant de temps pour la dicter que je l'ai laissé seul pour la terminer. Il avait une expression paisible et simple pendant qu'il travaillait, comme un enfant décorant un mot d'amour pour sa mère. Je pensais qu'il ne s'agissait que de cela, une décoration.

Elle plissa les yeux pour mieux désigner l'endroit, mais elle secoua la tête.

– Lisez-la-moi, s'il vous plaît. Mes yeux ne sont plus aussi bons que par le passé.

– Cela commence par : « Fra Jacoba connaît bien la soumission parfaite. »

– Il a écrit cela ?

– Oui. Cela m'étonne. Depuis quinze ans que j'appartiens à l'Ordre, je n'ai jamais rencontré un fra Jacoba.

– Oh, ce doux homme... Je n'ai pas entendu prononcer ce nom depuis des années.

– Vous connaissez fra Jacoba ?

Les yeux gris se remplirent de larmes.

– Je suis fra Jacoba. Ou plutôt, j'étais... Saint François a fait de moi un frère honoraire il y a plus de cinquante ans... pour la virilité de ma vertu, disait-il.

Elle éclata de rire.

– Il me comparait à Abraham et à Jacob, et aux autres patriarches d'Israël. C'était à ses yeux le plus grand compliment, mais, avec deux jeunes fils qui couraient dans la maison à cette époque, je ne me sentais pas virile.

Elle s'appliqua à arranger les replis de sa bure pour reprendre sa contenance.

– Alors, enseignez-moi sur la soumission parfaite, dit-il.

Ses doigts fébriles s'immobilisèrent sur ses genoux. Elle les examina d'un air pensif.

– Le frère Léon m'a parlé de la soumission – il a même souligné le mot – pendant sa dernière visite, la semaine où il a composé cette lettre. Je lui ai demandé pour la centième fois ce qu'il avait vu sur le mont de l'Alverne le soir où le séraphin a imprimé sur la chair de notre frère béni les stigmates du Christ. Pendant toutes les années où je l'ai connu, dans toutes les lettres qu'il m'a adressées et dans nos conversations, le frère Léon n'a jamais parlé des stigmates, alors qu'il accompagnait saint François au moment où cela s'est produit. Et cette fois comme par le passé, il n'a rien dit, il a seulement répété les mots que François employait lorsque les gens lui posaient des questions sur ses extases : *secretum meum mihi*, ce secret m'appartient. Ce qu'il m'a confié, toutefois, et ceci pour la première fois, c'était qu'il gardait le silence *pour des raisons de sainte obéissance*. Il m'a dit que le frère Élie l'avait conduit dans son bureau après la mort de notre maître et lui avait interdit à jamais de discuter de cette question... Y comprenez-vous quelque chose ? J'ai trouvé cela très étrange. Le frère Élie a lui-même si souvent parlé de ces blessures après la mort de saint François...

» Élie m'a fait quérir en personne et m'a menée à la cabane où notre maître venait de rendre l'âme. La tête de François reposait sur un oreiller que j'avais rapporté de Rome, mais ils n'avaient pas encore enveloppé son corps dans un linceul. Il ne portait qu'un pagne, comme le Christ sur la Croix, et j'ai vu de mes yeux les clous dans ses mains et ses pieds, et la marque de la lance sur son flanc. Il gardait un bandage sur ses blessures, et personne d'autre ne les avait vues à part Léon, qui prenait soin de lui et changeait ses pansements.

» Le frère Élie a soulevé le corps de la couche et m'a dit : "Celui que tu as aimé dans la vie, tu l'enlaceras dans la mort." Miraculeusement, le corps n'était pas rigide ; en fait, il semblait plus souple que lorsque François vivait encore, car ses membres étaient souvent contractés par la douleur, au cours des dernières années. Je le tenais facilement ; après ses années de jeûne, il était léger comme un duvet d'oie. J'ai compris à ce moment comment devait se sentir Marie-Madeleine lorsqu'elle avait reçu le corps de Jésus contre son sein... et pendant tout ce temps, le frère Élie se tenait à mes côtés, comme l'apôtre Jean.

Conrad eut un mouvement de surprise en entendant la dernière remarque de donna Giacoma.

– Le portrait que vous tracez d'Élie est très différent de celui qu'en faisait le frère Léon.

– Hélas, Élie a changé après les funérailles. Il aimait saint François et, pendant que notre maître vivait encore, il s'occupait de lui comme une mère. Mais notre saint était également sa conscience. Quand sa conscience est morte, il est devenu obsédé par la puissance et la grandeur, à la fois celle de sa propre personne et celle de l'Ordre dans son ensemble.

– Si l'on en croit la rumeur populaire, il aurait même touché à la magie noire.

– Une pure calomnie, j'espère. Mais vous avez raison. J'ai entendu dire qu'il cherchait la pierre philosophale. Quand le protecteur de l'Ordre, le cardinal Ugolin, est devenu pape, il s'est fait construire un palais à Assise, où il pouvait demeurer lorsqu'il visitait la ville. Ce palais renferme beaucoup de pièces secrètes.

– Je l'ai vu, mais seulement de l'extérieur.

– D'après ce que j'ai entendu, chaque fois que le frère Élie entendait parler de frères appartenant à l'Ordre qui s'étaient intéressés aux arts alchimiques pendant qu'ils parcouraient le monde, il les envoyait chercher et les gardait quasiment en otages dans le palais pontifical. Non seulement il forçait ses frères à continuer, mais il consultait d'autres personnes, des devins et des nécromanciens.

– Ce qui revient à se fier aux oracles.

Un tel homme n'hésiterait pas à pactiser avec Satan, pensa-t-il.

– Je peux vous raconter un incident que je tiens pour certain, reprit-elle, puisque j'en ai été témoin. Élie m'avait tellement déçue que j'ai refusé de lui parler par la suite ainsi qu'à plusieurs des édiles de la ville, sauf pour exprimer ma colère.

– Pourquoi ?

– Ils nous ont trahis. Tous ceux d'entre nous qui voulaient faire plus que de rendre un culte au tombeau de saint François. Pendant des années, nous avons accordé des dons et attendu que s'achève la construction de l'église inférieure de la basilique. Nous guettions le jour où nous pourrions enchâsser les reliques sacrées. Quand ce jour est enfin arrivé, les frères ont convergé vers Assise, en provenance de chaque province, et des dizaines de cardinaux et d'évêques sont venus. Nous marchions tous en procession à partir de San Giorgio et j'avais même le privilège de cheminer avec les frères du Sacré-Couvent. Nous venions d'aborder le parvis de l'église supérieure quand une phalange de cavaliers s'est précipitée sur nous. Au même moment, les gardes civils ont enlevé le cercueil aux mains des frères qui le portaient.

– Léon m'a parlé de cet enlèvement. J'aimerais entendre votre version de ce triste événement.

– Il s'est ensuivi un désordre complet : Giancarlo di Margherita, notre maire à l'époque, hurlait des ordres à ses chevaliers ; les moines à la tête du cortège appelaient à l'aide en jetant des imprécations aux soldats et sont même allés jusqu'à les maudire. Loin derrière nous, d'autres frères chantaient, car ils ne savaient rien de ce qui se passait à l'avant. Quand certains, y compris Léon, ont tenté de défendre la dépouille, les gardes les ont assommés. Ils en ont blessé plusieurs pendant que les chevaux en écrasaient plusieurs autres. J'ai moi-même essayé de désarçonner l'un des gardes, ce qui m'a valu un coup de gantelet au visage.

Conrad regarda la cicatrice sur sa joue.

– Avez-vous été grièvement blessée, Giacomina ?

Sans y penser, il avait employé, comme l'avait fait l'intendant, la forme diminutive de son nom. Il rougit de son impudence.

L'expression pensive de son interlocutrice lui permit de comprendre qu'elle n'allait pas lui en tenir rigueur.

– Ma joue saignait. En fait, elle était ouverte jusqu'à l'os, mais ce qui m'a davantage blessée, c'était de voir le cercueil emporté par les gardes. Ils se sont enfermés dans l'église et ont bloqué la porte jusqu'à ce qu'ils aient caché le corps. On ne l'a jamais retrouvé. Je me sens dupée. Je ne sais même pas où m'agenouiller pour être près de mon maître.

– Les prélats se sont sûrement indignés...

– Oui, mais sans succès. Même le Saint-Père, qui avait toujours fait preuve d'amitié envers Élie au cours des années où il était le cardinal protecteur de l'Ordre, a qualifié les voleurs de barbares et de sacrilèges.

– Et tout avait été organisé par Élie ?

– Par lui, par Giancarlo et d'autres. Je leur ai demandé un jour, longtemps après, pourquoi ils avaient fait cela. Giancarlo m'a affirmé que la foule qui formait le cortège était devenue incontrôlable et qu'il craignait que la dépouille ne fût réduite en charpie par les chercheurs de reliques. Élie a prétendu que les Pérugins voulaient voler notre saint. Ces prétextes n'avaient aucun sens ! Notre cortège était pacifique, aussi calme et dévot que les fidèles à la messe du couvent des Dames pauvres. Et les Pérugins avaient eu toutes les occasions de dérober le corps de saint François pendant les quatre années où il reposait à San Giorgio. De plus, ils auraient eu à affronter une levée de boucliers s'ils avaient essayé. Ils auraient dû tuer chaque homme, femme et enfant à Assise avant de pouvoir s'enfuir avec le cercueil.

– Vous avez dit que d'autres frères étaient impliqués ?

– Pas des frères. Le signor della Rocca et ses fils dirigeaient les chevaliers. J'ai vu aussi Angelo, le frère de saint François, qui se tenait avec un homme de la noblesse à l'intérieur de l'église.

– Vous connaissiez cet aristocrate ?

– Non. Je ne l'avais vu qu'une fois, quand l'évêque Guido avait béni le chantier de construction avant que les travaux ne commencent pour la basilique. Élie me l'avait décrit comme un grand bienfaiteur. Il disait que l'homme possédait un vaste domaine dans la commune de Todi.

Conrad s'adossa contre un pilier derrière le banc. Il noua ses doigts sur sa tête et pressa fortement tandis qu'il essayait de se souvenir d'un commentaire formulé par Amata. Ce qu'elle avait dit concernait la colline de l'Enfer, où se trouvaient actuellement la basilique et le Sacré-Couvent.

Il comprenait un peu plus ce qu'entendait Léon par *secretum meum mihi*, et ce secret avait un lien avec la vision du séraphin qu'avait eue saint François sur le mont de l'Alverne.

14

Assis sous le feuillage d'automne de la cour de donna Giacoma, Conrad tenait son bréviaire sur ses genoux. La dame ne lui avait pas fourni davantage de réponses, mais s'était montrée plus que désireuse de l'aider. Dès qu'il lui eut expliqué qu'il devait poursuivre son chemin jusqu'au Sacré-Couvent, elle avait compris les incidences de sa piètre apparence et fait venir la servante qui coiffait et rasait les hommes de son domaine ; mais Conrad ne voulut pas accepter la proximité d'une femme. Il tirait la leçon de la chute de Samson, le danger qu'il y aurait à ce qu'une femme lui touchât la tête. Il comprenait toutefois la nécessité de refaire sa tonsure et s'y soumit lorsque donna Giacoma lui offrit d'engager un barbier de la ville.

L'homme accomplit scrupuleusement son travail, rasant la tête et le cou du frère tout en accentuant sa tonsure. Conrad l'ermite indiqua par la suite à maestro Roberto et à donna Giacoma avec quel soin le barbier avait nettoyé les mèches sur le plancher. L'intendant éclata de rire. Donna Giacoma expliqua :

– Il avait entendu dire que vous étiez un proche du frère Léon, qui suscitait l'admiration de tous, et que Léon louangeait votre sainteté. Ne rougissez pas, frère. Léon avait beaucoup d'admiration pour vous. Ce barbier étant de moyens modestes a seulement recueilli quelques revenus éventuels en prévision de sa vieillesse. S'il arrivait que vous mouriez et soyez canonisé, ces mèches pourraient le faire vivre pendant des années.

– Il considérerait comme une grande faveur que vous ne tardiez pas trop, ajouta Roberto. La canonisation peut prendre beaucoup de temps. Notre barbier a rasé la tête de nombreux frères. Il conserve toutes les mèches, au cas où, et les range dans des petits pots séparés avec des signes que lui seul comprend sur les étiquettes.

La brise qui soufflait sur la cour où lisait Conrad était fraîche sur son cou et ses joues rasés. Il aperçut donna Giacoma qui avançait vers lui en boitant, un rouleau de tissu gris sous le bras.

– Les villageois m'apportent souvent des cadeaux pour les frères, déclara-t-elle. Ils savent que vous n'êtes pas autorisés à manipuler de l'argent. Une dame m'a donné deux *soldi* hier, et je m'en suis servie pour acheter du tissu afin de vous faire confectionner une nouvelle bure. En retour, elle ne demande que vos prières pour le salut de son âme.

– Je prierai pour elle.

Il serra sa bure usée sur sa poitrine.

– Mais, s'il vous plaît, donna Giacoma, gardez cette vieille amie ici, dans votre maison, pour que je puisse la reprendre à mon retour dans les montagnes.

Il effleura une déchirure reprisée sur sa manche avec la tendresse d'une mère soulageant la blessure d'un enfant.

– Seulement si vous me permettez de la laver. Avec tout le respect que je dois à votre discipline spirituelle, frère Conrad, la vermine n'est pas aussi bienvenue dans cette maison que sur votre peau.

Il se força à sourire. Était-il possible que cette femme soit celle dont saint François avait vanté la virilité ? Il se frotta le bras et sentit les piqûres et les escarres de centaines de minuscules morsures et blessures, ces châtiments permanents si salutaires pour la mortification de la chair.

– Faites comme bon vous semble.

– Votre bure devrait être terminée demain, dit-elle. Si vous le désirez, à ce moment, je demanderai à mes serviteurs de vous remplir un baquet d'eau chaude.

Cette fois, elle allait trop loin !

– Madonna, pendant tout le temps que vous avez passé aux pieds de notre maître, vous l'avez sûrement entendu parler de la dépravation et de la corruption liées au fait de se baigner.

Il rougit en s'imaginant nu.

– Non seulement on se trouve exposé à sa propre nudité, pardonnez-moi de prononcer ce mot, mais une âme faible pourrait être tentée de se prélasser dans l'eau chaude, de se laisser aller à la sensualité de ses mouvements contre la peau...

– N'en dites pas plus, frère. Vous avez répondu comme je m'y attendais. Je serais aussi désolée de vous induire en tentation que vous le seriez d'exposer vos amis insectes à l'extermination.

Mais avant qu'il ne puisse voir son visage, elle s'était retournée et se dirigeait vers la résidence. C'était une dame charitable, plus gentille que toute autre femme depuis Rosanna, mais il regretta qu'elle fût demeurée captive des préoccupations concernant la vanité et la propreté.

Le jour de la fête de l'évêque Dionysos et du martyr Éleuthère, le troisième matin après l'arrivée de Conrad chez donna Giacoma, la foire commença dans les rues d'Assise. Le frère décida de mettre à l'épreuve son changement d'apparence. Avec sa nouvelle bure et ses sandales neuves, le menton rasé et la tête presque chauve, il trépignait d'impatience. En se mêlant aux gens, il pourrait s'habituer à sa propre transformation avant de se rendre au Sacré-Couvent.

La foire durerait vingt et un jours, mais des curieux issus de toutes les classes sociales parcouraient déjà les rues bondées. Partout Conrad voyait des serfs dans leurs tuniques propres, leurs familles blotties autour d'eux, les yeux écarquillés, évitant les tombereaux, les charrettes à bras et les ânes chargés de marchandises, bouche bée devant les merveilles étalées sur les éventaires. Au cours des semaines à venir, les intendants et les magistrats auraient de la difficulté à garder les serfs au travail qui suivait les récoltes : réparer les harnais, aiguiser les faux et les pioches, rentrer le bois de chauffage et réparer les toits.

Pendant la foire, les femmes n'allaient pas faire du reprisage ou carder la laine, ni fabriquer des chandelles pour la table de nuit de leur maîtresse. Et, entre leurs modestes achats, les paysans trouveraient le temps de toucher une plume de paon ou une peau rose de phénix, de se tordre de rire devant les amuseurs publics et les ours dansants, de verser une larme avec les troubadours qui vendaient leurs rimes à ceux qui pouvaient lire. Les intendants ne pouvaient que déplorer la perte de travail pendant qu'ils parcouraient eux aussi la foire en achetant des provisions pour les ateliers : du vermillon et de la garance pour les vêtements de leurs maîtres, des tondeuses à moutons, des peignes à laine, des fuseaux, des cardes et de la graisse.

Si les serfs pouvaient se dérober à leurs tâches pendant ces quelques semaines, les gardes civils, eux, seraient plus occupés qu'à l'accoutumée. Dans les ateliers et les tavernes où le vin coulait à flots du matin au soir, des bagarres éclataient. Une discussion animée provenant d'une tente ouverte rappela à Conrad que la chose était naturelle pendant les foires.

Il jeta un coup d'œil par l'ouverture, où le marchand de vin montrait une pièce de monnaie aux spectateurs.

– Il s'asseoit ici et boit mon vin tout l'avant-midi, et il me paie avec ça ! Elle a été coupée pour en réduire la taille. Tu vas me donner un vrai denier ou, par saint Nicolas, c'est moi qui vais te découper.

– *Vaffanculo !* marmonna le paysan d'une voix pâteuse. De toute façon, ton vin contenait une moitié d'eau. C'est le *vino di sotto* le plus faible que j'aie jamais avalé. Un demi-vin ne mérite qu'une demi-pièce.

L'homme à la forte carrure se releva péniblement en posant une main sur la table pour garder son équilibre. De l'autre, il indiqua le vendeur et, sous les yeux horrifiés de Conrad, il pointa son index et son petit doigt pour imiter les cornes du diable. Regardant le marchand entre les cornes, il entonna :

– Puissent ceux qui mettent de l'eau dans leur vin être menottés dans les profondeurs de l'enfer avec des vapeurs sulfureuses soufflées dans leurs yeux et être pris en chasse par tous les serviteurs de Satan à travers les plaines de l'Hadès avec une enclume de forgeron pendue à leurs couilles.

Les autres clients se mirent à huer, la plupart en faveur du vendeur de vin, car leur propre consommation avait été interrompue.

– Fends-lui le crâne et jette-le dehors ! cria un homme.

Le paysan n'avait pas terminé. Il haussa la voix au-dessus du vacarme et dressa un doigt accusateur vers les partisans du marchand.

– Et que tous ceux qui appuient les dilueurs de vin soient enchaînés avec la tête dans le cul du diable, et la chaîne cadenassée, et les clés du cadenas jetées dans le marais le plus profond pour qu'elles soient récupérées par un aveugle sans membres...

Ses imprécations s'interrompirent au moment où le négociant se précipita vers lui et lui brisa une cruche vide sur le front. L'homme tomba sur le dos, se blessant l'arrière de la tête sur le sol. Alors que les clients criaient leur approbation, le vendeur saisit l'individu par les chevilles et le tira hors de la tente, sa tête heurtant chaque pierre et laissant couler un filet de sang.

– *Proprio uno stronzo*, maugréa le marchand. Un parfait trou-du-cul.

Il laissa l'homme sur place, aux pieds de Conrad, qui se pencha pour voir le visage ensanglanté. Le paysan plissa les yeux et tenta de masquer de la main le soleil qui l'aveuglait. Ses yeux s'agrandirent soudain et il tenta de se sauver en rampant.

– Aïe ! L'Église est déjà là. Je suis un homme mort, c'est sûr.

– Je ne crois pas. Tu auras sûrement un terrible mal de tête, mais tu vivras. Ton crâne semble aussi dur qu'un casque de croisé.

L'homme se laissa retomber, se frappant l'arrière de la tête contre un pavé. Il grimaça et ferma les yeux.

15

Conrad dormit mal cette nuit-là, et bien après le lever du soleil. Il faisait les cent pas dans la grande pièce, s'arrêtant parfois pour regarder le jour nouveau entre les lattes des volets. Maestro Roberto se faufilait entre les murs des maisons étroites et disparut au pied d'un escalier.

– *Buon giorno,* Padre, murmura donna Giacoma derrière lui.

Une fois de plus, elle l'avait surpris en approchant silencieusement, pieds nus, le long du corridor. Il avait découvert que c'était une petite ruse de sa part. Pour ne pas être entendue, elle devait faire attention à l'endroit où elle posait sa canne. Lorsqu'elle ne se souciait pas d'être entendue, le bruit de la canne annonçait son arrivée.

Elle étudia l'expression de son visage.

– Vous demandez-vous de quelle façon on vous recevra au Sacré-Couvent aujourd'hui ?

– Non, Madonna. Je m'inquiète pour une âme qui est sûrement perdue. J'ai récemment rencontré une... brillante jeune femme. Une jeune femme trop brillante pour son propre intérêt. Une sœur dont l'habit religieux ne freine en rien la lubricité.

Il avait pratiquement craché les derniers mots.

– Vous avez une femme comme amie, frère ?

– Je n'ai jamais dit qu'elle était une amie ! Le sort nous a réunis quelques jours. En fait, c'est la servante qui m'a apporté la lettre de Léon.

Donna Giacoma continua de le fixer de ses grands yeux verts. Elle attendait d'en savoir plus et lui fit signe de s'asseoir. Quand elle se fut elle-même assise, Conrad lui raconta tout ce qu'il savait sur le passé d'Amata.

– Je ne parlerai pas de ses écarts de conduite, parce qu'ils m'ont été rapportés dans le secret de la confession. Je ne parlerai pas non plus de mes soupçons concernant la nuit où nous avons couché à Sant'Ubaldo, parce que ce ne sont que des soupçons. Mais d'après ce que j'ai vu, je crois pouvoir affirmer que sœur Amata a perdu pied sur la pente glissante de la damnation.

Donna Giacoma lissa son vêtement, geste que Conrad en était venu à reconnaître comme un signe de malaise.

– Mon pauvre frère ! Comme elle a dû vous décevoir !

C'était vrai. Pendant un temps, Amata l'avait littéralement enchanté. Il se rappela ses émotions quand il la tenait sur le rebord de la falaise.

– Et cette malheureuse enfant... soupira-t-elle. Comme elle doit avoir souffert ces cinq dernières années, pour être aussi tourmentée aujourd'hui. Sa mère lui manque.

Conrad leva la tête, surpris que donna Giacoma éprouvât de la sympathie pour l'« enfant ».

– Cher Conrad, je n'ai aucun doute quant à la très haute opinion que Léon avait de vous. Votre dévouement est rare, même parmi la confrérie, et seule une vieille dame très présomptueuse essaierait de conseiller un homme d'une si profonde spiritualité. Mais vous avez été longtemps éloigné du monde. Je ne suis pas certaine que vous mesuriez à quel point les hommes et les femmes luttent chaque jour pour survivre jusqu'au lendemain. Pouvez-vous imaginer à quel point votre Amata doit avoir été brutalisée pendant sa captivité, alors qu'elle vivait sous l'emprise de ce cruel meurtrier et de ses fils ? Je connais ce genre d'hommes. J'ai été mariée à l'un d'eux, et j'ai partagé une villa avec ses frères. Ces garçons laissaient leur léopard domestiqué se promener librement dans notre maison, et ils ont ri en apprenant qu'il avait tué et à demi dévoré une servante. Cette femme avait quatre enfants en bas âge qui jouaient avec mes propres fils.

– Je sais que sœur Amata cache un couteau sous son habit religieux.

– Pourquoi croyez-vous qu'elle agisse ainsi ?

Giacoma répondit elle-même à sa question :

– Parce qu'il le faut ! Parce qu'elle n'a personne pour la protéger. Parce que, depuis l'âge de onze ans, elle a dû apprendre à se défendre elle-même.

– Cela n'excuse quand même pas son attitude.

– Votre Amata s'est fait voler son enfance de manière cruelle. Ne peut-on lui pardonner d'avoir erré dans sa quête d'affection ? Si Notre-Sauveur a pu pardonner à Marie-Madeleine, qui était plus âgée et commettait des péchés en toute connaissance de cause, s'Il a pu pardonner à la femme adultère et même la défendre contre les villageois qui la lapidaient, ne pensez-vous pas que vous pourriez pardonner à cette pauvre fille désillusionnée ?

Conrad remua sur sa chaise. Il savait qu'il se trouvait sur un terrain glissant et qu'il ne pourrait qu'affaiblir sa position en essayant de la contredire.

– Les femmes ont besoin d'amour, poursuivit-elle. Nous avons besoin qu'on nous serre et qu'on nous touche, et qu'on nous dise que nous sommes différentes des autres. Oui, vous devez entendre ces choses, même si votre vie en est éloignée. Nous ne pouvons nous nourrir de théories et d'hypothèses comme vous, les hommes, avec votre esprit plus puissant. Parfois, mon mari se comportait d'une manière monstrueuse. Il est mort il y a soixante ans, et depuis je consacre ma vie à Dieu. Pourtant, après tout ce temps, je m'attriste encore parfois que mon lit soit vide. Le père de mes enfants me manque, tout comme mes fils eux-mêmes.

Donna Giacoma s'essuya les yeux avec un mouchoir qu'elle tira de la manche de sa bure. Puis elle se reprit et eut un petit rire devant l'expression de Conrad.

– Fermez la bouche, Padre. Vous risquez d'avaler des mouches. Je pense que vous avez mal compris mon propos. Je ne parle pas de désir charnel. À mon âge, je me souviens à peine de ces moments. Je parle de camaraderie, du lien qui permet aux femmes d'aimer le pire des hommes et de lui pardonner, sentiment que nous avons appris de Notre-Seigneur Jésus-Christ lui-même. Vous ne trouverez pas la description d'un tel amour dans vos livres de théologie, car les clercs n'ont jamais éprouvé ce sentiment.

» Vous devriez savoir aussi que même les femmes indépendantes qui jouissent de la liberté et des moyens de chercher elles-mêmes l'amour plutôt que de se voir forcées d'épouser un homme n'ont aucune certitude de faire un bon choix, en particulier quand elles n'ont pas, dans leur jeunesse, été élevées par une bonne mère. Cette perspective m'a remplie de frayeur après la mort de Graziano Frangipane ; je pense que j'ai décidé autant par peur que par dévotion que mon prochain grand amour serait notre Père céleste.

Conrad baissa la tête. Donna Giacoma, comme Amata, le stupéfiait.

Une fois de plus, il avait omis de tenir compte de la faiblesse, qu'on l'appelle « désir de chair » ou « amour », qui rend les femmes (et plus particulièrement les jeunes femmes) si vulnérables aux tentations du Malin. À son avis, Amata était victime du péché mortel de la luxure, comme Francesca Polenta avant elle. Qu'avait dit Amata pendant leur voyage, quand ils avaient parlé de Francesca et de son Paolo ? *Est-ce un si grand péché que d'aimer* ? Peut-être ne connaissait-elle pas la différence entre la luxure et le lien d'amour que donna Giacoma venait de décrire. Mais il ne devait pas porter de jugement non plus. La dame avait raison sur ce point ; il fallait garder à l'esprit que Satan a recours au péché mortel de l'orgueil pour faire trébucher ceux qui ont la présomption de tirer des conclusions sur la conscience des autres.

– Vous m'avez donné beaucoup à réfléchir, admit-il d'une voix faible. Que Dieu vous récompense de m'avoir ouvert votre maison et confié vos souvenirs.

Il hésita, puis demanda d'une voix tremblante :

– Si vous n'entendez pas parler de moi dans les deux semaines qui viennent, pourrez-vous vous informer de mon sort auprès du ministre général ?

– Courage ! Le frère Bonaventure connaît sûrement votre présence chez moi, car les frères savent tout ce qui se passe dans cette ville. Ils me respectent et ils ne permettraient jamais qu'il soit fait du mal à l'un de mes amis entre les murs de son monastère.

Conrad eut du mal à reconnaître la piazza di San Francesco. Comme toutes les autres places de la ville, celle-ci était couverte de stalles et de marchandises. Au-dessus du tumulte, il pouvait discerner le clocher de l'église supérieure et le délicat travail sur les lobes de sa rosace. Il contourna la foule bruyante et passa près de la porte par laquelle ils avaient transporté le corps du jeune homme la semaine précédente. D'un geste, le garde lui fit signe de passer.

– Bonne matinée, mon père ! Priez pour nous, aujourd'hui !

Conrad lui retourna son salut. De toute évidence, l'homme ne l'avait pas reconnu. Il poursuivit son chemin jusqu'à l'église supérieure et descendit les marches qui menaient au Sacré-Couvent. Malgré la couverture de nuages qui voilait le soleil, il sentit la sueur perler sous sa nouvelle bure. Les muscles de ses mollets et de ses cuisses semblaient étrangement fatigués, comme s'il se retrouvait à patauger dans le bourbier qu'était devenue la route vers Sant'Ubaldo. Il s'assit sur les marches pour contempler l'arcade du monastère.

Il n'éprouvait aucune satisfaction pour son apparence respectable ; l'accueil plein de déférence du garde l'avait même rendu mélancolique. C'était plutôt le contraire de la joie parfaite.

Léon devait avoir fait au moins six fois le récit de la nuit où avec saint François ils avaient parcouru la route qui menait de Pérouse à la Portioncule en plein hiver. Leurs bures étaient trempées, boueuses, et il faisait si froid que de la glace s'était formée au bas de leurs vêtements et frappait leurs jambes nues à chaque pas.

– Frère Agnelet, sais-tu ce qu'est la joie parfaite ? questionna soudain François.

Comme son mentor l'avait plus tard confié à Conrad, ils n'avaient rien mangé de la journée et Léon, qui n'était pas, comme François, doué pour le jeûne, pensa qu'un bon ragoût chaud pouvait s'approcher de cette définition à ce moment. Toutefois, il eut la sagesse de ne pas avouer sa fragilité.

– Je ne sais pas, frère, grommela-t-il.

– Imagine-toi, frère, que tous les théologiens de Paris aient adhéré à notre ordre. Ce ne serait pas une joie parfaite. Ou que tous les prélats ultramontains, évêques et archevêques, de même que les rois de France et d'Angleterre se soient joints à nous. Ce ne serait pas non plus une joie parfaite. Ou que mes frères se soient rendus chez les infidèles et les aient tous convertis, ou que je reçoive de Dieu le don de guérir les malades et de réaliser des miracles. Je te le dis, frère Agnelet, la joie parfaite ne se trouverait dans aucune de ces choses.

– Que serait la joie parfaite, alors ?

– Quand nous arriverons à la Portioncule, trempés de pluie et gelant de froid, que nous frapperons à la porte et que le portier viendra et nous demandera d'un ton de colère « Qui êtes-vous ? » et que nous lui répondrons « Nous sommes deux de tes frères », qu'il nous contredira en disant « Non, vous êtes deux escrocs qui se promènent en trompant et en volant les gens. Allez-vous-en ! » et qu'il ne nous ouvrira pas mais qu'il nous laissera à l'extérieur, dans la neige et la pluie, transis et affamés... Si nous supportons avec patience toutes ces insultes et ces rebuffades sans nous sentir bouleversés et sans nous plaindre, et si nous réfléchissons au fait qu'en réalité le portier nous connaît et que c'est Dieu qui le fait parler ainsi, *Frate*

Pecorello, ce sera la joie parfaite. Et si nous continuons de frapper à la porte et que le portier sorte, toujours en colère, et que j'insiste en disant « Je suis le frère François » et qu'il me réponde « Va-t'en, stupide personnage. Nous sommes maintenant si nombreux et si importants que nous n'avons plus besoin de toi. Va à l'hospice des croisés et demande-leur asile », et qu'il saisisse un lourd gourdin et qu'il nous jette à terre dans la boue et nous roue de coups jusqu'à ce que nos corps soient couverts de contusions et de blessures, et que nous supportions tous ces maux dans la joie et l'amour en nous disant que nous devons partager les souffrances de Notre-Seigneur Jésus-Christ pour l'amour de Lui... voilà, frère Agnelet, la joie parfaite et le salut de notre âme !

Conrad frotta le tissu de sa bure entre son pouce et son index. Il avait été plus près d'atteindre la joie parfaite la semaine précédente, au moment où le portier du Sacré-Couvent l'avait traité comme un pestiféré. Ne ferait-il pas mieux de retourner prendre ses vieux habits chez donna Giacoma avant de se rendre au Sacré-Couvent et de s'en remettre à Dieu ? En choisissant la méthode pratique pour obtenir accès à la bibliothèque du monastère, n'agissait-il pas comme ces frères opportunistes qu'il condamnait tant, ceux qui troquaient la pauvreté contre la sécurité, la simplicité contre l'érudition et l'humilité contre les privilèges ? Le frère Élie n'avait-il pas invoqué l'esprit pratique pour affaiblir la règle de François ?

L'ermite s'appuya contre le mur qui longeait l'escalier et descendit. Il se retrouva devant les doubles portes sculptées de l'église inférieure, dressées loin sous les arches. Une suite de colonnes formaient un angle de chaque côté pour diriger les passants vers l'intérieur. Conrad ne put résister à l'invitation. Il irait sur la tombe de Léon, et son mentor lui dirait que faire. L'église inférieure, réservée aux frères, était plus sombre et plus austère que la basilique publique qui la surmontait. Les arches arrondies avaient été conçues selon l'ancienne méthode, alors que l'architecte de l'église supérieure avait choisi le nouveau style des arches en pointe. Non pas que l'église des frères ait manqué d'ornements.

Le regard de Conrad se dirigea vers le maître-autel à l'extrémité de la nef, construit comme une arcade miniature dont la pierre portante semblait flotter sur un cercle d'arches flanquées de colonnes sculptées. Là, il trouverait Léon.

Il fit le tour de l'autel en cherchant sur le sol des signes de récents travaux de maçonnerie. Sa main reposait sur la surface lisse de la pierre d'autel quand ses doigts rencontrèrent un endroit rugueux, un dessin ciselé dans la pierre sacrée. La silhouette effilée et rudimentaire ressemblait à un homme dessiné par un enfant, les bras et les jambes écartés, la tête représentée par un simple cercle – en fait, un double anneau de cercles concentriques. Un cercle plus large englobait le personnage dans son ensemble. Au-dessus de ce cercle extérieur, le vandale avait dessiné, à l'aide d'un outil pointu, deux arches dans la pierre. Quelle honte que les enfants ne respectent pas le plus grand saint de la ville et ne craignent même pas la colère de Dieu !

Conrad porta son regard le long de la nef. L'artiste, Giunta da Pisa, avait représenté des événements de la vie de saint François du côté opposé de la nef où se trouvaient des fresques symétriques de l'histoire de Jésus. Depuis la dernière visite de Conrad, de grands pans des parties inférieures des fresques avaient disparu. À intervalles, réguliers des travailleurs avaient abattu des murs pour libérer de l'espace et construire des chapelles latérales avec des autels. L'accent mis sur l'érudition au sein de l'ordre avait attiré un grand nombre de prêtres, lesquels avaient besoin d'autels pour célébrer leur messe quotidienne.

Il parcourut les chapelles l'une après l'autre, pour revenir au transept sud et à la chapelle de saint Jean l'Évangéliste. Des inscriptions sculptées dans la pierre des murs identifiaient plusieurs tombes. Ici le frère Angelo Tancredi

– le cousin de sainte Claire – et, près de lui, le frère Rufino. Conrad s'en étonna, parce qu'il n'avait pas entendu parler du décès de Rufino. D'après la date de décès, il était mort au cours de l'année. La dernière fois que Conrad avait rendu visite à Léon, son mentor et Rufino partageaient une minuscule cellule à la Portioncule.

– Repose en paix et dans la joie, mon vieil ami, dit-il à voix haute. Enfin, il vit l'inscription qu'il cherchait :

Frater Leone
Qui omnia viderat
Obitus
Anno Domini 1271

L'inscription était parfaite, et même ironique : « Frère Léon, qui fut témoin de tout. » Ou, comme Conrad préférait l'interpréter : « Frère Léon, qui ne manquait rien de ce qui se passait. »

Il s'agenouilla et appuya son front contre la pierre froide. Il ne parla pas, ne posa en pensée aucune question précise, car Léon connaissait son dilemme sans qu'il dût recourir aux mots. Tandis que la journée avançait, il resta dans cette position sans qu'une réponse lui parvînt. À un certain moment, il lui revint à l'esprit la phrase de Léon selon laquelle Amata lui serait utile. Peut-être le doute qui accompagnait ce souvenir était-il la cause du silence actuel de Léon.

Peut-être mes attentes étaient-elles trop grandes? S'imaginait-il que Léon allait lui apparaître dans toute sa gloire, accompagné de saint François – deux fois en deux semaines? Même les apôtres n'avaient vu qu'une fois la Transfiguration.

L'ermite se releva, s'étira. Il avait assez retardé le moment fatidique; il laissa les « trois compagnons » – comme les autres frères appelaient affectueusement Angelo, Rufino et Léon – jouir ensemble de leur dernier repos, comme ils avaient supporté ensemble tant d'épreuves pendant les premières années de l'ordre. Ce surnom s'était tellement répandu que les frères appelaient simplement leurs récits, désormais interdits, la *Legenda Trium Sociorum*, « La Légende des Trois Compagnons ».

Conrad fit tout à coup demi-tour et se dirigea à grands pas vers la tombe de Léon. Était-il possible que Bonaventure ou quelque autre ministre général antérieur ait torturé Léon ou l'un de ses amis ? *Pourquoi avait-on mutilé le Compagnon* ? avait demandé Léon dans sa lettre.

« S'il te plaît, petit frère, pria-t-il, dis-moi à quel compagnon tu faisais allusion. Comment puis-je trouver pourquoi si je ne sais même pas duquel d'entre vous il s'agissait ? »

Une fois de plus, seul le silence lui répondit.

Il fait partie des bons frères, songea donna Giacoma en regardant s'éloigner Conrad. Il était si jeune, un enfant, en comparaison de ses quatre-vingt-deux ans, et si candide ! Elle avait discerné la même naïveté et le même entêtement chez saint François. Peut-être étaient-ce là les qualités qui faisaient d'eux des saints : une détermination inspirée par Dieu, qui n'acceptait aucune nuance dans leur monde divisé entre le bien et le mal.

Au moment où son intendant revint de ses courses, donna Giacoma avait décidé de ce qu'elle devait faire.

– Maestro Roberto, demande à Gabriella de m'apporter ma bure bleue et ma guimpe. Nous allons à Saint-Damien. Je dois parler à la mère prieure.

L'homme parut étonné. Il devenait rare qu'elle quitte sa maison.

– Je vais envoyer chercher une litière, proposa-t-il.

– Ce ne sera pas nécessaire. Je me sens très forte.

16

À la fin de la matinée, Conrad s'était vu assigner sa cellule dans le dortoir des prêtres et il avait pris son premier repas avec la plupart des autres frères dans le réfectoire. La plupart, mais pas tous. Le frère Bonaventure et les principaux dirigeants du Sacré-Couvent déjeunaient ailleurs – plus probablement à la table mieux fournie de l'infirmerie –, ce qui convenait à Conrad. Il voulait que sa présence reste aussi discrète que le permettait la taille restreinte de la communauté, et cela signifiait qu'il lui fallait éviter toute confrontation directe avec le ministre général. Après la collation de mi-journée, les frères se dispersèrent et Conrad se dirigea vers la bibliothèque.

– Frère Conrad ! Quelle agréable surprise !

Un frère le saisit par les épaules et colla une joue sèche contre la sienne.

– Que la paix soit avec toi, frère.

– Qu'il en soit de même pour toi, Lodovico. Je suis heureux de constater que tu es encore bibliothécaire ici. J'ai vu tellement de nouveaux visages depuis mon arrivée que je pensais m'être trompé de monastère.

– Tu trouveras aussi des ajouts à ma collection.

Conrad jeta un coup d'œil aux étagères, qui couvraient deux fois la superficie dont il se souvenait. Il avait également remarqué qu'en parlant de sa collection Lodovico avait exprimé un certain sentiment de propriété.

Malgré la cordialité de son accueil, le visage parcheminé du bibliothécaire demeurait impassible. Conrad avait oublié son nez plat, ses paupières tombantes et son front très haut, qui donnaient à penser que la mère de Lodovico devait lui avoir écrasé la tête avant sa naissance. Son visage ressemblait à un masque. À son insu, les novices l'appelaient *fra Brutto-come-la-Fame*, le frère Laid-comme-la-faim.

Lodovico ne fréquentait pas non plus le réfectoire, ce qui expliquait l'embonpoint qu'il avait acquis pendant les six années d'absence de Conrad.

Comparée avec les bibliothèques des plus grands monastères des moines noirs ou des universités, la pièce, au-dessus de l'arcade nord, semblait avoir été rajoutée après coup, ce qui était sans doute le cas. Elle servait à la fois de bibliothèque et de *scriptorium*, et chaque ouverture comportait son pupitre surélevé avec un nécessaire à écrire. Or les minuscules fenêtres, encore davantage obscurcies par leurs carreaux sertis de plomb, ne diffusaient pas assez de lumière pour lire ou pour copier. Personne n'occupait les pupitres et Conrad supposa que les copistes effectuaient la majeure partie de leur travail avant l'heure de midi, alors que le soleil du matin éclairait encore le mur face à l'est.

Saint François n'avait pas désapprouvé la connaissance en soi, mais il avait déconseillé l'apprentissage en le jugeant à la fois inutile et dangereux : inutile parce qu'un frère pouvait sauver son âme sans cela et dangereux parce qu'il pouvait mener à l'orgueil intellectuel. Élie avait fait ériger le Sacré-Couvent assez tôt après la mort du fondateur pour que les souhaits du saint exercent encore quelque influence. Même ce frère mondain n'aurait pu prédire que l'Ordre deviendrait l'une des institutions les plus érudites de la chrétienté, en seulement vingt-cinq ans.

Conrad lui-même ne put s'empêcher d'éprouver une certaine fierté en se souvenant que les conférenciers de l'ordre à Paris, Oxford et Cambridge, Bologne et Padoue comptaient dans leurs rangs les esprits les plus distingués de l'Église : des hommes comme **Eudes Rigaud**, Duns Scot et Roger Bacon, qui pouvaient rivaliser avec ces brillants prêcheurs qu'étaient Albert le Grand et Thomas d'Aquin ; non pas que les frères mineurs et les prêcheurs fussent rivaux, malgré les tentatives des théologiens pour opposer les uns aux autres les ordres mendiants.

Distrait par sa rêverie, Conrad n'avait pas entendu les paroles de Lodovico. Le bibliothécaire lui prit le bras et l'entraîna vers un mur tapissé de boîtes surmontées d'un couvercle de verre et cadenassées, probablement des réserves de manuscrits anciens. Au-delà de ces boîtes, dans le coin le plus éloigné, se trouvaient plusieurs grandes armoires de bois également munies de cadenas de fer.

– Comme tu étais son intime, je suis certain que la note te fascinera, poursuivit le bibliothécaire. Nous l'avons trouvée sous la tunique du frère Léon après sa mort. Apparemment, elle a été rédigée juste après que le corps de notre maître béni eut reçu les stigmates du Christ.

Plusieurs paires de gants blancs pendaient à des crochets de bois au-dessus des vitrines. Lodovico en enfila une et fit signe à Conrad de l'imiter. Déverrouillant une des vitrines, le bibliothécaire en retira une feuille usée et la tint dans le creux de ses mains. Des décennies de contact avec les fluides corporels de Léon avaient assombri le grossier parchemin.

Léon avait plié deux fois le parchemin avant de le placer sous sa tunique, car l'ensemble montrait des signes d'usure le long des plis et des rebords.

Le bibliothécaire ouvrit le manuscrit avec soin. Il représentait un peu plus qu'un fragment, une *chartula* aussi large et à peine plus longue qu'une main d'homme. Il était couvert des deux côtés de différentes écritures à l'encre noire et à l'encre rouge. Quand il vit que Conrad avait de la difficulté à le déchiffrer, Lodovico lui lut à haute voix le texte du premier côté.

L'Éternel te bénisse et te garde !

L'Éternel fasse lever la lumière de Sa face sur toi et use de grâce envers toi !

L'Éternel lève Sa face sur toi et te donne la paix !

Conrad reconnut la bénédiction tirée du *Livre des Nombres* ; l'évêque d'Assise avait répété les mêmes paroles lorsqu'il l'avait ordonné prêtre. Sous la formule, le rédacteur avait ajouté un post-scriptum : « Que Dieu te bénisse, frère Léon », et signé en inscrivant la lettre grecque *tau*, qui formait une grande croix entre les lettres du nom de Léon.

Conrad avança ses mains gantées vers le parchemin de peau de mouton.

– Puis-je ? demanda-t-il.

Le bibliothécaire déposa le parchemin dans ses mains. Conrad reconnaissait l'écriture minuscule de Léon au dos du manuscrit. Le message semblait être un hymne de louange, probablement dicté par saint François à son secrétaire :

Tu es saint, Seigneur, Dieu unique. Tu fais des merveilles... Tu es trois et un... Tu es la bonté, tout le bien... Tu es l'amour, Tu es la sagesse, Tu es l'humilité, Tu es la patience, Tu es la beauté, Tu es la paix intérieure, Tu es la joie, Tu es la justice... Tu es la vie éternelle, grand et admirable... Sauveur miséricordieux.

Aucun message ne mentionnait la vision du séraphin qui avait inspiré ce débordement d'éloges. L'ermite retourna la feuille et Lodovico lui indiqua la série de notes rédigées d'une écriture plus petite à l'encre rouge. Deux courtes phrases au-dessus et en dessous du *tau* témoignaient du fait que François lui-même avait rédigé la bénédiction et dessiné le symbole.

– Le frère Léon doit avoir ajouté ces commentaires plus tard, expliqua le bibliothécaire.

En effet, l'écriture pouvait être celle de Léon, mais elle paraissait encore plus petite que celle de son mentor. Du bout de l'index, Lodovico parcourut le fragment en attirant l'attention de Conrad sur un paragraphe plus long, libellé avec la même encre rouge et de la même écriture, au-dessus de la bénédiction. Sans attendre de réaction, le bibliothécaire commença à lire à haute voix par-dessus l'épaule de Conrad :

Le bienheureux François, deux ans avant sa mort, s'est retiré pendant quarante jours sur le mont de l'Alverne en l'honneur de la Sainte Vierge Marie, mère de Dieu, et de l'archange Michel. Et la main du Seigneur descendit sur lui. Après la vision et les paroles du séraphin, et l'impression des stigmates du Christ sur son corps, il composa ces louanges écrites à l'endos de cette feuille et les inscrivit de sa propre main, remerciant Dieu de la bonté qui lui était prodiguée.

Lodovico reprit le parchemin des mains de Conrad et le déposa dans son coffret. Conrad s'interrogeait sur le paragraphe que Lodovico venait de lire et sur l'empressement avec lequel il le lui avait montré.

– Plutôt étrange, ne crois-tu pas, frère ?

– Quoi donc, Conrad ?

– Les louanges. Elles sont rédigées dans une écriture différente de celle de la bénédiction de Léon. De toute évidence, elles ont été dictées, et pourtant la personne qui a ajouté cette note affirme qu'elles sont de la main de saint François. Je me demande si celui qui a pris la dictée, le frère Léon, je suppose, et celui qui a écrit à l'encre rouge n'étaient pas deux personnes différentes.

Lodovico se raidit et examina de près le parchemin. Pour la première fois, Conrad crut percevoir un bref mouvement convulsif dans le masque de l'homme, une grimace qui étirait les larges lèvres en un soupçon de froncement, une minuscule brèche dans l'armure.

Avant que Lodovico ne pût répliquer, Conrad ajouta :

– Peut-être pourrais-tu m'indiquer où se trouvent les chroniques de notre Ordre ?

La transition qu'il avait effectuée en retournant au Sacré-Couvent s'était bien effectuée, presque trop bien, comme Conrad en fit la remarque deux jours plus tard à donna Giacoma. Ils partageaient une soupe dans la cuisine de la vieille dame pendant qu'il lui racontait les événements. La soupe chaude et le bois qui brûlait dans le large foyer le réconfortaient. Les journées d'automne étaient devenues presque aussi froides que les nuits, et les bâches de toile chez donna Giacoma offraient une piètre protection contre les rigueurs de la saison. Maestro Roberto venait d'installer des fenêtres, mais Conrad supposait que l'hiver serait rude pour la vieille femme.

– Le portier qui s'était montré si méprisant avec le sieur Jacopone et moi la semaine dernière était on ne peut plus respectueux, commenta l'ermite entre deux cuillerées de potage. Je dois avouer qu'il ne m'a peut-être pas reconnu. Mais aucun des frères ne m'a posé de question. Je me sens... comment dirais-je ?... invisible. Il y a quelque chose de faux dans la manière dont ils me traitaient, ou peut-être devrais-je dire ne me traitaient pas.

– Je vous l'ai dit, vous vous inquiétez trop. Bonaventure ne vous causera pas d'ennuis... Avez-vous appris quoi que ce soit qui explique le contenu de la lettre du frère Léon ? Je n'ai cessé d'y penser depuis que vous me l'avez montrée.

– Rien encore.

Il lui parla alors de la note de saint François à Léon et ajouta :

– J'ai aussi trouvé une copie de la lettre qu'Élie avait envoyée à tous les ministres provinciaux après la mort de notre maître. J'en ai copié quelques passages.

Il sortit de sa bure un rouleau de notes.

– Je dois admettre que c'est un magnifique message. Il était trop long pour que je puisse le transcrire en entier, mais j'ai trouvé ces lignes très émouvantes car elles décrivent les effets de sa vision sur le mont de l'Alverne :

Je profite de cette occasion pour vous transmettre une excellente nouvelle : un nouveau miracle est survenu. Jamais encore on n'a entendu parler de signes aussi merveilleux sauf en ce qui concerne le Christ, le Fils de Dieu. Car, longtemps avant sa mort, notre frère François a de toute évidence subi la crucifixion ; son corps portait les cinq blessures, les véritables stigmates du Christ. Ses mains et ses pieds semblaient avoir été transpercés par des clous et en portaient encore les marques. Son flanc semblait avoir été ouvert par une lance et saignait fréquemment. Pendant tout le temps que son âme avait habité son corps, il n'avait pas été beau ; il était sans attrait, et tous ses membres avaient éprouvé d'intenses souffrances... Mais maintenant qu'il est mort, il est magnifique à regarder et tous ceux qui posent leurs yeux sur lui se réjouissent.

Conrad sentit sa gorge se serrer et il interrompit sa lecture. Se raclant la gorge, il leva la tête et vit que donna Giacoma s'essuyait les yeux.

– C'est ainsi que je l'ai vu la nuit où je le tenais dans mes bras, dit-elle. La peau aussi blanche que l'ivoire... Entendez-vous l'amour dans ces paroles, Conrad ? Élie n'a pas toujours été un monstre.

Elle se leva en faisant signe à l'ermite de demeurer assis.

– J'ai une lettre que j'aimerais vous montrer aussi. Attendez ici, près du foyer, pendant que je vais la chercher.

La vieille dame revint peu après, portant une feuille dans sa main libre et tenant sa canne de l'autre.

– C'est aussi un mot dc saint François au frère Léon. Il voulait me le donner pour me remercier des petits services que je lui avais rendus. Comme vous le verrez, le cadeau de Léon dépasse de loin tout ce que j'aurais pu faire pour lui.

Elle étendit le parchemin sur la table. Il semblait en meilleur état que la note de la bibliothèque, quoiqu'il portât également des marques brunes. À tout le moins, la lettre confirmait – encore plus que la bénédiction – l'affection particulière qu'éprouvait le saint envers ses proches compagnons :

Frère Léon, souhaite à ton frère François la santé et la paix. Mon fils, je te parle comme le ferait une mère. Cette lettre contient toutes les paroles que nous avons échangées sur la route. Elle est brève et tu dois la considérer comme un conseil. Et par la suite, si tu juges nécessaire de venir me consulter, je te dis : de quelque façon que tu choisisses de plaire au Seigneur et de suivre Ses traces dans la pauvreté, fais-le avec la bénédiction de Dieu et la mienne. Et si tu crois nécessaire de venir me voir pour le bien-être de ton âme ou afin de trouver du réconfort, viens, Léon !

C'était là une véritable lettre d'amour. Conrad pouvait facilement imaginer la souffrance de Léon pendant les périodes où il était séparé de son maître, et à quel point ce message de saint François devait avoir atténué sa douleur.

– Le frère Lodovico serait émerveillé d'avoir cette lettre dans sa collection, observa-t-il.

– C'est ce que j'ai pensé, moi aussi. Je sais qu'il ne me reste plus beaucoup de temps à vivre et je veux que ce joyau soit placé en un lieu où il sera vénéré. Je songe à en faire don aux Dames pauvres de Saint-Damien, mais je leur demanderai en retour une faveur particulière.

Conrad applaudit.

– C'est parfait, Madonna. C'est ce qu'aurait préféré Léon, si quelqu'un d'autre que vous doit l'avoir. La manière dont les Dames pauvres obéissent à notre règle devrait susciter la honte chez les frères actuels.

– Je suis heureuse que vous approuviez ce choix, frère.

Elle sourit pendant qu'elle roulait la lettre et le regarda de ses yeux verts, avec un air distrait et calme qui le laissa déconcerté.

Conrad avait envie d'éternuer tellement la bibliothèque était imprégnée d'une odeur de moisi. Quel contraste avec les odeurs de mer qui s'élevaient le long de la colline d'Ancône jusqu'à son ermitage ! Pourtant, les effluves d'encre et de colle à reliure, la douceur du cuir des manuscrits sous ses doigts, les rangées de titres d'œuvres latines séparées par catégories éveillaient chez lui une certaine nostalgie de sa période estudiantine. Il appréciait également le silence qui régnait dans la bibliothèque où, presque seul parmi les étagères, il pouvait feuilleter les textes sans être dérangé.

Alors qu'il fouillait dans un meuble rempli de divers guides, Conrad trouva un premier indice. À côté de conseils pour obtenir la victoire dans les croisades, se trouvaient des œuvres comme le *De Inquisitione* de David d'Augsbourg et la *Summa contra hæreticos* de Jacopo dei Capelli, qui décrivaient les devoirs des moines inquisiteurs. Conrad feuilleta des guides destinés aux prêcheurs : le *Liber de Virtutibus et Vitiis, Dormi secure* de Servasanto da Faenza et de nombreux livres d'exemples, tous inspirés de fables, de bestiaires et de romances, mais peu édifiants. Comment les prêcheurs pouvaient-ils croire que leurs paraboles mettant en scène des licornes, des dragons et des antilopes élèveraient l'esprit de leurs fidèles vers Dieu ? Comme Jésus lui-même, saint François évoquait des exemples tirés de la réalité, comme celui d'un « semeur qui s'en allait répandre ses graines », des images que les gens du peuple pouvaient comprendre.

Toutefois, l'étagère qui offrait le plus d'intérêt pour Conrad était celle des guides spirituels, car il y découvrit deux livres rédigés par son maître à l'université, Gilbert de Tournai. La plupart des manuscrits de cette section avaient pour thème la Crucifixion et faisaient appel à l'émotion, mais certains affichaient la rationalité de l'esprit germanique, comme le *De Exterioris et Interioris Hominis compositione* de David d'Augsbourg. Lodovico avait réservé deux étagères complètes aux guides rédigés par le prolifique Bonaventure lui-même, et parmi ceux-là Conrad découvrit un court traité intitulé *De Sex Alis seraphim*, « Des six ailes du séraphin ».

Fidèle à son esprit logique et à sa formation d'érudit, Bonaventure décrivait comment les six ailes représentaient chacune une étape du développement spirituel. Conrad ne put s'empêcher d'admirer cette brillante utilisation d'un symbole qui possédait une signification particulière au sein de la confrérie. Il s'étonna néanmoins de trouver la même image réutilisée sans cesse dans les autres livres de Bonaventure.

Alors que je me trouvais sur le mont de l'Alverne... je me souvins du miracle qu'avait vécu François au même endroit : la vision d'un séraphin ailé ayant la forme du Christ crucifié.... Je vis immédiatement que cette vision illustrait l'extase de notre maître en contemplation et la manière d'atteindre cette extase.

L'image du séraphin fascinait Bonaventure. Mais que voulait-il dire en utilisant le verbe *effingere* lorsqu'il écrivait : « Cette vision *illustrait* l'extase de notre maître en contemplation » ? Saint François n'avait-il pas eu une véritable vision ? Toute l'histoire n'était-elle qu'une représentation symbolique ? Sûrement pas, mais...

S'il s'était agi d'un autre auteur, l'ermite aurait pu ignorer une nuance apparemment insignifiante, mais Bonaventure était doté d'un esprit fort rigoureux. Il avait lui aussi, pendant un temps, occupé la fonction de conférencier à Paris, et avait été l'ami de Thomas d'Aquin. Il choisissait ses mots. Conrad déposa le manuscrit sur un pupitre et prit ses notes. Il se demanda combien d'*Ave Maria* il pourrait réciter avant le retour de Lodovico.

Pendant sa première journée à la bibliothèque, il s'était rendu compte que le bruit de la plume sur des fragments de parchemin attirait Lodovico aussi sûrement que la magnétite attire le fer.

Et le voilà. Les sandales du bibliothécaire balayaient le sol derrière lui.

– Ah, l'*Itinerarium mentis in Deum*, murmura Lodovico en parcourant le pupitre des yeux d'un air désintéressé. Une excellente œuvre. Le frère Bonaventure serait heureux d'apprendre que tu t'intéresses à ses écrits.

Je suis certain que tu ne manqueras pas de le lui dire pendant le repas du soir, songea Conrad. Il ressentit soudain le besoin de relire la biographie de saint François qu'avait écrite le ministre général. Tant mieux si, ce faisant, il tombait sur l'aveugle que mentionnait la lettre de Léon.

17

Aux premières lueurs de l'aube, Conrad s'empressa de se rendre à la bibliothèque avec les copistes. Les heures d'ensoleillement diminuaient chaque jour alors qu'approchait la veille de la fête de sainte Lucie, la nuit la plus longue de l'année.

L'ermite se dirigea vers les étagères qui contenaient les chroniques des débuts de l'Ordre et constata avec dépit qu'elles ne renfermaient que quelques brèves vies de frères non canonisés, l'histoire des premiers frères d'Angleterre par Thomas d'Eccleston, et une chronique semblable par Giordano di Giano, qui décrivait l'expansion de l'Ordre en Allemagne. Rien sur l'Ombrie, berceau de tout le mouvement, lacune que le manuscrit caché de Léon comblerait.

Des copies de la *Legenda major* de Bonaventure occupaient le reste de l'étagère. Les scribes qui travaillaient aux grands pupitres reproduisaient la même œuvre – effet secondaire du tristement célèbre édit de 1266. En plus de bannir les légendes antérieures, les ministres provinciaux avaient décrété que chaque maison de l'Ordre devait posséder au moins un exemplaire de l'histoire de Bonaventure. La maison mère envoyait régulièrement des visiteurs dans les confréries des provinces, et chacun d'eux était accompagné d'une mule transportant ces copies. D'après ce que le frère Léon avait raconté à Conrad, du temps d'Élie, les visiteurs auraient dû porter le nom de « frères extracteurs », car ils revenaient à Assise avec leurs bêtes chargées de trésors extorqués aux ministres provinciaux qui souhaitaient garder leur poste. Ces trésors pouvaient être constitués de n'importe quel objet de valeur : des gobelets d'or ou même du précieux poisson salé ficelé dans du canevas.

Lodovico avait affiché un exemplaire de l'édit sur l'étagère contenant les *Chroniques*. Chaque fois qu'il y passait, Conrad bouillait d'indignation pour cette première génération de frères qui, dans les faits, avaient été réprimandés pour leur honnêteté.

Le chapitre général ordonne que toutes les légendes qui ont été écrites sur saint François soient effacées puisque la Légende rédigée par le ministre général a été compilée comme elle lui a été transmise de la bouche de ceux qui étaient constamment avec François et avaient une connaissance certaine de tout ce qui l'entourait.

De la bouche de ceux qui étaient constamment avec François? Il ne s'agissait pas de Léon, ni de Rufino, ni d'Angelo Tancredi, non plus que du cercle des intimes de François.

Conrad avait entendu parler de l'édit pour la première fois quatre ans après sa publication, alors qu'il rendait visite à Léon en 1270, l'année qui avait précédé la mort de son mentor. Léon pensait que la légende officielle rédigée par Bonaventure était catastrophique car elle dressait le portrait d'un saint éloigné du monde réel, perché dans une niche inaccessible où les gens ne pouvaient le toucher – une distorsion du François dont il avait suivi la trace. Ce n'était pas l'être vigoureux qui, dans sa jeunesse, dirigeait les festivités printanières dans les rues d'Assise en tant que roi des Tripudianti, qui dépensait sans compter l'argent d'un père indulgent pour suivre les dernières modes. Le dépensier, le troubadour, le plaisantin avait été « effacé ». Il ne restait que le faiseur de miracles.

– Ils lui ont enlevé son sang et son esprit, déplorait Léon. Ils lui ont fait une saignée comme des médecins avec des sangsues, comme si l'humanité était quelque poison mortel qu'on doive extraire pour préserver la sainteté. Tous les frères spirituels en portent le deuil.

Or, ils ne faisaient pas que porter le deuil. Léon lui avait confié que plusieurs des exilés avaient caché les manuscrits en leur possession et que les Dames pauvres de Saint-Damien avaient fait de même. C'est à ce moment qu'il avait demandé à Conrad de conserver et de copier sa propre chronique de l'Ordre. Le manuscrit de Léon ne renfermait pas la réponse que Conrad cherchait maintenant, mais il s'agissait, de toute évidence, d'un lien important avec le passé de l'Ordre. Conrad frissonna en se souvenant que seuls lui et Amata connaissaient l'existence de ce parchemin. Il devait en faire part à donna Giacoma à la première occasion, au cas où il lui arriverait malheur.

Il ne pouvait se fier à la jeune fille et, de toute façon, elle était maintenant à nouveau confinée (Dieu merci) dans son couvent.

Il ouvrit enfin la *Legenda major*. Il adressa une prière à l'Esprit Saint pour obtenir la grâce de la sagesse et de la compréhension, puis il consulta le XIIIe chapitre, celui sur le séraphin.

CHAPITRE XIII
SUR SES STIGMATES SACRÉS

Deux ans avant qu'il ne rendît l'âme, François fut conduit par la divine providence sur une haute montagne appelée le mont de l'Alverne, où il entreprit un jeûne de quarante jours en l'honneur de l'archange saint Michel...

Par la grâce de l'inspiration divine, il apprit que, s'il ouvrait les Évangiles, le Christ lui révélerait la volonté de Dieu. Après avoir prié avec une grande dévotion, il prit l'Évangile sur l'autel et demanda à son compagnon, un frère dévot et saint, de l'ouvrir trois fois au nom de la Sainte Trinité. Chaque fois le livre s'ouvrit sur la Passion du Christ, et François comprit qu'il devait connaître dans sa chair la souffrance et la tristesse de la Passion du Christ.... Son corps s'était déjà affaibli en raison de la grande austérité de sa vie passée et du fait qu'il portait constamment la croix du Seigneur, mais il était plus que jamais inspiré à supporter le martyre...

Autour de la fête de la Sainte Croix, alors qu'il priait sur la montagne, François vit descendre des cieux un séraphin muni de six ailes flamboyantes. Le séraphin s'approcha et vint se tenir dans les airs près de lui. Puis François vit entre les ailes l'image d'un homme crucifié, ses mains et ses pieds cloués à une croix... Il était stupéfait... débordant de joie en voyant la façon dont le Christ le regardait si gracieusement sous l'apparence d'un séraphin, mais le fait qu'Il ait été attaché à une croix transperça son âme de tristesse et de compassion.

Alors que la vision disparaissait, elle laissa dans son cœur une ardeur merveilleuse et imprima les marques miraculeuses sur son corps... Ses mains et ses pieds parurent transpercés en leur centre par des clous dont les têtes apparaissaient dans les paumes de ses mains et sur le devant de chaque pied, alors que les pointes en ressortaient de l'autre côté... Son côté droit semblait avoir été percé par une lance et était marqué d'une blessure rouge qui saignait souvent, entachant sa tunique et ses sous-vêtements.

Quand le serviteur du Christ comprit qu'il ne pouvait cacher les stigmates imprimés de manière si visible sur son corps, il fut saisi d'un doute immense. Il appela quelques-uns de ses frères et leur demanda que faire. L'un d'eux, appelé Illuminato, fut illuminé par la grâce et sentit qu'un miracle s'était produit parce que le saint était toujours hébété. Il lui dit : « Frère, souviens-toi que lorsque Dieu te révèle Ses secrets, ce n'est pas pour toi seul, mais aussi pour les autres. » Le saint homme disait souvent Secretum meum mihi, *mon secret est mien ; mais, quand il entendit les paroles d'Illuminato, il décrivit la vision en détail, ajoutant que celui qui lui était apparu lui avait confié plusieurs secrets qu'il ne révélerait à personne aussi longtemps qu'il vivrait.*

Conrad leva les yeux pour apercevoir le frère Lodovico fouillant dans l'étagère voisine de son pupitre.

– Peux-tu me dire, frère, s'enquit-il, pourquoi le nom d'Illuminato me semble familier ? A-t-il tenu un rôle important au début de l'histoire de notre Ordre ?

– Je pense que tu trouveras ta réponse dans le IXe chapitre, précisa le bibliothécaire. Le frère Illuminato accompagnait saint François pendant son voyage en Égypte. Il était avec notre maître quand il a essayé de convertir le sultan, et sur le chemin du retour à travers la Terre promise.

– C'est là que saint François a contracté la maladie qui l'a rendu aveugle ?

– C'est ce que j'ai entendu dire. La lumière éclatante de la Terre sainte doit avoir affecté ses yeux.

Lodovico retourna à son étagère. Conrad ajouta à ses notes une phrase de la lettre de Léon. « La Première de Thomas marque le début de la cécité », écrivit-il en soulignant trois fois la phrase. Il rongea l'ongle de son pouce et tapota le pupitre du bout de sa plume. Se pouvait-il que François lui-même ait été l'« aveugle » de Léon ? Mais où sa cécité avait-elle commencé, sinon en Orient ?

Pendant qu'il examinait la phrase, le scribe qui occupait le pupitre devant lui, un frère de son âge, déplaça son poids énorme sur son banc et lui jeta un rapide regard de ses yeux larmoyants.

– Je t'ai entendu poser une question sur le frère Illuminato, dit-il.

Pendant qu'il parlait, l'homme essuya ses yeux, qui semblaient constamment irrités.

– La semaine dernière, j'ai entendu des frères plus âgés parler de cet Illuminato. L'un d'eux a mentionné qu'il servait de secrétaire au frère Élie après qu'il eut été élu ministre général.

Conrad cessa presque de respirer. À l'époque d'Élie, on décrivait encore le rôle des secrétaires comme Illuminato – et Léon avant lui – sous le nom d'*Amanuensis*. L'âge du compagnon de route de Zefferino tel qu'Amata l'avait décrit, et le nom par lequel l'homme à la pique l'avait identifié, semblaient liés.

Lodovico, qui ne s'était éloigné que de quelques pas, s'empressa de se joindre à la conversation.

– Le frère a raison. J'avais oublié ce fait concernant le frère Illuminato.

Peut-être Illuminato avait-il été celui que Bonaventure avait consulté pour rédiger sa légende, songea Conrad, un de ceux qui étaient « *constamment avec François et avaient une connaissance certaine de tout ce qui l'entourait* ». Conrad estimait curieux que Bonaventure le mentionnât par son nom dans ce chapitre, et qu'il ne nommât pas le frère qui avait ouvert le livre des Saintes Écritures – sûrement Léon – pour François.

– Le frère Illuminato est-il toujours vivant ? interrogea l'ermite.

– Oui, mais assez âgé, répondit le bibliothécaire.

– Assez âgé pour voyager à dos d'âne ?

Lodovico sourit avec bienveillance.

– Je doute qu'il aille encore où que ce soit.

– Non, frère, l'interrompit le jeune moine. Il a traversé Assise voilà seulement une semaine et s'y est arrêté pour avoir un entretien avec le frère Bonaventure. C'est pour cette raison que les frères parlaient de lui. Dommage que vous l'ayez manqué, frère Conrad.

– Oui, dommage, répéta Conrad. Mais je vous remercie tous deux de votre aide.

– Assez de commérages ! protesta le bibliothécaire. Tu empêches le frère Conrad de travailler et tu te distrais toi-même avec ton bavardage.

Le jeune moine baissa les yeux.

– Oui, frère.

Il se retourna à nouveau sur son banc et se pencha sur son pupitre.

Ainsi, cet Illuminato voyage encore, malgré les doutes de Lodovico. Et si c'est le vieillard qu'Amata a rencontré, ce qui semble plus que probable, Bonaventure sait déjà tout ce qu'un secrétaire expérimenté a pu se rappeler de la lettre de Léon.

Lodovico retourna à ses tâches tout en gardant un œil sur le scribe bavard. Conrad retourna à ses notes sur la vision du séraphin. Il souligna un seul mot dans le long passage de Bonaventure : *Illuminato*.

18

– *Avanti, avanti*, stupide animal !

Illuminato battait de ses sandales les flancs de son âne pour l'inciter à accélérer. Plus ils grimpaient au-dessus du lac Trasimène et de la tranquille vallée de la Chiana, plus la bête se montrait récalcitrante. Au loin, Illuminato voyait la fière citadelle étrusque de Cortona. Sinistre dans son arrogance, isolée et menaçante parmi les montagnes glaciales, Cortona avait servi de refuge au frère Élie pendant ses dernières années d'exil. Même si Illuminato l'avait maintes fois averti de ne pas aller trop loin, Élie avait vécu comme un prince avec ses palefreniers gras et costauds, son jeune séculier en livrée multicolore qui le servait comme les pages des évêques, ses repas délicats préparés par son cuisinier personnel. Aidé dans ses ambitions par son maître de donjon expert en tortures, il avait tenté d'obtenir le pouvoir absolu sur la confrérie. Dix ans plus tard, les moines, avec l'aide du pape, l'avaient forcé à se mettre à genoux.

Pendant qu'Illuminato se balançait au rythme des pas de l'âne, il se dit que Bonaventure pouvait avoir appris beaucoup à Élie sur le fait de tempérer son ambition grâce à la patience. L'actuel ministre général s'élèverait plus haut dans la hiérarchie de l'Église que tout autre avant lui, peut-être même jusqu'à la papauté, grâce à l'insistance des princes de l'Église.

Illuminato avait attendu pendant toutes ces années qui passaient de plus en plus rapidement. *Je vais moi aussi recevoir ma récompense.* Bonaventure le lui avait promis lorsque le vieux prêtre lui avait fait part du message de Léon à Conrad.

Parvenu sur la grand-place, Illuminato descendit de sa monture et fit signe de s'approcher à deux garçons qui jouaient près de lui. Ils semblaient ignorer le vent qui fouettait leur tunique en lambeaux.

– *Fratellini*, j'ai besoin que vous m'aidiez à monter cette rue, leur dit-il. Dieu vous récompensera si vous m'aidez à me rendre jusqu'à l'église avec mon âne.

Les gamins le regardèrent avec curiosité et l'un d'eux lui adressa la parole dans un charabia incompréhensible. Illuminato répondit au dialecte local par une série de gestes en se tenant le dos, en pointant le doigt vers la rue abrupte et en répétant : « *Chiesa, chiesa !* ». Les deux garçons comprirent enfin.

Au-dessus de la ville, Élie avait érigé une version plus petite de la basilique qu'il avait fait construire à Assise. Même après que le pape l'eut banni de l'Ordre, même après qu'il se fut rendu aux confins de l'Empire en partageant l'excommunication de Frédéric II, Élie avait continué de porter la tunique grise des frères, comme les dizaines de frères qui lui étaient demeurés loyaux.

Quand il se retira finalement à Cortona, il tenta de faire renaître une partie de sa gloire passée en édifiant un monastère et une église dotés du même nom et de la même façade que la célèbre basilique. Il s'offrit également un ermitage de pierre. Sur son lit de mort, il avait réussi à imiter un acte de contrition, il avait été absout par le prêtre de l'endroit, et on l'avait enterré dans cette église. *Je suis sans doute le premier pèlerin à me rendre au tombeau d'un ministre général déchu*, songea Illuminato.

Il avait accepté à contrecœur la suggestion de Bonaventure : cet avant-poste éloigné serait l'endroit idéal pour attendre sa nomination. Cela eût été une mauvaise idée de le laisser interroger Conrad. Dans peu de temps, son ambition se réaliserait.

Et quelle récompense ce serait, évêque d'Assise ! Logé dans le palais près du Sacré-Couvent, il pourrait satisfaire son besoin de participer aux décisions politiques de l'Ordre et obtenir les renseignements rattachés à la fonction. Un moment, il avait cru qu'on l'avait envoyé mourir d'ennui quand on l'avait nommé à sa fonction antérieure : père confesseur d'un couvent des Dames pauvres, inclinant gravement la tête, à demi endormi, pendant que ces âmes innocentes récitaient leurs litanies de peccadilles. Mais par un coup de chance inespéré – la chance d'avoir rencontré ce garçon sur la route à l'extérieur d'Ancône –, il s'était placé au centre d'un ouragan à venir. Il pouvait sentir le sang battre avec une vigueur renouvelée dans ses vieilles artères.

Bonaventure avait saisi l'importance de la lettre de Léon, le danger qu'elle représentait pour la crédibilité de l'Ordre. Au départ, le ministre général avait réagi à la nouvelle avec le sang-froid qui le caractérisait.

– Laissez venir Conrad, conseilla-t-il, impassible, pendant qu'il faisait tourner l'anneau à son doigt. Il repartira aussi ignorant que lorsqu'il est arrivé.

– Et s'il découvrait la vérité par hasard ?

– Dans ce cas, il ne repartirait pas.

Or, Illuminato avait raconté à Bonaventure le reste de son histoire, comment il avait pris la liberté d'ordonner la détention de Conrad si celui-ci traversait Gubbio. Son cœur fit un bond lorsqu'il vit le front de Bonaventure se plisser de mécontentement. Le ministre général pianota du bout des doigts et fit tinter la cloche sur son bureau. Son secrétaire, Bernard de Besse, devait se trouver derrière la porte car il entra immédiatement avec en main sa tablette de cire et son poinçon.

– Frère Illuminato, répétez ce que vous venez de me dire et donnez aussi au frère Bernard les notes que vous avez prises à Fossato di Vico, sur vos souvenirs quant à la lettre de Léon.

Quand le secrétaire eut terminé, le ministre général réitéra ses remerciements et affirma que la réaction rapide d'Illuminato recevrait compensation. L'évêque d'Assise était récemment décédé, et le poste demeurait vacant en attendant le couronnement du nouveau pontife. Bonaventure avait déjà sur son bureau une lettre demandant au pape qu'un de ses propres frères occupe cette fonction séculière.

– Tebaldo Visconti da Piacenza est un ami personnel. Nous partageons le même point de vue sur les faiblesses et la corruption du clergé séculier. Il préférerait voir davantage de frères occuper ces postes de pouvoir, précisa Bonaventure.

Illuminato se réjouit lorsque le ministre général laissa entendre que lui, avec ses années d'expérience, sans oublier sa compréhension profonde de la nécessité de réprimer les mésententes au sein de l'Ordre, représenterait le parfait candidat pour cette fonction.

Cependant, Bonaventure avait fait cette promesse avant l'arrivée de la dépouille du jeune homme au portail du Sacré-Couvent. L'incident aurait pu passé inaperçu, n'eût été un groupe de moines qui, plus tard le même jour, avaient ramené Zefferino à demi mort de soif, presque aveugle et délirant à propos d'un ange vengeur aux yeux flamboyants. Le jeune mort avait un lien avec cet esprit vengeur. Le frère blessé avait également déclaré que Conrad, grâce à cette intervention miraculeuse, avait réussi à s'échapper. Et, pis encore, deux autres moines arrivés de la maison de Gubbio étaient à la recherche d'un frère porté disparu.

– Il est mort, annonça Zefferino d'une voix éteinte quand Illuminato avait conduit les deux frères à l'infirmerie. Il a été assassiné par ce petit messager inoffensif qui avait apporté la lettre à Conrad. Est-ce ainsi que nous sommes récompensés pour nos efforts de cette semaine, mon frère ?

Illuminato choisit de ne rien révéler de la promesse de Bonaventure.

Pendant la semaine qui suivit, le vieux prêtre évita de rencontrer le ministre général. Bonaventure détestait tout ce qui pouvait perturber le fonctionnement du Sacré-Couvent, et cela englobait la mort de postulants et de frères. Finalement, Illuminato ne put éviter de rencontrer son supérieur puisque Bonaventure le convoqua.

– Conrad est à Assise, déclara-t-il. Il demeure chez la veuve Frangipane et nous nous attendons qu'il se présente ici d'un jour à l'autre. Votre âne s'est bien reposé. Je vous recommande d'aller rendre hommage à la tombe de votre maître décédé. Je ne doute pas qu'il puisse faire usage de vos prières.

– Mais qu'en est-il de l'épiscopat ?

– Le moment venu, je vous enverrai un mot à Cortona.

Illuminato n'avait d'autre choix que de faire une génuflexion, embrasser l'anneau de Bonaventure et partir. Toutefois, en se relevant, il toucha le lapis-lazuli qui brillait dans sa monture dorée.

– Vous comprenez sûrement que Conrad représente à tout le moins une menace indirecte contre la Confrérie de la tombe ?

– J'y ai pensé, répliqua Bonaventure, bien que la lettre, telle que vous me l'avez relatée, ne le laisse pas supposer.

Maintenant, au terme de son voyage, Illuminato avait l'impression d'être un exilé plutôt qu'un futur évêque. S'appuyant sur l'épaule d'un des garçons pendant que l'autre menait l'âne et babillait sans arrêt dans son dialecte, le prêtre grimpa les rues tortueuses jusqu'à l'église. Il bénit ses aides et se rendit à l'intérieur pour trouver quelqu'un qui pourrait le guider jusqu'à la tombe d'Élie.

La nef de l'église était froide et sombre, vide comme une caverne. Il avança vers l'unique lampe à huile qui brûlait dans le transept et frappa à la porte latérale qui conduisait au monastère. Le frère aux yeux de biche qui lui répondit semblait aussi usé et suranné que l'église elle-même.

– *Per favore*, montre-moi la tombe du frère Élie, demanda Illuminato.

– *Un momento.*

Il disparut dans le monastère puis revint en tenant à la main une lanterne.

– Suivez-moi.

L'homme mena Illuminato derrière le maître-autel, jusque dans une pièce sombre qui semblait servir d'entrepôt. Des stalles de chœur avaient été poussées ici et là contre les murs. Des piles de manuscrits moisis recouvraient une table au milieu de la pièce. Le moine repoussa du pied une pile de feuilles sous la table, soulevant un nuage de poussière. Puis il se mit à quatre pattes et épousseta l'une des grandes dalles de pierre du plancher. Sur la dalle était inscrit le nom d'Élie.

– C'est ici.

Ici? Cet imbécile de frère n'avait rien de plus à dire qu'*ici*? Comment se pouvait-il que le brillant dirigeant qu'Illuminato avait servi pendant douze ans, dont le talent politique et le génie architectural avaient autrefois suscité l'admiration de tout le monde civilisé, repose ici dans la poussière, sous une table? Le prêtre frissonna en songeant au caractère indigne de la mort d'Élie.

– N'y a-t-il même pas quelqu'un qui monte la garde auprès de sa dépouille ?

– Cela plairait sûrement à son âme orgueilleuse de penser que sa dépouille en vaut la peine. Non. Elle n'est pas ici, de toute façon. Après sa mort, un frère custode l'a retirée de l'église et jetée sur la colline derrière. Les loups ont fait le reste.

Le frère émit un rire sinistre.

– Si vous voulez trouver ses saintes reliques, cherchez une poudre blanche dans le plus proche tas d'excréments de loups.

L'homme leva les yeux vers Illuminato. Ni son visage ni sa voix ne trahissaient la moindre émotion alors qu'il ajoutait :

– *Sic transit gloria mundi.*

– Je ne peux pas dire que j'aie vraiment connu Illuminato, répondit donna Giacoma à Conrad. Il y avait tellement de frères, même aux premiers jours ! Je ne me souviens pas avoir entendu son nom de la bouche de ceux qui sont venus à Rome avec saint François.

Elle était assise devant le foyer dans la pièce principale de sa maison, une peau de loup sur ses genoux, dans la lumière vacillante des flammes.

– Mais plus tard, demanda l'ermite, lorsqu'il a été le secrétaire d'Élie ?

– Comme je vous l'ai dit, j'ai à peine parlé au frère Élie après qu'il eut caché la dépouille de saint François.

Conrad tenait ses notes orientées vers la lumière pendant qu'il continuait à feuilleter les pages. Il leva les yeux lorsque Pio arriva en portant un plat de pâtisseries.

– Maman a insisté pour que je vous les apporte pendant qu'elles étaient encore chaudes, Madonna.

– Les pâtisseries préférées de notre maître, dit-elle alors que le jeune serviteur présentait le plat à Conrad. Des biscuits à la pâte d'amande. J'en avais apporté avec moi, ainsi que du tissu pour son linceul, quand je suis venue à Assise après avoir entendu parler de l'état de santé de saint François. Il adorait la saveur des amandes et je lui en avais fait cuire en forme de croix.

Ses yeux félins brillaient de joie à ce souvenir.

– Aujourd'hui, nous allons cuire des gâteaux en forme d'auréole en l'honneur de la prochaine fête de la Toussaint.

Conrad prit un biscuit et laissa fondre le sucre sur sa langue avant de commencer à mâcher. Il avait beaucoup à apprendre sur le véritable ascétisme si un saint comme François ne voyait pas ces biscuits comme un relâchement de sa ferveur. Quant à lui, il devait admettre que l'infinie variété des mets de la cuisinière pouvait être tout autant liée à la fréquence de ses visites chez donna Giacoma qu'aux précieux souvenirs de la dame. Il aimait l'idée que ses besoins pouvaient, d'une certaine manière, le rapprocher de saint François. Il jeta au feu les miettes tombées sur ses notes et continua de chercher jusqu'à ce qu'il parvienne à une autre section de la légende de Bonaventure.

– Il y a ici une deuxième description des stigmates, rédigée à l'époque de la mort de François. Bonaventure mentionne un chevalier du nom de Giancarlo. Je me suis demandé s'il s'agissait du maire dont vous m'aviez parlé, celui qui avait aidé Élie à transporter le corps de François.

Il traduisit du latin :

On pouvait voir dans ses mains et ses pieds bénis les clous que Dieu avait miraculeusement formés dans sa chair... Si enchâssés dans la chair que, lorsqu'on les poussait d'un côté, ils ressortaient aussitôt de l'autre. La blessure sur son flanc, qui n'avait pas été infligée à son corps non plus qu'elle n'était le résultat d'une quelconque action humaine... était rouge, et la chair s'était contractée en une espèce de cercle, de sorte qu'elle ressemblait à une magnifique rose. Le reste de sa peau, qui auparavant était plutôt sombre, naturellement et à cause de sa maladie, était devenue d'un blanc éclatant, préfigurant la gloire des corps des saints au paradis... Un chevalier instruit et circonspect du nom de Giancarlo était de ceux qu'on avait autorisés à voir le corps du saint. Comme l'apôtre Thomas, son cœur était rempli de doute, mais sous le regard des frères et de nombreux citoyens de la ville, il n'hésita pas à toucher les clous ainsi que les mains, les pieds et le flanc du saint. Au moment où il sentit les marques avec ses doigts, le doute s'évanouit de son cœur et de celui des autres.

Donna Giacoma hocha la tête.

– Il doit s'agir de Giancarlo di Margherita, un homme effronté, même avant d'être nommé maire. Je me souviens bien de la scène, il se distinguait du groupe avec sa toge pourpre et sa cape d'hermine. Il avait l'allure d'un coq orgueilleux parmi les poules, tout pomponné et bouffi d'orgueil auprès des frères en tunique grise. Pendant des années, il a parlé de cette histoire. Il était devenu le défenseur infatigable des stigmates, contre tous ceux qui doutaient de leur existence.

– Quelqu'un en doutait ? s'étonna Conrad.

– Oh oui, plusieurs. Et ces doutes relevaient de la jalousie, en particulier chez les membres des autres ordres. Mais bien sûr, ils n'avaient pas vu ce que nous avions vu.

– J'ai manqué l'occasion de parler à Illuminato. Savez-vous si Giancarlo vit encore ?

– Je ne sais pas. Il s'est retiré dans son domaine de Fossato di Vico, voilà presque vingt ans. Je ne l'ai pas vu à Assise depuis et il ne m'a pas donné de ses nouvelles.

Conrad rassembla ses notes et les pressa contre sa poitrine. Il attendit une inspiration, pendant que la lueur du feu continuait à danser. Rien. Rien d'autre que des questions aussi déroutantes qu'auparavant.

– Je souhaite que vous gardiez ces notes en sécurité pour moi, conclut-il. Un jour, ces fragments me parleront d'une seule voix et tout sera clair. Demain, j'ai l'intention de demander au frère Lodovico le « Premier de Thomas », et je ne sais pas comment il va réagir. Je marcherai sur un sol marécageux. Ou, si Dieu le veut, je réussirai à combler les vides dans cette histoire.

Maestro Roberto s'était avancé dans la pièce.

– *Scusami*, Giacomina. Vous pourrez inspecter la chambre aussitôt que vous serez libre.

– Excellent. *Grazie*, Roberto.

Elle tourna son regard serein vers Conrad.

– Je ne sais pas si je vous ai dit que mes deux fils étaient morts sans progéniture. Je n'ai jamais eu de petits-enfants. C'est une triste chose que de survivre à ses enfants. Pendant toutes ces années, j'ai laissé leur chambre dans l'état où elle était au moment de leur mort. J'éprouvais une infinie tristesse chaque fois que j'y entrais. Mais tout cela va changer. Je l'ai fait nettoyer et blanchir à la chaux.

Conrad attendit son explication, mais elle paraissait d'humeur énigmatique. Elle lâcha seulement :

– Il nous faut tous combler nos vides.

– Le Premier de Thomas ? Certainement, frère.

Conrad éprouva un sentiment de stupéfaction alors que Lodovico partait chercher le texte. C'était trop facile. Le bibliothécaire avait réagi comme s'il entendait cette demande quotidiennement.

Lodovico revint en portant un tome énorme. Quand il le déposa devant Conrad, le pupitre craqua et vacilla.

– Je ne peux imaginer comment tu savais que je l'avais, mais tu es bienvenu si tu veux y jeter un coup d'œil. C'est ma toute dernière acquisition. Nous n'avons reçu l'une des premières copies qu'en raison de l'amitié qui liait le frère Bonaventure et Thomas pendant qu'ils enseignaient à Paris.

Conrad demeura sceptique. Le ministre général était-il assez âgé pour avoir connu Thomas de Celano ? *Possible.* Mais Conrad n'avait jamais entendu dire que Thomas ait enseigné, ou même passé quelque temps, à Paris. Il sourit vaguement pendant que le bibliothécaire tournait les talons, puis souleva la couverture de cuir et lut la page couverture :

SUMMA THEOLOGICA

auctore Thomas de Aquino

et sous le titre, en lettres plus petites : *Liber Primus.*

Le *Premier Livre* de la *Somme théologique* de Thomas d'Aquin ! Conrad émit un grognement. Ce renard de Lodovico ! Il s'était préparé à la requête de l'ermite. Apparemment, Illuminato s'était bien souvenu du message de Léon et en avait communiqué cette partie.

L'ermite écarta les doigts pour mesurer l'épaisseur de l'œuvre. Il lui faudrait le reste de l'automne pour lire tout le livre. *Mais je peux jouer le jeu*, songea-t-il. *J'ai le temps. Et la patience.* Et qui allait affirmer que ceci n'était pas le Thomas que Léon avait désigné ? Il avait dû entendre parler de l'œuvre de Thomas d'Aquin avant de mourir. Peut-être parlait-il d'aveuglement spirituel ou théologique, et nullement d'un homme aveugle. Avec un long soupir, il commença à lire le texte.

PREMIÈRE PARTIE
TRAITÉ SUR DIEU
Question 1
La doctrine sacrée
Qu'est-elle et à quoi s'étend-elle ?
(En dix articles)

Conrad regarda par la fenêtre. Malgré la brume qui enveloppait les champs loin en contrebas, il localisa la fourche où le Chiaggio se déversait dans le Tibre, qui serpentait jusqu'à Rome. Il eut un long bâillement. Dans deux mois, il ne se poserait plus de questions sur l'identité de l'aveugle. Ce serait lui-même !

19

– *Hic vobis aquatilium avium more domus est.*

– Votre Sainteté ?

Orfeo s'était tourné vers le pape, sous un auvent de soie blanche au côté du capitaine du navire. Tebaldo Visconti abaissa le diffuseur de parfum qui voilait son visage.

– Connais-tu les poètes, Orfeo ? questionna Tebaldo.

– Seulement ceux que j'ai appris dans mon enfance.

– Cassiodore a écrit que cette ville flottait sur les vagues comme un oiseau marin.

Le jeune homme leva la main pour protéger ses yeux du soleil et examina la ville à l'horizon. Il ne voyait pas la ressemblance avec un oiseau de mer. Si on devait comparer Venise à quoi que ce soit, ce devait être à un coffre au trésor amarré qui refusait de couler malgré les efforts répétés des empereurs et des puissances voisines. Quand Pépin, le fils de Charlemagne, menaça un jour de mettre fin à l'approvisionnement des Vénitiens en nourriture, les citoyens méprisants réagirent à son avertissement en lançant des miches de pain à ses troupes.

– Voici votre comité d'accueil, lança le capitaine en montrant la cité.

Une flottille de galères avançait contre le vent, avec ses espars carrés et ses voiles gonflées, s'empressant de parcourir les dernières lieues entre le convoi du pape et le port. Les galères fendaient les vagues en rangs serrés et, comme elles approchaient, Orfeo pouvait entendre les équipages qui scandaient : « *Vi-va il pa-pa! Vi-va il pa-pa*! ».

Les vaisseaux de guerre, avec leurs multiples ponts et gaillards, se déplaçaient pesamment entre les navires de la flottille, alors que les galères vénitiennes s'écartaient pour les laisser passer. Émergeant de sous l'auvent et tenant toujours son diffuseur de parfum, le pape leva les bras pour répondre aux vivats des marins.

– C'est ainsi que tout commence, dit-il d'une voix calme.

Et c'est ainsi que cela se termine pour moi, pensa Orfeo. Pendant les semaines qu'ils venaient de passer ensemble, il en était venu à admirer Tebaldo, mais il avait également hâte d'en finir avec cette obligation et de redevenir un homme indépendant.

Alors qu'ils entraient dans le port, les galères firent place à des embarcations de moindre envergure : les petits *grippi* qui transportaient du vin de Chypre et de Crète jusqu'à Venise; les *sandoli* à fond plat; les barges dotées de voiles, les *braggozzi*, qu'utilisaient les pêcheurs de Chioggia. Même les radeaux qu'employaient les débardeurs pour décharger les grands navires marchands menaçaient de couler sous le poids de la foule de travailleurs qui hurlait de joie.

Orfeo regarda par-dessus le bastingage en souriant devant l'enthousiasme flamboyant de toute cette masse humaine. Venise était fière de ses cent mille habitants, et chacun d'eux semblait se trouver soit dans l'eau, soit sur la jetée. Le navire pontifical avança vers le quai de Saint-Marc, où un chœur de trompettes, de cymbales et de tambours faisait concurrence aux vivats. Un battement rythmé se mêla à la clameur alors que des *gundule* surgissaient des canaux et que les gondoliers commençaient à battre l'eau de leurs rames. Les traversiers, plus effilés, s'ornaient de proues richement sculptées et de décorations peintes; de luxueuses bâches drapaient leurs *felzi,* les cabines qui protégeaient les bancs par mauvais temps.

Orfeo voyait maintenant les gondoles escorter le *Bucintoro* du doge de Venise et là-bas, au centre de la barge protocolaire, se tenait le doge lui-même. À l'approche du vaisseau de guerre, il s'agenouilla. Les deux navires flottaient côte à côte et Orfeo distingua les traits de Lorenzo Tiepolo. Le titulaire de la fonction n'avait pas changé pendant le temps qu'il avait passé à Acre.

La fanfare céda la place aux cloches de la basilique Saint-Marc alors que le pape et le doge débarquaient de leurs navires respectifs. La foule s'écarta comme les eaux de la mer Rouge pour laisser passer vers le quai un défilé de chanoines de l'Église et d'archevêques. Tandis que les ecclésiastiques approchaient, Tebaldo murmura à l'oreille d'Orfeo :

– Reste avec moi. J'ai besoin du réconfort de mon familier pour traverser cette cohue.

Orfeo s'inclina et se plaça derrière le pontife. Il se sentit tout à coup trop visible alors que des yeux se tournaient dans leur direction par milliers et il souhaita pouvoir disparaître dans la foule.

– Pas derrière moi. *À côté* de moi, précisa Tebaldo.

Les prélats guidèrent le pape, le doge et leur entourage entre deux immenses étendards aux couleurs de saint Marc, montés sur des poteaux aussi hauts que le mât du vaisseau. Au-delà des étendards, Orfeo remarqua les cinq coupoles plombées de la basilique surmontées de leurs lanternes en forme de bulbe.

Des mosaïques incrustées ornaient l'extérieur de l'église, et des saints, des anges et des héros sculptés dans le marbre couronnaient l'une des cinq portes d'arche et remplissaient les tympans. Une forêt de statues réalisées par des tailleurs de pierre depuis longtemps décédés surgissait de chaque surface.

Le pape poussa Orfeo du coude et lui fit signe de regarder les quatre chevaux au-dessus du portique principal, leur corps de bronze prêt à bondir à tout moment comme le légendaire Pégase. D'une voix basse, Tebaldo avoua :

– J'espère les rendre un jour. Ce sera un faible prix à payer s'il peut réunir les Églises.

Orfeo connaissait bien les idées du pape sur ce sujet. Lorsqu'ils étaient en mer, nuit après nuit, Tebaldo Visconti avait ouvert son cœur au jeune rameur, comme l'aîné d'un clan transmettant les récits des anciens – ou peut-être par respect pour feu le saint oncle d'Orfeo, François.

– Il y a deux choses que j'espère accomplir, avait-il dit alors qu'ils étaient assis sur le pont du navire et contemplaient le ciel étoilé. Je veux réunir les Églises d'Orient et d'Occident, et je veux mettre fin aux malversations du clergé séculier. J'ai l'intention d'utiliser les moines de ton oncle pour réaliser les deux, si Dieu m'en accorde le temps et la force. Leur ministre général, Bonaventure, éprouve les mêmes sentiments sur cette question. Il pense que les nouveaux Ordres, de concert avec les universités, peuvent réformer notre Sainte Mère l'Église, éliminer l'hérésie et accomplir un pas décisif vers la réalisation du Royaume de Dieu sur terre. C'est le genre d'homme dont j'ai besoin pour cette mission.

Il parla du sac de Byzance. Le pape connaissait bien l'histoire. Il avait lu l'horrible témoignage oculaire de Nicétas Choniate et raconta à Orfeo comment Enrico Dandolo, le doge aveugle de Venise, avait, en 1202, détourné la quatrième croisade au profit de sa ville.

– Quand ces prétendus croisés chrétiens ont pris Byzance, ils ont brûlé plus de maisons qu'il n'en existe dans les trois plus grandes villes de Lombardie. Ils ont jeté les reliques des saints martyrs dans les latrines, et dispersé les membres et le sang consacrés de notre Sauveur. Ils ont arraché les joyaux des calices de l'Haghia Sophia et les ont utilisés pour boire. Après avoir détruit le maître-autel de l'église, ils ont amené à l'intérieur des chevaux et des mules pour transporter leur butin. Nicétas affirme que, lorsque des bêtes glissaient et tombaient, les croisés les faisaient avancer à coups d'épée, en répandant dans l'église du sang et des ordures. Puis ces chevaliers ont placé une fille de joie sur le trône du patriarche et l'ont fait danser de façon immodeste dans le lieu saint. Dans leurs élans de luxure, ils n'ont montré aucune compassion pour les jeunes filles innocentes, ou même pour les vierges dédiées à Dieu.

Un silence lourd s'installa pendant que le pape portait son regard vers l'est.

– Une grande partie des ornements de Saint-Marc provient de ces atrocités, y compris ces merveilleux chevaux face à la grand-place. Ces hérauts de l'Antéchrist ont même volé le bras de saint Stéphane, la tête de saint Philippe et des morceaux du cœur de saint Paul. Et, fait plus important encore pour le doge, ils ont saisi des concessions commerciales dans tout l'empire d'Orient, et réussi à empêcher les marchands de Gênes et de Pise de faire du commerce dans la région. On peut affirmer sans se tromper que les amis vénitiens vendraient leur âme pour trouver des routes commerciales profitables.

Pendant que le défilé progressait vers le portique principal de la basilique, l'attention d'Orfeo se concentra sur le doge. Le jeune marin savait que le successeur d'Enrico Dandolo, sans compter les marchands sur le Rialto, n'hésiterait pas à empoisonner un certain pape récemment élu s'il avait entendu son commentaire sur les statues. Toutefois, pour le moment, les Vénitiens étaient heureux d'honorer leur hôte lors d'une grand-messe à la basilique avant que Tebaldo ne se retire pour aller se reposer au palais des Doges.

Orfeo put se libérer de l'entourage pontifical tandis que la nuit tombait sur la place Saint-Marc. Laissant derrière lui les courtiers vénitiens somptueusement vêtus et plus de plats succulents que son estomac n'en ingérait au cours d'une année, il se faufila. Les pavés, rendus humides par la bruine, réfléchissaient les lueurs des fenêtres du palais des Doges. Il suivit le bord de mer jusqu'à une rue bordée d'ateliers que croisaient des ruelles. Au bout, une petite bannière indiquait l'emplacement de son *ridotto* préféré. Il n'avait aucune envie de jouer aux cartes ou aux dés ce soir-là, mais la possibilité de partager une coupe avec un vieux camarade de bord l'attira dans la taverne. Orfeo voulait trouver un autre emploi et il pourrait y entendre parler d'un poste de rameur aussi rapidement que sur le quai.

Il franchit la porte basse et scruta l'intérieur, rempli de fumée et d'ombres. Il n'y avait ici ni boutiquiers, ni artisans, ni dirigeants de guildes. La clientèle du Gransiero se composait de marins comme lui, de chiffonniers, de ramoneurs, de pêcheurs de crabes qui, moyennant un pourboire, vous aidaient à débarquer d'une gondole. En ce moment ils murmuraient, mais ils deviendraient plus bruyants à mesure que la soirée avancerait, jusqu'à ce que le tintement de la cloche des grands buveurs annonce la fermeture des tavernes et les envoie tituber jusqu'à leur maison et leur paillasse.

Les hommes étaient drapés dans de simples capes, et des bandes de tissu entouraient leurs jambes pour les réchauffer. Les femmes qui buvaient avec eux portaient des châles gris unis et à leur cou pendaient des chaînes de minuscules anneaux, ornement que la coutume vénitienne réservait aux femmes des classes inférieures. Orfeo pouvait entendre à l'étage supérieur les rires et les grognements d'autres hommes et femmes. Il sourit, heureux d'être de retour chez lui, heureux d'être libéré pour le moment des festivités grandioses.

Dans le coin le plus éloigné, il repéra ce qu'il était venu chercher. Deux hommes qu'il connaissait buvaient en compagnie d'un troisième, un étranger à ses yeux, mais également un marin, à en juger par son habillement. L'un de ses amis leva les yeux avec étonnement pendant qu'Orfeo attrapait un banc.

– Orfeo ! Que fais-tu ici ? Les Polo sont-ils déjà de retour ?

– Non, ils sont en route pour Cathay, comme prévu. Je suis arrivé à quai ce matin avec le pape.

– *Il papa* ?

L'homme émit un sifflement admiratif.

– De mieux en mieux pour toi, n'est-ce pas ?

– Je meurs d'ennui, Giuliano. Je n'ai pas touché une rame depuis deux mois. Je deviens aussi mou que Cecilia, ici.

Il tendit le bras vers une jeune femme potelée qui passait près de leur table en portant un petit baril de vin sur l'épaule.

– Tu semblais heureux de cette mollesse la nuit où tu étais dur, répliqua-t-elle.

Elle fit une moue pendant qu'il lui entourait la taille de son bras.

– Es-tu au port pour un moment ?

– Je ne sais pas, répondit Orfeo. C'est ce que j'espère apprendre ce soir.

– Certes si tu...

Elle passa sa main libre dans les cheveux du jeune homme puis s'écarta en riant. Il aimait bien Cecilia. *Une bonne âme et une fille joyeuse*, pensa-t-il en la regardant s'éloigner. Il aurait plein de nouvelles histoires à lui raconter sur l'oreiller plus tard.

– Sais-tu que le doge rassemble une armée pour partir en guerre contre Ancône ? dit Giuliano. Rien de tel que de livrer une bataille navale et détrousser quelques marchands pour guérir l'ennui. Nous partons le lendemain de la Toussaint et des festivités dues au pape. Les guildes seront en marche depuis une semaine, mais nous serons partis depuis longtemps. Deux cents navires. Ils embauchent tous les marins et les archers qu'ils peuvent trouver.

– Quelle est la paye ?

– Douze livres de biscuits, douze onces de porc salé, vingt-quatre de fèves, neuf de fromage et un baril de vin. Nous allons bien manger et bien boire, acheva Giuliano en s'esclaffant.

– Je parlais de ducats, de pièces que je pourrai faire tinter dans ma bourse à mon retour.

– Des pièces ? Il veut des pièces ! Toujours l'esprit pratique, n'est-ce pas ? Entendez-vous le fils du marchand de laine ? Voyez-vous l'ambition qui brille dans ses yeux de juif ?

Il tendit la main sous la table et, quand il l'ouvrit, il tenait une pièce d'or.

– Deux de ces magnifiques effigies de Lorenzo Tiepolo, *amico*. Et mieux encore, tout le butin que je pourrai rapporter à bord. Les habitants d'Ancône sont prospères, ces temps-ci.

– Trop riches pour leur bien, intervint l'étranger avec une grimace menaçante.

Orfeo parcourut du regard les visages autour de la table. Il pouvait s'agir d'une bonne occasion, et ils seraient de retour dans moins d'un mois. Pourtant, il se sentait hésitant.

– Je vais y réfléchir cette nuit et vous retrouverai ici demain, dit-il. Je dois obtenir la permission du Saint-Père. Il m'a demandé de l'accompagner jusqu'à Venise, mais il ne m'a pas encore libéré officiellement... Je suis son porte-bonheur.

– Pas étonnant que tu te sois ramolli ! s'écria Giuliano. Il nous faut plus de vin !

Ses deux camarades frappèrent leurs coupes sur la table jusqu'à ce que Cecilia réapparaisse avec son baril.

Sa chevelure rousse effleura la joue d'Orfeo alors qu'elle se penchait. Les longues tresses dégageaient une fraîche odeur de parfum, et s'il doutait qu'elle se soit parfumée pour lui, la pression du genou de la jeune femme contre sa cuisse pendant qu'elle versait le vin fit s'envoler toutes ses incertitudes. Il lui caressa la jambe alors qu'elle s'éloignait pour servir les clients de la table voisine. Ce serait la dernière coupe qu'il boirait avec ses camarades.

La plupart des Vénitiennes avaient les cheveux roux, mais peu d'entre elles les laissaient pendre librement comme Cecilia. Sans doute un homme d'Église avait-il décrété que le fait d'étaler ses cheveux ou de montrer ses oreilles manquait de pudeur, mais Cecilia avait peu de rapports avec la religion. Orfeo se représenta les grandes dames de la ville qui paradaient chaque jour sur les marches de marbre de leurs palais sur leurs *zoccoli* à talons hauts, vêtues de robes brodées de fils d'or et surchargées de bijoux qui auraient suffi à acheter la ville d'Assise tout entière. Leurs longues tresses et leur peau blanchie au riz étaient aussi trompeuses que leur cœur et, dans ces deux domaines, elles ne pouvaient rivaliser avec le charme simple de Cecilia. Orfeo la chercha des yeux. Il croisa son regard à travers la pièce, et le désir qui illumina les yeux de la jeune fille lui causa une douleur exquise au ventre.

– J'ai appris à écrire mon nom, annonça Cecilia. Un ami m'a montré comment faire.

Elle se dressa sur un coude pour mieux voir son visage. Orfeo lui adressa un sourire ensommeillé et lui caressa les cheveux pendant qu'elle traçait la lettre « C » autour du sein droit du jeune homme et continuait sur sa poitrine.

– E-C-I...

Malgré sa fatigue, la faible lumière émanant des trous dans le drap usé qui couvrait la fenêtre l'empêchait de sombrer dans le sommeil. Il aurait voulu poser la tête de la jeune femme sur son épaule et fermer les yeux, mais il savait qu'il devait bientôt retourner au palais. Une vague de tristesse l'envahit. Cecilia le regarda d'un air inquiet.

– Tu es de nouveau triste, Orfeo.

– Je ne sais même pas pourquoi.

– Tu ne sais pas ? Je peux te le dire tout de suite.

Elle s'étendit de tout son long contre lui et glissa la tête dans le creux de son bras.

– Rappelle-toi quand tu m'as raconté que tu t'étais enfui de chez toi. Tu ne cessais de te vanter. « Je combattrai n'importe quel homme juste pour le plaisir, disais-tu, mais que le diable m'emporte si je tue pour de l'argent. » Si tu pars en guerre avec les autres contre Ancône et que tu sabordes leurs bateaux, tu ne seras pas meilleur que l'homme qui a brûlé le château pour le compte de ton père. Si j'étais à ta place, je resterais un peu plus longtemps près de mon pape... et de ma Cecilia.

Orfeo effleura de ses lèvres la joue de la jeune femme.

– Ma Cecilia, la femme la plus sage de toute la chrétienté ! Que je sois damné si tu n'es pas le meilleur des oracles.

Il l'embrassa doucement sur la gorge, lui mordilla le menton.

– Quand j'aurai besoin de conseils, je continuerai de venir te voir.

À un autre moment et dans une autre situation, il aurait pu demeurer avec sa Cecilia, comme elle disait. Il savait de toute façon qu'elle serait toujours là pour lui, mais sa vie était une errance. Et Cecilia, avec son cœur généreux, ne manquerait jamais de confort masculin.

Toujours pas de réponse, fulmina Conrad. *Il n'y a pas de réponse ici. Je perds mon temps avec Thomas d'Aquin.*

Après une semaine de lecture, sa nouvelle pile de parchemins restait presque plate. Il n'avait retranscrit qu'un seul article, sur la nature déficiente de la femme, et ce seulement parce qu'il espérait pouvoir un jour lire ce passage à cette bavarde d'Amata qui, de toute évidence, comprenait fort mal la position de la femme dans la grande chaîne de la vie. Il éprouva un réconfort amer à la lecture du passage en songeant que le brillant théologien, tout comme Aristote le Grec, confirmait ses propres instincts.

> *Question XCII, article 1, réponse à l'objection 1*
> *En effet, Aristote dit que la femelle est un mâle manqué. À cause de la* natura particularis *[c'est-à-dire l'action du sperme], une femelle est déficiente et produite sans avoir été voulue. Le pouvoir actif du sperme cherche toujours à produire une chose semblable à lui-même, quelque chose de mâle. Donc, si une femelle est produite, cela peut provenir du fait que le sperme est*

faible ou de ce que le matériel [produit par la partie femelle] est inadéquat, ou à cause de quelque facteur externe, tel le vent du sud qui rend l'atmosphère humide. Mais à cause de la natura universalis, *la femme n'est pas produite par hasard, elle est voulue par la nature pour le travail de la genèse.*

Malgré son peu de goût pour la dialectique et la théologie, Conrad enviait à Thomas sa compréhension de la nature. Il songea également qu'il aurait dû s'intéresser davantage à Aristote pendant ses années d'études. Même s'il avait eu des milliers d'occasions d'observer les créatures sauvages qui erraient autour de son ermitage, il n'avait jamais réussi à accéder au niveau suivant, cette perspective plus profonde, née des perceptions externes. Qui aurait imaginé, par exemple, que l'humidité du vent pouvait nuire à la reproduction ?

Il glissa de son siège et contempla les meubles cadenassés rangés comme des sentinelles le long des réserves de Lodovico. Si le Sacré-Couvent possédait toujours des copies des biographies interdites, et en particulier la première histoire de la vie de saint François écrite par Celano, elle se trouvait dans un de ces cabinets. Il s'étira et effectua plusieurs flexions des genoux. Le bibliothécaire semblait très occupé à l'autre bout de la salle.

Conrad se promena entre les rayons, feuilletant parfois un livre sur une étagère. Chaque fois qu'il replaçait un livre, il jetait un coup d'œil au bout de l'allée. Hors de vue de Lodovico et des copistes, il constata que les cadenas de fer étaient impressionnants mais que les placards eux-mêmes étaient faits de pin tendre. Il se pencha et poussa du bout des doigts l'une des planches latérales. Le bois plia légèrement. Avec l'outil convenable...

Il retira sa main. *Dieu du ciel ! Suis-je si désespéré ? Oui, presque.* La véritable question était de savoir s'il avait les nerfs assez solides pour agir. Il serait facile de pénétrer dans la bibliothèque la nuit. Lodovico ne verrouillait jamais la porte. Toutefois, lorsque l'ermite aurait mis la main sur les manuscrits qu'il cherchait, il devrait s'enfuir du monastère malgré le portier et la porte verrouillée, puis éviter les hommes de main que Bonaventure enverrait sans aucun doute à sa poursuite. Cependant, il pouvait réussir. Cette région sauvage jouerait à son avantage. En revanche, s'il ne parvenait pas à s'échapper, sa vie reposerait entre les mains du ministre général. Son débat intérieur prit fin quand il entendit un glissement de sandales dans l'allée voisine.

Il s'accroupit et regarda à travers les livres les genoux de Lodovico. Alors que le bibliothécaire continuait vers le bout de l'allée, il regagna son pupitre sans bruit. Au moment où Lodovico terminait sa ronde, Conrad avait le nez si profondément enfoui dans la *Somme* qu'il aurait pu l'utiliser comme buvard si l'encre avait été humide. Quand il releva la tête, il entrevit le regard sévère de Lodovico avant que le bibliothécaire ne se retourne à nouveau.

Dans deux jours, le 1er novembre, le monastère allait célébrer la Toussaint. À la fin de cette longue journée de prières et de lectures liturgiques, les frères épuisés ne songeraient qu'à se glisser sous les draps. Ce serait le moment idéal. C'était également la nuit de la nouvelle lune. À la faveur d'un ciel nuageux qui voilerait ce mince croissant de lumière, il pourrait se déplacer dans le monastère sans craindre d'être repéré.

20

Le matin de la réception officielle du pape, Orfeo quitta la basilique avant Tebaldo pour aider à l'organisation de l'événement. Pendant qu'une armée de Vénitiens s'occupait des fleurs et des tapis, il prêta main-forte à l'équipe qui transportait un trône massif sur la place Saint-Marc, où le pontife allait recevoir le doge et d'autres dignitaires. Les travailleurs apportèrent un trône plus petit pour le doge, puis Orfeo aida à installer une clôture pour l'âne albinos du pape. À titre de précaution, les hommes installèrent un auvent au-dessus des trônes car des nuées d'orage obscurcissaient le ciel au sud et à l'ouest.

Autour d'Orfeo, les citoyens jouaient du coude pour s'approprier l'endroit d'où ils auraient une meilleure vue. Un groupe de chevaliers était arrivé de Rome et formait un anneau protecteur autour de la place, afin de garder la foule à distance. À l'heure des tierces, les cloches de Saint-Marc retentirent et, dans la basilique, un chœur masculin répondit en entonnant le *Te Deum*. Les voix se firent plus fortes au moment où les chanoines traversèrent la place sur une courte distance pour se rendre au palais des Doges.

Orfeo trépignait d'impatience en attendant Tebaldo. Les Vénitiens aimaient le spectacle. De quelle façon le pape allait-il faire son entrée ? Il n'avait connu Tebaldo qu'à bord du navire ou se détendant au palais. Avait-il apporté dans ses coffres une garde-robe propre à rivaliser avec le somptueux Lorenzo Tiepolo et sa *dogaressa*? Pour les riches habitants de cette ville, les apparences signifiaient tout.

Un murmure d'enthousiasme parcourut la foule près du palais. Orfeo se dressa sur la pointe des pieds et sourit en voyant Tebaldo qui s'approchait de son trône la tête nue et inclinée, pieds nus et vêtu de la simple soutane noire d'un prêtre de campagne. Il semblait inconscient de la présence des spectateurs alors que ses lèvres récitaient une prière silencieuse. Quand il leva la tête, il avisa Orfeo derrière le trône. Son expression semblait signifier : « La réforme commence maintenant. »

Pendant ce temps, le doge était arrivé au quai de Saint-Marc après avoir passé la nuit dans son palais familial. La barge protocolaire se rangea contre le quai et la rumeur de la foule, percée de cris d'émerveillement et d'approbation, prit un nouvel essor lorsque Lorenzo débarqua. Il avait troqué son chapeau rond contre un bandeau doré incrusté de pierres précieuses. Lui aussi portait une soutane, plus courte que celle du pape, mais elle était blanche et bordée d'hermine. Il arborait des chausses pourpres et une cape de tissu doré par-dessus sa soutane. L'épouse du doge et ses servantes quittèrent la barge à sa suite. Elle trottinait derrière lui dans une robe à traîne aux manches bordées d'hermine. Un long voile, tenu en place par une couronne ducale, cachait son visage et sa tête. Derrière elle, ses dames venaient, vêtues de robes indigo et de mantes écarlates, leurs têtes coiffées de chapeaux et de turbans de velours décorés de joyaux et de voiles transparents.

En approchant du pape, Lorenzo enleva sa mante dorée et s'étendit de toute sa longueur sur le sol. Il se redressa par étapes, embrassant d'abord les pieds du pontife puis ses genoux. Tebaldo se leva à son tour. Il saisit à deux mains la tête du doge, l'embrassa sur les joues et l'étreignit.

– Bienvenue, fils bien-aimé de l'Église, dit-il. Prends place à ma droite.

Le doge s'assit sur son propre trône pendant que des cris d'enthousiasme fusaient de la foule.

Les cloches sonnèrent à nouveau et les chanteurs reprirent le *Te Deum*. Tebaldo saisit la main du doge et le conduisit jusque dans la basilique, où il allait célébrer la grand-messe en l'honneur de tous les saints. Aux yeux d'Orfeo, chaque mouvement du pontife exprimait l'humilité et la responsabilité solennelle qu'il ressentait à l'égard de ses nouvelles fonctions. Ses vêtements, comme ses actions, correspondaient aux paroles qu'il avait exprimées pendant leur voyage. Orfeo se sentit soudain fier de faire partie de l'entourage d'un tel homme.

La messe dura presque jusqu'à midi. Puis Tebaldo enfourcha son âne pendant que Lorenzo tenait l'étrier. Le doge le conduisit jusqu'au quai. Les marins qui devaient se rendre à Ancône étaient déjà à bord de leurs navires qui défilaient maintenant le long du front de mer.

– Voudriez-vous accorder votre bénédiction pour la réussite de notre expédition, Votre Sainteté ? demanda Lorenzo.

Le pape répondit d'une voix douce mais assez claire pour qu'Orfeo entende. Hélas, cela signifiait que d'autres personnes proches des deux hommes pouvaient également entendre.

– Je vais prier pour que vos hommes et vos navires reviennent sains et saufs. Je ne puis prier pour la réussite d'une entreprise qui, à mon sens, relève de la piraterie. Les habitants d'Ancône sont aussi mes enfants.

Le visage de Lorenzo s'empourpra alors que Tebaldo se tournait, levait les bras en direction des navires et formait un grand signe de croix en direction du convoi.

Orfeo se sentit mal à l'aise malgré les cris d'enthousiasme des marins sur les navires. Il aurait souhaité que le pontife fût déjà sur la route en compagnie des chevaliers romains. À ce moment, il lui vint à l'esprit que le chef de l'escorte armée s'intéressait peut-être à autre chose qu'à la cérémonie en faisant parcourir à ses guerriers toute cette distance entre Rome et Venise.

Quand le dernier navire eut quitté le havre, le doge revint à l'endroit où l'on avait placé le trône du pape pour lui assurer un meilleur point d'observation. Le défilé des guildes et la présentation des cadeaux commenceraient bientôt et, comme Giuliano l'avait prédit, se prolongeraient pendant plusieurs jours. Au moment où Tebaldo s'asseyait, le doge murmura à l'oreille d'un de ses hommes. Le message n'avait probablement rien à voir avec la rebuffade sur le quai. Malgré cela, alors que les membres de la guilde des souffleurs de verre, vêtus de robes rouges, arrivaient sur la place en brandissant des bannières, des flasques et des gobelets au son des trompettes, Orfeo se glissa dans la foule et se fraya un passage vers le capitaine de la garde romaine.

La nuit était d'un noir profond – idéale pour commettre un vol. Des nuages sombres avaient recouvert Assise tout au long du jour, signe précurseur des tempêtes d'hiver qui allaient ensevelir les montagnes au cours des prochains mois. La bordure plus claire d'un nuage indiquait la position approximative de la nouvelle lune.

Conrad sentit sous ses pieds nus la froideur du dallage de pierre du dortoir, mais il se réjouit de cet inconfort. Un plancher de bois aurait pu révéler sa présence en dépit des ronflements puissants des frères. La petite barre de fer qu'il avait trouvée près de l'atelier du forgeron formait saillie dans la poche de sa bure. Il avait l'intention d'enlever une ou deux planches puis de les remettre en place sans laisser de trace. Ensuite, il aurait à s'enfuir. Le vol pourrait passer inaperçu, mais il n'avait aucun endroit où lire ni même cacher le manuscrit de Celano, une fois qu'il l'aurait trouvé. Toutefois, s'il pouvait dissimuler le vol, il gagnerait assez de temps pour s'éloigner en plein jour, avec le manuscrit dissimulé sous sa bure.

Même au moment où il se glissait à l'extérieur du dortoir et se rendait sur la pointe des pieds jusqu'à l'arcade principale, il avait encore quelque difficulté à croire qu'il allait tenter ce vol. Léon et François auraient-ils approuvé cette méthode ? Il longea le mur, là où l'obscurité était plus profonde, sentant du bout de ses doigts les marques de burin qu'avaient laissées les maçons sur les blocs de granit. Il éprouva une étrange sensation, comme s'il retraçait avec ses mains l'histoire de l'Ordre. Il pouvait se représenter les maçons transpirant pendant qu'ils creusaient les fondations, façonnaient les énormes blocs qui arrivaient des carrières, soulevaient les pierres et les madriers avec leur immense palan.

Quand Jean de Parme était ministre général, il avait déployé de nombreux efforts afin d'amadouer les frères spirituels. Ceux qui voulaient adhérer à la règle initiale de pauvreté avaient encore l'impression de faire partie de l'Ordre. Mais Bonaventure avait un point de vue différent. Ils ne seraient plus désormais des évangélistes itinérants qui mendiaient ou nettoyaient les écuries pour obtenir un repas, prenaient soin des malades et des lépreux, dormaient dans des étables et s'humiliaient devant chaque être humain.

Sept ans auparavant, lorsqu'il avait banni Conrad d'Assise, le ministre général avait tenté de justifier l'opulence croissante de l'Ordre :

– À l'origine, les frères étaient des gens simples et illettrés. C'est ce qui me faisait aimer la vie du bienheureux François et les débuts de l'Ordre : le fait qu'ils ressemblaient aux débuts de l'Église. Tout comme l'Église a commencé avec de simples pêcheurs et grandi par la suite pour compter dans ses rangs des philosophes renommés, il doit en être ainsi au sein de notre Ordre. De cette façon, Dieu montre que l'Ordre des frères mineurs a été fondé non pas par la sagesse des hommes mais par le Christ lui-même.

Sous la houlette de Bonaventure, les moines deviendraient des prêcheurs instruits, formés dans des universités, des hommes que le public pourrait apprécier et respecter. Une telle mesure devrait réduire au silence ceux qui affirmaient que l'Ordre s'était éloigné de ses anciens idéaux.

Il venait de tourner l'angle du dernier passage qui menait à la bibliothèque quand un éclair zébra le ciel. À cet instant, il avait aperçu la porte de la bibliothèque devant lui aussi clairement qu'en plein jour, ce qui signifiait qu'un garde aurait pu le repérer. Un grondement sourd roula du fond de la vallée jusqu'au monastère.

Conrad aspira l'air frais à pleins poumons et attendit que ralentissent les battements de son cœur. Il s'empressa de monter les dernières marches jusqu'à la bibliothèque avant qu'un éclair ne perce à nouveau l'obscurité. Les éclairs seraient dangereux pour sa mission, mais le tonnerre pourrait être un bienfait. Une fois agenouillé près des réserves, il attendrait un éclair, placerait sa barre de fer et soulèverait les planches au moment où le tonnerre éclaterait.

Conrad se servit des éclairs intermittents pour trouver son chemin jusqu'à son pupitre, où il avait laissé une lampe à huile la veille, l'utilisant ostensiblement pour lire tard dans l'après-midi alors que la lumière diminuait... jusqu'à ce qu'il promène en vain sa main sur la surface de son pupitre et en dessous. On avait enlevé la lampe. Il était certain de n'avoir éveillé aucun soupçon chez Lodovico. Le bibliothécaire l'avait probablement retirée pour éviter que l'huile n'endommage l'un de ses précieux manuscrits. Mais Dieu lui avait, dans Sa grande générosité, procuré un autre moyen de voir.

Éclair après éclair, Conrad se rapprochait de plus en plus d'une réserve. Il mit au point un système qui consistait à faire levier sur une planche pendant les grondements de tonnerre et à regarder autour de lui pendant les éclairs.

Le tonnerre résonnait ; l'ermite poussa sur son levier et libéra le bas d'une planche. Il la souleva d'une main tandis que, de l'autre, il tâtonnait à l'intérieur. Celui-ci était rempli de manuscrits. Il en tira un par l'ouverture et l'étala sur ses genoux en attendant que le prochain éclair lui révèle son titre. Il eut à peine le temps de déchiffrer un mot, *Sociorum*, qu'il vit deux formes sombres se dresser au-dessus de lui.

Le moine qui l'escortait demeura silencieux sous son capuchon, et Conrad supposa que la grande silhouette qui était restée derrière pour replacer le manuscrit et réparer les planches était Lodovico. À l'extérieur de la bibliothèque, un garçon attendait, une lanterne à la main. À la lumière qui dansait devant son visage, Conrad constata qu'il s'agissait du plus récent novice, un enfant qui s'était présenté une semaine auparavant sous le nom d'Ubertin de Casale. Leurs chemins s'étaient croisés plusieurs fois et Ubertin semblait toujours désireux de parler, considérant le vieil ermite avec un air de vénération. Conrad en avait ressenti de l'amusement en se souvenant de sa propre admiration envers le frère Léon.

Conrad reconnut aussi le frère Taddeo à ses épaules voûtées et à son dos bossu. Un autre éclair illumina l'intérieur du capuchon, ainsi que les yeux tristes et larmoyants et les joues pendantes du vieil homme de main du ministre général. En envoyant un vieillard et un enfant le chercher, Bonaventure devait se douter que Conrad ne résisterait pas. Celui-ci avait été pris alors qu'il commettait un acte répréhensible ; il ne pouvait maintenant que se résigner à la volonté de Dieu et accepter le caractère juste du châtiment qu'il allait recevoir.

Bonaventure se tenait assis derrière son bureau, une expression sévère sur ses traits habituellement sereins. Conrad remarqua que sa tonsure et ses sourcils avaient pris une teinte poivre et sel depuis leur dernière dispute et que des rides partaient de ses yeux bruns. Il avait aussi pris du poids. Quatorze ans plus tôt, Bonaventure avait été élu ministre général à l'âge de trente-sept ans. Il avait mal vieilli, et Conrad savait que les frères récalcitrants comme lui-même jouaient un grand rôle dans ses préoccupations.

Bonaventure s'appuya contre le dossier de sa chaise et pianota sur son bureau en scrutant les moines devant lui.

– Laissez-nous seuls, frères, dit-il. Attendez sous les arcades.

Le ministre général se tourna vers Conrad :

– Alors, c'est là que nous en sommes. Et que vais-je faire de toi maintenant ?

Sans mot dire, l'ermite inclina la tête comme un enfant pris en faute.

– Conrad, Conrad, tu continues de me décevoir. Ton comportement ne me surprend pas, car je sais à quel point Léon t'a corrompu, mais il me déçoit quand même.

– Vous cachez quelque chose, lança Conrad.

– Tu crois ?

Bonaventure était lui-même, protégé par son calme habituel.

– Même si cela était vrai, cela ne te concerne en rien. À titre de frère dévoué, tu dois savoir que je ne laisserai rien ni personne nuire à la sainte réputation et à la crédibilité de notre Ordre.

– Pourquoi avez-vous interdit le Premier de Thomas ? Pourquoi le Compagnon a-t-il été mutilé ? À quel moment est apparu le séraphin ?

– Sers les pauvres du Christ, répliqua Bonaventure avec un sourire moqueur. Cherche le frère Jacoba.

Tout en parlant, il tournait son anneau sur son doigt.

– Je sais tout du message de Léon.

– Parce que Illuminato a rencontré le messager, lâcha Conrad.

Bonaventure continua de sourire, mais ses sourcils se haussèrent légèrement.

– C'est vrai. Mais, une fois encore, cette lettre n'a aucune importance dans la situation présente. Ce qui devrait avoir de l'importance à tes yeux, c'est que le conseil de Paris et les ministres provinciaux, dans leur sagesse et pour les raisons qu'ils jugeaient les meilleures, ont interdit les légendes de Thomas de Celano de même que celles des Trois Compagnons. Ce n'est pas moi. Ils ont pris leur décision, et notre devoir, en tant que fils obéissants de saint François, est de nous conformer à leur jugement. Ceux qui refusent doivent être punis et servir d'exemple aux autres.

Bonaventure l'avait réduit au silence, non par la menace de châtiment, mais à cause d'une chose qu'il avait dite. Conrad réagit comme un boulanger qui se souvient tout à coup qu'il a laissé une miche de pain au four. *Idiot* ! *Tu l'avais juste devant les yeux...* Le compagnon mutilé n'avait jamais été une personne – ni Angelo, ni Rufino, ni Masseo, ni aucun des autres frères enterrés sous la basilique. Léon voulait parler de l'*histoire* qu'ils avaient compilée ensemble, leurs souvenirs et les histoires sur François, qui, apparemment, avaient été modifiées sans vergogne. Quelques instants plus tôt, dans la bibliothèque, il avait tenu le manuscrit entre ses mains : la *Legenda Trium Sociorum*. Il avait été si près de trouver un indice pour résoudre l'énigme de Léon !

Bonaventure poursuivait son monologue d'un air indifférent :

– Mais, comme donna Giacoma, avec la générosité de son cœur, a cru bon de se lier d'amitié avec toi, je t'épargnerai, cette fois seulement. Tu vas quitter le Sacré-Couvent. J'espère ne jamais te revoir dans ce monastère, ni même dans la basilique, et je ne veux pas entendre dire que tu as parlé à un seul des moines. Tu agirais avec sagesse si tu retournais dans ton ermitage et oubliais cette quête inutile. Si j'apprenais que tu as agi autrement et que tu te retrouves devant moi, tu connaîtrais la portée de mon pouvoir. Fais en sorte de ne jamais me défier. *Ci capiamo, eh* ? Nous nous comprenons bien ?

Alors que le ministre général se levait et contournait son bureau, Conrad se souvint de ce qu'il avait dit à Amata sur les serres du griffon. L'image venait de lui traverser l'esprit lorsque la bête déploya sa cape comme une chauve-souris et lui tendit sa main pour qu'il la baise.

Conrad sentit son cou se raidir. Il s'éloigna de la main tendue.

– Baise cet anneau, frère, enjoignit Bonaventure d'une voix solennelle. En signe de gratitude pour la liberté que je te laisse et en signe d'humilité... baise cet anneau.

Un coup de tonnerre fit trembler les murs. Les flammes des cierges oscillèrent comme des fanions battus par le vent. Conrad inclina la tête, posa un genou par terre, prit la main du ministre général et porta la pierre précieuse à ses lèvres. Ses yeux s'écarquillèrent lorsqu'il vit l'inscription sur la pierre : une mince silhouette entourée d'un cercle sous une paire d'arches.

21

Alors, telle est la joie parfaite, songea Conrad. Il sourit malgré la pluie qui s'abattait sur lui. Il se réfugia dans un renfoncement près de la porte d'entrée de donna Giacoma, attendant le lever du jour, pendant que le vent soufflait en spirales glaciales le long de l'escalier jusqu'à la ruelle. Il avait emprunté un chemin détourné à travers les rues pour éviter la Piazza di San Francesco et le gardien de nuit. Heureusement, la pluie battante avait dissuadé les gardes d'effectuer leurs rondes.

Il mesurait la chance qu'il avait eue d'échapper indemne à Bonaventure. Mais il savait aussi qu'il ne pouvait retourner à son ermitage alors qu'il venait de trouver un autre indice. Il devait, d'une façon ou d'une autre, mettre la main sur ces anciennes biographies.

Il ramena ses genoux contre lui, les entourant de ses bras en s'en servant comme d'un oreiller, et s'endormit dans cette position.

Il se réveilla au moment où une femme tirait sur sa manche :

– Venez à l'intérieur, frère. Il y a un feu qui brûle dans l'âtre. Le voisin vous a aperçu de l'autre côté de la rue et il m'a avertie de votre présence.

Combien de temps avait-il dormi ? Le jour s'était levé et des nuages assombrissaient encore le ciel. À travers le bruissement de la pluie, il pouvait entendre l'angélus de la basilique de Saint-François. La femme le conduisit jusqu'à la porte de donna Giacoma. Il n'avait pas vu cette servante auparavant. Elle enleva son manteau dans l'entrée puis en secoua les gouttes de pluie. Elle portait une longue robe bleue et une guimpe blanche – les couleurs des serviteurs de donna Giacoma. Elle marchait pieds nus, comme sa maîtresse.

– Par ici, frère, dit-elle en le conduisant vers la cuisine. Êtes-vous déjà venu ici ?

Bien qu'elle lui tournât le dos, sa voix lui semblait familière.

– Oui, répondit-il alors qu'elle lui indiquait la table.

Maestro Roberto était déjà installé, attendant sans doute son bol de bouillie chaude.

– Frère Conrad, lui cria-t-il, vous ressemblez à un chat noyé. Nous pensions que vous nous aviez oubliés.

La jeune femme se retourna en entendant son nom, et le cœur de Conrad bondit dans sa poitrine. *Amata!* Son visage qu'entourait la guimpe semblait avoir légèrement changé. Il était lisse et beau, mais un peu blême. Les joues de la jeune fille s'empourprèrent alors qu'il la regardait à son tour.

– Qu'est-ce que tu fais ici ? s'étonna l'ermite. Et où se trouve ton habit de sœur ?

Roberto éclata de rire.

– Ne l'avais-tu pas reconnu sans sa barbe, jeune fille ?

– *Scu... scusami*, bégaya Amata.

Elle s'enfuit de la pièce en cachant son visage dans ses mains.

Roberto rit à nouveau.

– La pauvre petite est un peu nerveuse. Mais vous le savez déjà. Madonna dit que vous êtes très bons amis.

Conrad s'assit devant l'intendant et tenta de se souvenir de sa dernière conversation avec donna Giacoma.

– C'est un matin pluvieux, Padre, dit la cuisinière d'une voix chantante derrière lui. Je vous ai préparé un plat savoureux et l'ai gardé jusqu'à votre retour.

Elle plaça devant lui une assiette de figues séchées.

– Elles sont fourrées aux amandes et roulées dans le sucre, mais vous ne devez pas y toucher avant d'avoir avalé quelque chose de chaud.

À cause du manque de sommeil, de la température effroyable et des événements des dernières heures, Conrad se sentait plongé dans un monde en déséquilibre. Toutefois, la chaleur émanant de la cuisine le réchauffait, la bouillie le fortifiait comme toujours, et les figues délicieuses adoucirent un peu sa détresse.

Il finissait de lécher le sucre sur ses doigts quand donna Giacoma entra en boitillant dans la pièce.

– Frère Conrad, on m'a dit que vous étiez revenu. Dieu du ciel, regardez-vous ! Je vais tout de suite faire chercher votre vieille tunique avant que vous n'attrapiez froid. Attendez-moi dans votre chambre quand vous aurez fini.

Avant qu'il puisse donner une quelconque explication ou lui poser des questions sur sa nouvelle servante, elle sortit de la cuisine.

Conrad se tourna vers Roberto, leva les bras en signe d'impuissance.

– J'ai du travail, Padre. Faites comme chez-vous.

Roberto partit et la cuisinière retourna à ses chaudrons. Conrad se gratta la tête, avala la dernière figue, puis alla revêtir sa vieille bure si confortable.

Il ne vit Amata nulle part en traversant la maison. Cependant, quand il eut revêtu ses vêtements secs, donna Giacoma le conduisit dans le grand vestibule. La jeune femme était assise près d'un foyer à l'autre bout de la pièce, à demi cachée derrière un écran décoratif.

– Il faut que vous vous parliez, conseilla la vieille dame. Soyez doux avec elle. La mère prieure a dit qu'elle n'était plus la même depuis son retour.

Sa poitrine et ses épaules se raidirent alors que donna Giacoma quittait la pièce. Comme ces femmes se protégeaient l'une l'autre ! La colère qu'il avait ressentie à la mort d'Enrico remonta à la surface. À l'extérieur, la tempête faisait rage. La grêle mêlée de pluie résonnait sur le toit de tuile. Il songea que dans son ermitage, dans la montagne, tout cela se traduirait par de paisibles flocons de neige sur les pins.

Amata avait baissé la tête et semblait regarder ses mains, qu'elle massait avec nervosité. Conrad se dirigea d'un pas brusque vers l'âtre, ignorant la chaise en face de la jeune fille. Pour une fois, elle pourrait le regarder d'en bas, montrer du respect envers sa fonction de prêtre.

– Enrico est mort, tu le sais ? demanda-t-il.

– Je sais.

– C'est tout ce que tu as à dire, « Je sais » ?

– Devrais-je vous dire à quel point la douleur de sa mort a brisé mon cœur après que je vous ai quitté, comment j'ai ressenti le moment exact où son âme a quitté son corps, comment je pleure nuit et jour ?

– Tes remords ne le ramèneront pas à la vie. Si tu ne l'avais pas éloigné de la grotte au départ...

Elle releva la tête, le visage tordu de douleur, et les larmes qui coulaient de ses yeux le surprirent. Elle répliqua avec dans la voix un soupçon de sarcasme :

– Êtes-vous en train de parler d'une chose que vous avez entendue dans le secret de la confession, Padre ?... Vous ne savez rien, frère Conrad. *Rien* !

Elle voulait le blesser – et, en un sens, elle atteignit son but –, mais en même temps il se trouva étrangement soulagé en entendant la fureur qui habitait la jeune fille.

Il prit le siège devant elle, s'appuya contre le dossier de la chaise, le dos raide et l'air sévère. Amata s'était recroquevillée, les bras croisés sur ses genoux, la tête tournée vers le foyer.

– J'aimerais comprendre, dit-il finalement. Veux-tu me parler ?

Amata remonta son châle bleu sur ses épaules. Ses yeux prirent cet air lointain qu'il lui avait vu au sommet de la montagne le jour où elle lui avait raconté le massacre de sa famille.

– Un après-midi, je jouais seule dans l'étable avec une portée de chatons. C'était environ deux mois avant l'attaque. Mon corps avait commencé à changer cet été-là, et je suppose que je pensais à avoir des enfants. J'avais entrevu ce superbe garçon de notre tour de garde la veille, le jour où le marchand de laine avait eu une altercation avec mon père. Songeant parfois à lui et parfois aux chatons, j'avais passé la majeure partie de la matinée à rêver de mon mariage et de mes propres enfants pendus à mes seins. J'ai entendu le trot d'un cheval qui arrivait dans la cour et se dirigeait vers l'étable. Bonifazio, l'oncle de mon père, arrivait de Todi pour nous rendre visite. Il n'était pas venu au Coldimezzo depuis presque deux ans, et lorsqu'il est descendu de cheval il m'a regardée d'une manière étrange, comme s'il ne m'avait jamais vue auparavant. Il m'a scrutée des pieds à la tête d'un air très sérieux et m'a demandé si j'avais déjà commencé à saigner. Je lui ai répondu que non. Puis il m'a demandé si mon hymen était intact. Je lui ai répondu que oui. Je devais avoir rougi parce que ses questions me gênaient. Alors il m'a affirmé que si une fille donnait sa virginité à un homme d'Église comme lui, elle pouvait être certaine que son mariage serait heureux et qu'elle aurait de nombreux enfants en bonne santé.

– L'oncle de ton père était un prêtre ?

– Il l'était et il l'est encore. C'est l'évêque de Todi.

– L'évêque ! Et tu as cru ces absurdités ?

– J'avais onze ans ! Je ne connaissais rien. N'auriez-vous pas cru ce que vous racontait un évêque à cet âge ?

– Si, bien sûr. S'il te plaît, continue.

– En tout cas, il m'a parlé de cette façon. Pendant qu'il attachait son cheval et enlevait sa selle, il m'a dit à quel point j'étais une jolie petite fille. Et ses yeux... Ils avaient un regard sauvage. Quand il en a eu fini avec le cheval, ses joues étaient d'un rouge brillant et il a dit : « Viens avec moi », très fermement, d'une manière telle qu'une enfant ne pouvait refuser. Il m'a pris la main et m'a conduite derrière l'étable où on empilait la paille.

» Il m'a affirmé qu'il ne me ferait pas mal. Mais la douleur était si terrible que j'ai crié. Mon père devait se trouver à l'extérieur de l'étable, pour accueillir son oncle. Quand il s'est précipité pour voir ce qui se passait, Bonifazio s'est relevé brusquement, son gros sexe laid comme un asticot qui pendait encore entre les boutons de sa soutane. Il a pointé un doigt vers moi : « Cette enfant est possédée par le diable. Vois comme elle m'a séduit, même dans mes vêtements d'évêque. » Puis il a déchiré sa soutane et jeté sa calotte dans la paille, avant de se mettre à la piétiner pendant qu'il griffait son visage avec ses doigts jusqu'à ce que des gouttes de sang coulent le long de ses joues.

» Je pleurais, j'avais peur parce que j'avais mal et que ma robe était sale et ensanglantée, et que mon grand-oncle Bonifazio agissait de manière de plus en plus insensée. J'ai lancé un coup d'œil à mon père, mais il ne voulait pas croiser mon regard. Il a retiré sa ceinture et, sans un mot, m'a saisi le poignet puis jetée dans la paille. Il a commencé à me fouetter, me faisant de telles marques sur le dos et les jambes que, pendant les jours qui ont suivi, j'ai eu du mal à m'asseoir ; pendant tout ce temps, mon grand-oncle le pressait de continuer en hurlant pour que le démon sorte de moi.

Dans le silence qui s'était installé, Conrad remarqua pour la première fois les gouttes de pluie, comme les larmes des anges, qui s'évaporaient dans le foyer en dégoulinant de la cheminée.

Quand Amata parla de nouveau, sa voix tremblait.

– Et, ce qui était pire que tout, mon père a cessé de me parler ou même de me regarder, et ma mère craignait de me consoler à cause de lui. Cette torture a duré jusqu'au jour de sa mort. Les assaillants l'ont assassiné alors que le mur de sa rage s'élevait encore entre nous. Je n'ai jamais entendu des paroles de pardon de la bouche de l'homme que j'aimais le plus au monde.

– C'est la honte qui l'empêchait de te regarder en face, Amata. Il savait qu'il avait été injuste. Il t'a battue parce qu'il ne pouvait frapper cet oncle hypocrite. Tacite a fait remarquer un jour qu'il est dans la nature humaine de détester ceux à qui nous avons fait du mal.

Il avait émis ces paroles d'une voix rauque qu'il reconnaissait à peine.

– Est-ce que personne ne s'est rangé de ton côté ?

– Seulement ma cousine Vanna, mais elle est partie pour Todi peu après. Elle devait épouser le sieur Jacopone. Et c'est l'évêque Bonifazio qui devait présider la cérémonie. À l'exception de mon frère, elle a été ma seule amie pendant ces quelques semaines. Fabiano savait que j'avais été punie pour une mauvaise action. Il ignorait de quoi il s'agissait, mais cela le peinait de me voir si triste.

– Et quand les assassins t'ont emmenée ? Comment t'ont-ils traitée à la Rocca ?

– J'ai essayé de ne jamais me trouver seule avec les hommes, mais cela n'a pas toujours été possible. J'ai volé un couteau dans la cuisine, celui que je portais dans ma manche pendant notre voyage. J'ai juré que je tuerais Simon della Rocca et ses fils un jour... ou que je me tuerais moi-même.

– Simon della Rocca Paida, le protecteur de cette ville ?

– Oui, c'est là qu'ils m'ont retenue prisonnière, dans cette forteresse. Simon a porté le coup d'épée qui a tué mon père et son fils Calisto a assassiné ma mère. J'ai essayé de poignarder Calisto une fois. Il m'avait coincée la veille du jour où ma maîtresse et moi sommes parties pour Saint-Damien. C'était la dernière occasion qu'il avait d'abuser de moi. Je n'ai réussi qu'à lui taillader la main, mais la blessure était si profonde qu'il a dû se faire soigner. Nous nous sommes enfuies avant son retour ; autrement, je suis sûre qu'il m'aurait tuée... J'ai juré qu'aucun homme ne me prendrait à nouveau, sauf à mes propres conditions. Je crois que mon rêve de devenir mère n'a pas totalement disparu. Mais j'aurai bientôt dix-sept ans et j'aurai dépassé l'âge du mariage.

Elle tourna les yeux vers le foyer, regarda les flammes qui vacillaient.

– J'ai un peu perdu la tête là-bas sur la route. Mon cœur souffre encore de savoir qu'Enrico a payé un tel prix pour cette folie. Je voulais tellement, juste une fois, connaître un amour charnel vraiment joyeux.

» Si cela peut vous aider d'entendre ces paroles – soit en tant que prêtre, soit, je l'espère, en tant qu'ami –, j'ai fait le vœu à Notre-Seigneur et à Sa Sainte Mère Marie que je ne prendrais plus jamais l'amour aussi à la légère.

Ses yeux étaient tristes, mais elle se força à sourire.

– Vous ai-je aidé à mieux comprendre ? demanda-t-elle.

Pour la première fois depuis qu'il avait appris les fiançailles de Rosanna, Conrad regretta de porter sa tunique de frère. À cet instant, il ne désirait qu'être un homme normal, libéré du carcan du célibat, pour prendre cette charmante femme-enfant dans ses bras, prononcer les paroles de pardon qu'elle n'avait jamais entendues de la bouche de son père, les promesses d'amour éternel qu'elle n'avait jamais entendues d'Enrico – s'agenouiller devant elle et implorer son pardon.

Mais ses vœux étaient réels, autant que sa bure usée. Il sc lcva ct lui tapota l'épaule.

– Je suis si désolé, Amata. Je prierai tous les jours pour que Dieu guérisse les blessures de ton corps et de ton âme. Je m'en vais maintenant à la chapelle de donna Giacoma pour commencer. Je t'invite à prier avec moi, si tu le souhaites.

Le mur de la prière ainsi érigé entre eux, il espéra ne plus jamais subir les assauts de ce rêve.

22

La pluie tombait en cascade sur les toits, s'écoulait le long des gouttières sur les places de Venise et jusque dans les canaux. Le défilé des guildes était retardé depuis deux jours.

L'impétueux Orfeo parcourait la ville depuis le Rialto, où les commerçants priaient pour que leurs cargaisons arrivent en toute sécurité jusqu'au marché, où les négociants à l'air sombre avaient installé leurs marchandises sous des bâches et où les acheteurs constituaient la seule rareté. Le marchandage avait même ralenti sur le marché des esclaves païens et des « petites âmes », ces enfants chrétiens du Levant que leurs parents avaient vendus en esclavage. Seuls le quartier juif et les ateliers des artisans affichaient une certaine activité. À cet endroit, le travail ne s'arrêtait jamais. Les commerçants continuaient à fabriquer de tout, des jeux de cartes aux mosaïques, des objets de porcelaine aux armures et à la verrerie. Sculpteurs et graveurs décoraient des coffres de bois, des cornes d'ivoire, des manches d'épées, des ceintures de cuir, des bijoux d'or et d'argent. *Cavolo !*, pensa Orfeo avec ennui en regardant les travailleurs infatigables. Il regretta presque de ne pas avoir accompagné Giuliano et les autres.

Le troisième matin après la Toussaint, toujours sous une pluie battante, Orfeo retourna au palais des Doges après avoir passé la nuit avec Cecilia, se demandant comment passer la matinée. Il déploya sa cape au-dessus de sa tête pour former une tente, en se souvenant comment la femme avait drapé ses cheveux autour de son visage alors qu'elle le chevauchait dans la faible lueur de l'aube, formant avec ses longues tresses des rideaux roux entre lesquels ils se regardaient l'un l'autre, coupés du reste de l'univers. Quelle compréhension profonde brillait dans ses yeux gris !

Cecilia savait tout ce qui se passait dans son quartier, les tractations de chaque homme, femme et enfant, les sources cachées qui alimentaient cette agitation. Parfois, sa sagesse empreinte de simplicité la faisait paraître âgée d'un millier d'années – un esprit de la terre comme les bêtes omniscientes, un esprit du monde souterrain comme une ancienne sorcière. Elle ne craignait ni le temps ni les événements.

À sa grande surprise, Orfeo était pour Cecilia encore plus extraordinaire qu'elle ne l'était pour lui, peut-être en raison de ses rêves de voyages et de réussite à grande échelle, ou grâce à ses histoires sur l'Orient. Elle le traitait comme s'il possédait des pouvoirs surnaturels et, à sa manière patiente, acceptait ses allées et venues, même si tous deux savaient qu'un jour il partirait pour ne plus revenir.

Une idée fantasque lui traversa l'esprit alors qu'il atteignait le palais. Il devrait recommander Cecilia au pape à titre de conseillère privée, ajoutant ainsi sa sagesse naturelle à la spiritualité profonde de Tebaldo. Mais non. Cela ne fonctionnerait jamais. Le fait de placer un fruit aussi délectable au côté d'un futur réformateur se révélerait désastreux. Souriant toujours à cette idée, il salua le chevalier romain qui se prélassait à l'abri d'une colonne près de l'entrée principale. Sur la suggestion d'Orfeo, les chevaliers demeuraient avec le pape.

– Comment va notre Saint-Père ? demanda-t-il. A-t-il bien dormi dans le lit du doge ?

– Non. D'après ce que j'ai entendu, *signore*, il a passé une nuit blanche. Il a été réveillé plusieurs fois par des cauchemars. Il est encore au lit en train de prendre son petit déjeuner. Il a demandé qu'on vous fasse venir auprès de lui dès votre retour de la ville.

– Quelque chose se prépare ?

– J'ai transmis le message comme je l'ai entendu. Maintenant, vous en savez autant que moi.

– Espérons qu'il a décidé de partir. Je n'aime pas la façon dont les choses traînent en longueur ici.

Orfeo traversa l'immense entrée et monta à grandes enjambées l'escalier de marbre. Les hommes postés de chaque côté de la porte de la chambre s'écartèrent quand ils le reconnurent.

– Votre Sainteté, dit-il en allant s'agenouiller près du lit, attendant la bénédiction de Tebaldo.

– *Buon giorno*, Orfeo.

Enfoncé dans ses oreillers, le pape agita un filet d'anguille fumée.

– Ne te comporte pas comme dans une cérémonie. Tiens-toi seulement debout.

Orfeo se releva et attendit en silence.

– As-tu mangé ?

– Je vais bien, Votre Sainteté.

Si la question lui avait été posée par son ami Giuliano, Orfeo lui aurait fourni une réponse plus détaillée, mais on ne s'attardait pas sur les *belli fichi* et autres délices terrestres en présence d'un pape.

– C'est bien. Goûte un morceau de cette anguille. Elle est vraiment délicieuse...

Orfeo plongea sa main dans le bol du pape. Imitant Tebaldo, il mordit du bout des dents la chair huileuse.

– J'ai fait un rêve horrible la nuit dernière, confia le pontife. Mon carrosse s'était enlisé dans des amoncellements de neige. Tu étais devant, assis à califourchon sur le dos d'un bœuf, et tu criais à ton oncle de venir nous sauver. Tout à coup, l'animal s'est agité alors qu'une meute de loups grands comme des chevaux apparaissait sur la montagne derrière nous. Les bœufs tiraient de toutes leurs forces mais dans leur panique ils s'élançaient vers un précipice. Je pouvais sentir le carrosse voler dans les airs.

– Et ensuite ?

– Je me suis réveillé. Un des gardes a dit que j'avais crié pendant mon sommeil.

Il tendit le bol d'anguilles à Orfeo.

– Je viens de Piacenza. Je peux lire les signes précurseurs du temps qu'il fera dans la vallée du Pô. Mais tu as grandi dans les Apennins. Mon rêve est-il prophétique ? Comment se fait-il qu'il pleuve tant dans ces cols de montagnes ?

– Il pourrait neiger, Votre Sainteté, bien que ce soit notre première grosse tempête de l'hiver. Au mieux, la pluie transformera en bourbier les sections de route qui sont encore en terre. Mais l'ancienne voie romaine est presque entièrement pavée de pierre... Vous sentez-vous contraint de supporter jusqu'à la fin l'hospitalité du doge ?

Il savait que la formulation de sa question manquait de diplomatie, mais sa patience avait atteint ses limites.

Le pape ne répondit pas immédiatement. Il n'était pas certain des limites de son devoir et de celles du protocole. Orfeo ouvrit les volets. Le vent était frais et humide contre son visage et il se sentit rafraîchi tandis qu'il s'efforçait de voir au-delà du port. Il plaça ses mains autour de ses yeux pour les protéger de la bruine.

– *Sangue di Cristo* ! jura-t-il à voix haute.

Une galère de guerre à laquelle il manquait un mât et le gaillard supérieur avançait péniblement vers le quai, sous l'impulsion des rames. Plus loin, deux autres galères à peine visibles se déplaçaient avec la même lenteur dans le sillage de la première.

Il se précipita vers le lit et retira le plateau de nourriture.

– Levez-vous, Votre Sainteté, cria-t-il. Mettez vos vêtements de voyage aussi vite que possible. Je vais dire à vos hommes de rassembler vos bagages et de préparer les chevaux.

La fière escadre que les Vénitiens avaient lancée contre Ancône avec un tel tapage, la flotte que Tebaldo avait publiquement refusé de bénir, s'était abîmée dans les eaux déchaînées de l'Adriatique.

Donna Giacoma se réjouissait du changement survenu chez Amata après sa conversation avec le frère Conrad. La jeune fille semblait plus grande, la tête droite et les épaules rejetées vers l'arrière, comme si elle s'était libérée d'un poids. La vieille dame avait remercié l'ermite d'avoir écouté Amata, mais il avait refusé toute responsabilité concernant cette transformation. Le plaisir qu'éprouvait Amata de se retrouver en présence de son vieux camarade était évident, et donna Giacoma pensait que Conrad éprouvait le même sentiment, même s'il passait des heures dans la chapelle et ne faisait aucun effort pour rester auprès d'elle. Comme toujours, il voilait ses émotions derrière un stoïcisme viril, contrairement à Pio, qui trottinait derrière Amata chaque fois qu'il le pouvait et endurait les pires tourments des amours de jeunesse. Amata s'amusait de son comportement et, une fois, alors qu'ils jouaient, elle l'appela involontairement « Fabiano », du nom de son frère cadet.

Donna Giacoma s'amusait aussi à observer ce qu'elle appelait l'« affection secrète du frère Conrad », et ses tentatives pour la réprimer. À cause de la fâcheuse position où il se trouvait, elle savait que l'ermite hésiterait à accepter la nouvelle tâche qu'elle prévoyait de lui confier. Elle lui accorda plusieurs jours pour se réinstaller dans la routine de la maisonnée pendant qu'elle rassemblait ses accessoires et ses arguments, à commencer par un recueil de biographies de saints que son époux lui avait donné aux premiers temps de son mariage. Il était enveloppé dans son voile de mariage, dans un recoin du coffre qu'elle avait apporté de la maison de ses parents.

Quatre jours après le retour de Conrad, alors que les serviteurs retournaient à leurs tâches après le souper et que les femmes s'asseyaient pour manger, elle coinça l'ermite dans le vestibule en surgissant de derrière une colonne pour bloquer sa retraite vers la chapelle.

– Amatina veut lire et écrire, dit-elle.

– J'espère que vous lui avez dit que ces aspirations ne convenaient pas à une femme ?

– Je ne lui ai rien affirmé de tel. Vous êtes le seul dans cette maison qui puissiez le lui enseigner.

– J'admets que cette fille a l'esprit vif, mais je ne voudrais pas me rendre coupable de l'inciter à l'orgueil de l'esprit qui survient généralement lorsque les femmes dépassent leurs limites. Comme le soutient l'adage, *non fare il passo più lungo della gamba* – ne fais pas de plus grands pas que tes jambes ne le permettent.

Elle ignora sa raillerie.

– Venez avec moi, frère.

Elle conduisit l'ermite au-delà de la cour boueuse. La pluie avait finalement cessé, mais l'eau s'écoulait encore du balcon. Dans une petite pièce où l'on ne pouvait pénétrer que par l'extérieur se trouvaient une table, deux chaises droites et plusieurs livres.

– Lisez ceci, ordonna-t-elle en ouvrant l'un des livres à une section marquée d'un ruban pourpre. C'est la vie de saint Jérôme.

Il s'assit à la table, parcourut des yeux la biographie puis lui jeta un regard suffisant.

– Si le saint voulait enseigner l'écriture aux femmes nobles de Rome pendant qu'il était secrétaire du pape, tant mieux. Mais Amata n'est pas une *nobildonna* romaine.

– Son père était comte.

– De la noblesse campagnarde. Je doute que ses parents aient su lire. Elle m'a avoué elle-même qu'elle n'avait pas commencé à apprendre ses lettres avant d'arriver à Saint-Damien.

– Et qu'en est-il de sainte Claire, qui a fondé Saint-Damien ? Pensez à quel point l'Église serait moins riche sans les lettres qu'elle envoyait à la bienheureuse Agnès de Prague, qui pouvait les lire et y répondre elle-même, soit dit en passant. Que faites-vous de Hildegarde de Bingen et de l'abbesse Jutta de Sponheim ? Aucun homme n'a jamais su aussi bien décrire de telles visions et de telles illuminations que Hildegarde.

– Oui, bien sûr. Les visions. Je suis sûr que notre Amata a plusieurs expériences de ce genre à partager avec les pieux *literati.*

– Et que faites-vous de Hrotsvitha de Gandersheim qui, il y a trois siècles, écrivait des pièces et des récits aussi bien que n'importe quel chroniqueur ?

– Je vous le dis, je ne peux pas, répéta Conrad d'un ton irrévocable en déposant le livre. Je ne veux pas le faire.

Donna Giacoma frappa la table de sa canne. L'ermite sursauta.

– Conrad, espèce d'idiot ! Elle veut apprendre à écrire pour copier la chronique que Léon vous a confiée, le manuscrit que vous aviez peur d'apporter à Assise.

– Que savez-vous à ce propos ?

– Je sais que le manuscrit est en sécurité à Saint-Damien et que ce n'est pas grâce à vous. Amatina a risqué sa vie sur la montagne pour l'apporter ici, quand le parchemin enroulé autour de sa poitrine s'est accroché dans un rocher et lui a fait perdre l'équilibre. Je sais aussi que, grâce à l'intervention bénie du frère Léon, le parchemin lui a sauvé la vie parce qu'il a fait dévier la pique qui visait son cœur.

Donna Giacoma se redressa de toute sa hauteur et posa ses deux mains sur la poignée sculptée de sa canne.

Conrad se leva et posa les mains sur la table.

– Vous avez répondu à mes prières, Giacomina ! Chaque jour depuis mon retour ici, je me suis agenouillé dans la chapelle pour poser une seule question à saint François et au frère Léon : comment m'introduire dans le Sacré-Couvent et mettre la main sur les manuscrits dont j'ai besoin ? Je n'ai même pas pensé à Saint-Damien et aux copies qui y sont cachées... Amata a-t-elle quitté les Dames pauvres en bons termes ?

– Bien sûr. Elle n'a rien fait qui aurait pu les offenser.

– Et pour l'amour de vous, et le profond respect qu'elle éprouvait pour le frère Léon, la mère prieure pourrait confier à Amata...

– Ne poursuivez pas, frère ! Je ne remettrai pas en danger la vie d'Amata. Maestro Roberto dit que deux moines se postent tous les matins à chaque extrémité de notre ruelle et observent ceux qui entrent dans cette maison ou en sortent.

– Ce sont mes allées et venues qu'ils surveillent, Madonna. Leurs vœux exigent qu'ils restent à une distance chaste des femmes séculières. Amata pourrait livrer un cadeau, par exemple du tissu de lin aux Dames pauvres, dans un panier. Elle pourrait revenir avec deux manuscrits que je dois voir. Si elle a pu si bien cacher le parchemin de Léon sans que je m'en aperçoive, elle pourra berner les chiens de garde de Bonaventure.

Donna Giacoma fut tentée de lui objecter que peu d'hommes pouvaient égaler sa naïveté et son manque d'observation, mais elle tint sa langue. En outre, son plan ne semblait pas si ridicule. Elle était sur le point de l'admettre, quand elle s'aperçut qu'il l'avait distraite de son but.

– Qu'en est-il de ses leçons ?

Conrad sourit comme un marchand de bétail satisfait.

– Nous allons conclure un marché. Si Amata peut m'apporter la première biographie de saint François par Thomas de Celano et la *Légende des Trois Compagnons*, je lui enseignerai la lecture et l'écriture. En utilisant, bien sûr, les sources qui conviennent.

Donna Giacoma indiqua les deux autres livres sur la table.

– J'ai étudié ces auteurs quand j'étais jeune fille. Le premier est un livre de bienséance et l'autre enseigne aux jeunes femmes l'art ménager. Ils lui apprendront à se comporter comme une dame.

– Vous parlez de transformer une mendiante en princesse.

– Pas mal de la part d'un homme qui est arrivé ici il y a quelques semaines dépenaillé comme un barbare ! Un jour, elle sera la maîtresse de cette maison et elle doit pouvoir se comporter comme telle et gérer ses affaires.

La vieille dame avait encore réussi à le surprendre.

– Je n'ai d'autres héritiers, poursuivit-elle, que les hommes de la famille de mon mari, des gens que je n'ai pas vus depuis des décennies. Simon della Rocca a volé à Amatina son droit de naissance et son droit à une éducation convenable, de même que la possibilité d'un mariage avantageux. Si elle le souhaite, quand ma fin viendra, elle aura ma maison et mes revenus de douaire. Une femme possédant son intelligence, son charme et sa fortune se trouvera sur un pied d'égalité avec n'importe quel homme de la chrétienté... je veux dire n'importe quel homme qui ne soit pas lié par des vœux de chasteté.

Même si elle tenait rarement des propos malicieux, donna Giacoma n'avait pu résister à l'envie de lui porter ce coup. Conrad avait persisté à dévaloriser la jeune fille et il méritait de se sentir mal à l'aise.

Pour changer de sujet, donna Giacoma, du bout de sa canne, fit glisser les livres vers Conrad.

– Pendant que vous jetterez un coup d'œil à ces livres, je vais parler à Amatina... Vous savez qu'elle risquerait tout pour vous.

Maintenant que la négociation était terminée, elle se permit un sourire.

– Frère Conrad, j'aimerais que vous ne lui disiez rien de cette conversation. Elle croit que j'ai simplement racheté son contrat aux Dames pauvres. Elle ne connaît pas encore les projets que j'ai pour elle.

Amata se faufila par la porte principale de la maison de donna Giacoma. La nuit était froide sous les étoiles brillantes du Scorpion, la constellation qui l'avait vue naître. L'orage s'était dissipé dans les montagnes, ne laissant qu'une mince couche de nuages en altitude à l'est. Le vent sifflait le long de l'escalier près de la maison et Amata se sentit transpercée de froid à travers son lourd manteau.

Elle scruta le bout de la ruelle dans les deux directions. Comme elle s'y attendait, elle entrevit une silhouette encapuchonnée à une extrémité de la ruelle. Le frère qui gardait l'autre extrémité avait mieux réussi à se cacher dans l'obscurité et à se protéger du vent, mais elle sentait qu'il guettait quelque part. Elle prit son panier et le posa en équilibre sur sa tête, arquant le dos à la manière gracieuse des servantes. Elle descendit les marches en prévoyant d'atteindre la porte sud-est de la ville au moment où les gardes l'ouvriraient pour la journée.

Le vent pouvait représenter une difficulté. Elle ne pourrait s'arrêter après une courbe de l'escalier pour écouter et savoir si quelqu'un s'était lancé à sa poursuite. Elle se réjouissait d'avoir à les semer, tout comme elle avait fini par apprendre à éviter ses ravisseurs dans les labyrinthes de la Rocca.

Elle avait été déçue quand Giacomina lui avait raconté comment Conrad avait négocié pour obtenir son aide. Ne savait-il pas qu'elle serait allée chercher les manuscrits avec joie, sans rien obtenir en retour ? N'avait-il pas affirmé qu'ils étaient liés dans cette entreprise depuis le jour où ils avaient attaché ensemble leurs ceintures sur la paroi de la montagne ? Certains jours, l'ermite semblait être son meilleur ami, alors qu'il pouvait aussi se montrer tellement distant.

Quand elle atteignit le bout de la via San Paolo, Amata tourna vers le nord-est et accéléra jusqu'à la cathédrale de San Rufino. Elle se glissa derrière une colonne du porche, d'où elle pouvait voir la rue derrière elle, et posa son panier.

Une lumière irrégulière éclairait la place. Le soleil se levait au-dessus du mont Subasio et traversait avec difficulté la couche de nuages. Amata aperçut un frère qui traversait la place en venant de la même direction qu'elle. Il dépassa la cathédrale et se dirigea vers le nord-est. La jeune fille sourit et reprit son panier. Cette expédition était trop facile. Elle pénétra dans l'église, traversa la nef d'un pas rapide et quitta l'église par le portail du transept. La ruelle serpentait vers la porte sud de la ville et la route qui menait à Saint-Damien.

23

Conrad surveilla la venelle tout l'après-midi. Il avait pris position à une fenêtre pendant que donna Giacoma faisait les cent pas. Chaque fois qu'elle terminait sa ronde, elle lui jetait un regard préoccupé. Amata aurait dû être de retour, maintenant. Ils avaient la même idée, mais aucun d'eux ne l'exprimait.

Les ombres des maisons s'étiraient déjà au bout de la ruelle lorsque Conrad aperçut enfin la jeune fille au haut des marches : le panier d'abord, le capuchon de sa cape, puis son visage à demi caché. Il se précipita à la porte et entendit derrière lui la canne de donna Giacoma marteler le plancher.

Amata pénétra dans le vestibule, se pencha pour déposer le panier, rejeta son capuchon sur son dos et se releva avec raideur.

– Comment vas-tu ? Tout s'est bien déroulé ? s'enquit la vieille dame.

Conrad s'agenouilla et souleva le tissu qui recouvrait le panier. Du pain... seulement des miches de pain fraîchement sorties du four des Dames pauvres.

– Tout s'est bien passé, répété la jeune fille. Touchez mon dos.

Donna Giacoma obtempéra et éclata de rire en sentant une surface solide.

– Les manuscrits sont reliés, expliqua Amata. Je n'ai pas pu les attacher autour de ma taille comme pour le parchemin du frère Léon, et je pensais qu'ils ne seraient pas en sécurité dans le panier. Je me suis dit que les gardes civils étaient sans doute de mèche avec Bonaventure. Ils devaient savoir que ces moines restent dans notre ruelle après le couvre-feu. Comme je m'y étais attendue, les sentinelles ont examiné le contenu de mon panier. Ce panier était une brillante idée, frère Conrad, parce que je devais le tenir en équilibre sur ma tête et que personne n'aurait imaginé à quel point ma colonne vertébrale était bloquée.

– Nous étions inquiets à ton sujet, Amatina, avoua donna Giacoma. Tu es partie si longtemps !

– Je devais attendre que le pain soit cuit. Les miches sont peut-être encore chaudes, alors que le vent était froid à l'extérieur. En attendant, j'ai pu rendre visite à sœur Agnès... ma meilleure amie pendant mon noviciat.

Elle regarda Conrad, toujours agenouillé devant le panier.

– La connaissez-vous ? C'est la nièce du frère Salimbene. Elle m'a dit que son oncle était retourné en Romagne et qu'il arriverait peut-être bientôt en Ombrie... Les histoires qu'il nous a racontées la dernière fois qu'il est venu voir Agnès ! J'étais contente qu'elle me demande de l'accompagner jusqu'à la porte des visiteurs en tant que chaperon. Je n'aurais manqué ce moment pour rien au monde. J'espère que vous lui offrirez de demeurer ici, Madonna, plutôt qu'au Sacré-Couvent. Il fera tordre de rire toute la maisonnée.

Elle s'éloigna dans le corridor tout en continuant de parler.

– Je vous raconte le reste au dîner. Il faut que j'ôte ces livres de mon dos.

Malgré ces bonnes nouvelles, Conrad affichait un air sombre. Il se prit à penser : *Ce n'est pas ma faute si je ne suis pas un bon conteur. Cela ne correspond pas à ma nature. J'ai toujours eu un tempérament mélancolique.*

Salimbene a un humour irrésistible. En plus, quelle perte de temps pour l'esprit que de titiller les jeunes filles écervelées !

Donna Giacoma sourit à l'ermite tandis qu'Amata s'éclipsait.

– Je ferai apporter sa tablette de cire et les livres dans le grand vestibule à la première heure demain. Maestro Roberto ira chercher du parchemin et des instruments d'écriture dès que vous me direz qu'elle est prête à se servir d'encre.

– Qu'en est-il de mon propre travail ? Léon a dit qu'il était urgent que je remplisse cette mission.

– Vous n'avez qu'à enseigner à Amata jusqu'à l'heure de midi et employer le reste de la journée comme bon vous semble.

Il admit que la solution était équitable, mais il avait hâte de lire les manuscrits. Il pourrait commencer après le repas du soir. Or, dans le passé, il avait affaibli sa vision en lisant des écritures fines à la lueur d'une chandelle, et depuis sa paupière gauche papillotait sans cesse. À Paris, son maître avait attribué ce symptôme à la couleur gris pâle de ses yeux. Il ferait donc mieux d'attendre le prochain passage du soleil. Il ramassa le panier de pain et suivit donna Giacoma à la cuisine.

Après l'orage, une brume stagnante avait recouvert les Apennins. Les pics, comme des îles flottantes dans une mer informe, dépassaient de la brume. Le carrosse du pape, tiré par des bœufs, avançait péniblement dans le brouillard pendant que tout autour la boue et l'argile ruisselaient sur les flancs des collines : un écoulement gris-brun dans un monde liquéfié.

Plusieurs jours avaient passé depuis que le pape et son entourage avaient fui Venise. Les derniers chevaliers romains venaient de rejoindre le convoi. Tebaldo était parti si vite que plusieurs guerriers étaient restés derrière, éparpillés dans les lupanars de la ville. Leur capitaine avait posté une arrière-garde au palais des Doges, pour indiquer la route aux traînards. Les retardataires décrivaient des scènes de violence dans la ville à mesure que les rumeurs de désastre prenaient de l'ampleur.

– Au début, les gens sont restés hébétés, indiqua l'un des retardataires en passant devant le carrosse pontifical. Ils se sont rassemblés toute la matinée sur le quai, à compter les navires et à chercher leurs amis ou parents parmi les marins survivants. La ville a perdu la majeure partie de ses deux cents galères...

Orfeo, qui chevauchait à côté du carrosse, fit une prière silencieuse pour la sécurité de Cecilia. Elle lui avait sauvé la vie lorsqu'elle l'avait convaincu de ne pas participer à l'expédition. Il pria aussi pour que Dieu ait épargné Giuliano, même s'il avait le sentiment profond que son ami gisait déjà au fond de la mer.

– La barge du doge est arrivée au milieu de la matinée, juste après Terce, poursuivit le chevalier. Il est demeuré avec la foule sur le quai pendant un moment, puis il s'est rendu à son palais en cherchant Votre Sainteté. Son visage était blanc comme le marbre. En apprenant que vous étiez déjà parti, il est devenu encore plus inquiet. Je l'ai entendu envoyer un de ses hommes dire à la *dogaressa* de rester à la maison. Ensuite, il est entré dans le palais et je ne l'ai plus revu.

– Au milieu du jour, la foule avait perdu espoir de voir apparaître d'autres navires, ajouta un autre chevalier. Je l'ai croisée en retournant à mon poste, au moment où la colère montait, en grande partie dirigée contre Votre Sainteté, je dois dire. C'est à ce moment que deux d'entre nous ont décidé que nous n'avions plus rien à faire à Venise.

Orfeo ne pouvait distinguer le visage du pontife par les étroites fentes des fenêtres du carrosse, mais il pouvait entendre sa voix empreinte de douleur.

– Je n'ai pas prié pour leur réussite, mais j'ai prié pour leur sécurité. C'est Dieu qui a voulu cette tempête. Aucune de mes bénédictions n'aurait pu changer cela.

Les derniers retardataires évoquèrent la suite du drame. Quand les Vénitiens se furent rendu compte que le pape leur avait échappé, ils tournèrent leur colère contre le doge. D'après certains, Dieu continuait de punir Venise pour les péchés d'Enrico Dandolo et le sac de l'Haghia Sophia. Les reproches retombèrent sur le successeur de Dandolo, le pauvre Lorenzo Tiepolo (qui avait ordonné l'attaque au départ) et sur sa *dogaressa*, d'origine grecque.

Le patriarche de Venise criait son indignation à la foule rassemblée devant Saint-Marc.

– Dieu ne peut plus supporter les mœurs de cette femme. Ses appartements empestent l'encens. L'air de Venise n'est pas assez bon pour elle. Elle dédaigne notre eau pour se laver mais oblige ses serviteurs à recueillir la rosée qui tombe du ciel. Elle répugne également à prendre sa viande avec ses doigts comme tout le monde et ordonne à ses eunuques de la couper en petits morceaux qu'elle empale sur un ustensile d'or à deux pointes pour les porter à sa bouche. J'ai pu constater de mes propres yeux sa vanité, car j'ai dîné à sa table. Faut-il s'étonner que même Dieu, dont la patience est infinie, en ait eu assez d'une telle insolence ?

Une grande partie des habitants dirigeaient leur fureur contre le doge. Plusieurs l'avaient vu entrer dans le palais près de Saint-Marc un peu plus tôt ; il était plus facile à atteindre que sa femme. Ils lui lançaient des insultes par les fenêtres et réclamaient sa vie en échange de celle des marins qui s'étaient noyés. Pourtant, il aurait pu éviter le pire s'il avait attendu que leur rage se dissipe. Entouré de sa garde, il restait en sécurité malgré la foule.

Mais le rideau ne s'était pas encore levé sur le dernier acte de la tragédie vénitienne.

À la fin du troisième jour de route de l'escorte romaine, le reste de l'arrière-garde arriva. Peu habitué à chevaucher des heures entières, Orfeo se massait le dos derrière le groupe de soldats qui accompagnait Tebaldo autour du feu de camp.

– Donnez-lui à manger, ordonna le capitaine à un serviteur pendant que le chevalier descendait de sa monture.

Tebaldo fit signe à l'homme de venir s'asseoir sur une souche près de lui. D'autres guerriers et leurs écuyers sortirent de leurs tentes et s'assemblèrent, certains à demi revêtus de leur armure. Le garde retira son bassinet et ses gantelets. Pendant que le serviteur lui tendait un tranchoir et une coupe, il relata l'histoire de la vengeance du peuple.

– Lorenzo a sans doute été saisi de panique. Il espérait demander asile à Saint-Marc, mais il savait que la foule l'y attendait. Alors, il s'est enfui par la porte arrière du palais en tentant d'atteindre l'église de San-Zaccaria, de l'autre côté du Ponte della Paglia.

Le chevalier poursuivait son récit entre gorgées de vin et bouchées de nourriture. Il mâchait lentement, savourant autant d'être le centre d'intérêt que d'avaler des morceaux de rôti dégoulinants de graisse.

– J'ai tout observé depuis l'étage supérieur du palais. Dieu est témoin que les gardes qui se sont enfuis avec le doge l'ont protégé du mieux qu'ils ont pu. Ils frappaient avec leurs épées dans toutes les directions. Le sang coulait à flots de chaque côté du pont, mais les hommes continuaient d'affluer.

Il vida sa coupe et la tendit pour qu'on la remplisse à nouveau. Personne ne dit mot pendant qu'un serviteur versait le vin.

– En fin de compte, conclut le chevalier, dans la Calle delle Rasse, un individu s'est glissé à travers la rangée de soldats et a poignardé Lorenzo.

L'homme frappa sa poitrine pour montrer où avait été porté le coup fatal et le vin rouge éclaboussa son plastron. Un murmure traversa le groupe des auditeurs. Puis le camp redevint silencieux jusqu'à ce que Tebaldo dise d'une voix ferme :

– C'était un honnête homme. Puisse-t-il reposer en paix.

– Amen, répondirent les soldats.

Après un moment, le pape ajouta :

– Nous devons remercier tout particulièrement notre jeune ami d'Assise. S'il n'avait pas réagi si rapidement, nous aurions peut-être connu le même sort que Lorenzo.

Orfeo se retrouva de façon inattendue au milieu d'un concert d'applaudissements. L'un des soldats lui administra une claque dans le dos, qui se répercuta le long de sa colonne vertébrale et de ses côtes. Jusque-là, les fiers Romains l'avaient traité comme l'Ombrien de service. Tout à coup gêné, il cria « *Viva il papa* ! » pour détourner l'attention. Les autres reprirent le cri pendant qu'il s'esquivait du cercle des chevaliers.

Dans l'obscurité aux abords du camp, un cheval fit entendre un hennissement. Orfeo aperçut plusieurs paires d'yeux qui brillaient dans les broussailles. Il ramassa deux pierres qu'il frappa l'une contre l'autre en marchant dans leur direction. Les maigres créatures, semblables à des chiens, se dispersèrent sans bruit dans la nuit. Il se souvint des énormes loups du cauchemar de Tebaldo. Le marin frissonna et fit le signe de la croix.

Désireuse de consacrer autant de temps que possible à ses leçons, Amata s'empressa d'exécuter ses tâches matinales. Chaque jour, Conrad inscrivait une nouvelle lettre sur sa tablette de cire, d'abord en minuscule puis en majuscule, et lui disait le son qui s'y rattachait. Puis elle traçait à son tour la lettre dans la cire. Après une semaine, elle pouvait écrire des mots complets. À la fin de chaque leçon, il lui lisait quelques lignes des livres de donna Giacoma sur les bonnes manières ou la vie des saints, en pointant chaque mot du doigt pour qu'Amata, assise à ses côtés, puisse suivre la phrase. Ensuite, il lui faisait réciter de mémoire les mêmes passages jusqu'à ce que les mots lui semblent familiers.

– Il serait malséant de se gratter la tête à table, d'enlever des puces ou d'autres vermines de ton cou et de les tuer devant les autres convives, ou encore d'enlever des croûtes de quelque partie de ton corps que ce soit. Quand tu te mouches, tu ne dois pas enlever la morve avec tes doigts, mais avec un mouchoir. Vérifie que rien ne pend de ton nez. Assure-toi que tes cheveux sont bien peignés et qu'aucune plume ou autre détritus ne se mêle à ta coiffure.

Conrad terminait chaque journée de lecture par quelques lignes de son bréviaire, habituellement un verset des Psaumes, et une brève homélie soulignant que la formation spirituelle de l'âme avait la préséance sur la sagesse populaire :

– La femme qui comprend peu de choses et craint Dieu se trouve dans une situation plus enviable que celle qui possède beaucoup de connaissances et transgresse la loi du Très-Haut.

Amata trouvait son obstination à la fois amusante et rassurante.

Grâce à la routine, le mois de novembre passa vite. L'après-midi, pendant que Conrad étudiait ses légendes, d'autres personnes l'aidaient à approfondir ce qu'elle avait appris dans la journée. Des moines itinérants et des ecclésiastiques en haillons défilaient dans la maison, et ceux qui ne désapprouvaient pas l'expérience de donna Giacoma se sentaient fascinés par sa nouveauté. Une femme ordinaire, laïque, à qui on apprend à lire et à écrire ! Bientôt, la veuve allait enseigner à son chat à réciter les grâces avant qu'il ne lèche son bol de lait !

Amata se doutait que certains jeunes hommes s'intéressaient à elle pour d'autres raisons, mais elle ne fit rien pour les encourager. D'après l'expression de son visage quand il traversait le vestibule et la trouvait en train de lire avec l'un de ces voyageurs, Conrad devait avoir la même idée.

Quand l'ermite se trouvait dans un tel état d'esprit, la lecture des Écritures qui mettait fin à leurs leçons ne provenait pas des Psaumes, mais de l'Ecclésiaste :

N'arrête tes yeux sur la beauté de personne, ne demeure pas au milieu des femmes car des vêtements sort la teigne, et de la femme l'iniquité de l'homme. Mieux vaut la méchanceté de l'homme que les bienfaits de la femme quand celle-ci est un sujet de confusion et de honte... et j'ai trouvé plus amère que la mort la femme dont le cœur est [comme] des filets et des rets, [et] dont les mains sont des chaînes : celui qui est agréable à Dieu lui échappera, mais celui qui pèche sera pris par elle.

Un jour, il interrompit la leçon pour lui dire qu'un des frères, un certain Federico, prolongeait sa visite pour continuer à jouir de sa compagnie. Ce jour-là, il cita un poète au nom imprononçable :

Comment définirais-tu la femme ou connaîtrais-tu sa nature ? Elle est la boue scintillante, une rose nauséabonde, un doux poison, sans cesse attirée par ce qui lui est interdit.

Si Federico l'avait intéressée, cette intervention inopportune de Conrad aurait pu l'offenser, mais elle avait de la difficulté à retenir son rire devant l'indignation de l'ermite. Plus il vociférait, plus elle percevait dans ses propos du respect à son endroit. Il lui était beaucoup plus facile de la comparer à de la « boue scintillante » et de qualifier les frères comme Federico de *cane in chiesa*, de chien à l'église, que de dire : « J'ai de l'affection pour toi et je m'inquiète pour toi. »

– J'ai échafaudé un plan pour te protéger de ces moines sans scrupule, lui annonça-t-il un jour.

Puis il envoya chercher Donna Giacoma.

Quand la vieille dame se fut jointe à eux, Conrad suggéra qu'Amata passe ses après-midi à répéter sa leçon du jour au jeune page.

– Non seulement Pio apprendra grâce à Amata, mais la répétition aidera Amata à mieux se souvenir.

Comme cela lui fournissait un prétexte supplémentaire pour se tenir près d'Amata, Pio se montra enchanté lorsque donna Giacoma y consentit. Le pauvre Federico parti, Conrad sembla satisfait et Amata n'émit pas d'objection. Les leçons avec le jeune homme ressemblaient plutôt à un jeu, parce qu'il jugeait le livre de conseils mondains assez ridicule. Elle lui lisait parfois des passages comme :

Si vous devez roter, faites-le le plus discrètement possible, en tournant toujours le visage de côté. Si vous crachez ou toussez, vous ne devez pas avaler ce qui se trouve dans votre gorge mais le cracher par terre, dans un mouchoir ou une serviette de table.

Pio répliquait par un rot exagéré, en prenant soin de tourner la tête ou rassemblait sa salive et, les lèvres pincées, lui demandait son mouchoir. Les leçons d'écriture sur la cire dégénéraient d'habitude en un jeu de dames avec des carrés tracés sur la tablette et des morceaux de charbon servant de pions.

Conrad parlait peu de ses propres progrès. Amata savait seulement qu'il lisait la *Légende* de Thomas de Celano. Au début, il avait semblé consterné par le récit de la jeunesse de saint François. Le biographe affirmait que la version de Bonaventure suggérait, par euphémisme, que le fondateur avait été « attiré par les biens terrestres » alors qu'il était jeune.

– Comme la grâce de Dieu est puissante ! avait observé Conrad. Seul Dieu, par Sa puissance, peut avoir formé un saint qui a connu un tel début de vie. Bonaventure diminue la miséricorde et la puissance divines en minimisant l'ampleur de la conversion de François.

Grâce à ses souvenirs et aux conversations, Amata comprenait que le véritable but de sa recherche avait un lien avec la cécité ou avec un homme aveugle, et pendant longtemps il parut ne pas trouver. Un après-midi de la mi-décembre, pourtant la situation changea.

Conrad entra en hâte dans le grand salon où Amata cousait en conversant avec donna Giacoma. « *In illo tempore*, songea-t-il. *À cette époque.* » Il jeta un coup d'œil dans leur direction, traversa la pièce à grandes enjambées, les mains derrière le dos, longea le mur et repassa devant elles pour sortir sans un autre regard. Les deux femmes se regardèrent et éclatèrent de rire.

24

La première semaine de décembre, l'hiver s'était installé pour de bon à Assise. Le vent qui sifflait à travers les fenêtres couvertes de la pièce où Conrad lisait devint une plainte incessante, et tous les esprits du ciel et de la terre se joignaient en un chœur de lamentations. Le mont Subasio et les collines environnantes reposaient dans un sommeil troublé.

Même au milieu du jour, il ne filtrait qu'une faible lumière à travers le tissu transparent des cadres de fenêtres. Obligé de lire à la lueur de sa chandelle et de l'âtre, Conrad ne progressait que lentement. De violents coups de vent repoussaient la fumée dans la cheminée, l'étouffant avec l'odeur aigre-douce des branches de genévrier qu'une paysanne livrait chaque jour sur son âne.

Il aurait pu à tout moment apporter son manuscrit dans le salon ou le vestibule, mieux éclairés, où étudiaient Amata et Pio. Les fenêtres y étaient plus larges et les cheminées plus efficaces, mais les nombreux étrangers qui passaient par la maison et la nécessité de garder le secret sur ses activités l'incitaient à la méfiance.

Grâce à ses conversations avec Léon, il connaissait l'histoire des *légendes* de Celano. Après la mort de saint François, la congrégation tenait pour acquis que le secrétaire de François serait choisi pour en écrire l'hagiographie. Personne ne lui avait été plus intimement lié, et le style simple, sans fioritures, de Léon convenait à la vie austère du maître. Mais Élie et le cardinal Ugolin avaient choisi Thomas de Celano pour cette tâche, même si ce frère n'avait jamais rencontré François et avait passé la majeure partie de sa vie religieuse en Allemagne. Thomas avait tout de même composé un hymne majestueux sur la mort et le jugement, le *Dies Iræ*, démontrant ainsi qu'il pouvait écrire de manière éloquente. Mais il avait dû, pour obtenir des renseignements, se fier au dirigeant de l'Ordre qui lui commandait ce travail, le frère Élie. Celui-ci avait exercé une grande influence sur l'œuvre de Thomas, à un point tel qu'après la chute et l'excommunication du ministre général, l'un de ses successeurs, Crescentius, avait demandé à Thomas de rédiger une deuxième légende, dans laquelle Élie ne serait pas mentionné. Pour aider Thomas, Crescentius avait demandé à tous ceux qui avaient connu François de coucher leurs souvenirs par écrit. Ainsi avait été conçue la *Légende des Trois Compagnons*.

Conrad entreprit sa recherche à la première ligne du premier chapitre. Il ne voulait pas risquer de manquer son indice, les mots qui évoquaient le « début de la cécité ». Il lut l'histoire d'une femme aveugle que François avait guérie, mais rien ne semblait posséder de lien avec la phrase de Léon. Il cherchait toujours quand les neiges arrivèrent. Les mains de la paysanne qui apportait le bois de foyer devinrent rouges de froid et elle enroulait un lourd châle de laine noir par-dessus le capuchon de son manteau alors que Conrad déchiffrait en toussant, chapitre après chapitre, la biographie de Celano. Il lut le passage où François recevait les stigmates sur le mont de l'Alverne et celui sur l'apparition du séraphin, qu'Élie avait racontée à Thomas. Juste après, il buta sur ces mots : *in illo tempore*, « à cette époque ».

À cette époque, François était plus malade que jamais, car il souffrait de nombreux maux tant il avait châtié son corps et l'avait soumis à toutes les rigueurs pendant les nombreuses années qui avaient précédé.

La phrase suivante soulignait le fait que Thomas parlait de l'an de grâce 1224, celle où le saint avait reçu les stigmates. La conversion de François avait eu lieu en 1206.

Pendant une période de dix-huit années, période maintenant terminée, son corps n'avait connu aucun repos... Mais puisque, selon les lois de la nature et la constitution de l'homme, il est nécessaire que l'enveloppe charnelle se dégrade jour après jour, même si l'homme intérieur se renouvelle, ce précieux récipient dans lequel était enfoui le trésor céleste commença à se briser... En vérité, puisqu'il n'avait pas encore ressenti dans sa chair la souffrance du Christ, bien qu'il portât les marques du Seigneur sur son corps, il fut frappé d'une très grave maladie des yeux.

C'était là, en une seule phrase. Il portait déjà les stigmates quand sa cécité avait commencé. Il n'avait pas attrapé cette maladie des yeux pendant son voyage en Égypte, en 1219, comme Conrad l'avait toujours entendu dire. L'ermite poursuivit sa lecture :

Lorsque sa maladie progressa quotidiennement et sembla s'aggraver à cause du manque de soins, le frère Élie, que François avait choisi pour prendre la place d'une mère à ses côtés et la place d'un père pour les autres frères, l'obligea à se soigner.

Quand Élie avait dicté ce passage, il n'avait aucune raison de taire le moment où la cécité avait débuté ou son propre rôle dans le traitement du malade. Qui avait plus tard diffusé l'histoire du soleil de l'Orient qui avait brûlé les yeux du saint, sinon Élie ? Et pourquoi ? La biographie de Thomas ne nommait pas le compagnon de saint

François au moment où il s'était rendu à la cour du sultan Al-Malik Al-Kamil. Mais Bonaventure l'avait fait.

Conrad repensa à la réponse de Lodovico lorsqu'il avait demandé au bibliothécaire pourquoi le nom d'Illuminato lui semblait familier. « Il était avec notre maître quand il a tenté de convertir le sultan », avait-il répondu. Encore Illuminato ! Il avait sans aucun doute relaté à Bonaventure les détails du voyage en Orient, tout comme Élie avait rapporté sa version à Thomas. Pourtant, cela ne renseignait en rien sur les raisons pour lesquelles Illuminato avait élaboré une explication différente de la cécité de François, des années après que Thomas eut terminé sa biographie.

L'ermite reprit les notes qu'il avait prises au Sacré-Couvent et copia en entier le chapitre intitulé « De la ferveur du bienheureux François et de la maladie de ses yeux ». Un jour, si Dieu le voulait, il relirait ces passages et comprendrait pourquoi son mentor jugeait ce moment assez important pour le mentionner dans sa lettre.

Lorsqu'il prit l'autre livre qu'Amata avait apporté de Saint-Damien, la copie que possédaient les Dames pauvres de la *Legenda Trium Sociorum*, il tourna les pages jusqu'à cet épisode de la vie du saint... et se précipita sur ses notes.

– C'est une lacune évidente, Madonna, confia-t-il à donna Giacoma le même soir. Un fossé si grand que vous pourriez y enfouir une charrette de foin. Je sais maintenant *comment* le Compagnon a été mutilé, mais j'ignore encore *pourquoi* et par *qui*.

Il doutait que la vieille dame pût comprendre sa dernière trouvaille, mais il lui avait demandé de venir parce qu'il devait à tout prix la partager avec quelqu'un.

– Regardez ici, expliqua-t-il en parcourant une page. Le XVIe chapitre de la vie du Compagnon se termine sur des événements qui se sont produits en 1221. Puis on y trouve un bref résumé de l'épisode des stigmates, en l'an de grâce 1224. Ensuite, le récit reprend à la mort de saint

François, en 1226. Où sont passées les cinq années entre 1221 et 1226 ? Tant de changements importants sont survenus pendant ces années dans la vie de François et au sein de l'Ordre... Léon et les autres n'auraient jamais omis des événements survenus pendant une période aussi cruciale.

– Sauf les stigmates, objecta donna Giacoma.

– C'est l'autre chose que je voulais vous montrer. Regardez cette description de saint François juste avant l'apparition du séraphin. Léon écrivait avec clarté, son style était simple. *Cum enim seraphicis desideriorium ardoribus* : absorbé dans l'amour et le désir séraphiques. C'est du latin élégant, Madonna. Élégant ! Et l'auteur emploie des expressions philosophiques très techniques, comme ce *sursum agere*. Aucun de nos trois Compagnons n'a écrit ce passage. Une telle phrase ne peut avoir été écrite que par un théologien formé à Paris.

Le regard de donna Giacoma semblait signifier que sa préoccupation à l'égard des formules latines lui passait pardessus la tête, même si elle avait fait de son mieux pour suivre son raisonnement.

Il plaça quelques notes à côté du manuscrit.

– Voici la description qu'a faite Bonaventure de la même scène... On retrouve le même style ici, ici et ici, mais dans ce passage, « quand la vision fut terminée », où Bonaventure écrit *disparens igitur visio*, la *Légende des Trois Compagnons* emploie les mots *qua visione disparente*, l'ablatif absolu : le choix, selon moi, d'un esprit moins éclairé. La similitude est remarquable, car Bonaventure a compilé sa *Legenda Major* dix-sept ans après que Léon et les autres eurent terminé la *Légende*.

– Et qu'en déduisez-vous ?

– Je crois que nous avons répondu à la question de Léon : D'où vient le séraphin ? Ce séraphin dans la *Légende* vient de Bonaventure, dont je sais qu'il est fasciné par cette image particulière... une fascination sans doute stimulée par le récit d'Élie à Celano. Je crois que l'homme qui a occupé la fonction de ministre général en 1246, l'année où Léon lui a présenté la *Légende*, a demandé au jeune Bonaventure de rédiger cet ajout. Cet homme, qui a aussi effacé cinq années dans le manuscrit, était Crescentius de Iesi ; Jean de Parme, son successeur, n'aurait jamais autorisé une telle mutilation ni une telle falsification. Quand Bonaventure a écrit sa biographie des années plus tard, il n'a eu qu'à copier sa narration précédente de cette scène en n'y ajoutant que quelques améliorations grammaticales.

– Mais pourquoi ?

– Pourquoi ? répéta-t-il pendant qu'il rassemblait ses notes. C'est la question qui me revient continuellement à l'esprit. *Pourquoi* ?

Il empila ses feuilles sur la *Légende* et se pencha pour ranger les deux livres. Il accéléra le geste en entendant le claquement de sandales sous l'arcade. Il était toujours penché lorsque Pio apparut à la porte.

– Quelqu'un du Sacré-Couvent désire vous voir, frère.

– Un des frères ? Il ne devrait pas se trouver à l'extérieur, à cette heure.

– Il porte une bure de moine, mais il a seulement mon âge. Je crois qu'il a couru depuis son départ du Sacré-Couvent. Il était si essoufflé qu'il pouvait à peine parler.

– T'a-t-il donné son nom ?

– Oui. Ubertin de Casale.

Le visage du jeune moine était rouge de froid et de fatigue. Pendant qu'il attendait dans l'entrée, il dansait d'un pied sur l'autre, ses yeux dilatés jusqu'à en devenir presque noirs.

– *Buona notte*, frère, dit Conrad en l'accueillant. Pourquoi es-tu encore debout après complies ?

– Je me suis glissé à l'extérieur quand les autres se sont couchés. Je devais vous parler.

– Comment as-tu fait ?

Le visage du jeune moine s'empourpra à l'arrivée de donna Giacoma. Il semblait intimidé de devoir parler devant une femme.

– Il y a une porte dérobée qui mène du monastère à la crypte sous l'église inférieure. Personne ne l'emprunte et le cadenas est rouillé. L'un des novices me l'a montrée l'autre jour.

– Alors, tu es un jeune idiot. Bonaventure te punira sévèrement s'il découvre que tu es venu ici. Ses espions surveillent cette maison nuit et jour.

– Je n'ai vu personne dans les rues, bredouilla Ubertin.

Il jeta un regard nerveux vers la porte. De toute évidence, il n'avait pas envisagé la possibilité qu'il y eût des sentinelles.

– Je devais vous avertir, reprit-il. J'ai servi le repas à l'infirmerie ce soir. Le ministre général avait un invité, un certain frère Federico. Ils parlaient de vous.

Federico ! Était-ce un autre espion de Bonaventure ? Avait-il essayé de soutirer des renseignements à Amata pendant les après-midi où Conrad étudiait ?

– Federico disait que vous aviez des livres que le frère Bonaventure devait voir. Le ministre général était furieux. Il a dit qu'il allait mettre la main sur ces livres... et sur vous aussi. Il a l'intention de renvoyer Federico ici avec un autre frère pour les voler. Il a dit que vous quitteriez probablement la maison après-demain. Un héraut est venu au monastère cet après-midi en disant que le pape n'était plus qu'à deux jours d'ici. Il s'arrêtera plusieurs jours dans la ville et Bonaventure a dit que toute la population allait envahir les rues pour l'accueillir. Il a précisé à Federico qu'il allait vous capturer au moment où vous sortiriez.

Conrad resta hébété jusqu'à ce que donna Giacoma frappe sa canne sur le plancher pour attirer son attention.

– Bonaventure est devenu aussi mauvais que les autres, commenta-t-elle. Le pouvoir les corrompt tous. J'aurais espéré mieux de sa part.

Pio attendait à quelque distance. La vieille dame lui fit signe d'approcher.

– Amata devrait se trouver dans la chapelle pour ses prières du soir. Attends à l'extérieur qu'elle ait terminé et dis-lui de venir ici.

Alors que Pio s'éloignait à grandes enjambées, la vieille dame tapota l'épaule d'Ubertin.

– Tu es un brave, mon enfant. Ce sont des gens comme toi, et comme le frère Conrad, qui me permettent de conserver l'espoir en un avenir meilleur pour l'Ordre. Veux-tu un breuvage chaud avant de repartir ?

Ubertin secoua la tête.

Conrad retrouva enfin l'usage de la parole.

– Pourquoi as-tu pris ce risque pour moi ?

Ubertin rougit. Maintenant qu'il avait exécuté la partie la plus audacieuse de sa tâche, il semblait dans tous ses états.

– Plusieurs frères affirment que vous êtes un saint homme. Ils disent qu'un jour le ministre général vous enfermera à jamais. Cela ne semble pas juste, si vous n'avez rien fait de mal.

Conrad réussit à ébaucher un sourire devant l'innocence du jeune moine.

– Si tu te souviens des Écritures, c'est de cette façon que l'Église a commencé, avec la persécution d'un innocent... *Mille grazie,* Ubertin. J'espère pouvoir te rendre cette faveur un jour. Maintenant, tu dois être prudent en quittant la maison. Nous ne voulons pas que tu sois enfermé, non plus que fouetté.

La porte se referma derrière Ubertin au moment où Pio revenait avec Amata. Elle jeta un regard interrogateur à donna Giacoma.

– Nous venons de recevoir des nouvelles troublantes, Amatina, annonça la vieille dame. Notre ministre général fait tout pour obtenir de l'avancement et vise peut-être même la papauté ! Il est prêt à sacrifier notre ami Conrad pour maintenir l'illusion d'une harmonie au sein de l'Ordre, comme il l'a fait avec le frère Jean de Parme.

Conrad sursauta en l'entendant. Lui-même aurait pu s'exprimer ainsi. Elle se tourna vers lui, le visage empreint d'inquiétude.

– Il faut vous sauver et retourner dans les montagnes.

Le plan de donna Giacoma le surprit, tout comme Amata. Il était déçu, et le fait de percevoir le même sentiment dans les yeux de la jeune fille ne lui rendait pas la chose plus facile.

– C'est un mauvais moment pour que notre petite famille soit réunie, poursuivit la vieille dame. L'idylle que nous avons vécue ce dernier mois n'était que passagère.

Elle posa sa canne, tendit les bras et prit chacun d'eux par la main. Conrad tressaillit, mais ne retira pas sa main.

– Si Dieu le veut, nous nous retrouverons un jour.

Elle relâcha leurs mains, reprit sa canne et s'adressa à Amata :

– Peux-tu rapporter les livres à Saint-Damien ? Il faut que nous agissions avant le lever du jour.

La jeune fille acquiesça et donna Giacoma enchaîna :

– Je pense que vous devriez quitter la ville ensemble, par la porte la plus proche, la porta di Murorupto, sur le mur nord. Vous vous tiendrez tout près pour quitter la ville au son de l'angélus quand la porte s'ouvrira.

Elle parlait avec la précision d'un général déployant ses troupes.

– Tes cheveux sont-ils très longs maintenant, mon enfant ? demanda-t-elle.

Amata souleva un coin de sa guimpe.

– Bien. Ils ne le sont pas encore trop. Il est temps que tu redeviennes un novice. Les gardes civils se poseront moins de questions en voyant deux frères quitter la ville que si vous voyagiez séparément.

Ses yeux verts brillèrent.

– Bonaventure ne sait pas que nous sommes au courant de son projet, alors nous profiterons de l'effet de surprise. Nous pouvons agir pendant que les frères dorment. Je doute que le ministre général ait déjà averti les gardes de la ville, mais les moines postés dans notre ruelle pourraient être plus vigilants que d'habitude. Amata, reste un jour ou deux à Saint-Damien avant de revenir ici. Quand

Bonaventure découvrira que Conrad s'est enfui, il pourrait rappeler ses sentinelles.

Son visage exprimait à la fois la fierté et la peur, la colère et la tristesse qu'elle ressentait devant cette brusque rupture. Elle semblait épuisée mais déterminée. Levant son visage vers le ciel, elle pria :

– Mon Dieu, ne me sépare pas de mes enfants une fois de plus.

25

Amata s'accroupit derrière Conrad dans le portique d'une maison qui bordait la piazza di San Francesco. La nuit dégageait une odeur de neige, de glace et de gadoue. Dans l'air sec, le moindre bruit – les rats trottinant dans les égouts à ciel ouvert, le vent faisant tinter les chaînes d'une enseigne de marchand – se répercutait à travers les rues désertes. Elle aurait souhaité pouvoir s'appuyer contre l'ermite pour se réchauffer...

La porta di Murorupto bloquait leur évasion. Amata et Conrad s'étaient levés dans l'obscurité du petit matin, lorsque les cloches de la basilique avaient convoqué les frères à matines. Ils étaient sortis furtivement de la maison de donna Giacoma. Les manuscrits étaient attachés au corps d'Amata. À ce moment, ils n'avaient vu aucun signe de la présence des sentinelles de Bonaventure, mais le fait d'attendre l'ouverture de la porte augmentait la nervosité de la jeune fille. Elle frissonna, à la fois d'anxiété et de froid, tandis que le vent mordait ses pieds et ses chevilles. Malgré ses mâchoires serrées, ses dents s'entrechoquaient. Conrad se retourna, les sourcils froncés :

– L'angélus devrait avoir sonné maintenant.

Il murmura quelque chose d'inaudible. Elle étira le cou pour voir par-dessus son épaule. Deux lanternes se balançaient dans la direction de la Via San Paolo, d'où Conrad et Amata étaient venus, et s'avançaient vers eux.

Quelques pas encore et elle put distinguer les silhouettes des frères.

– Attends ici, lui intima Conrad.

Il posa par terre les provisions que la cuisinière de donna Giacoma lui avait préparées pour le voyage.

– Prépare-toi à partir aussitôt que la porte s'ouvrira. Je te rejoindrai sur la route.

Avant qu'elle puisse répondre, il se leva et traversa le parvis sans tenter de se dissimuler, accélérant le pas, si bien qu'il courait lorsqu'il atteignit la basilique.

Les lanternes se tournèrent vers l'église. Amata garda les yeux fixés sur le mur le plus sombre de l'édifice, espérant le voir ressortir par une autre porte.

Les frères qui portaient les lanternes disparurent à leur tour dans la basilique et la peur saisit brutalement Amata. *Conrad ! Où êtes-vous donc ?*

Dans le campanile, la cloche sonna trois fois. L'angélus, enfin ! Pendant qu'elle se redressait en observant le portier qui sortait de la guérite, elle pria avec sincérité :

L'Ange du Seigneur se présenta à Marie et lui parla.
Et elle conçut du Saint-Esprit.
Ave Maria, gratia plena, Dominus tecum...

La cloche tinta trois autres fois et le gardien tira le lourd madrier qui barrait la porte. Toujours aucun signe de Conrad à l'extérieur de l'église.

Voici la servante du Seigneur ;
Qu'il m'arrive selon ta parole.
Ave Maria, gratia plena...

Elle devait partir. La cloche allait sonner trois autres fois, suivies d'un troisième silence pour le dernier *Ave Maria* et l'antienne, puis d'un carillon soutenu pendant que les fidèles de la ville, à demi réveillés, s'extirpaient de leur paillasse.

Amata marcha à pas feutrés vers la porte, mais la troisième série de carillons n'arriva pas. Elle traversait le centre de la place quand le portier s'arrêta et leva la tête vers le campanile, d'un air ébahi. Elle comprit pourquoi Conrad l'avait quittée, c'était lui qui tirait sur la cloche, et les frères aux lanternes l'avaient traqué ou, pis encore, capturé.

Le garde tenait toujours le madrier entre ses bras. Il se retourna brièvement vers la porte pour remettre la poutre en place. Une lanterne apparut au portail principal en direction de la guérite. Amata se trouvait emprisonnée dans la ville !

Au nord, à la lisière des maisons, une colline de broussailles s'élevait vers la Rocca. Les remparts de la cité s'étendaient le long de la colline pour englober la citadelle, et le mur nord de la Rocca formait une section du mur d'enceinte. Amata se rua dans les broussailles, afin de se glisser entre les maisons et la forteresse puis de suivre le mur jusqu'à la basse ville avant que les frères n'alertent les portiers de cet endroit. Elle ne pourrait se cacher dans les broussailles. Grâce à leurs lanternes, ils pourraient facilement suivre ses traces de pas dans la neige.

Soudain, elle entendit une voix forte lui crier :

– Toi là-bas, le frère ! Halte !

Sans un regard en arrière, elle commença à courir, mais ses sandales dérapaient sur la surface inégale des cailloux gelés. Elle perdit pied et laissa échapper un cri pendant qu'elle glissait sur une courte distance vers le bas de la colline. Elle sentit son cœur battre dans sa poitrine pendant qu'elle se relevait et reprenait sa course.

– Je vais le poursuivre, lança une voix derrière elle. Tu coupes à travers la ville et tu surveilles ce qui ce passe en bas.

Elle fonça à travers les buissons en espérant semer le vieil homme qui la pourchassait. Tout en courant, elle tentait de se retenir aux branches des arbustes pour garder son équilibre et elle sentait la peau de ses mains se déchirer par endroits. Les bruits de pas derrière elle s'étaient éloignés ; elle avait distancé le garde, mais il la suivait toujours. Des jurons ou le tintement du métal trahissaient sa position lorsqu'il glissait. Devant elle, les premières lueurs de l'aube laissaient deviner la silhouette du mont Subasio.

À mi-chemin du sommet, elle tomba sur une piste qui serpentait à travers les broussailles. Malgré la neige, la jeune fille reconnut la route de la Rocca. Elle s'arrêta un moment. Les efforts de l'homme semblaient laborieux et la pente abrupte pouvait le décourager assez pour qu'il abandonnât. Elle reprit sa course, mais s'arrêta presque aussitôt en entendant un staccato irrégulier au-dessus d'elle. Elle reconnut trop tard le son de sabots qui avançaient avec précaution ; le cavalier sortit soudain de l'obscurité devant elle. S'il avait galopé à bride abattue, l'énorme destrier l'aurait renversée.

Elle se précipita de l'autre côté du sentier, mais le cavalier lui bloqua le passage.

– Attendez, frère, dit-il. La providence vous a placé sur mon chemin.

Elle reconnut la voix gutturale de Calisto di Simon et s'arrêta brusquement.

Pendant un moment insoutenable, elle s'imagina que le gardien de nuit l'avait alerté, mais elle songea qu'il n'avait aucun moyen de connaître sa situation. Elle inclina la tête sous son capuchon et tenta de demeurer immobile.

– Es-tu un prêtre ? demanda Calisto. Mon père est mourant et doit se confesser.

Elle devait prendre rapidement une décision. Le garde allait surgir des broussailles à tout moment.

– Oui, signore, répondit-elle en rendant sa voix aussi grave que possible.

Elle n'avait pas parlé depuis qu'elle avait quitté la maison de donna Giacoma et le son râpeux qui était sorti de sa bouche contribuait à l'illusion.

– Faites-moi monter derrière vous. Nous n'avons pas de temps à perdre.

Calisto libéra son pied de l'étrier gauche et lui tendit la main pendant qu'elle y glissait sa sandale. Il avait refermé ses doigts sur la main de la jeune fille et celle-ci remarqua que l'index était demeuré droit. Elle se permit un sourire amer sous son capuchon pendant qu'elle grimpait sur la croupe du cheval. C'était une petite vengeance, mais elle savait qu'il n'oublierait jamais la fille qu'il avait tenté de violer. L'espace d'un instant, elle envisagea de finir le travail, d'enfoncer son couteau entre ses côtes et de lui voler sa monture. Mais elle resterait toujours prisonnière à l'intérieur des murs et un moine sur un cheval de bataille attirerait l'attention.

– Tiens-toi à ma ceinture, ordonna-t-il en éperonnant son destrier.

Elle souhaitait plutôt le saisir à la gorge... Du plat de la main, elle frappa le flanc de l'animal pour l'inciter à avancer plus rapidement. Elle éprouvait de la reconnaissance envers donna Giacoma, qui avait suggéré de sangler les livres autour de son buste, un devant et un derrière. Non seulement elle gardait plus de souplesse, mais le livre séparait son corps de celui de Calisto.

Elle discerna l'entrée du château devant elle, flanquée de torches et béante comme une mâchoire vorace. *Prépare-toi à retourner en enfer...*

Elle devait jouer son rôle. Elle n'avait vu administrer l'extrême-onction qu'une fois, à la mort de son grand-père, Nonno Capitanio. Elle n'avait aucune huile à sa disposition. Pouvait-elle utiliser l'huile d'olive de la maison en marmonnant quelque bénédiction ? Elle décida qu'elle allait proposer d'entendre la confession de Simon et prier Dieu d'inspirer ses actions à partir de là.

– Penche-toi ! cria Calisto pendant qu'ils entraient dans la cour avec un claquement de sabots.

La porte principale de la Rocca s'ouvrit et il poursuivit jusque dans le château. Il suivit plusieurs corridors jusqu'à la grand-salle. Elle glissa du cheval pendant qu'il mettait pied à terre et lançait les rênes à un serviteur. Plusieurs personnes portant des chandelles étaient rassemblées autour d'un lit, au milieu de la pièce.

Amata avait peine à croire que la silhouette blafarde et rabougrie enfouie dans les oreillers était celle de son ancien tortionnaire. À l'exception d'un bras qui reposait hors des couvertures, il était dans un cocon de draps. Elle marcha jusqu'à lui en prenant soin de garder son capuchon sur sa tête.

– Veuillez quitter la pièce et fermer les portes pour que je puisse entendre sa dernière confession, dit-elle.

– Il ne peut pas parler, répondit Calisto. Il ne fait que murmurer des mots incompréhensibles.

Elle n'avait pas envisagé cette possibilité. Elle tourna les yeux vers la forme immobile.

– Est-il paralysé ? Peut-il bouger sa main, ou même un doigt ?

– Il est paralysé, mais seulement d'un côté.

– Alors je lui réciterai la liste des péchés et il pourra répondre oui ou non en bougeant son doigt de haut en bas ou de droite à gauche.

Calisto acquiesça et escorta les autres hors de la pièce. Quand la porte se referma derrière eux et qu'elle se retrouva seule avec Simon, elle s'adressa à lui :

– Peux-tu m'entendre, misérable pécheur ?

Une expression de terreur envahit les yeux enfoncés de Simon quand il tourna son regard dans sa direction.

– Oui, tu es en train de mourir. On m'a demandé de soustraire ton âme aux flammes de l'enfer. As-tu jamais fait de faux serments ou invoqué en vain le nom de Dieu ?

La main bougea légèrement.

– Oui, bien sûr. Des milliers de fois, car je t'ai entendu de mes propres oreilles. Et n'as-tu pas déshonoré la Vierge Marie et ton épouse en commettant l'adultère, en abusant de tes serviteurs mâles et femelles et même de ta propre fille ? Ne mérites-tu pas de brûler en enfer pendant l'éternité ?

La terreur se mêlait maintenant à la supplication dans les orbites creuses, mais Amata n'allait pas s'arrêter pour autant.

– N'as-tu pas assassiné Buonconte di Capitanio pendant qu'il priait dans sa chapelle au Coldimezzo, de même que son fils et sa femme Cristiana ? N'as-tu pas réduit sa fille en esclavage ? Ne l'as-tu pas soumise aux abus les plus pervers ? N'essaie pas de nier tes péchés, Simon, car Dieu peut voir jusqu'au tréfonds de ton âme malfaisante.

Le vieux chevalier tenta de s'éloigner d'elle en se tordant sur son lit, mais elle lui saisit l'épaule et le retint. Elle repoussa son capuchon.

– Regarde-moi bien, jeta-t-elle. Vois que je suis cette même Amata, Amata di Buonconte dont tu as ruiné la vie, et non un prêtre. Je n'ai aucun pouvoir de soulager ton âme, même si je le voulais. Ce soir même, tu danseras avec le diable en enfer, et chaque soir par la suite, pour l'éternité. Tu es damné, Simon ! *Damné et condamné* !

Avec ce qui lui restait de forces, il tendit sa main valide vers une clochette qui se trouvait sur sa table de nuit, mais elle lui saisit le poignet et le tint suspendu dans les airs.

– Quand j'ai vécu prisonnière ici, tu étais comme une sangsue accrochée à mon cœur, qui aspirait ma vitalité. Enfin, la créature dégoûtante m'a quittée et elle est retournée à ton propre cœur, et je prie pour qu'elle se rassasie jusqu'à ce que ton corps soit trop desséché pour la nourrir.

Le chevalier se mit à tousser et une traînée de salive dégoulina sur son menton. Les toussotements se firent plus intenses pendant qu'il tentait de libérer sa main, et le visage blême prit d'abord une teinte bleuâtre puis vira au pourpre. Alors que son visage s'assombrissait, des poils blancs apparurent sur ses joues. Elle tint fermement son poignet jusqu'à ce qu'il cessât de bouger. Enfin, elle plaça le bras du vieillard sur sa poitrine, prit son autre bras sous la couverture et le plaça sur le premier.

Elle s'essuya les yeux du revers de la main pour sécher les larmes qui avaient surgi de manière inattendue.

– Tu as même volé l'anneau que Nonno Capitanio avait donné à mon père.

Amata tenta de retirer le lapis-lazuli de son doigt, mais la main était trop rigide.

Elle mit la main sur le couteau attaché à son poignet avec l'intention de lui couper le doigt, mais, à ce moment, la porte s'ouvrit. Elle recouvrit sa tête de son capuchon et dit d'une voix sombre :

– Il est parti. Puisse son âme recevoir sa juste récompense.

Elle agita la main au-dessus du corps en prenant soin de ne pas former un véritable signe de croix et de le bénir par accident, et se dirigea vers la porte. Dans le corridor, Calisto avait adopté une posture qui convenait au nouveau seigneur de la Rocca Paida.

– Arrête-toi à la cuisine avant de partir, Padre, proposa-t-il en faisant signe à une servante de l'accompagner.

Amata connaissait par cœur le chemin de la cuisine, tout comme elle savait où menait chaque corridor dans ce labyrinthe. Combien de fois elle et sa maîtresse avaient-elles joué à cache-cache dans ces couloirs ? Combien de fois les avaient-elles parcourus pour échapper à Simon et à ses fils ? À l'intersection de deux couloirs, elle laissa la servante continuer pendant qu'elle retirait ses sandales et se dirigeait sur la pointe des pieds vers la droite. Il fallait atteindre le prochain tournant avant que la femme s'aperçoive qu'elle ne suivait plus.

Elle tourna à gauche, puis à droite, descendit un escalier et arriva à une porte dans le mur nord du château. Elle enleva la barre qui la tenait fermée et ouvrit.

Enfin en sécurité hors des murs ! Maintenant, elle pourrait contourner Assise et, en restant à bonne distance des remparts, protégée des regards par les bosquets, se rendre sans encombre jusqu'à Saint-Damien. Elle rendrait les manuscrits et, si tout allait bien, rejoindrait Conrad. S'il avait réussi à s'enfuir, il devait être retourné dans son ermitage.

Le jour s'était levé. Le ciel était bleu, à l'exception d'un nuage noir qui flottait au-dessus de la Rocca. Il commença à dériver, d'abord lentement puis de plus en plus vite, vers le sud. *Voilà son âme perfide qui se dirige vers l'enfer*. Elle imagina Simon se tordant au milieu des flammes, hurlant de douleur alors que des légions de démons le transperçaient de leurs fourches brûlantes. *Merci, Seigneur, de m'avoir permis d'empêcher sa rédemption.*

Elle avait vengé la mort de ses parents, du moins en partie. Un jour, elle trouverait le moyen d'exercer une vengeance semblable contre Angelo Bernardone, le marchand de laine qui avait engagé Simon et ses deux fils sanguinaires.

26

Le premier jour, Conrad resta dans une cellule d'isolement, attendant que Bonaventure décide de son sort. Deux frères le fouillèrent, et prirent son bréviaire et la lettre de Léon, sa pierre de silex et son couteau. Il avait laissé ses notes chez donna Giacoma. Il avait mémorisé la lettre de son mentor longtemps auparavant et se sentait soulagé d'être débarrassé de ses autres biens. Il ne possédait plus que les vêtements qu'exigeait la pudeur. Les moines lui laissèrent ses vêtements – la vieille tunique usée et sa nouvelle bure. Toutefois, les frères emportèrent son manteau de laine et déchirèrent les capuchons de ses deux bures en signe de déchéance.

La cellule souterraine sentait le sol humide. Il était heureux de posséder une deuxième bure parce qu'il ne pouvait marcher pour se réchauffer.

Une menotte de fer ancrée dans le mur lui entourait la cheville et un collier de cuir limitait les mouvements de la partie supérieure de son corps. Après quelques heures dans cette pièce sans fenêtre, il perdit la notion du temps. Il ne savait plus à quel moment du jour ou de la nuit les frères étaient revenus. L'un d'eux libéra sa cheville et un autre le mena hors de la cellule au moyen d'une chaîne attachée à son collier. Il se souvint d'une fête villageoise où il avait vu un ours conduit de cette façon et enchaîné à un poteau.

Ainsi entravé, il devait combattre une meute de chiens féroces, jusqu'à ce qu'il saigne à mort...

Il dut fermer les yeux en entrant dans la pièce éclairée. Comme il les rouvrait petit à petit, il entrevit un feu qui rugissait dans un coin et une inquiétante collection de pinces et de tisonniers ainsi que des outils de fer à côté. Un troisième frère était penché au-dessus du feu. Ses geôliers l'avaient emmené dans une salle de torture... Il eut le sentiment que Bonaventure avait décidé de le marquer au fer rouge avant de le relâcher – un avertissement à l'intention des autres frères désobéissants. Au moment où Conrad entrait, le frère tortionnaire sortait un tisonnier des flammes et soufflait sur son extrémité rougie. De minuscules étincelles s'envolèrent du métal et le bout du tisonnier prit une vibrante teinte orange. *Et voici la serre du griffon.*

Les deux frères le menèrent jusqu'à un mur où ils lui lièrent les chevilles et les poignets. Une des menottes lui pinça la peau d'une jambe et il laissa échapper un cri involontaire. Sans se retourner, le tortionnaire laissa tomber :

– Comme l'aigle dit à l'agneau qu'il vient d'attraper « Tu peux toujours crier, mais le pire reste à venir. »

Conrad connaissait cette voix, mais, la dernière fois qu'il l'avait entendue, c'était son propriétaire qui était au supplice. L'homme se retourna et, dans la lumière vacillante du feu, l'ermite reconnut la tonsure blonde et le tissu cicatriciel qui recouvrait la moitié de son visage. La bouche tordue en un sourire pervers, Zefferino le toisait de son œil valide.

– Pas très agréable à voir, n'est-ce pas, frère ? Tu peux comprendre pourquoi j'ai demandé qu'on m'accorde ce poste de geôlier. Au-dessus du sol, ce visage ne suscite que répulsion et mépris.

Il fit signe aux deux autres de quitter la pièce.

– La torture est un métier nouveau pour moi. Je ne veux pas saboter mon travail, expliqua-t-il.

– Qu'as-tu l'intention de faire ?

– De respecter l'ancienne loi : œil pour œil.

Il lança à Conrad un regard de méchanceté pure.

– Mais pourquoi ?

– Pour t'être mêlé de ce qui ne te regardait pas. Croyais-tu pouvoir ignorer l'avertissement du ministre général sans en payer le prix ? *Quando si è in ballo, bisogna ballare* – quand tu te rends au bal, du dois danser.

– Zefferino, pour l'amour du ciel ! Je t'ai confessé quand tu te croyais à l'agonie et je t'ai envoyé de l'aide à la chapelle... Le Christ a imposé une loi d'amour et de pardon. « Pardonne à ton ennemi soixante-dix fois sept fois. »

– Il a dit aussi : « Si ton œil droit est pour toi une occasion de chute, arrache-le et jette-le. » Et ta vue m'offense, frère Conrad. C'est à cause de toi que je suis ce que je suis.

Pendant que le moine traversait la pièce, Conrad se remémora un épisode de la vie de saint François, à l'époque où les médecins tentaient de guérir sa cécité en cautérisant les veines de la mâchoire au sourcil. Même s'il avait peur, François implora son frère le Feu : « Sois bon pour moi en ce moment. Sois courtois. Réfrène ta chaleur, que je puisse la supporter. »

Conrad répéta la supplication en regardant le tisonnier.

Il sentit l'odeur du fer incandescent près de son visage puis ferma les yeux. Une douleur foudroyante traversa sa paupière alors que le tisonnier brûlait sa chair. Il hurla malgré l'image de saint François qu'il tentait de garder à l'esprit.

– Tu peux t'estimer heureux que je n'aie perdu qu'un œil, frère ! cria Zefferino par-dessus ses cris de douleur, juste avant que Conrad ne s'affaisse, inconscient.

Orfeo n'avait jamais imaginé être si heureux de voir les remparts d'Assise. La dernière semaine de leur voyage avait été atroce. La neige s'accumulait à mesure qu'ils progressaient, et les loups qui se nourrissaient des restes en suivant leur convoi devenaient de plus en plus audacieux. Une nuit, les Romains avaient perdu deux chevaux lorsque les animaux effrayés s'étaient libérés de leurs attaches et enfuis du camp, en entraînant la meute de loups à leur suite. Les loups n'avaient reparu que deux jours plus tard.

Les longues heures à cheval l'avaient épuisé. S'il avait appris quelque chose pendant ce voyage, c'était qu'il préférait le dur banc de bois d'une galère à une selle de cuir. À tout le moins, le banc ne bougeait pas sans cesse. Le pape avait été encore plus malmené, alors que son carrosse bringuebalait sur les pavés de la grand-route. Tebaldo se réjouissait des arrêts de nuit dans les villes et villages importants, où il pouvait sortir se promener et s'étirer tout en répondant d'un geste de la main aux vivats des villageois.

L'entourage du Saint-Père avait atteint la porte sud-est d'Assise. Les habitants s'étaient rassemblés le long du mur sud. Dans les merlons des remparts, ils se penchaient et agitaient les bras tandis que des centaines d'autres arrivaient. Comme à chaque étape de leur voyage, les collines résonnaient de « *Viva il papa* ! ».

Au bas de la colline, sur sa gauche, Orfeo distingua le couvent où vivaient les religieuses de son oncle François. Une femme solitaire, portant une bure grise sous un court manteau noir, grimpait le sentier venant de Saint-Damien. Elle avançait à grands pas vers la route principale, se précipitant pour assister au spectacle.

Orfeo descendit de sa selle lorsque le carrosse pontifical s'arrêta devant la porte. La foule s'écarta pour livrer passage à un homme vêtu en civil et à un frère. Le pape descendit du carrosse pour aller à leur rencontre.

Orfeo devina qu'il s'agissait du maire et de Bonaventure, le ministre général que Tebaldo tenait en si haute estime. Il ne manquait que l'évêque d'Assise pour compléter le tableau.

Serrant d'une main la bride de son cheval, le jeune homme s'approcha pendant que les dirigeants laïques et religieux s'agenouillaient devant le pape et baisaient son anneau. Quant ils se relevèrent, Tebaldo entretint surtout

Bonaventure de la réforme de l'Église et d'un concile qu'il avait l'intention de convoquer une fois qu'il aurait pris ses fonctions. Le ministre général lui répondit que le palais de l'évêque avait été préparé pour le recevoir et qu'il souhaitait discuter avec lui de la nomination d'un nouvel évêque. Il songeait à un excellent candidat, l'un de ses propres frères. À ce moment, Tebaldo fit signe à Orfeo de s'approcher, et les deux hommes s'éloignèrent.

– Laisse-moi te bénir, mon fils, avant que tu ne partes. Sache que je te serai éternellement reconnaissant de ton aide, et si jamais tu as besoin d'une faveur, tu n'auras qu'à la demander.

Orfeo s'agenouilla devant le pape, dans la neige mêlée de boue. Tebaldo plaça les deux mains sur sa tête et pria doucement. Puis il prit Orfeo par les épaules et l'aida à se relever.

– Souviens-toi de ce que je t'ai dit. L'inimitié entre un père et un fils perturbe l'ordre naturel. Va maintenant et fais la paix dans ton foyer. Puisses-tu vivre longtemps dans l'abondance et dans la joie, et puisse Notre-Seigneur t'accueillir en Son sein à la fin de ta vie. Je me souviendrai toujours de toi.

Pendant la bénédiction, la foule s'était approchée. Orfeo regarda autour de lui et vit dans les yeux des spectateurs un respect qui frôlait la vénération. À n'en pas douter, la foule ne le reconnaissait pas comme un des siens ; on savait seulement qu'il était un favori du Saint-Père.

La femme au manteau noir se tenait devant les autres. Elle était jeune et jolie, et son visage lui parut vaguement familier, même si la plupart des femmes de cette région avaient les mêmes yeux sombres en amande. Elle aussi le regardait d'un air curieux.

Des notables s'avancèrent pour recevoir la bénédiction du pontife. Orfeo tira sur les rênes de son cheval et se fraya un passage à travers la cohue pour atteindre la porte. Il remarqua que la femme l'avait suivi sur une courte distance, peut-être pour entendre ce qu'il allait dire au portier. Il profiterait de cette occasion pour se présenter à elle.

Le portier le salua.

– Prévoyez-vous de demeurer chez nous un certain temps, signore ?

– Je suis revenu chez moi. Je ne sais pas encore pour combien de temps.

Il éclata de rire en voyant le regard étonné du garde.

– Ne me reconnais-tu pas, Adamo ? Je suis Orfeo di Angelo Bernardone.

– Mon Dieu, comme tu as grandi ! répondit le garde. Tu n'étais qu'un gringalet quand tu es parti. Tu es devenu un homme.

Orfeo sourit et jeta un coup d'œil vers la femme. La férocité qui animait son regard alors qu'elle passait près de lui le laissa stupéfait.

Amata songea au fils de Bernardone, Orfeo, qu'elle venait d'apercevoir. Son imagination bouillonnait. Le vieil Angelo souffrirait probablement plus si elle tuait son enfant que si elle l'attaquait directement. Elle se renseignerait auprès de maestro Roberto pour savoir où vivait le clan. Elle inventerait un prétexte pour s'y rendre, peut-être un jour de marché, lorsque les Bernardone quitteraient leur maison pour vendre leurs produits. Pour sa propre sécurité, elle détruirait la famille tout entière, mais, si elle ne se vengeait que sur cet Orfeo avant que quelqu'un lui retire le couteau des mains, elle pourrait mourir satisfaite.

L'euphorie qui avait saisi Amata depuis qu'elle avait expédié Simon della Rocca en enfer s'évanouit à son retour chez donna Giacoma.

– Conrad est entre les mains de Bonaventure, lui annonça la vieille dame. Le jeune Ubertin est revenu la nuit dernière. Il dit que les frères ont capturé Conrad dans la basilique et l'ont conduit dans les donjons.

Amata eut besoin de temps pour absorber le choc de cette nouvelle. Son esprit était encore rempli d'idées de vengeance contre Angelo Bernardone.

– J'étais revenue vous dire que je voulais l'accompagner dans les montagnes...

– *Amor regge senza legge* – l'amour n'obéit à aucune loi... Cela n'aurait jamais été possible, mon enfant. Où qu'il vive, libre ou prisonnier, Conrad n'appartient qu'à Dieu. Mais reste ici avec nous et sois patiente. Il pourrait être libéré.

Amata inclina la tête, même si elle avait à peine entendu les paroles de donna Giacoma. Elle se rendit à sa chambre dans un état d'hébétude, s'étendit sur son lit et replia un bras sur son visage. Elle toucha l'arme sous sa manche en luttant contre le désir de pleurer. *Il ne me reste que la vengeance.*

Son esprit retourna au Coldimezzo et, du parapet de la tour, elle entendit à nouveau la querelle entre son père et le marchand de laine. Elle se souvint de la manière dont les fils d'Angelo Bernardone s'étaient rassemblés autour de leur père pendant qu'il lançait des imprécations. Tous sauf un, ce joli garçon qui avait suscité chez elle le rêve d'avoir des enfants. Celui-ci était resté à l'écart de la dispute. Il avait fabriqué une marionnette avec une écharpe jaune et s'était tourné sur sa selle pour lui sourire – le sourire qu'il venait de lui adresser à la porte de la ville.

Elle ne put retenir ses larmes.

– Pas lui ! Papa, maman, Fabiano... Est-ce lui qui doit payer ?

Elle pleura jusqu'à ce que toute la tristesse ait quitté son cœur. Puis elle s'assit sur le rebord de son lit et s'essuya le visage avec sa manche. Pendant que son cœur se pétrifiait dans sa poitrine, elle murmura son vœu :

– Qu'il en soit ainsi. Même lui.

Conrad luttait à chaque instant pour supporter l'atroce douleur. *Je peux endurer la souffrance tout ce temps, et même davantage. Tout ce temps, et même davantage. Tout ce temps...*

Il titubait derrière la torche de Zefferino, protégeant de la paume de sa main son œil mutilé. Il entendit le son d'une clé dans un cadenas, et le geôlier souleva la grille qui menait à une cellule. Encore tremblant, Conrad descendit les marches froides. Dans la salle de torture, Zefferino avait attaché des bandes de cuir à ses chevilles; il passa une chaîne à travers les anneaux des menottes. Une obscurité profonde s'installa autour de Conrad quand le garde eut refermé la grille et que la torche se fut éloignée le long du conduit qui servait de corridor. Il lutta pour demeurer conscient, mais succomba, sombra dans le néant.

Quelque temps plus tard – il n'aurait su dire si des minutes, des heures ou des jours s'étaient écoulés –, il se mit avec peine sur ses pieds. Il avait cessé de trembler, mais la douleur de son œil restait insoutenable.

C'était une autre cellule que celle où il avait attendu plus tôt. Le plancher descendait à partir des marches jusque dans le recoin le plus éloigné, et le silence n'y était pas absolu. De l'eau dégoulinait de la paroi sur sa droite. Les mains tâtonnant sur le mur de pierre, il parvint à l'endroit où l'eau s'égouttait et plaça son œil sous l'eau froide avec un sentiment de reconnaissance.

Il perçut une odeur pestilentielle provenant du coin le plus éloigné de la pièce : l'eau devait s'accumuler à cet endroit et servir de latrines avant de s'écouler par un trou dans le mur. Mais si les latrines dégageaient une telle odeur, quelqu'un devait les utiliser. Il tourna la tête et, de son œil valide, tenta de percer l'obscurité ambiante.

– Y a-t-il un autre prisonnier ici ?

Un cliquetis métallique se répercuta dans la pièce alors que se faisait entendre une voix faible qui ressemblait à un râle.

– Pourquoi restes-tu ici, maman ? Pourquoi ne pouvons-nous pas partir ?

– Quel est ton nom, frère ? demanda Conrad.

– Une haie d'arbres m'entoure, un coucou chante pour moi.

Conrad appuya son visage contre le mur. L'eau se déversait sur sa joue et sa bure comme une chape de désespoir. Il savait qu'au cours des années de nombreux frères avaient été arrêtés en tant que schismatiques et hérétiques, condamnés à l'emprisonnement perpétuel, privés de sacrements. Chaque semaine, le lecteur hebdomadaire relisait leurs sentences dans les chapitres des diverses communautés en laissant entendre que tout frère qui réfléchirait à voix haute sur l'injustice de ces sentences connaîtrait le même sort.

L'homme se récita un poème que Conrad avait appris dans sa jeunesse :

Le navire quitte le port à la nuit tombée
Sous l'éclat de la lune argentée,
Ses voiles blanches gonflées.
Le navire quitte le port à la nuit tombée.

Conrad eut soudain une idée troublante à propos de l'identité de son compagnon de cellule. Il éleva la voix et risqua d'une voix hésitante :

– Jean... Jean. Il est temps de rentrer.

– *Vengo, mamma,* répliqua le malheureux d'une voix enfantine. Je viens.

Le cliquetis des chaînes se rapprocha alors que l'homme comblait lentement l'espace entre eux. Quand il se trouva à quelques pas de lui, Conrad vit la créature cadavérique, à demi nue : une silhouette spectrale qui oscillait dans l'obscurité. Le prisonnier aurait pu être un squelette rejeté sur les côtes, n'eussent été ses longs cheveux blancs et sa barbe en bataille qui atteignait presque ses hanches. Conrad étendit la main et toucha les côtes de Jean.

– Pauvre garçon, dit-il. Tu as perdu ton manteau.

Des larmes salées poignardèrent son œil mutilé pendant qu'il retirait sa bure neuve et aidait son compagnon à l'endosser. Puis il serra contre lui la pauvre créature desséchée et la berça comme il avait bercé Amata sur le flanc de la montagne, les deux hommes se balançant au rythme du cliquetis de leurs chaînes.

– *Mettisi il cuore in pace*, Jean. Rassure-toi. Maman va prendre soin de toi.

– Pourquoi ne pouvons-nous pas partir, maman ? Je n'aime pas cet endroit.

– Un jour, murmura Conrad d'une voix apaisante. Un jour.

Désireux de voir l'intervention de Dieu dans toutes les situations, Conrad trembla à la vue du malheureux qui partageait sa cellule. Ce fut là l'effet troublant qu'eurent sur lui ces tristes retrouvailles avec le héros qu'il avait admiré autant que le frère Léon : Jean de Parme, le ministre général universellement vénéré, puis démis de ses fonctions.

27

En arrivant au marché, Orfeo reconnut les lieux qui avaient constitué l'univers de son enfance : le temple de Minerve, la chiesa di San Niccolo, devant la maison de ses parents. La place avait été pavée de briques pendant son absence. Sur sa gauche, il voyait l'éventaire permanent de sa famille. La maison et l'entreprise familiales étaient situées au cœur de la ville ; la place du Marché n'était qu'à quelques pas de l'entrepôt où les ouvriers de son père transformaient en laine les toisons qui arrivaient de toute l'Ombrie.

Orfeo guida son cheval autour de l'église jusqu'à la maison de pierre où il avait passé les quinze premières années de sa vie. L'endroit semblait étrangement tranquille. Sans doute la maisonnée et les travailleurs étaient-ils allés en ville assister à l'arrivée du pape.

Il pénétra dans la cour, attacha sa monture et frappa à la porte ; le son lui sembla creux dans le silence de la ville. Le battant s'ouvrit sur un serviteur qu'il ne connaissait pas, un homme grand et costaud qui devait se pencher pour le regarder. Il ressemblait plutôt à un soldat qu'à un domestique. Le serviteur confirma que les frères d'Orfeo étaient partis.

– Alors, j'attendrai leur retour à l'intérieur. Je suis le plus jeune fils du sieur Angelo.

Le serviteur prit un air soupçonneux.

– Je croyais connaître tous les fils du signore. Si vous voulez parler à votre père, vous le trouverez dans son cabinet de travail. Je vais vous montrer le chemin.

– Ce n'est pas nécessaire. Je sais où il se trouve.

C'était bien le style de son père de compter son argent en laissant passer une occasion unique de voir un pape... Toutefois, Orfeo était soulagé de pouvoir parler seul avec lui avant le retour de ses frères. Ces retrouvailles seraient déjà assez difficiles sans qu'il y ait de spectateurs.

– Je vous accompagne tout de même, répliqua l'homme d'une voix ferme.

Il croisa les bras sur sa poitrine, bloquant le passage.

– Bien sûr. Il n'aimerait sûrement pas qu'un étranger surgisse dans son dos.

Son demi-sourire ne suscita aucune réaction. L'homme fit un pas de côté et ils traversèrent la maison jusqu'à l'aire de travail. Le cœur d'Orfeo battait à grands coups quand le serviteur lui ouvrit la porte du cabinet. Il essuya ses mains moites sur sa tunique.

Son père se tenait assis à une table devant une fenêtre, le dos à la porte, des feuilles de parchemin étalées devant lui. Absorbé par son travail, il ne jeta qu'un bref coup d'œil à Orfeo et au serviteur.

Angelo Bernardone avait été un homme robuste, comme son plus jeune fils, mais tant de décennies passées à son bureau l'avaient rendu obèse. La main potelée qui tenait la plume au-dessus du parchemin portait une pierre précieuse à chaque doigt, sans doute pour atténuer la douleur dans ses jointures. Il portait un brassard noir autour de sa manche.

– Vous faites de la comptabilité, père, pendant que le Saint-Père est en ville ?

Orfeo espéra que la cordialité de son ton ne semblait pas trop forcée.

Son père grogna, le nez toujours enfoui dans son travail.

– C'est ce maudit système de livres de comptes à partie double que les Florentins ont conçu...

Il semblait sur le point d'expliquer le système, mais s'arrêta et se tourna lourdement sur son tabouret.

– Qui es-tu donc ?

– Ai-je tant changé ? Je suis Orfeo.

Il tenta de sourire malgré le découragement qui l'avait saisi. Il sentait déjà que sa tentative de réconciliation serait un échec.

– Je ne connais personne de ce nom. Quitte ma maison.

Le serviteur posa la main sur son épée, mais Orfeo l'arrêta d'un geste.

– Père, ce n'est pas facile pour moi non plus. J'ai parcouru tout ce chemin depuis Acre, avec notre nouveau pape, et je suis ici aujourd'hui parce qu'il a personnellement insisté pour que je fasse la paix avec vous.

La série de mentons d'Angelo Bernardone s'empourpra.

– Le pape lui-même, dis-tu ? Et cela devrait-il m'inciter à pardonner à un enfant ingrat qui a tourné le dos à son propre père et à ses frères ? Souviens-toi que j'ai grandi dans la maison d'un fou que tous les habitants d'Assise considèrent comme un deuxième Christ. De toute évidence, les saints hommes m'impressionnent moins que toi. Non, voici la paix que je t'offre, Orfeo... Écoute-moi bien. Tu ne feras plus jamais partie de cette famille. Si tu te maries, je déclare ta femme veuve, et tes enfants, orphelins. Ton héritage ira à tes frères. Le seul refuge que je t'offre, ce sont les quatre vents. Je te remets aux soins des bêtes de la forêt, des oiseaux des cieux et des poissons de la mer.

Il retourna à ses livres de comptes.

– Voilà ta paix. Hors de ma vue, maintenant !

Orfeo en avait assez entendu.

– Ne craignez-vous pas l'enfer lui-même, vieil assassin ? D'abord, vous et Simon della Rocca massacrez les gens du Coldimezzo, et aujourd'hui vous déclarez mort votre propre fils ? Même le père du fils prodigue a fait abattre le veau gras plutôt que son fils.

– Ils n'ont pas tous été tués. Simon a épargné la fille.

Pendant un moment, il avait perdu son arrogance.

– L'enfant est toujours vivante ?

– Je ne sais pas. Je t'aurais dit de le demander à Simon, car il en a fait une esclave dans sa maison, mais il est mort voilà deux jours, répondit Bernardone en désignant son brassard.

– Je ne m'étonne pas que vous sembliez si effrayé. Vos péchés vous pèsent.

Le corps massif de son père semblait s'affaisser. La main du vieillard tremblait lorsqu'il posa sa plume. Orfeo se surprit à espérer que, à défaut d'autres raisons, la peur du jugement de Dieu pourrait favoriser une certaine réconciliation.

Pendant un moment, la tête de Bernardone s'inclina sur sa poitrine, puis il la releva soudain, les yeux fixés sur Orfeo sous les paupières épaisses.

– Il y a une chose que j'avais l'intention de te laisser. Je vais te la donner maintenant parce que j'espère ne plus jamais revoir ton visage de traître de ce côté-ci du royaume d'Hadès.

Angelo saisit un anneau à l'un de ses doigts, le retira et le lança en direction d'Orfeo. L'anneau tinta en roulant sur le plancher de l'atelier.

– Donne-lui ceci puis escorte-le jusqu'à la sortie, ordonna le vieux Bernardone à son serviteur.

L'homme ramassa l'anneau d'or et le tendit à Orfeo, qui l'examina et frotta avec curiosité son pouce sur la pierre bleue. Il le glissa à son doigt, s'inclina légèrement en direction de son père puis, sans un mot, suivit le serviteur.

La seule bonne nouvelle qu'il eût entendue depuis qu'il avait quitté l'entourage du pape était la possibilité que la jeune fille du Coldimezzo ait survécu. Si le nouveau seigneur de la Rocca l'avait gardée comme esclave, il pourrait en partie expier le crime de son père en rachetant sa liberté.

Il avait à peine assez d'argent pour survivre pendant quelques jours... Son sac de marin contenait surtout des vêtements, et sa bourse quelques piécettes. S'il ne trouvait pas bientôt du travail, il devrait mendier ses repas comme un frère itinérant.

La population envahissait à nouveau les rues. Tebaldo devait être arrivé au palais épiscopal.

Piccardo, son frère, l'aperçut le premier. Il surprit même Orfeo en le reconnaissant immédiatement, alors qu'il l'appelait par son nom de l'autre côté du marché. Puis il courut à sa rencontre pendant que le reste du clan continuait à marcher d'un même pas mesuré. Comme ils approchaient, Orfeo remarqua que les choses avaient peu changé en six ans : Dante dominait toujours les plus jeunes.

– Orfeo, dit l'aîné avec une brève inclinaison de la tête en arrivant à sa hauteur.

Il nc faisait aucun effort pour cacher son mépris.

– Adamo nous a avertis que tu étais revenu en ville ce matin. Ne t'attends pas à ce que nous te recevions avec des cris de joie, malgré les effusions infantiles de Piccardo.

– J'ai déjà parlé avec *ton* père, répondit Orfeo. Je suis sûr que tu partages ses sentiments. Comme toujours. J'espérais obtenir quelque argent, suffisamment pour retourner à Venise, ou même un travail dans l'atelier jusqu'à ce que j'aie amassé assez d'économies.

– Alors tu ferais mieux de trouver du travail. Ailleurs.

Dante reprit sa marche, emmenant les autres hommes de la maisonnée dans son sillage. Seul Piccardo resta à la traîne, incertain de la direction à prendre.

Orfeo écarta les doigts pour montrer l'anneau à son frère.

– Père m'a donné ceci. Dommage que la pierre soit si éraflée. Quelque riche *padrone* aurait pu m'en donner quelque chose. Tu vois, Piccardo ?

Son frère secoua la tête. Ses yeux bruns suivirent Dante jusqu'à ce que sa silhouette imposante disparaisse derrière l'église.

– Qu'est-ce qui se passe ? s'étonna Orfeo.

– Ne porte pas cet anneau, dit Piccardo. Il te fera tuer.

– Pourquoi ?

– Je l'ignore. Cet anneau a une histoire. Seuls les membres de la confrérie de papa peuvent le porter. C'est tout ce que je sais. Si quelqu'un est vu avec cet anneau, la confrérie a juré de le tuer immédiatement. Mais je ne sais pas qui sont les autres.

Orfeo éclata de rire devant l'air solennel de Piccardo.

– Joli cadeau de la part de notre père, n'est-ce pas ? Je me demande s'il ne l'a pas enduit de poison !

– Ne plaisante pas, Orfeo. C'est très grave.

Orfeo glissa l'anneau dans sa bourse.

– Je te remercie, mon frère, de te préoccuper de mon sort. L'anneau est caché, maintenant. De toute façon, il est trop grand pour mon doigt.

Il grimpa sur son cheval.

– Je te reverrai au *mercato* si je ne meurs pas de faim d'ici là.

Piccardo saisit la bride du cheval, hésitant à laisser partir Orfeo.

– Domenico, le marchand de tissus, cherche quelqu'un pour conduire une expédition commerciale en Flandre. Tu aimes voyager et tu connais la différence entre le samit et le damas.

– Le vieux concurrent de notre père ? Excellente idée !

Il se pencha et donna une tape sur l'épaule de son frère.

– Ne t'inquiète pas, Piccardo. Je ne resterai pas dans les parages pour te mettre dans l'embarras ou exaspérer notre père. Que la paix soit avec toi, comme avait l'habitude de dire oncle François.

Piccardo lâcha la bride et empoigna le bras de son cadet.

– Et qu'elle soit avec toi aussi, Orfeo. Je suis sincère.

En quelques semaines, le monde extérieur sembla s'évanouir, aspiré par le passé, dans le marécage des souvenirs de Conrad. Comme l'homme agonisant qui voit défiler sa vie devant ses yeux, son esprit, les premiers jours, avait été submergé de souvenirs de Léon, de Giacomina et d'Amatina. Il avait eu un sourire amer quand les noms familiers des deux femmes avaient envahi ses pensées. Quand il vivait à l'extérieur, il se tenait à distance, et maintenant elles lui semblaient plus proches que jamais. Chaque jour il se récitait le message de Léon pour ne pas l'oublier, bien que son importance commençât à lui échapper.

La plupart du temps, il pensait à Rosanna. Une multitude de souvenirs d'enfance venaient peupler son esprit, mais bientôt il en vint à ne plus pouvoir distinguer ceux qui étaient vrais de ceux que lui suggérait son imagination.

Il comptait les jours au fil des repas. La nourriture semblait constituée des restes de la collation de midi et il devina que le garde les faisait descendre dans la cellule après none, chaque après-midi, bien que la pièce demeurât aussi obscure qu'à l'habitude. Quotidiennement, les deux prisonniers recevaient chacun dix morceaux de pain, un oignon, deux bols de bouillon qui contenaient parfois un ou deux morceaux de légumes, et une pomme ou une poignée d'olives. Conrad cachait l'oignon et une partie du pain pour plus tard, dans un panier sur le mur, hors d'atteinte des rats qui nageaient jusqu'au donjon par les latrines. Ensuite, lui et Jean buvaient leur bouillon. Conrad prenait quelques petites bouchées de sa pomme et donnait le reste à son compagnon d'infortune. L'ermite maigrissait, mais il espérait qu'ainsi Jean prendrait du poids.

Un après-midi, peu après son incarcération, il constata que chaque bol contenait un cube de porc.

– Qu'est-ce qui nous vaut cette générosité ? demanda Conrad à travers la grille.

Comme son geôlier ne lui adressait jamais la parole, il ne s'attendait nullement à obtenir une réponse. Mais, ce jour-là, Zefferino grogna *Buon Natale* avant de repartir nourrir les autres prisonniers.

Noël ? Déjà ? Conrad avait plus ou moins compté les jours dans sa cellule, mais il avait perdu le fil.

Il avait une seule chose à offrir. Il prit le morceau de viande dans son bol et le mit dans celui de son compagnon.

– *Buon Natale*, Jean, dit-il en déposant le seau sur le sol près de lui.

À compter de ce moment, il commença à creuser des trous dans le mur pour marquer le passage des jours.

Chaque matin, ou ce qu'il pensait être le matin ou d'après les pas de Zefferino au-dessus, Conrad récitait tout haut une messe dont il ne pouvait se souvenir en totalité. Petit à petit, Jean commença à répéter avec lui des fragments de psaumes et de prières. Conrad en tira du courage. Après chaque repas, il disait :

– Maintenant nous devons payer notre Divin Hôtelier avec la seule monnaie que nous possédions.

Ensemble, ils récitaient cinq *Pater Noster*, dix *Ave Maria* ou d'autres prières familières qui restaient quelque part dans la mémoire de l'ancien ministre général.

Parfois, pour se réchauffer, ils terminaient leurs repas et leurs grâces par une danse. Ils sautillaient en clopinant comme des chevaux, en tapant des mains et en faisant cliqueter leurs chaînes. Conrad dirigeait les chants. Il évitait les chansons enfantines du type de celle chantée par Jean la première journée. Il entonnait une comptine populaire en latin qu'il avait apprise à l'université ou un hymne entraînant tiré de la liturgie. Il espérait ainsi réveiller progressivement chez son compagnon les souvenirs du début de sa vie d'homme. Avec l'aide de Dieu, le vieillard rassemblerait ses souvenirs jusqu'à aujourd'hui, ou à tout le moins jusqu'au moment où la mémoire avait cessé d'avoir de l'importance à ses yeux.

Environ deux semaines après Noël, Zefferino parla de nouveau. C'était peu, tout juste assez pour encourager Conrad. Lui et Jean venaient de terminer de danser et de chanter le *Cantique de frère Soleil* de saint François quand il entendit une troisième voix chanter doucement, là-haut. À la fin du cantique, Zefferino s'éloigna. Conrad haussa les épaules à l'adresse de Jean, qui lui renvoya un sourire espiègle puis mit un doigt sur ses lèvres et roula des yeux. L'ancien ministre général ne demandait plus quand ils allaient partir.

L'œil de Conrad ne le faisait presque plus souffrir, mais par moments une douleur aiguë le saisissait. Toutefois, il ne croyait pas que l'œil se fût infecté et il en remerciait le ciel. Les nuits de souffrance, il se tordait sur le sol. S'il dormait, ses rêves étaient peuplés de cauchemars pleins de tortionnaires, de scènes d'enfer et de mers tumultueuses.

Une nuit, vers la fin de janvier, le bruit de l'eau des latrines se répercuta dans ses oreilles comme un torrent puissant. Il pensa que la pluie devait tomber violemment à l'extérieur, ou peut-être que la neige avait commencé à fondre en gonflant le ruisseau. La cellule semblait trembler, et il rêva qu'il se tenait agrippé au mât d'un navire battu par des vagues immenses. Des cris de terreur montaient de l'équipage impuissant. Autour du bateau, des monstres marins sautaient dans les airs en regardant les misérables humains d'un air vorace. Soudain, ils se rassemblèrent et se ruèrent sur Conrad, formant une meute de fantômes grouillants aux orbites enflammées et aux dents grinçantes dans des gueules écumantes. Ils le jetèrent sur le pont du navire et se précipitèrent sur lui, lui mordant les chevilles et le visage. Alors qu'il tentait de les repousser, il comprit que ce n'était plus lui qui luttait ainsi, mais son père noyé. Il s'assit brusquement en jetant un cri de terreur. Deux rats s'enfuirent.

Jean se réveilla en sursaut et commença à pleurer doucement.

– Je vais bien, dit Conrad quand son cœur eut repris son rythme normal. Les démons m'ont beaucoup malmené cette nuit, mais ils sont partis maintenant. Rendors-toi, mon petit.

Certains jours, son œil ne le faisait pas trop souffrir et le froid lui semblait tolérable. Jean dormait la plupart du temps et Conrad profitait de ces moments de quiétude pour s'adonner à la contemplation. Une fois débarrassé de la nécessité de subvenir à ses besoins, de résoudre l'énigme de Léon, de faire face aux émotions qui le tiraillaient sans cesse, sa prière atteignait une profondeur qu'elle n'avait jamais égalée dans son ermitage. Aucun son ni aucune image ne le distrayait ; l'obscurité du dehors et celle qui l'habitait semblaient se fondre en une seule noirceur, son corps n'étant plus qu'un voile qui flottait entre elles à chaque respiration.

Le premier jour de février, l'Église célébrait la purification de la mère de Jésus. Conrad adressa avec ferveur une prière à la Vierge. Pendant qu'il priait, il eut l'impression qu'il était revenu sur sa montagne, entouré de chants d'oiseaux, tant était profond le sentiment d'extase qui se propageait en lui. Une douce lumière bleutée s'éleva, puis un flamboiement soudain... Quand il reprit ses sens, une lanterne vacillait au-dessus de sa tête, dans l'obscurité revenue.

La grille s'ouvrit et des pas descendirent les marches. Puis le geôlier s'approcha de l'ermite et s'agenouilla devant lui.

– Pardonne-moi, frère Conrad, dit Zefferino. Je ne savais pas que tu étais l'un d'eux. La lueur qui émanait de ta cellule dans le corridor...

Il s'interrompit, incapable d'exprimer davantage ses regrets.

Il entendit derrière lui les chaînes de Jean remuer sur le sol. Attiré par la lueur de la lanterne et les voix, il rampait.

Zefferino posa sa lanterne sur le sol et ouvrit les doigts. Dans la lumière vacillante, les trois hommes se tinrent par les mains. Pendant plusieurs minutes, ils demeurèrent agenouillés en silence, trois hommes malmenés par le sort : le vieux roi déchu flanqué de ses valets borgnes.

– Rendons grâce à Dieu, murmura enfin Conrad, pour les événements qui ont lié nos destins.

Avec un tel soutien, il savait qu'ils pouvaient traverser cette épreuve.

DEUXIÈME PARTIE

Il poverello

28

Fête de saint Polycarpe
4 février 1274

Neno se tenait immobile sur le banc usé de son char à bœufs, silencieux et solide comme un roc. Penché sur ses rênes, il tournait le dos aux vents qui soufflaient des Alpes, le poussant vers l'Ombrie. À titre de charretier principal, il avait pris la tête de la caravane, travail assez simple en fin de journée alors que les roues de nombreux véhicules indiquaient déjà la direction de la route. Les matins étaient différents, en particulier quand une nuit neigeuse avait enterré les ornières des plaines d'argile sous de nouvelles congères.

Le marchand de tissu a bien fait d'embaucher cet Orfeo, pensa Neno, *un homme qui comprend ce que signifie le dur travail, qui boit comme un Turc avec les charretiers, toujours préoccupé du sort des hommes et des bêtes qui lui ont été confiés*. Et avec un regard d'aigle par-dessus le marché ! Après deux mois passés à la foire de la Saint-Rémi, à Troyes, il n'avait pas seulement vendu tous les produits du sieur Domenico, mais aussi rechargé les mules avec lesquelles ils étaient partis et ajouté deux charrettes remplies à concurrence de leur capacité. De nombreux Flamands s'étaient retrouvés en situation d'infériorité tout en essayant de marchander avec lui.

Alors que la caravane défilait sous la ville fortifiée de Cortone au début de l'après-midi, Orfeo chevaucha jusqu'à la hauteur de Neno et désigna la citadelle au sommet de la montagne :

– Un autre endroit célèbre dans l'histoire de mon oncle. C'est là que le ministre général exilé, le frère Élie, est allé finir ses jours. C'est là aussi que l'évêque d'Assise, Illuminato, vivait avant son accession à l'épiscopat.

Neno hocha la tête sans commentaire. Les affaires de l'Église l'intéressaient beaucoup moins que le paysage que traversaient ses bœufs en direction du minuscule village de Terontola, où ils prévoyaient de passer la nuit. À demi aveuglé par les rafales de neige, il frissonna en jetant un regard sur les fermes en ruine. Non seulement le dur hiver avait tué de nombreux animaux parmi ceux des métayers, mais le mélange de vent, de neige et de givre avait détruit les plants de vignes et fendu les branches des arbres fruitiers. Son souffle s'échappa en volutes blanches. *Dieu merci, nous ne sommes plus qu'à quelques jours d'Assise.*

En arrivant sur la grand-place de Terontola plus tard ce jour-là, Neno avisa une dizaine de carcasses qui se balançaient au vent comme autant de fanions. Le spectacle était courant dans toute la Toscane. Mus par la faim, les loups et les chiens sauvages s'aventuraient la nuit dans les villes non fortifiées, à la recherche d'animaux domestiques et d'enfants. Les paysans piégeaient les charognards et les pendaient sur les places comme des pillards humains, à titre d'avertissement pour leurs congénères.

La caravane s'arrêta et les hommes d'armes prirent position sur les côtés.

– Une autre journée de passée, Neno, dit une voix derrière lui. Je te promets que nous allons boire jusqu'à nous noyer quand nous serons à la maison.

Neno avait aperçu du coin de l'œil la barbe noire du négociant.

– Ah ! maître Orfeo, dit-il. Les gardes civils devront nous tirer du fossé au matin, parce que nous ne n'arriverons jamais jusqu'à nos lit !

Amata rapprocha sa chaise du feu. Pour se garder au chaud pendant la nuit glaciale, elle portait ses vêtements du jour et s'était enveloppée dans une lourde cape d'hiver. Elle ramena ses pieds chaussés de mules sous la chaise et se remémora le matin où Conrad se tenait assis devant elle au même endroit, écoutant les gouttes de pluie qui s'évaporaient dans les flammes. Malgré les nombreuses interventions de donna Giacoma auprès de Bonaventure, il y avait plus de deux ans que son ami était emprisonné. Fatiguée de ses supplications, la vieille dame avait abandonné la partie, lorsque le ministre général avait quitté Assise pour aller exercer ses nouvelles fonctions d'évêque d'Albano et de conseiller auprès du consistoire pontifical qui étudiait la réforme de l'Église. Les moines affirmaient que le pape Grégoire lui avait demandé de participer à la préparation du concile qui se tiendrait à Lyon l'été suivant.

L'été serait le bienvenu. Depuis sa naissance, dix-neuf ans plus tôt, Amata ne pouvait se souvenir d'un hiver aussi cruel que celui-ci. Les pèlerins qui logeaient fréquemment chez donna Giacoma racontaient avec force détails comment les voyageurs qui s'exposaient aux blizzards risquaient de perdre des doigts et des orteils, et parfois leur vie, s'ils se trouvaient loin d'un refuge. Les pèlerins avaient touché de leurs propres mains des corps de chevaux et de cavaliers. Certains avaient empilé les cadavres sur leurs charrettes et les avaient emportés, pris dans la neige, jusqu'au monastère voisin ; le sol gelé empêchait de les enterrer sur place, et aucun de ces bons chrétiens n'aurait souhaité être inhumé en un lieu non consacré.

Un soir de janvier, entourée de sa maisonnée rassemblée autour de son lit, donna Giacoma était morte. Alors qu'elle approchait de la fin, les faibles prières qu'elle disait pour son repos éternel devinrent de plus en plus faibles, puis cessèrent. Amata aurait souhaité que le frère Conrad fût présent pour baisser les paupières sur ces yeux verts sans vie ; en fin de compte, elle dut accomplir elle-même ce triste devoir.

Les hommes s'étaient retirés sans bruit pour qu'Amata et les servantes puissent commencer leurs lamentations.

Les femmes tournaient en rond en se frappant la tête de leurs poings et chantaient une mélopée contant la mort de donna Giacoma. L'une d'elles passait la tête dans l'air froid de la nuit en hurlant la funèbre nouvelle à la ville entière et aux cieux. Cela se poursuivit pendant deux jours, jusqu'au matin des funérailles.

Les frères du Sacré-Couvent avaient honoré la vieille aristocrate en ensevelissant son corps sous la chaire de l'église inférieure. Amata avait demandé que, dans la mort, donna Giacoma puisse reposer près de son ami le plus cher, le frère Léon. Elle commanda une plaque de marbre rouge destinée au dessus du tombeau. Sur la suggestion de Bernard de Besse, qui agissait comme porte-parole en l'absence de Bonaventure, elle demanda qu'on inscrive simplement sur la plaque *Hic jacet Jacoba sancta nobilisque Romana* – « Ci-gît Jacoba, sainte et noble Romaine ». En un dernier hommage, elle avait financé la réalisation d'une fresque qui représenterait la défunte dans sa bure de tertiaire. Le frère Bernard l'avait informée qu'un artiste de talent, le Florentin Giovanni Cimabue, avait déjà été mandaté pour décorer l'abside de l'église inférieure.

La lecture de la lettre de manumission de donna Giacoma, qui affranchissait ses serviteurs de leurs engagements, et le legs à Amata d'un héritage considérable – « pour le bien de mon âme et pour une fin pieuse, et parce que cela semblerait méritoire aux yeux de Dieu » – ne causèrent aucune surprise. Le choc était advenu plusieurs semaines auparavant, lorsque la vieille dame avait fait venir Amata dans sa chambre et lui avait exposé ses intentions. Même à présent, se souvenant de la générosité de sa bienfaitrice, elle était au bord des larmes.

Donna Giacoma lui avait murmuré cet avertissement :

– Les nobles dames célibataires ont peu de pouvoir sur leur destin. Si tu étais une puissante reine veuve comme Blanche de Castille, ou la femme d'un artisan héritant de son atelier, de ses outils et de ses apprentis, ou même une paysanne qui reprendrait les champs de son défunt mari, tu pourrais vivre et travailler en paix. Mais les hommes de la famille de mon mari ne t'accorderont pas ce luxe. Dès que la rumeur de ma mort parviendra à Rome, ils essaieront de s'approprier tout ce que je te donne. Ils ne m'ont laissée tranquille que parce que j'avais des héritiers mâles puis, après la mort de mes fils, en raison de mon âge...

» Dans quelques semaines, tout le monde connaîtra ta bonne fortune. Les prétendants se précipiteront vers toi, comme des abeilles vers la ruche. Il faut te marier bientôt, Amatina, si tu veux protéger l'héritage des Frangipani.

Ah, ces listes ! Il semblait étrange qu'un exercice aussi simple redonnât toute sa vigueur à Jean de Parme. Depuis la fête de la nativité, deux ans plus tôt, peu avant que cette merveilleuse lumière ait envahi leur cellule, Jean avait lentement mais sûrement rejoint le monde des vivants. Avec l'émerveillement d'un jeune enfant qui apprend pour la première fois les mouvements, les couleurs et les odeurs, il avait retrouvé ses souvenirs. À la grande joie de Conrad, il était devenu très loquace et faisait de fréquents détours à travers les galeries longtemps abandonnées de sa mémoire.

La première fois qu'il surprit son compagnon de cellule dans l'une de ses litanies, ils venaient de terminer leur soupe quotidienne.

– Je viens de me souvenir d'un repas aussi bien que si je l'avais mangé hier, frère Conrad... Plusieurs de mes frères et moi même dînions avec le roi de France. Nous séjournions dans un monastère de Sens pour un chapitre provincial. Mais quel repas... Il ne comprenait pas moins de douze services : premièrement, des cerises, puis un pain blanc délicieux ; un choix de vins digne du roi ; des haricots frais bouillis dans le lait ; du poisson ; des crabes ; des pâtisseries aux anguilles ; du riz cuit avec du lait d'amandes et de la poudre de cannelle ; d'autres anguilles mijotées dans une sauce ; et des tables chargées de tartelettes, de bols de lait caillé et de fruits frais.

Le vieux moine jeta un coup d'œil à son bol de bouillon. Puis il posa la main sur son front, pour se souvenir d'autres détails.

– Le lendemain était un dimanche. À l'aube, le roi Louis s'était rendu dans notre église pour solliciter nos prières. Il avait laissé ses compagnons en ville, à l'exception de ses trois frères et de quelques valets d'écurie. Quand ils se sont agenouillés pour rendre hommage à Dieu devant l'autel, ses frères ont regardé autour d'eux pour chercher des sièges ou des bancs. Mais le roi s'est assis dans la poussière, car l'église n'était pas dallée. Et après s'être recommandé à nos prières, il a quitté l'église afin de continuer son chemin. Mais lorsqu'un serviteur lui eut appris que son frère Charles était toujours en prière, le roi fut heureux d'attendre patiemment. Quand je vis avec quelle ferveur Charles priait, et avec quelle bonne volonté le roi attendait dehors, j'ai été édifié en mesurant à quel point est vraie la phrase des Saintes Écritures : « Un frère, soutenu par son frère, est comme une puissante et haute cité. »

En raison de leur importance dans la Bible, les nombres douze et sept devinrent les chiffres préférés dans les réflexions de Jean. Parfois, il s'écartait de ce modèle et dressait une liste de six, comme lorsqu'il énumérait les six péchés contre le Saint-Esprit ou les six humeurs contrôlant les actions humaines.

Conrad l'encourageait dans ces exercices mentaux. À l'aide d'un tesson de poterie, il inscrivait les listes sur le mur de leur cellule, non pour les lire dans l'obscurité, mais simplement pour l'exercice. Ainsi, il inscrivit les sept péchés capitaux, les sept vertus qui favorisent la guérison, les sept dons du Saint-Esprit, les sept œuvres spirituelles de la miséricorde, les noms des douze apôtres. Jour après jour, les gribouillis s'étendaient sur la surface moussue, comme des déclinaisons de verbes latins tracées par un élève.

Pendant que le jeune frère ramassait leurs bols, le ministre général proposait une nouvelle liste.

– Nous devrions réfléchir aux sept dernières paroles du Christ. En méditant sur la façon dont notre Seigneur a fait face à la mort, nous pourrions apprendre comment accueillir notre propre fin.

Conrad ramassa le tesson et se plaça devant le mur alors que Jean dictait : *Eli, Eli, lamma sabakthani...* – Mon Dieu, mon Dieu, pourquoi m'as-Tu abandonné ? ».

Conrad s'arrêta pendant que Jean ajoutait :

– Même le Christ a connu l'affliction, la solitude et l'incertitude à l'approche de Sa mort. Il nous comprendra et nous réconfortera quand notre fin viendra.

Jean récita les phrases l'une après l'autre, en complétant chacune d'un bref exposé, jusqu'aux dernières paroles : *Consummatum est* – « Tout est consommé, Père. Entre tes mains, je remets mon esprit. »

Puis le vieux moine conclut :

– La mort met fin à notre séjour sur terre, mais donne une signification à nos actions terrestres. La mort est le moment de faire don de soi au Seigneur.

– Qu'en penses-tu, frère ? Allons-nous finir notre vie dans ce trou ? Pardonne ma foi vacillante, mais pourquoi notre Sainte Mère l'Église se priverait-elle d'un talent comme le tien ? Même si tu devais œuvrer à l'extérieur de l'ordre, plusieurs laïcs ou prélats pourraient tirer parti de tes conseils spirituels. Pourquoi ne pas promettre à Bonaventure de ne plus parler de l'abbé Joachim et de son hérésie ? Il n'aurait plus aucune raison de te retenir.

Conrad boitilla jusqu'à Jean. Mois après mois, il lui devenait plus difficile de se mouvoir ; Jean ne se levait presque plus, sauf pour tituber jusqu'aux latrines.

– Crois-tu vraiment que je sois retenu ici simplement parce que je m'accroche aux enseignements de Joachim ? L'Église n'a jamais condamné Joachim, tu sais. Seulement l'interprétation de Gerardino di Borgo San Donnino quant à ses prophéties. Gerardino a été emprisonné ici, peu de temps avant moi, pour avoir proposé cette interprétation. Non. Je suis là, sans doute comme toi, parce que j'ai essayé de suivre l'exemple de notre fondateur. Je voulais diriger l'Ordre comme saint François lui-même. J'ai voyagé à pied d'un pays à l'autre en tentant de prêcher par l'exemple plutôt que par l'écrit. Or, ceux qui voulaient ignorer la règle et le Testament du saint me considéraient comme une menace contre leur mode de vie confortable. Alors je reste ici, *nous* restons ici...

Conrad avait presque oublié le testament de François ! Quelque part dans son message, Léon avait écrit que le début du Testament jetterait une lumière – *une première lueur*, selon ses propres mots – sur sa lettre.

– Jean, même si nous ne quittons jamais cet endroit, je crois que Dieu a guéri ton esprit dans un but salutaire. Te souviens-tu exactement comment commençait le Testament ?

Jean de Parme réfléchit un instant.

– Eh bien, il commence avec le récit de saint François au sujet de sa conversion. Il écrit : « Voici comment le Seigneur me donna, à moi frère François, la grâce de commencer à faire pénitence. Au temps où j'étais encore dans le péché, la vue des lépreux m'était insupportable. Mais le Seigneur Lui-même me conduisit parmi eux ; je les soignai de tout mon cœur ; et au retour, ce qui m'avait semblé si amer s'était changé pour moi en douceur pour l'esprit et pour le corps. Ensuite j'attendis peu, et je dis adieu au monde. » Notre saint fondateur affectionnait particulièrement les lépreux. Non seulement il œuvrait lui-même parmi eux, les nourrissant, les habillant, les lavant et embrassant leurs plaies, mais il exigeait la même chose des premiers frères. Il les appelait les *pauperes Christi*, les pauvres du Christ.

– Le frère Léon a-t-il lui aussi travaillé auprès des lépreux ?

– Très probablement... Je pense encore à mes visites dans les monastères... J'ai épuisé douze secrétaires dans cet exercice... Comme saint François avec Léon, j'ai toujours fait de mon secrétaire mon compagnon de voyage. Mon premier secrétaire, le frère Andrea da Bologna, est devenu plus tard ministre provincial de la Terre sainte et représentant auprès du pape. Puis il y a eu le frère Walter, un ange par son tempérament ; ensuite, un certain Corrado Rabuino, gras et sombre – un honnête homme. Je n'ai jamais rencontré un frère qui pouvait dévorer du fromage avec tant de délectation...

Conrad n'écoutait qu'à demi le monologue de son compagnon de cellule. Tout ce temps, Léon avait souhaité qu'il œuvre dans une léproserie, comme lui-même l'avait sans doute fait. Il se rappela aussi la remarque de Léon concernant les ongles du lépreux décédé. *Si j'avais d'abord accompli cette partie du message* – servite pauperes – *plutôt que de retourner au Sacré-Couvent, je ne pourrirais pas dans cette cellule à l'heure actuelle.*

– Le dernier frère venait d'Iseo. Il était ancien à la fois en âge et au sein de l'Ordre, et il était riche de sagesse ; pourtant, il voulait que tous sachent que sa mère avait été serveuse dans une taverne...

Seigneur, si jamais tu m'accordes d'être libéré de cet endroit, pria Conrad, *j'offrirai mes services à l'Ospedale di San Lazzaro près d'Assise, j'y apprendrai ce qu'auront à m'enseigner les lépreux, je poursuivrai le chemin tracé par Léon, si tel est mon destin, jusqu'à sa terrible fin.*

Au fond de lui-même, il essayait de croire que Dieu avait attendu de lui soutirer cette promesse avant de lui rendre la liberté.

– Amatina, éveillez-vous. Vous avez un visiteur.

Elle se retourna dans son lit en grommelant. Elle venait de passer une nuit agitée en songeant à son nouveau rôle de chef d'une maisonnée ainsi qu'au choix d'un mari. Comme donna Giacoma l'avait prévu, au cours de ces dernières semaines, Amata avait vu défiler prétendants, de l'aristocrate campagnard à la fortune décroissante jusqu'aux marchands âgés, mais il n'y en eut aucun auprès de qui elle se fût étendue avec joie par une nuit froide d'hiver. Pio, maintenant âgé de seize ans, se considérait chaque jour davantage comme un homme, toujours aussi épris d'Amata... de plus en plus maussade à mesure que défilaient les prétendants.

La jeune servante qui se tenait près du lit, une jolie fille aux formes généreuses, avait grandi dans la maison de donna Giacoma et ne connaissait pas d'autre foyer.

– Un *signore* vous attend, répéta la servante pendant qu'Amata se frottait les yeux.

– Quelle heure est-il, Gabriella ?

– La cloche du matin vient de sonner. Il doit avoir attendu l'ouverture des portes de la ville.

– Qui est-ce ?

– Le prétendant de Todi, le frère du cardinal. Il dit qu'il doit vous parler de toute urgence.

29

Amata enfila une robe bleue par-dessus sa chemise de nuit, enroula sa tresse à l'arrière de sa tête et la replia sous une coiffe de résille. Que pouvait donc vouloir le comte Roffredo de si bon matin ? Même un gentilhomme du clan des Gaetani devrait attendre jusqu'à une heure décente pour se présenter.

Roffredo Gaetani représentait aux yeux d'Amata le plus odieux de ses prétendants. Elle comprenait la jubilation de Jacopone, les raisons pour lesquelles il se réjouissait d'anciennes victoires sur les Gaetani dans les rues de Todi.

Âgé d'une quarantaine d'années, Roffredo était déjà deux fois veuf. Toutefois, il avait refusé de satisfaire la curiosité de la jeune femme à propos de ses anciennes épouses, et écarté le sujet de leur mort du revers de la main.

– Les épidémies. Toujours des épidémies... et la malaria.

Leurs conversations, ou plutôt ses monologues, portaient généralement sur les puissants amis de sa famille à Todi et à Rome, et en particulier sur les hautes fonctions de son frère, le cardinal Benedetto Gaetani, qui, affirmait Roffredo d'un air supérieur, deviendrait pape un jour.

Encore à demi endormie, Amata pénétra dans le grand salon. Roffredo attendait avec son écuyer à l'autre bout, près de la porte. Pio se tenait tout près et ne faisait aucun effort pour cacher son mécontentement.

– L'avenir appartient à ceux qui se lèvent tôt, déclara le comte. Je suis venu chercher votre réponse.

Elle pensa qu'elle devrait tenter d'atténuer la colère qui bouillait en elle, mais Roffredo ne lui facilitait pas la tâche.

– Comme vous me mettez au pied du mur, je serai franche avec vous. Je ne vous aime pas, comte Gaetani.

– Vous me décevez, *signorina*. Mon frère sera lui aussi déçu. Il attend à Todi pour nous marier ce soir même. Votre réponse me préoccupe... Il peut se révéler très dangereux de résister à la volonté d'un cardinal.

– De toute évidence, vous ne m'avez jamais vue en colère, *signore*, car vous ne parleriez pas de danger avec tant de désinvolture. Vous avez ma réponse. Maintenant, je dois vous prier de quitter ma maison.

Roffredo s'inclina, mais son écuyer ne l'imita pas. L'homme ouvrit la porte et deux chevaliers qui guettaient à l'extérieur se précipitèrent dans la pièce. Pio se rua sur les deux hommes, mais l'un d'eux lui saisit le bras. L'autre tira une dague de sa ceinture et en appliqua la pointe contre la gorge du jeune homme. Avant qu'Amata ne puisse réagir, Roffredo et son écuyer l'avaient attrapée par les poignets. Le comte colla sa main gantée contre la bouche de la jeune femme. Elle tenta de se dégager, mais ils resserrèrent leur prise et Roffredo lui tordit brutalement le bras, avec un sourire méprisant.

– Accompagnez-nous tranquillement, *signorina* ou votre page se retrouvera avec un sourire sous le menton.

Amata tenta de crier, mais le gant de cuir l'en empêcha. Elle rencontra le regard de Pio et la panique qu'elle y lut refléta son propre sentiment d'impuissance.

Roffredo la tenait fermement, lui agrippant le menton et la forçant à regarder alors qu'un mince filet de sang commençait à s'écouler de la gorge de Pio sur la lame. Elle cessa de se débattre et hurla dans le gant. Roffredo souleva légèrement sa main.

– Vous dites ?
– Laissez-le. Je vous accompagne.

La route de Todi quittait la ville par la Porta Sant' Antimo, dans le mur sud d'Assise. Roffredo et ses acolytes entraînèrent la jeune femme le long de l'escalier de pierre qui menait de sa maison jusqu'à la ville basse, emmitouflée dans un manteau d'hiver dont le capuchon lui cachait le visage. Alors qu'ils passaient devant les maisons aux volets fermés, Amata chercha un moyen de s'enfuir. Le chevalier qui menaçait Pio tenait sa dague contre ses côtes.

Beaucoup trop rapidement au goût d'Amata, ils atteignirent les dernières marches. Devant elle, elle voyait les églises de Sant' Antimo, San Leonardo et San Tomaso, et au-delà la porte de la cité. Un carrosse attendait dans l'ombre d'une ruelle.

Elle sentit la forte poigne du chevalier sur son bras alors qu'il tentait de la pousser, mais les pierres étaient glissantes de givre et elle tomba face contre terre. Tandis qu'elle se redressait, elle aperçut une silhouette à quatre pattes au coin de San-Tomaso, entourée d'une volée d'oiseaux matinaux – fait anormal au cours de cette matinée irréelle. L'homme qui rampait portait une selle sur son dos en criant d'une voix forte :

– N'y a-t-il personne qui voudrait chevaucher cette misérable bête de somme ?

Il releva sa crinière blonde et regarda vers le ciel en gémissant. Dans la foule, une femme lui hurla :

– Je vais te chevaucher, Jacopone, si tu montes sur ma selle et que tu me chevauches aussi.

– Jacopone ! *Aiuto !* À l'aide ! hurla Amata. Sauve-moi des Gaetani !

Avant qu'elle ne puisse en dire davantage, le chevalier la souleva de terre et appliqua son gantelet contre sa bouche. Roffredo et ses sbires commencèrent à courir vers leurs chevaux. Alors qu'il l'attirait dans la ruelle, elle vit le pénitent se relever, une expression querelleuse sur le visage. Puis le chevalier la jeta dans la carrosse et referma la portière.

Les roues du carrosse commencèrent à prendre de la vitesse. Elle sentit, aux mouvements du véhicule, que les chevaux venaient de tourner vers la porte de la ville quand elle entendit, droit devant eux, le son strident d'une trompette. Le carrosse pencha dangereusement alors que les chevaux changeaient de direction pour s'éloigner. Elle sentit un tressautement, entendit un cri de douleur, puis ce fut le chaos. Un objet lourd et solide s'abattit contre le carrosse, le renversant sur le côté en brisant la structure de bois. Autour d'elle, les hennissements des chevaux se mêlaient aux jurons des hommes et aux meuglements belliqueux d'un bœuf.

Amata s'extirpa des débris. Les jambes vacillantes, le visage et les bras douloureux, elle réussit à se frayer un chemin à travers cette confusion et à se réfugier dans une ruelle. N'entendant aucun bruit de poursuite, elle ralentit le pas puis s'engouffra dans un coin d'ombre. Jacopone gisait recroquevillé sur le côté, immobile, tenant sa trompette entre ses doigts. La charrette d'un marchand s'était écrasée au milieu des débris du carrosse et des rouleaux de tissus étaient éparpillés sur la chaussée. Les chevaux continuaient de ruer et de se cabrer tandis que le bœuf emmêlé dans leurs rênes agitait ses cornes près de leurs ventres.

Roffredo Gaetani, furieux, hurlait à pleins poumons contre le visage du marchand, un homme barbu et costaud qui répliquait à chacun de ses jurons. Le comte et ses serviteurs descendirent de cheval, mais le marchand rejeta sa cape par-dessus son épaule droite et tira sa rapière. Ses hommes d'armes éperonnèrent leurs chevaux pour les faire avancer, et même le charretier prit une hache parmi les débris épars.

– N'essaie pas de lever ton épée, avertit le marchand en s'adressant à l'un des chevaliers de Roffredo. Neno t'aura tranché le bras avant cela !

Les citadins se moquèrent des deux groupes et lancèrent quelques cailloux dans la mêlée. Les hommes des deux camps se tenaient en position de combat, hésitants, évaluant chacun la force de l'autre. Les yeux d'Amata passèrent de la mêlée à Jacopone, puis se posèrent sur deux gardes civils qui sortaient en courant de la guérite, hallebarde en main.

– D'où vient tout ce chahut ? demanda l'un d'eux.

Les deux parties se remirent à crier et gesticuler, de même que la foule des spectateurs. Le garde leva les bras pour imposer le silence. Amata sortit de sa cachette et baissa son capuchon.

– Ces hommes de Todi ont essayé de m'enlever, dit-elle, alors que je suis une citoyenne d'Assise.

– C'est donna Amata, lança une voix de femme dans la foule. Leurs chevaux ont foncé sur cet homme bon et pacifique, poursuivit-elle en désignant le corps de Jacopone. Grâce à lui, ils ont échoué.

– Ils ont heurté ma charrette et détruit la moitié de mes marchandises, grogna le commerçant. Et moi aussi, je suis citoyen de cette ville.

À ces mots, la clameur reprit. Amata s'approcha de Jacopone et s'agenouilla. Elle entendait autour d'elle les cris de rage du peuple à l'endroit de Roffredo.

– Déguerpissez, ordonna l'un des gardes. Vous avez menti sur vos motifs quand vous êtes entré dans la ville.

– Et qu'est-ce que je fais de mon carrosse et de mes chevaux ?

– Votre carrosse est réduit en miettes. Revenez un autre jour pour vos chevaux, mais ne vous attendez pas à les récupérer. Il y a des citoyens d'Assise ici qui doivent être indemnisés, et nous pourrions porter des accusations de meurtre contre vous.

Amata leva la tête à temps pour capter le regard furieux que lui jetait Roffredo. Si Dieu le voulait, elle n'aurait plus jamais à voir ce visage haineux. Le comte et ses chevaliers enfourchèrent leurs montures, qui trottèrent vers la porte.

La foule se précipita à leur poursuite en leur lançant des volées de cailloux.

Amata caressa du revers de la main la joue de Jacopone et sa barbe hirsute.

– Pauvre cousin... murmura-t-elle. Peux-tu m'entendre ?

L'un des gardes s'approcha.

– L'ont-ils tué ?

– Il est encore vivant, mais grièvement blessé.

Quelqu'un s'agenouilla près d'elle sur les pavés.

– Mon charretier et mes hommes d'armes surveilleront mes marchandises. Puis-je vous aider à transporter cet homme jusqu'à un abri ?

Elle fixa les yeux bruns du négociant. L'homme ne broncha pas.

– Je vous en serais reconnaissante, répondit-elle. Je vais m'occuper de lui trouver une sangsue et un apothicaire.

Elle passa les doigts dans les cheveux emmêlés de Jacopone et ajouta d'une voix douce :

– Ou, si nécessaire, un lieu où l'enterrer décemment.

L'homme rejeta sa cape sur ses épaules et prit le corps maigre du pénitent dans ses bras musclés.

– Guidez-moi. Je suis à votre service, Madonna.

Sa voix vibrait d'une telle tendresse qu'elle se retourna pour l'observer. Se pouvait-il qu'il la courtise en un moment pareil ? Un sourire chaleureux apparut dans l'enchevêtrement de sa barbe.

Elle porta les doigts à ses lèvres meurtries et rougit en constatant qu'elles étaient enflées et saignaient. *Je dois avoir un air affreux*, pensa-t-elle.

Le commerçant ne fit aucun commentaire sur son apparence, il ne prononça qu'un mot : « A-ma-ta ».

Il prolongea chacune des syllabes en les faisant rouler sur sa langue comme un goûteur de vin savourant un cru.

– Un nom qui vous convient fort bien, Madonna.

Troublée par les derniers événements, elle avait raconté une partie de sa vie au négociant, afin qu'il comprît les raisons de son enlèvement.

– J'ai le mariage en horreur, avait-elle conclu. Qu'en pensez-vous, *signore* ? Avez-vous une femme et une famille ?

Son visage s'empourpra sitôt qu'elle eut posé la question. Elle était contrariée de se rendre compte combien elle avait bavardé. Cependant, l'homme ne rit pas de son attitude. Il s'arrêta sur les marches, déplaça le poids de Jacopone dans ses bras et se retourna pour lui faire face. Il parla d'une voix égale, sans essoufflement.

– Non, Madonna, je n'ai ni le temps ni les moyens de me marier, mais je n'ai rien contre le mariage, et je suis flatté que vous me posiez la question.

– Oh ! je ne voulais pas dire...

Pourtant, c'était ce qu'elle voulait savoir... Elle se sentit obligée de changer de sujet.

– Êtes-vous fatigué ? Un homme de la taille du sieur Jacopone doit peser très lourd.

Le commerçant se remit à grimper les marches.

– Il est léger comme une plume. Je pense qu'il n'a pas mangé depuis trois ans. J'ai travaillé comme rameur sur une galère vénitienne avant de me lancer dans le commerce. Ces années de dur labeur m'ont gardé en bonne santé.

– Vous avez beaucoup voyagé ?

– Oui. Nous revenons tout juste de Flandre et de France. Je me suis rendu en Orient, en Terre promise. Je pourrais vous raconter tant d'histoires, Madonna...

Un cliquetis d'armes et des pas de course les interrompirent alors que Pio, maestro Roberto et les autres hommes de la maisonnée arrivaient en courant.

– Dieu merci, vous êtes saine et sauve ! s'écria l'intendant. Nous nous sommes précipités quand Pio nous a appris ce qui était arrivé.

– Je vous remercie tous. Je suis un peu secouée, mais le comte Roffredo a été chassé de la ville. J'ai besoin d'un médecin pour le sieur Jacopone, qui a été blessé en me sauvant.

Roberto ordonna à un serviteur de rapporter une sangsue. Il remit la plupart des armes à Pio, puis, avec un autre homme, il prit Jacopone des bras du commerçant.

– Mettez-le dans l'ancienne chambre du frère Conrad, ordonna Amata alors que les hommes montaient les marches. Je vous suis. Je veux remercier ce gentilhomme qui m'a aidée.

Alors que les serviteurs se dispersaient pour aller accomplir leurs tâches, Amata et l'étranger reprirent leur ascension. Pio se servit du poids des armes comme d'un prétexte pour grimper plus lentement, mais la jeune femme ralentit le pas encore davantage, pour l'obliger à poursuivre son chemin.

– J'aimerais entendre ces histoires un jour, *signore*, avoua-t-elle quand ils furent seuls.

– Avec plaisir, Madonna. J'espérais pouvoir vous rendre visite dans quelques jours. Maintenant que mon employeur me doit une somme d'argent, il y a une affaire de famille que je dois régler... une sorte de vengeance à l'envers.

– Est-ce que cela concerne une femme ?

Elle souriait en posant la question, mais son cœur battait un peu trop vite pour quelqu'un qui ne voulait que taquiner.

Cette fois, l'homme éclata de rire.

– Vous me flattez encore une fois, Madonna. Oui, je pourrais dire que l'objet de ma mission *est devenu* une femme maintenant, même si dans mon esprit je la vois toujours comme une enfant.

Et Dieu fasse que tu continues de la voir ainsi, pensa Amata. Elle ne souhaitait pas que l'esprit du jeune homme se concentre sur une autre femme en ce moment.

Ils parvinrent enfin à sa maison. Elle offrit au commerçant une boisson chaude et un moment de repos dans sa cuisine mais il déclina l'invitation.

– Un autre jour, Madonna. Je dois rejoindre mes hommes et m'occuper de mes affaires.

Il allait partir lorsqu'elle s'avisa que, dans toute cette agitation, elle ne lui avait même pas demandé son nom.

– Orfeo, dit-il en s'inclinant, Orfeo di Angelo Bernardone.

Il se retourna vers la ruelle en la saluant de la main.

– *A presto*, Madonna, lui cria-t-il par-dessus son épaule.

C'était comme s'il l'avait frappée entre les deux yeux avec un marteau. Amata s'immobilisa. Toute la haine qu'elle avait accumulée contre le fils de son ennemi envahit à nouveau son cœur.

Pourquoi fallait-il qu'il fût si charmant ?

30

Orfeo guida son cheval le long du sentier escarpé qui menait à la Rocca Paida en savourant la chaleur du soleil hivernal sur son visage. Dans un arbre, un écureuil sortit de son abri pour une rapide inspection des alentours. Une branche mince plia sous son poids, faisant fuir une volée d'oies sauvages vers le nord. Le commerçant songea qu'il devrait raser sa barbe et tailler ses cheveux qui lui tombaient sur les épaules avant de rejoindre Neno dans l'après-midi. Les vents des cols montagneux étaient derrière lui, il n'avait plus besoin du vêtement protecteur autour de son cou et de sa gorge ; or, les visages couverts de poils n'étaient pas bien vus dans sa ville natale.

Le cliquetis des pièces dans sa bourse le réjouissait également. Selon les conditions de son contrat avec le sieur Domenico, il avait reçu un quart des profits résultant de son voyage. Il portait sur lui la moitié de son revenu annuel, sûrement plus qu'assez pour acheter la liberté de l'enfant captive, si elle vivait toujours à la Rocca. Les citadins auxquels il avait parlé ne savaient rien de la fille. La forteresse semblait l'avoir avalée après l'attaque. Ils pouvaient seulement lui dire que le vieux Simon était mort et que son fils Calisto jouait maintenant le rôle du seigneur. Ces chevaliers vivaient dans un monde à part, en haut de leur château qui dominait les maisons.

L'offre d'une jolie somme d'argent pourrait changer les choses. Orfeo espérait que le nouveau *signore* n'exigerait pas trop ; dans son âme de commerçant, il s'attendait à pouvoir obtenir un prix équitable, certainement moins que pour une esclave sur le marché vénitien.

Il songea à nouveau à la femme d'Assise. Belle malgré ses contusions, désireuse d'éviter ses prétendants mais semblant partager sa joie au sujet de cette rencontre – et nouvellement riche, en plus. Il rêvait de faire un jour du commerce à l'échelle des frères Polo. La fortune d'Amata, ajoutée à ses propres économies, pourrait lui permettre d'effectuer une percée – en particulier si sa transaction avec le propriétaire de la Rocca se passait bien. L'air qui se réchauffait augmenta son enthousiasme. L'atmosphère annonçait le printemps tout proche, une nouvelle croissance, de nouvelles entreprises.

Du haut des parapets, plusieurs sentinelles surveillaient Orfeo. La porte était ouverte, mais la herse avait été abaissée par mesure de précaution. Le portier la releva juste assez pour le laisser passer sur son cheval après qu'il lui eut expliqué qu'il avait affaire au *signore*. L'homme saisit la bride de sa monture et conduisit Orfeo vers un groupe de cavaliers rassemblés dans la cour. Il fit signe au commerçant d'attendre à une certaine distance.

L'un des hommes se détacha du groupe.

Le portier s'inclina.

– Seigneur Calisto, cet homme voudrait vous parler. Il s'appelle Orfeo di Angelo Bernardone.

D'un geste, Calisto della Rocca congédia le serviteur. L'homme prit les rênes du cheval d'Orfeo et le mena à l'écurie.

– Votre nom me semble familier, commenta Calisto d'une voix gutturale en conduisant Orfeo vers la grand-salle. Pourquoi donc ?

– Mon père a fait des affaires avec le vôtre, il y a huit ans.

Calisto ne dit mot. Il prit place sur une grande chaise et pria Orfeo de s'asseoir sur un banc près de lui.

Orfeo tourna la tête alors que deux servantes traversaient la pièce. Plus âgées que la fille qu'il cherchait. Le *signore* suivit son regard.

– Elles vous plaisent ? lança-t-il avec un sourire complice. Si vous décidez de rester ici ce soir en tant qu'hôte, vous pourrez les avoir toutes les deux.

Orfeo devina que Calisto tentait de l'appâter.

– En fait, elles me rappellent le but de ma visite, dit-il. Je cherche une femme qui devrait avoir de dix-huit à vingt ans.

Calisto rapprocha la main de la poignée de son épée, bien que son ton demeurât jovial.

– Une parente ?

– Non. Je ne pourrais même pas vous dire son nom. Étiez-vous au courant de l'attaque de votre père contre le Coldimezzo, dans la commune de Todi, il y a quelques années ?

– Si je suis au courant ? J'y étais ! Et c'était une bonne expédition, sanglante à souhait. Ils n'ont même pas su ce qui les avait frappés.

Ses yeux sombres brillaient de plaisir.

Orfeo serra les dents. Il aurait aimé saisir ce prétentieux par la gorge, mais il se rappela qu'il était venu pour affaires. La première chose qu'apprenait un commerçant était de maîtriser ses émotions.

– Il y avait une jeune fille, continua-t-il. Votre père l'avait prise comme esclave, je crois.

Calisto sauta sur ses pieds.

– Cette chienne ! Pourquoi la recherches-tu ?

Il tendit la main avec laquelle il se servait de son épée.

– Regardez cette cicatrice. Elle a essayé de me couper le doigt. Je peux à peine tenir une arme maintenant.

Orfeo se leva aussi calmement qu'il le put. Il n'aimait pas se trouver devant cet homme dont les humeurs semblaient varier d'un moment à l'autre.

– Vous l'avez punie ?

– Elle m'a échappé, la misérable putain ! Elle est partie en compagnie de ma sœur. Que le diable les baise toutes les deux, même si leur habit de nonne les protègent.

La bourse qui pendait à la ceinture d'Orfeo lui parut immédiatement plus lourde. Si l'enfant était en sécurité derrière les murs d'un couvent, il n'aurait pas besoin de marchander avec ce fils d'assassin. Cependant, il était curieux de connaître la destination finale de la jeune fille.

– Comment pourrais-je la trouver, si je souhaitais la voir ?

– Lui souhaitez-vous du bien ou du mal ? questionna Calisto avec un air d'intense curiosité. Si vous lui voulez du bien, je n'hésiterai pas à vous trancher la tête et à la pendre à la porte du château.

Orfeo sentit les battements de son cœur s'accélérer, mais il se domina.

– Ce ne sera pas nécessaire, dit-il. Elle se trouve maintenant entre les mains de Dieu et cela ne me concerne plus.

Il sourit hypocritement et s'inclina en gardant les yeux fixés sur la main de Calisto. La chaîne autour de son cou se libéra de sa tunique et l'anneau qui y était suspendu se balança contre sa poitrine.

Les yeux de Calisto s'écarquillèrent alors qu'il suivait les mouvements de l'anneau.

– Comment avez-vous eu ceci ? s'étonna-t-il en montrant la pierre. Elle porte une inscription plutôt curieuse.

– Cet anneau m'a été donné par mon père, expliqua Orfeo.

Calisto recula.

Orfeo retourna l'anneau et examina l'inscription sur le lapis-lazuli. L'intérêt de Calisto souleva des questions dans son esprit. Se pouvait-il que l'anneau eût un lien avec ce qui s'était passé entre leurs pères ?

– A-t-il une signification pour vous, *signore* ? demanda-t-il. La chose constitue une énigme pour moi.

Calisto balaya la question du revers de la main.

– Dites-moi où vous logez, sieur Bernardone... au cas où je me souviendrais de quelque chose concernant cette fille.

Son ton et sa manière étaient redevenus plaisants, presque onctueux.

– Je viens tout juste de regagner la ville, répondit Orfeo. On peut me trouver à la maison du marchand Domenico.

Dès qu'il eut prononcé ces mots, il le regretta. L'avertissement de son frère lui revint en mémoire. Il s'inclina une fois de plus et se dirigea vers les écuries aussi vite qu'il le pouvait tout en feignant l'indifférence.

Des rayons de soleil jouaient avec les ombres sur le mur blanc crème.

Un air chaud d'intérieur. Des bruits domestiques, un balai qui brossait une tuile, des bûches qui roulaient sur la grille de l'âtre.

Des visages qui se penchaient sur lui puis disparaissaient.

La douleur. Dans son épaule, ses côtes, son genou, la moitié de son corps. Une douleur lancinante dans sa tête.

Maintenant, Seigneur, laisse partir Ton serviteur en paix.

Vanna. Je te rejoindrai bientôt. Attends-moi.

Un murmure de voix féminine.

– Il va mieux ?

Vanna ?

– Il se réveille puis se rendort aussitôt, Amatina. Il a reçu une grave blessure à la tête, mais le médecin pense qu'il vivra. Il est solide comme un roc.

Jacopone sentit une caresse sur sa joue.

– Je suis là, cousin. Tu dois combattre le démon. Ne le laisse pas te prendre déjà.

Il aurait souhaité rester avec cette voix.

Un insecte noir et brillant se débattait dans une mare boueuse au bord de la grand-route.

Il voulait partir, quitter cette vallée de larmes. Goûter le repos éternel avec Vanna.

À qui appartenait cette voix, sinon à Vanna ?

Cousin ?

Un visage encadré de noir comme celui d'une nonne, flou, penché vers lui. Une odeur de frangipane. Une sensation de fraîche humidité sur son front.

Les ombres qui s'étirent. Un murmure de voix lointain. Tout se brouille. Obscurité. Silence.

Seigneur Jésus-Christ, Fils de Dieu, aie pitié de moi, pauvre pécheur. Seigneur Jésus-Christ, Fils de Dieu, aie pitié...

– Je vous ai entendu parler de Troyes.

Un moine gras et rougeaud se glissa sur le banc opposé à celui d'Orfeo et de Neno, et remplit sa coupe à même leur cruche.

– Une bénédiction pour votre générosité, mes amis, dit-il.

– Toutes les gorges sont sœurs, acquiesça Orfeo d'un ton engageant.

Le frère fit tourner le vin dans sa coupe et en huma le contenu.

– Les Français ont l'habitude de dire que le meilleur vin devrait suivre la règle des trois « B » et des sept « F » : il doit être *b*on et *b*el et *b*lanc, *f*ort et *f*ier, *f*in et *f*ranc, *f*roid et *f*rais et *f*rétillant.

Puis il avala une lampée et déclara :

– Il n'est pas étonnant qu'ils apprécient tant le bon vin, car le vin « réjouit Dieu et les hommes », comme il est écrit dans le chapitre IX du Livre des Juges... À propos de ce vin, nous pouvons dire avec le sage roi Salomon : « Donnez de la boisson forte à celui qui va périr, et du vin à celui qui a l'amertume dans le cœur. Qu'il boive et qu'il oublie sa pauvreté, et ne se souvienne plus de ses peines. »

– Bravo ! s'exclama Orfeo. Que la tristesse soit à jamais bannie de cet endroit.

Lui et Neno levèrent leur coupe avec le frère. Des cris d'approbation s'élevèrent des coins sombres de la taverne.

Orfeo se frappa la poitrine.

– Je suis Orfeo, anciennement de la famille des Bernardone, et voici Neno, un homme aussi fort et aussi fidèle que les bœufs qu'il conduit, dit-il.

Le moine inclina sa tête chauve.

– Je suis le frère Salimbene, récemment arrivé de Romagne, au service de Dieu et de tous les hommes décents... et des femmes aussi, qu'elles soient décentes ou non, acheva-t-il en éclatant de rire.

Neno entonna une chanson qui se termina par des balbutiements. Orfeo le secoua et remplit sa coupe.

– Réveille-toi ! Peut-être ce saint frère a-t-il un poème pour nous ?

Salimbene inclina la tête et tapa bruyamment contre la table. Il se leva :

– Voici des vers de maestro Morando, qui nous a enseigné la grammaire à Padoue quand j'y étais enfant. Puisse Dieu réconforter son âme.

Il avala une autre gorgée de vin et commença sur un ton aussi solennel que pour une messe :

Bois ton vin glorieux aromatisé de miel
Tu te redresseras et ton visage brillera,
Tu le recracheras aussitôt.
Il est âgé et savoureux ?
Alors ton âme se réjouira,
Ton esprit sera prompt.
Est-il de couleur gris pâle ?
Son amertume te saisira à la gorge,
Et tu régurgiteras.
D'autres, buvant avidement un vin lourd,
Se vautreront comme des porcs.
Il est rouge comme la boue ?
Ne le méprise pas, même s'il est léger.
Le vin rosé empourprera tes joues,
Mais l'honnête homme
S'interdira le vin blanc,
Car il le rendra triste.

Orfeo frappa la table du plat de la main et secoua à nouveau son compagnon. Il demanda une autre cruche pendant que Salimbene se rasseyait.

– Vous êtes allé en France, frère? s'enquit le commerçant.

– Pas depuis vingt-cinq ans. En l'an de grâce 1248, je me suis rendu au couvent de Sens pour assister au chapitre provincial de notre Ordre en France. Le seigneur Louis – roi de France – et ses trois frères s'y trouvaient, et je souhaitais les voir. Le ministre provincial de France et le frère Eudes Rigaud, archevêque de Rouen, y étaient présents aussi, de même que Jean de Parme, notre ministre général, et que plusieurs *custodes, définitores* et *discreti* du corps capitulaire.

Il s'interrompit pour engloutir une autre gorgée et leva les yeux vers le ciel.

– Notre ministre général refusa de se faire valoir, conformément aux paroles de l'Ecclésiastique, « Ne t'enorgueillis point au jour où tu seras en honneur », alors que le roi l'avait invité à siéger à ses côtés. Jean choisit plutôt de manger à la table des humbles, qu'il honora de sa présence, et plusieurs en tirèrent une leçon.

– Puissions-nous apprendre des hommes pieux! approuva Orfeo en levant sa coupe. Et buvons aussi à la santé des belles dames, en particulier à celle dont j'ai fait la connaissance aujourd'hui.

– Et à toutes les femmes charmantes dont j'ai été le directeur de conscience, ajouta Salimbene.

Neno commença à ronfler doucement pendant qu'Orfeo et Salimbene échangeaient des récits de voyage. Il semblait à Orfeo qu'ils venaient d'entreprendre la tâche sérieuse qui consistait à boire jusqu'à l'évanouissement, lorsqu'un son de cloche retentit dans un campanile voisin.

– Ah! Cette maudite cloche sonne tôt, ce soir.

Il vida sa coupe et la frappa sur la table. Il se leva avec difficulté, réveilla Neno et l'aida à se remettre sur pied.

– *Addio, signori*, leur cria le moine en sortant. J'espère vous revoir ici un autre soir.

En guise de réponse, Orfeo agita sa lanterne dans la direction du frère.

La brise nocturne mordait ses joues récemment rasées. Les pavés semblaient glissants alors que lui et Neno franchissaient la porte et se dirigeaient en titubant vers la maison du sieur Domenico et le grenier où dormaient les hommes engagés.

Les rues balançaient dangereusement d'un côté et de l'autre. Neno s'arrêta pour se soulager contre une maison. Il voulait se remettre à chanter, mais Orfeo l'incita à marcher.

– La cloche du couvre-feu va bientôt sonner, *amico*. Nous devons arriver chez le sieur Domenico avant ce moment-là.

Trois hommes traversaient la venelle dans leur direction, leurs visages invisibles sous le capuchon de leurs capes. Orfeo se rappela qu'il portait toujours sa bourse et, d'instinct, il glissa sa main libre dans son manteau et agrippa la poignée de sa rapière. Neno, inconscient de la présence des trois hommes, vacilla jusqu'au côté opposé de la rue puis étendit un bras vers le mur le plus proche pour garder son équilibre.

– C'est lui, dit le plus grand des hommes alors qu'ils s'approchaient. Le barbu.

Avant qu'Orfeo n'ait pu réagir, les trois individus s'étaient rués sur le charretier. Des dagues brillèrent dans la lumière de la lanterne et Neno s'affaissa avec un grognement.

– Prends l'anneau ! cria l'un d'eux. Il est autour de son cou.

– Tu te trompes ! Il ne le porte pas et il n'est pas à ses doigts non plus.

– *Porca vacca !*

Orfeo poussa un rugissement et se rua vers eux en agitant lanterne et rapière. Le premier se retourna pour lui faire face et reçut une entaille à la joue pendant que les deux autres s'étaient mis à courir en hurlant vers le bas de la rue sans même se retourner.

L'assassin qui restait tenait une main contre sa blessure et de l'autre brandissait son couteau d'un air menaçant.

Orfeo brandit sa lanterne comme un bouclier et s'avança vers lui, l'épée levée. L'homme tenta de reculer, mais trébucha sur le corps de Neno. Orfeo frappa la dague avec sa lanterne, l'envoyant rouler sur les pavés et fendit l'air rageusement du tranchant de sa rapière comme s'il s'agissait d'une hache. Il s'arrêta lorsque les cris et les mouvements eurent cessé. Puis il posa sa lanterne par terre, s'appuya contre le chambranle d'une porte, le souffle court et les yeux larmoyants, alors qu'il regardait son ami recroquevillé dans la rue obscure.

Orfeo s'essuya le visage du revers de la main et tira sur la chaîne à son cou jusqu'à ce qu'il touche l'anneau. Il le serra dans sa main en maudissant son père et Calisto di Simon. Maintenant, comme la fille qui s'était enfuie au couvent avait perdu sa famille, lui aussi venait de perdre un camarade aux mains d'un seigneur de la Rocca.

Orfeo aurait voulu arracher la chaîne et lancer ce maudit anneau aussi loin que possible, mais il résista à cette tentation. Il remit l'objet dans sa tunique et rengaina son épée. Il se pencha à l'oreille de Neno et murmura :

– Maintenant, *amico*, te voilà libéré de ce monde insensé !

31

Jacopone ouvrit des yeux ronds comme des florins d'or. D'une voix rauque et faible, il demanda à la femme assise sur un tabouret près de son lit :

– Aurais-tu quelques restes pour un pauvre pécheur ?

La femme fit signe au jeune homme près d'elle de s'approcher.

– Dis à ta mère que notre patient est prêt à manger. Un bouillon et du pain feront l'affaire pour l'instant, je pense.

Le pénitent renifla son avant-bras d'un air dégoûté.

– Nous avons appliqué un onguent sur vos contusions, expliqua la femme. Le médecin a aussi laissé une poudre que vous devrez boire pour vous refaire des forces.

– Que Dieu me sauve des charlatans, maugréa-t-il. Épargnez-moi leurs reconstituants distillés à partir des excréments des lépreux. Je ne veux ni onguent, ni palliatif, ni calmant. La nature est le seul médecin dont j'aie besoin.

Il grimaça de douleur et tâta prudemment sa chevelure blonde.

– Mon cerveau a-t-il éclaté ?

– Non, mais vous avez une bosse impressionnante à cet endroit. Vous avez dû vous cogner la tête contre les pavés lorsque le carrosse vous a renversé.

Jacopone tourna ses yeux noisette vers la jeune femme.

– J'ai déjà entendu ta voix. Qui es-tu ?

– Amata, la cousine de Vanna.

Bien sûr, ils s'étaient rencontrés sur la route plus de deux ans auparavant, mais elle ne voyait aucune raison de le troubler davantage en lui rappelant ce qui était arrivé au novice Fabiano.

– La petite Amata di Buonconte ? Vivante ?

Son front se plissa, formant un « V » au-dessus de son nez. Ses yeux parcouraient la pièce sans la voir alors qu'il cherchait des réponses aux questions qui surgissaient dans son esprit.

– Tu lui as beaucoup manqué, dit Jacopone en enfonçant sa tête dans l'oreiller. Elle se demandait ce que tu étais devenue.

Amata prit dans les siennes la large main de l'homme.

– C'est une longue histoire, sieur Jacopone. Quand vous serez rétabli, je vous la raconterai.

– C'est toi qui as appelé à l'aide sur la grand-place, n'est-ce pas ?

Elle acquiesça.

– Mais pourquoi les Gaetani essayaient-ils de t'enlever ?

– C'est l'idée que se fait le comte Roffredo Gaetani de la manière de courtiser une femme. L'homme qui m'épousera s'appropriera une fortune assez considérable.

– Y a-t-il quelqu'un que tu souhaiterais pour mari ?

Elle éclata de rire.

– Aucun de ceux qui se sont proposés jusqu'à maintenant. Mais on me dit que je dois choisir bientôt un chien de garde qui me protégera des chacals comme Roffredo.

Jacopone fut saisi d'une quinte de toux.

– Pas nécessairement. Tu as des parents masculins qui pourraient agir pour toi à titre de tuteurs... pour veiller à la bonne administration de tes biens... J'ai rédigé quelques actes de ce genre pour d'autres personnes... au cours de mon ancienne vie.

Le pénitent s'était mis à agiter la tête d'un côté et de l'autre en grimaçant de douleur. Sa suggestion frappa Amata. Elle regardait, fascinée, ce fou si sage qu'il pouvait, d'un coup de plume sur un parchemin, transformer l'enchevêtrement de lois civiles en un sauf-conduit.

Mais la liste de ses parents masculins s'était raccourcie. Son grand-père Capitanio était décédé un an avant ses parents, laissant à son père l'anneau que lui avait plus tard volé Simon della Rocca. Il n'était pas question qu'elle fasse appel à son grand-oncle Bonifazio. Mais son oncle Guido, le père de Vanna, pouvait représenter la solution à son dilemme. S'il était toujours en vie, il était désormais l'unique seigneur du Coldimezzo. Et si Jacopone la recommandait... Le beau-père du notaire ne pourrait refuser malgré le vieux scandale qui l'impliquait avec Bonifazio.

– Et ton frère ?

– Fabiano ? s'étonna-t-elle.

– S'il n'avait pas fait vœu de pauvreté, il pourrait convenir.

En entendant le nom de son frère mort, Amata prit une profonde inspiration. C'était un souvenir trop pénible.

Derrière elle, des pas lui semblèrent plus lourds que ceux de Pio. La cuisinière apportait elle-même la nourriture.

– S'il vous plaît, laissez-moi servir notre hôte, Madonna, pour le remercier de vous avoir sauvé la vie.

– Vous voyez, *signore*, observa Amata, comme il y a ici de bonnes âmes pour prendre soin de vous.

Elle laissa son tabouret à la vieille femme et se dirigea vers une fenêtre dans le corridor. Elle observa entre les volets les pierres humides de la ruelle, que le soleil hivernal avait lustrées d'une légère teinte grise. Amata aperçut Orfeo di Bernardone, maintenant imberbe, qui marchait vers l'entrée de sa maison, l'air triste. Malheureusement pour lui, il apparaissait au moment même où elle venait de penser à son frère.

Un plan se formait dans son esprit. Son projet comblerait à la fois son désir de vengeance et son besoin de protection. Sitôt que Jacopone aurait repris assez de forces pour voyager, ils chevaucheraient jusqu'au Coldimezzo, en espérant que le comte Guido vivait au domaine.

Elle continuerait à afficher de l'intérêt pour cet Orfeo, lui demanderait de les accompagner pour les protéger contre les bandits de grand chemin et, lorsqu'ils atteindraient le Coldimezzo, ils se trouveraient à l'endroit idéal pour que le fils de Bernardone expiât la mort de sa famille. Le sol rocailleux du Coldimezzo serait heureux d'absorber son offrande, il deviendrait un autel sacrificiel.

Il se laissa tomber sur une chaise devant elle, près de l'âtre, mais ne put la regarder en face et fixa son attention sur les flammes.

– Pourquoi avez-vous l'air si triste, *signore* ? Est-ce ainsi que vous paraissez sans votre barbe ? Je croyais que vous étiez venu me divertir avec vos récits d'aventure.

– Je n'aurais pas dû venir si tôt. C'était une erreur. Mais j'ai besoin de parler à quelqu'un. Et je vais vous raconter une histoire, celle de Hassan al Sabah, le Vieux de la Montagne, un disciple d'Ali, l'oncle de Mahomet.

Continuant de contempler les flammes, il commença son récit.

– Ce chef de clan vivait à Alamut, au-delà de la frontière de la Grande-Arménie. Il y avait aménagé un jardin rempli d'arbres fruitiers et de fleurs odorantes. Ses terres étaient couvertes de palais de marbre décorés d'or, de peintures et de soieries. Par les canalisations coulaient des torrents de vin, de lait, de miel et d'eau pure. Dans les palais vivaient d'élégantes jeunes filles qui chantaient et dansaient au son de lyres et de luths.

» Peu de gens connaissaient l'existence du paradis terrestre d'Hassan al-Sabah, car il était caché dans une vallée que gardait un puissant château auquel donnait accès un passage secret. Son intention en créant cet endroit céleste était de se faire passer pour un prophète, pour quelqu'un qui pouvait lui-même conduire au paradis terrestre les hommes qui obéiraient à sa volonté. À sa cour, Hassan al-Sabah entretenait des jeunes gens des montagnes environnantes, choisis pour leurs talents de guerriers et leur courage exceptionnel. Après leur avoir fait connaître l'existence de ce paradis et s'être vanté de pouvoir les y admettre, il leur faisait prendre une plante opiacée appelée *haschisch*. Puis, lorsqu'ils étaient à demi intoxiqués, il les faisait emmener dans les palais secrets où, pendant plusieurs jours, il les enivrait davantage par divers excès de plaisirs jusqu'à ce que les jeunes en viennent à croire qu'ils se trouvaient réellement au paradis.

– Et ces beaux garçons quittaient-ils un jour cet endroit ?

– Ai-je dit qu'ils étaient beaux ? Ils ne le quittaient pas par choix. Le chef de clan les droguait et les ramenait dans sa cour. Il leur demandait où ils étaient allés et leur assurait que lui, s'ils obéissaient, les ramènerait au paradis qu'ils venaient de connaître. Ainsi, les jeunes hommes étaient heureux de le servir et même de mourir à son service, car ils croyaient qu'ils seraient plus heureux après leur mort que de leur vivant. Si quelque prince parmi ses voisins offensait Hassan al-Sabah, il le faisait tuer par ses guerriers. Nul homme ne pouvait échapper à ses « assassins » – car tel était le nom qu'ils avaient acquis à cause du *haschisch* qu'ils avaient absorbé. En raison de leurs gestes meurtriers, le mot est même passé dans notre langue.

Il enfouit son visage dans ses mains et, quand il leva les yeux vers elle, des larmes brillaient au coin de ses yeux.

– Voilà deux nuits, des assassins ont tué mon charretier principal, mon camarade, l'homme que vous avez vu contenir les cavaliers du comte Roffredo avec sa hache.

Amata sentait toute la tristesse du commerçant, mais elle se raidit contre le sentiment de sympathie qui sourdait en elle. Elle se concentra plutôt sur une pensée : *des assassins ont massacré ma famille, des assassins embauchés par ton père, Orfeo di Bernardone.*

– C'était moi qu'ils voulaient tuer, continua-t-il, mais comme je m'étais rasé et que Neno ne l'avait pas fait, ils l'ont confondu avec moi.

La chaise d'Orfeo grinça sur le sol pendant qu'il se levait et il la repoussa de la jambe.

– Je suis venu vous dire adieu, Madonna. Je ne suis pas certain des raisons qui ont suscité cette haine, mais je sais que je perdrais la vie si je demeurais à Assise. Je vais demander au sieur Domenico d'organiser une autre expédition. Mon seul regret est de devoir partir alors que je viens seulement de faire votre connaissance.

– N'est-ce pas ce à quoi s'attendent les meurtriers ? laissa-t-elle tomber. Ne vont-ils pas vous poursuivre hors des murs ?

Il allait répondre, mais elle saisit l'occasion de lui faire part de ses propres projets.

– Je dois me rendre à la commune de Todi dans quelques jours et j'ai besoin d'un homme d'armes pour m'accompagner. J'avais espéré vous le demander... Votre ennemi ne s'attend sûrement pas à un tel geste, et vous et moi...

Et vous et moi ? Elle s'interrompit avant de compromettre sa résolution, avant de proférer un pur mensonge.

La tristesse qui assombrissait les traits d'Orfeo disparut avant même qu'elle eût terminé sa phrase.

Il prit la main d'Amata dans la sienne.

– Je suis honoré, Madonna. Très honoré.

– La santé de Gerardino se détériore. La grippe a attaqué ses poumons et il a cessé de se nourrir, annonça Zefferino par la grille pendant qu'il faisait descendre le repas quotidien de Conrad et de Jean.

Jean de Parme secoua la tête d'un air grave pendant que Conrad lui tendait son bol de bouillon.

– Plusieurs croient que le frère Gerardino di Borgo San Donnino a causé involontairement mon emprisonnement. Depuis combien d'années lui et moi sommes-nous les hôtes de Bonaventure ? Seize ans ? Une dure épreuve pour un homme si jeune et si aimable. Tu l'aurais aimé, Conrad. C'était un brillant théologien. Un homme courtois, religieux, modéré dans ses paroles et dans son alimentation, désireux d'aider avec toute son humilité et sa gentillesse.

– Tu décris un saint. Quel crime a-t-il commis ?

– Comme moi, il a adhéré aux prophéties de l'abbé Joachim. Mais il a poussé les théories de Joachim jusqu'à leurs conclusions anticléricales, et les séculiers de Paris se sont retournés contre lui. En tant que ministre général, j'aurais dû le punir, parce que ses arguments frisaient l'hérésie, mais je n'ai pas pu car je voyais une magnifique logique derrière ces affirmations. En fait, quelques-uns de ses écrits m'ont même été attribués. En conséquence, lorsqu'il est tombé, je suis tombé avec lui. C'était le prétexte dont les conventuels avaient besoin pour me remplacer.

Jean trempa un morceau de pain dans le bouillon tiède. Quand il eut fini, il porta le bol à ses lèvres. Conrad tenta de ramener son compagnon au sujet de la conversation :

– Qu'est-ce que Gerardino ajoutait aux enseignements de Joachim ?

Jean leva brusquement les yeux vers Conrad, une expression étonnée sur son visage, et l'ermite se prépara à subir l'une de ses fréquentes digressions.

– Excuse-moi, frère. J'essayais de me souvenir d'une chanson à laquelle je n'avais pas pensé depuis des années. Les gens disent qu'elle a été chantée pour la première fois par un bébé en guise d'avertissement.

Un jour, un Romain frappa à la tête un autre Romain,
Pour cette raison, Rome offrit le Romain au Romain.
Alors le lion a escaladé la montagne et
est devenu l'ami du renard,
Mais il a soudain trouvé la mort
quand il a revêtu une peau de léopard.

– Je n'ai jamais pu comprendre qui étaient les Romains, ou le lion, ou le renard, tout comme je ne sais qui est l'Antéchrist ou l'abomination de la désolation dans les prophéties de Joachim. Pendant des années, j'ai cru que l'empereur Frédéric était l'Antéchrist. Sa mauvaise habitude de prendre des bains quotidiens, même le dimanche, démontrait qu'il n'observait ni les commandements de Dieu ni les sacrements de l'Église. Mais quand Frédéric est mort sans que les autres prophéties se réalisent, j'ai éprouvé des doutes. Quand j'ai demandé à Gerardino ce qu'il en pensait, il s'est lancé dans une longue explication du chapitre XVIII d'Isaïe, à partir de « Ah ! pays qui fais ombre avec tes ailes... », jusqu'à la fin, comme s'il faisait référence au roi Alphonse de Castille. « C'est sûrement lui l'Antéchrist maudit dont parlent tous les docteurs et les saints », a-t-il dit.

– Était-ce pour de telles interprétations que l'on a emprisonné Gerardino ?

– Pas tout à fait, même s'ils ont fait en sorte que les docteurs de l'université le ridiculisent. L'abbé Joachim divise le temps en trois états. Dans le premier, Dieu le père œuvre dans l'ombre par l'entremise des patriarches et des prophètes. Dans le deuxième, le Fils œuvre par l'entremise des apôtres et de leur successeur, le clergé, disant à propos de cet état : « Mon Père a œuvré jusqu'à maintenant, et maintenant c'est moi. » Dans le dernier état, le Saint-Esprit œuvre par l'entremise des ordres religieux, des frères, des moines et des religieuses, en orientant la hiérarchie vers une nouvelle mentalité. Bien sûr, il ne s'agit pas d'abroger l'Ancien Testament et le Nouveau, mais le Saint-Esprit ouvrira les yeux des hommes sur une nouvelle révélation dans les Écritures : un Évangile éternel découlant des Ancien et Nouveau Testaments comme son auteur, le Saint-Esprit, procède du Père et du Fils. Mais avant que cela n'arrive se produiront les perturbations prédites dans *L'Apocalypse*, la bataille d'Armageddon qui doit précéder le règne des saints. Nous pensions que cette année de bouleversements serait 1 260.

– Pourquoi ? demanda Conrad.

– Cela semble clair si on se fie à l'histoire de Judith. Elle a été veuve pendant trois ans et six mois, soit 1 260 jours. Elle symbolise l'Église, qui survit au Christ son époux non pas 1 260 jours mais 1 260 années. L'année 1260 doit donc être celle du grand changement.

– Mais si Notre-Seigneur est mort à trente-trois ans, l'année de la réalisation de la prophétie ne devrait-elle pas survenir trente-trois ans après l'an de grâce 1260 ?

Jean se frotta le front de son poing.

– Évidemment ! Voilà pourquoi les événements prédits par Joachim ne se sont pas encore produits. Gerardino avait omis d'en tenir compte. Mais il y avait autre chose. Il a publié une *Introduction à l'Évangile éternel*, qui contenait les œuvres les plus connues de l'abbé Joachim, ainsi qu'une préface et des notes qu'il a rédigées lui-même. Les sacrements ne sont que des symboles éphémères, affirme-t-il, des symboles qu'on devrait abandonner pendant le règne du Saint-Esprit. Il a également établi un lien entre la papauté et l'abomination de la désolation, et comme il ne restait que quelques années avant la réalisation de la prophétie, cette idée ne plaisait pas... Il a en outre déclaré que saint François était le nouveau Christ qui allait supplanter Jésus, le Christ de la deuxième période. Les écoles de Paris ne pouvaient laisser passer une telle affirmation, et la question fut soumise à un comité pontifical en 1255. Le comité condamna l'œuvre de Gerardino et en brûla tous les exemplaires. Maintenant, il semble que Gerardino lui-même doive mourir en tant qu'hérétique, excommunié à cause de son entêtement, car il n'a jamais renoncé à ses idées.

Ils ne parlèrent plus de Gerardino jusqu'à ce que, quelques jours plus tard, le murmure de Zefferino annonçât l'inévitable :

– L'âme du frère Gerardino a quitté son corps pendant son sommeil la nuit dernière.

– Puisse Notre-Seigneur et sa Sainte Mère accueillir son âme, dit Jean.

La grille s'ouvrit et Zefferino descendit jusqu'à eux.

– Bernard de Besse s'en est servi comme exemple pendant le chapitre de ce matin, annonça-t-il. Observez cette pure folie, lorsqu'un frère est contredit par les hommes les plus savants et qu'il ne renonce pas à ses opinions erronées, mais demeure dévergondé et obstiné en s'imaginant avoir raison.

– Est-ce Bernard qui dirige le chapitre ? questionna Conrad.

– C'est l'autre nouvelle que je venais vous apprendre. Bonaventure est parti pour Rome. Le Saint-Père lui a demandé de prendre la parole au concile de Lyon. Il sera parti au moins tout l'été.

Conrad se releva en agitant ses orteils sur le sol humide de la cellule. Traînant ses chaînes derrière lui, il alla déposer le reste de nourriture dans le panier accroché sur le mur. Pendant deux ans, il avait espéré que le ministre général reviendrait sur sa décision et les libère tous les deux, Jean de Parme et lui. Maintenant qu'il s'occupait des affaires pontificales, il semblait peu probable que Bonaventure se souvienne des frères abandonnés dans les profondeurs du Sacré-Couvent. Ils allaient demeurer dans ce cachot pendant au moins six autres mois.

– Viens, frère, dit-il lorsque leur geôlier fut parti. Rendons grâce encore une fois pour le repas que nous avons reçu.

32

Quand Orfeo s'enquit de leur destination, Amata épousseta son manteau pour en enlever des taches de boue séchée.

– Nous y serons bientôt, dit-elle.

Il avait reconnu la route qui traversait la commune de Todi, car il l'avait parcourue avec son père pendant son enfance. En fait, il ne la connaissait que trop bien, car il comprit qu'à moins de prendre bientôt un embranchement, ils passeraient directement sous le Coldimezzo.

Quels sombres souvenirs allait-il devoir affronter pour avoir accepté l'offre de la jeune femme ?

Il ralentit l'allure de son cheval et se retrouva bientôt à l'arrière de la caravane. Sa respiration courte se mêlait au gazouillement des oiseaux dans les bois qui longeaient la route.

Amata semblait mal à l'aise. Elle était devenue distante et n'avait parlé à personne depuis une heure. Elle tira son capuchon sur sa tête, pendant que son palefroi ralentissait le pas. Elle n'agissait pas comme une femme qui s'en allait régler une simple affaire de famille. Même le jeune Pio s'était découragé et ne cheminait plus à ses côtés.

Orfeo éperonna sa monture pour rattraper la charrette de Jacopone. Les serviteurs l'avaient remplie de paille recouverte de plusieurs couches d'étoffes. Le blessé dormait paisiblement, ignorant la mouche qui tournait autour de son visage et s'éloignait de son front chaque fois que la charrette cahotait. Après le Tibre, la pente se fit plus régulière, la route de plus en plus ferme à mesure qu'ils s'éloignaient du fond boueux de la rivière. Un tapis d'herbe s'étendait dans chaque clairière. Des feuilles avaient reverdi les buissons et les arbres, et les premiers bourgeons roses ou blancs ornaient les arbres fruitiers qui avaient survécu au rude hiver.

Orfeo arriva derrière Amata juste à temps pour entendre le cri de douleur qu'elle n'avait pu réprimer. Elle s'était arrêtée, et regardait droit devant elle. Lorsqu'elle repoussa son capuchon, la brise écarta ses boucles sombres de son visagc.

Ce doit être l'endroit, pensa-t-il. Pourtant, tout semblait différent. Il se souvenait d'un remblai de terre qui encerclait le château, d'une forêt qui s'étendait presque jusqu'aux remparts, d'un mur qui s'élevait jusqu'aux tours et d'une arche qui en surmontait l'entrée. Le Coldimezzo qu'il apercevait était totalement entouré de hautes fortifications. Seule la tour de garde, à l'étage supérieur, dépassait des remparts. Les arbres et les buissons avaient été rasés, afin de forcer l'ennemi à attaquer sur la pente ascendante et à traverser le vaste escarpement à découvert.

Elle retourna vers la charrette, se pencha et secoua Jacopone.

– Réveille-toi, cousin. Nous sommes arrivés.

Orfeo se raidit sur sa selle, alors que le pénitent s'efforçait de reprendre conscience. Il regarda la jeune femme comme pour la première fois, rassemblant tout ce qu'il avait appris d'elle : son âge, son amitié avec le moine, le temps qu'elle avait passé chez les religieuses, la générosité dont elle avait fait preuve envers la vieille femme qui l'avait recueillie (parce qu'elle était orpheline ?), une vengeance qui habitait toujours son cœur (contre les hommes de la Rocca ?).

Il pouvait discerner l'intervention divine dans les circonstances qui l'avaient ramené à Assise, et maintenant en ce lieu avec cette femme. Il étudia les traits pâles de la jeune femme, essayant de découvrir sur le visage d'Amata l'enfant qui l'avait regardé du haut de la tour de garde. Combien d'années s'était-il écoulé ? Au moins huit. La femme avait avoué avec un certain embarras qu'elle avait déjà atteint dix-neuf ans. Ce ne pouvait être qu'elle !

Jacopone, encore faible, se dressa sur ses genoux et rampa jusqu'au siège de la charrette. Amata fit signe à la troupe de continuer d'avancer. De nombreux gardes étaient apparus au sommet des remparts depuis qu'ils avaient aperçu le château. Alors qu'ils approchaient, une sentinelle leur cria de s'identifier et d'indiquer le but de leur visite.

– Ce n'est plus Cleto Monti qui garde la porte ici ? lança Amata en retour.

– Je ne connais pas ce nom, répliqua l'homme.

– Il est mort il y a huit ans, madame, précisa une autre voix. Il a été tué dans une attaque contre le château.

– Je ne le savais pas, dit Amata d'une voix si douce que seuls les membres de sa troupe l'entendirent.

Son corps se tassa pendant un instant, puis elle s'adressa de nouveau aux gardes :

– Amata di Buonconte, accompagnée de Jacopo dei Benedetti da Todi, demande l'hospitalité de son oncle le comte Guido di Capitanio.

– Vous mentez, dit le deuxième homme. Amata di Buonconte est morte elle aussi, tuée pendant l'attaque. Le seigneur Jacopo est devenu fou et s'est suicidé après la mort de sa femme.

Jacopone redressa la tête en entendant les paroles de l'homme. La voix tremblante de colère, il hurla :

– Va donc chercher son oncle, espèce d'imbécile ! N'importe quel idiot doté de deux yeux peut voir que nous ne sommes pas des fantômes.

Plusieurs minutes se passèrent pendant lesquelles personne ne rompit le silence. Puis, derrière le mur, Orfeo entendit une grande agitation, des cris aigus de femmes et la voix grave d'un homme qui semblait donner des ordres à tout le monde à la fois. Soudain, la porte s'ouvrit et l'homme cria :

– Où est-elle ?

Amata descendit de son cheval et se tint debout, une main sur l'encolure de l'animal.

– Suis-je la bienvenue, mon oncle ? demanda-t-elle au géant qui s'avançait à grands pas.

Il la rejoignit en quelques enjambées et la saisit dans ses bras immenses. Le palefroi s'écarta pendant que le visage d'Amata disparaissait dans la barbe grise. Finalement, son oncle la posa par terre et lui dit, les mains sur ses épaules :

– Amata, mon enfant chérie... Nous t'avons cherchée partout pendant des mois, mais la terre semblait t'avoir avalée. Aucun des survivants n'a pu préciser qui les avait attaqués.

– J'ai été retenu prisonnière à Assise pendant plusieurs années. C'est une histoire longue et triste. Je suis ici aujourd'hui et je suis une femme libre.

– Tu m'as manqué autant que ma chère Vanna. Nous l'avons perdue elle aussi, environ un an après toi.

– Le sieur Jacopone me l'a dit. Cela doit avoir été terrible pour vous.

Il jeta un regard autour de lui et parut remarquer pour la première fois le reste de la caravane. Son regard parcourut les visages un à un, et Orfeo releva sa visière. Les yeux rougeâtres du comte s'arrêtèrent finalement sur le pénitent, pâle et dépenaillé sur son banc de charrette.

– Sieur Jacopo ? murmura-t-il avec compassion. En êtes-vous arrivé à ce point ?

– Ce point me convient, répliqua Jacopone avec un faible sourire. J'ai connu l'enfer, *suocero mio*, mais maintenant j'en suis revenu.

– Nous allons tuer le veau gras ! lança le comte à ses gens. Maître intendant, préparez un banquet.

Il saisit les rênes du cheval d'Amata et, entourant de son bras libre la taille de la jeune femme, la conduisit vers le château.

Orfeo descendit lui aussi de cheval et marcha à leur suite, entendant des bribes de leur conversation.

– Je n'étais pas certaine...

– Bonifazio est un imbécile. Nous savions tous...

Pendant qu'ils conversaient, le comte Guido s'arrêta soudain et fixa le visage triste de la jeune femme, puis affirma :

– Ton père souffrait chaque fois qu'il te punissait. Il a fait ce qu'il devait, mais cela lui brisait le cœur. À ses yeux, tu étais le don le plus précieux du monde, et il ne savait que faire quand Bonifazio a souillé son joyau. C'est à Bonifazio qu'il n'a jamais pardonné.

Amata se blottit dans ses bras et posa sa tête sur son épaule. Guido regarda derrière elle et vit Orfeo tout près. Il agita le bras et lâcha d'une voix impérieuse :

– Amène les chevaux à l'écurie, mon garçon. Les serviteurs t'indiqueront le chemin. Et évite d'écouter les conversations privées de ta maîtresse.

– Mais... commença Orfeo.

Il attendit qu'Amata explique qu'il était un ami et non un mercenaire, mais elle ne releva même pas la tête. Enfin, il remarqua la charrette qui s'éloignait et un serviteur qui aidait Jacopone à marcher. Orfeo prit les rênes du palefroi d'Amata et suivit la charrette. Le comte émit un sifflement en direction d'une enfant de sept ou huit ans, mince et aux cheveux couleur de sable.

– Viens, Teresina. Ton grand-père a une merveilleuse surprise pour toi.

Jacopone étira ses membres endoloris dans le vaste lit de son beau-père, près du feu qui crépitait dans la grand-salle du château. La chaleur des flammes et la fatigue du voyage l'avaient rendu somnolent.

Vanna et lui s'étaient rencontrés pour la première fois dans cette pièce. Le pénitent ferma les yeux, l'imaginant comme elle était apparue ce jour-là, vêtue d'une robe verte, une guimpe couvrant sa chevelure.

Il aurait pu tout apprendre d'elle si elle avait vécu – s'il avait été ouvert à la vérité qu'elle vivait quotidiennement. Avait-il fallu que survienne un accident fatal pour le délivrer de sa folie ? Il ramena vers ses épaules la lourde couverture de Guido, qui dégageait une forte odeur de vieux guerrier malpropre. Il pria : *Quand, ô Seigneur, me libéreras-Tu ? Quand pourrai-je voir son âme lumineuse et lui demander pardon ?*

Autour de lui, la pièce était remplie de murmures. Il entendit une exhortation parmi le concert de voix :

– Vas-y, maintenant ! Il ne te mordra pas.

Alors le chérubin apparut. Jacopone sentit la main, froide et minuscule, s'emparer de sa main rugueuse. Il ouvrit un œil. La lumière de l'après-midi encadrait sa chevelure bouclée, ajoutant un éclat au côté de sa robe blanche et à sa ceinture dorée. Le visage enfantin avait la même bouche, le même menton que la Vanna à qui il venait de rêver. Il accueillit le présage de toute son âme.

– Alors, le temps est-il venu ? Es-tu venu pour m'amener près d'elle ?

Le chérubin voletait autour du lit comme un petit oiseau. Ses yeux graves scrutaient le visage du pénitent. Jacopone arqua les sourcils, plissa le front. Un chatouillement lui apprit qu'il était encore bien vivant.

– Nonno Guido dit que tu es mon père.

Jacopone promena son regard dans la pièce. Son beau-père se tenait avec Amata près de l'entrée.

– Es-tu blessé ? demanda la fillette. Grand-papa m'a dit que tu avais été malade plusieurs années et que tu ne pouvais pas venir me voir.

Il referma ses doigts sur la petite main.

– Dis-moi ton nom, mon enfant.

– Teresa di Jacopo. Tout le monde m'appelle Teresina.

Il continua de tenir cette main pendant que son esprit s'enfonçait dans le brouillard des années passées. Il revit le corps écrasé de Vanna qu'on transportait dans leur chambre, les servantes qui se tordaient les mains dans leurs tabliers, la nourrice dont le visage ruisselait de larmes pendant qu'elle tenait la *bambina* contre son sein. Il s'était à peine aperçu de sa présence dans la maison, tellement Vanna et la nourrice s'efforçaient de ne pas le déranger. L'enfant ne devait pas avoir plus de deux mois à l'époque.

Il ouvrit les doigts, mais la fillette laissa sa main dans celle de Jacopone.

– La dernière fois que je t'ai vue, tu n'étais pas plus grande que ma main. Comme tu as changé !

Il se tourna vers Guido, qui s'était approché du lit.

– Puisse Dieu vous récompenser, *suocero*. Vous avez bien pris soin d'elle.

– Jusqu'à aujourd'hui, elle était tout ce qui me restait. Pour moi, c'était un don du ciel.

La voix du géant s'était attendrie. Il s'assit à côté de la fillette et le matelas se tassa sous son poids. Il passa ses doigts à travers les boucles de Teresina.

– Regarde, vous avez la même couleur de cheveux, dit-il à l'enfant, même si tu ressembles à ta mère.

– *Deo gratias* ! lança Jacopone en riant.

– Votre rire semble un peu rouillé, commenta Guido. J'ai un vin délicieux qui lui restituera sa résonance passée.

Le comte éloigna Teresina du lit.

– Nous allons prendre soin de ton papa et lui faire prendre du poids, et bientôt il sera assez robuste pour jouer avec toi. Laisse-le se reposer pour le moment. Vous aurez beaucoup de temps pour faire connaissance.

Calisto di Simon était de fort mauvaise humeur. Ses hommes avaient réduit à néant son plan destiné à récupérer l'anneau de la confraternité, et permis en plus au jeune Bernardone de s'évader de la ville. Pis, des furoncles s'étaient répandus des deux côtés de sa colonne vertébrale ; il ne pouvait même plus s'asseoir dans sa chaise à haut dossier.

Il était étendu sur le ventre sur une table à tréteaux pendant qu'une servante nettoyait les plaies infectées et appliquait des compresses chaudes pour drainer le pus. L'un des linges était si chaud qu'il fut ébouillanté ; il jeta un cri de douleur et frappa la femme de son poing dans l'estomac.

– Tu l'as fait exprès !

Le coup lui avait fait perdre le souffle, mais la femme réussit à haleter :

– Non, seigneur, je le jure.

Elle se dirigea en geignant vers le chaudron d'eau, les bras serrés autour de son ventre.

– Je jure sur ma vie que ça ne se reproduira plus.

– Tu as intérêt.

Un homme grand et élancé pénétra dans la pièce et s'inclina devant le *signore*. Ses bottes, ses cuissardes et son manteau boueux révélaient qu'il avait chevauché à toute vitesse. Calisto fronça les sourcils.

– Tu es encore ici, Bruno ? Je pensais que tu m'avais fui pour toujours !

L'homme eut un sourire narquois, moins effrayé que la servante !

– J'ai suivi Orfeo di Bernardone, déclara-t-il. Je sais où il se terre.

– Alors, pourquoi ne l'as-tu pas achevé pour rapporter l'anneau ? Je ne veux pas des nouvelles, je veux des résultats !

Bruno s'assit pesamment sur un banc et gratta de son couteau la boue qui recouvrait ses bottes. Il ne prit pas la peine de relever la tête pour expliquer :

– Je ne pouvais pas tout seul. Il se cache dans un château, à la frontière de la commune de Todi. À un endroit appelé le Coldimezzo.

Calisto se dressa sur les coudes.

– Je le connais. C'est là que nous avons enlevé cette chienne d'Amata. Bernardone m'a posé des questions sur elle et sur cet endroit quand il est venu l'autre jour. Que peut-il faire au Coldimezzo ? Mon père et moi avions laissé le château en ruine.

– Pas assez en ruine. Des gens y vivent encore.

Le messager fit glisser la lame de son couteau sur le rebord de sa semelle pour y enlever ce qu'il restait et remit l'arme dans sa ceinture.

Calisto se tourna sur le côté et jeta un coup d'œil furieux à la femme qui se tenait dans l'ombre.

– Enlève-moi ces maudits pansements, ordonna-t-il.

Elle se précipita vers la table et ôta les compresses du bout des doigts, à une distance prudente de ses poings. Quand elle eut terminé, il s'assit et glissa avec précaution ses bras dans les manches de sa tunique en lâchant une bordée de jurons.

Bruno regardait son seigneur avec indifférence. La douleur déformait les traits de Calisto. Une lueur de méchanceté brilla dans son regard.

– Je déteste laisser un travail inachevé. Rassemble mes cavaliers. Dis-leur de préparer leurs chevaux. Nous pouvons être au Coldimezzo demain. Cette fois, nous ne laisserons rien d'autres que des gravats.

– Les hommes seront contents. Ils s'ennuyaient.

Alors que Bruno se relevait, Calisto lui porta un coup violent sur la poitrine, le renversant par-dessus le banc. La tête du messager frappa contre le mur de pierre et un filet de sang jaillit de son oreille. Il se releva péniblement, une main contre son oreille blessée et l'autre cherchant son couteau. Mais le signore avait déjà dégainé son épée et il en tenait la pointe contre la gorge de Bruno.

– Voilà pour avoir permis à Bernardone de s'échapper. Assure-toi que cela ne se reproduira pas...

33

Orfeo ne savait à quoi s'attendre quand Amata le fit venir du quartier des serviteurs. Depuis leur arrivée, il ne pouvait qualifier son attitude que de « glaciale ». En se dirigeant vers la cuisine, il songea qu'il ne connaissait que fort peu la jeune femme et ses humeurs.

Amata parut heureuse de le voir.

– Excusez-moi de vous avoir ignoré, sieur Bernardone. Le fait d'être de retour dans la maison de mon enfance après tant d'années m'a fait oublier les règles les plus élémentaires de la courtoisie. J'espère que vous me pardonnerez et accepterez cette offre de paix.

Derrière elle, un serviteur tenait un panier de piquenique et une couverture pliée.

– J'ai pensé que nous pourrions nous évader de l'agitation de la maison pendant quelques heures.

– J'accepte avec joie, répondit Orfeo en s'inclinant. J'espère ne jamais faire en sorte de vous déplaire. Il me serait intolérable de subir pendant toute une semaine une attitude aussi distante de votre part.

Amata rit.

– Il y a une clairière où je jouais quand j'étais petite fille. Elle se trouve dans un bois, non loin des murs du château.

Elle s'émerveilla du calme de sa propre voix. Le jeune Bernardone jouait les galants avec affectation. Aveuglé par l'attirance qu'il éprouvait pour elle, il ne paraissait pas soupçonneux.

Amata conduisit les deux hommes jusqu'à la sortie du château. Elle croisa le regard d'Orfeo et, d'un coup d'œil, lui désigna le panier. Le jeune homme acquiesça.

– *Grazie mille*, dit-il au serviteur. Je vais porter le panier de ma maîtresse.

Il se sentait joyeux, maintenant qu'il était rentré dans les bonnes grâces d'Amata.

La jeune femme parla peu, pendant qu'Orfeo la suivait entre les arbres. Elle ne répondait à ses menus propos que par de brefs sourires. Elle s'était endurcie en prévision de cette journée et ne comptait pas se laisser distraire.

La clairière dont elle se souvenait avait diminué de taille là où la végétation avait poussé durant ces huit ans. Toutefois, à en juger par l'herbe aplatie et l'usure du sentier qui y menait, on y venait toujours. Amata pria pour que l'endroit fût désert aujourd'hui. Elle tendit l'oreille. Seuls le chant des oiseaux, le bruissement des abeilles qui voletaient et les mouvements des jeunes feuilles dans le vent brisaient le silence.

Le jeune Bernardone semblait avoir du mal à soutenir la conversation pendant qu'ils mangeaient leurs fruits et leur fromage et buvaient la première des deux cruches de vin. Peut-être était-elle trop froide à son endroit ; elle devait prendre soin de ne pas se trahir. Ou peut-être le commerçant était-il plus timide maintenant qu'ils se trouvaient seuls ? Plusieurs fois, son visage devint grave. Avait-il l'intention de tirer parti de leur isolement pour lui proposer le mariage ? L'idée l'effraya. Elle ne devait le considérer que comme l'ennemi juré de sa famille.

Peut-être attendait-il d'avoir épuisé la deuxième cruche avant de révéler ses intentions, se servant du vin pour se donner du courage. Amata aurait préféré qu'il dorme à ce moment. Elle remplit la coupe d'Orfeo pendant qu'il racontait ses voyages dans cette partie du pays quand il était enfant. Elle lui sourit de manière innocente pendant qu'elle reposait la cruche et qu'elle desserrait l'étui sous sa manche. Elle aurait aimé connaître les incantations que chantaient les prophètes avant leurs sacrifices d'expiation. *Bois, fils de Lucifer. Prépare-toi à payer.*

Elle n'avait jamais tué personne de sang-froid. La bataille avec le moine de Gubbio ne l'aidait pas. Ce coup de couteau n'avait été qu'un réflexe pour sauver sa propre vie. Le moine lui aurait fracassé la tête avec son gourdin si elle ne l'avait frappé en premier. Cette fois, elle allait entailler la gorge d'un homme pendant son sommeil, à la façon dont l'aide-cuisinier tranchait la tête d'un coq. Ou à la manière dont Judith avait décapité Holopherne, l'oppresseur de son peuple. Amata décida qu'après l'avoir tué elle prierait pour lui, car il n'avait pas la cruauté d'un Simon della Rocca. Ensuite, elle traînerait son corps dans les bois pour que les animaux sauvages s'en occupent, et dirait à son oncle que le chenapan s'était enfui après l'avoir volée... Elle se rendit compte qu'elle avait oublié un détail. Elle aurait dû apporter un joyau ou autre objet de valeur – après en avoir fait étalage devant les gens du château.

Le soleil atteignit son zénith tandis qu'Orfeo buvait, et l'ombre des arbres commença à s'étendre à l'ouest de la clairière. Le commerçant bâilla et s'étendit sur la couverture, les paupières alourdies par le vin et la chaleur. Elle aperçut à son cou une chaîne dorée à laquelle pendait sans doute un crucifix, mais ce symbole sacré n'allait pas le protéger. Elle tendit les muscles de son avant-bras. *Fais-le !* Cela ne prendrait qu'un instant ; elle assouvirait sa vengeance et poursuivrait sa vie. Amata essaya d'atténuer la tension qui agitait ses membres et sortit le couteau de son étui.

Elle sursauta en attendant des voix en provenance du sentier et cacha le couteau dans les replis de son vêtement. Une ribambelle d'enfants menée par Teresina déboucha dans la clairière.

– La voilà ! Je l'ai trouvée ! cria Teresina.

La fillette se laissa choir dans l'herbe près d'Amata alors qu'Orfeo s'asseyait en se frottant les yeux. Les enfants des serviteurs imitèrent Teresina et s'installèrent sur l'herbe autour d'elle.

– Raconte-nous une histoire, cousine Amata, implora l'enfant.

– Une histoire de prince et de princesse, ajouta une autre.

Amata pressa la main contre sa poitrine, tentant de ralentir les battements de son cœur.

– Je vais vous raconter une histoire, proposa Orfeo d'une voix ensommeillée.

Il tira un mouchoir de sa manche et le plaça sur son petit doigt.

– Voici le prince, expliqua-t-il.

Il se tourna vers Amata.

– Nous aurons besoin de votre mouchoir aussi, Madonna.

La jeune femme songea à l'étui vide attaché à son bras.

– J'ai... oublié d'en apporter un, balbutia-t-elle.

– J'en ai un, déclara Teresina d'un air important.

Le morceau de tissu était un peu sale, mais Orfeo la remercia d'un geste chevaleresque. Il demanda à Amata de lever le petit doigt et y attacha le mouchoir.

– Vous êtes la princesse, dit-il.

Il dressa son doigt et commença :

– Il était une fois un jeune prince qui voyageait avec son père et ses frères dans une contrée lointaine. Un jour, ils s'arrêtèrent devant un château et le prince vit une magnifique petite princesse, à peine plus âgée que vous-mêmes, qui se tenait sur les remparts. Le prince lui fit un signe de la main avec une marionnette exactement comme celle-ci.

Orfeo leva la main d'Amata jusqu'à ce qu'elle se trouve au-dessus de la sienne et la regarda dans les yeux pendant qu'il esquissait une révérence avec sa propre marionnette.

Amata évita son regard. Qu'était-il en train de faire ? Et depuis combien de temps savait-il qui elle était ?

La voix d'Orfeo se fit plus grave alors qu'il poursuivait son récit. Il frappa son index contre celui d'Amata.

– Mais leurs pères se querellèrent, et le prince et sa famille partirent avant d'avoir pu rencontrer la princesse.

– Oh ! s'exclamèrent les enfants à l'unisson.

– Le père du prince était très fâché contre le père de la princesse. Quand il revint chez lui, il engagea un méchant chevalier pour qu'il attaque le château. Le chevalier tua le papa et la maman de la princesse et l'emmena dans sa sombre forteresse.

Orfeo prit dans sa main libre la main de la « princesse » et attira lentement celle-ci vers lui.

– Le méchant chevalier la garda de nombreuses années comme esclave tandis qu'elle se transformait en une belle jeune femme. Pendant ce temps, le prince était devenu si triste et si fâché contre son père qu'il s'enfuit de sa maison et navigua jusqu'à la Terre promise. Un jour, beaucoup plus tard, alors qu'il était devenu un homme, il rencontra le pape. Et le Saint-Père lui dit : « Tu dois retourner chez toi, jeune prince, et expier le crime de ton père. »

Les enfants écarquillèrent les yeux en entendant mentionner le pape représenté par le pouce dressé d'Orfeo.

– Alors le prince revint dans son pays. En essayant de retrouver la princesse, il se rendit au château du méchant chevalier, mais découvrit qu'elle s'était enfuie.

Il ouvrit sa main, libérant le doigt d'Amata.

– « Elle est dans un couvent », grogna le méchant chevalier. Et le même soir, il envoya ses hommes pour tuer le prince afin qu'il ne retrouve jamais la princesse. Mais le destin fit en sorte que les assassins tuèrent par erreur l'ami du prince.

Les enfants s'entreregardèrent puis tournèrent les yeux vers Orfeo.

Constatant à quel point le jeune homme était ému, Amata continua :

– Le prince alla raconter à une dame qu'il avait rencontrée la perte de son ami. Elle lui demanda de l'accompagner comme homme d'armes jusqu'à son ancienne demeure dans la campagne et il accepta. Et, quand elle arriva chez elle, c'était le château où il avait vu la princesse pour la première fois.

Orfeo s'était ressaisi :

– Le prince comprit alors que la dame n'était autre que la princesse qu'il avait cherchée pendant toutes ces années.

Il plaça sa marionnette contre celle d'Amata.

– Lui a-t-il demandé de l'épouser et ont-ils vécu heureux par la suite ? s'enquit Teresina.

Orfeo scruta les jeunes visages remplis d'espoir. Il jeta un coup d'œil à Amata, et elle vit la question se former dans ses yeux.

Elle secoua la tête.

– C'est votre histoire, dit-elle.

– Pas tout de suite, répondit Orfeo. Il voulait d'abord implorer le pardon de la princesse. Il la supplia de le laisser devenir son chevalier et d'entreprendre une quête pour elle... Mais je garde cette histoire pour un autre jour.

– Dites-le-nous maintenant, exigea Teresina.

– Maintenant, je dois parler à ta cousine, répliqua Orfeo. Seul.

Il fit signe aux enfants de se lever.

– Allez voir ce que vous pourrez trouver dans les bois... mais n'allez pas trop loin.

– Ne vous inquiétez pas. Nous ne nous perdrons pas. Nous jouons ici tout le temps, répondit Teresina.

Les enfants partis, Amata s'étendit sur la couverture, les yeux fermés, plus troublée que jamais. La couverture se raidit sous elle pendant qu'Orfeo changeait de position. Sa poitrine se pressa contre celle de la jeune femme tandis qu'il se penchait sur elle. Quand les lèvres d'Orfeo frôlèrent sa joue, elle sentit surgir des larmes au coin de ses yeux, mais refusa de le regarder. Elle enserra son cou avec son bras droit et l'attira vers elle pendant que, de sa main gauche, elle cherchait la poignée de sa dague. *Bernardone, Bernardone* ! Le nom résonnait comme le tambour du diable dans ses oreilles. Elle serra le manche du poignard et leva le bras, mais sa main tremblait tellement qu'elle laissa échapper l'arme. Le poignard rebondit sur l'épaule d'Orfeo et retomba sur la couverture.

Orfeo tourna les yeux vers l'arme, puis vers les larmes qui ruisselaient sur les joues d'Amata. Il saisit le menton de la jeune fille dans sa main.

– Je ne suis pas votre ennemi, Madonna. Mon père l'était. Simon della Rocca l'était. Son fils Calisto souhaiterait nous voir morts tous les deux. Je suis ici pour vous aider si je le peux.

Il la fixa avec un air d'infinie tristesse.

– Je vous aime, Amatina.

L'intensité de son regard fit s'évanouir les derniers vestiges de la haine dans le cœur d'Amata. Elle l'enlaça et l'attira davantage contre elle.

– Que voulez-vous de moi, alors ? murmura-t-elle.

Les lèvres du jeune homme s'approchèrent de son oreille. Elle sentit son souffle chaud contre le lobe.

– Voulez-vous vraiment que je vous le dise, avec les enfants qui s'amusent tout près ?

Il souleva sa tête et s'éloigna pendant que sa bouche esquissait un sourire amusé. Puis son visage redevint grave.

– J'étais sérieux quand je vous ai parlé de cette quête. Je veux compenser, même dans une faible mesure, la douleur que vous a causée ma famille. J'ai une idée de la façon dont je pourrais procéder... Le « prince » a réellement rencontré le pape et il a passé plusieurs semaines en sa compagnie. Le Saint-Père lui a promis de lui accorder son aide, dans la mesure de ses moyens, en récompense de ses services.

La conversation avait pris un tour intéressant. Amata se demanda où il voulait en venir.

– Vous avez, une fois, mentionné l'un de vos amis ermites, poursuivit Orfeo, que le ministre général avait emprisonné. Si le comte Guido peut vous céder quelques hommes qui vous accompagneront à Assise, je me rendrai à Rome le plus vite possible et demanderai au pape de pardonner à votre ami. Malheureusement, je devrai partir aussitôt. Le pape Grégoire prendra bientôt la route de Lyon pour présider le concile. Je ne vous demande qu'une faveur en retour, Amatina. Promettez-moi que vous n'accepterez aucun prétendant avant mon retour.

Amata se sentit envahie d'une chaleur tranquille – en partie en raison de ce qu'il venait de lui dire, mais aussi parce qu'elle était soulagée de n'avoir pu assouvir sa vengeance. Elle prit l'une de ses mains rugueuses entre les siennes, se souvenant qu'il avait été rameur sur une galère.

– C'est une proposition honorable, admit-elle, et une quête honorable.

Elle porta la main d'Orfeo à ses lèvres et le tutoiement lui vint naturellement.

– Ne deviens pas comme ce poète ancien dont tu portes le nom. Tu n'as pas besoin de vérifier par-dessus ton épaule pour t'assurer que je suis derrière toi. Je te donne ma parole que ton Eurydice te suivra toujours, sur les routes les plus sombres, dans les ruelles les plus animées, jusqu'à ton retour. Et quand tu reviendras avec le pardon du pape, je te promets que tu recevras une juste récompense.

Elle se redressa sur un coude, se pencha sur lui et posa ses lèvres sur celles d'Orfeo :

– Emporte ce gage de ma fidélité et de ma patience.

Alors qu'ils traversaient la clairière en direction du château, Amata songea à quel point le frère Conrad aurait été fier de sa maîtrise d'elle-même. Seule avec un homme qui partageait ses sentiments, un homme qui l'avait aimée en premier, elle s'était comportée avec la plus grande pudeur et la plus grande convenance.

Son cœur battait avec tout l'espoir que symbolisait ce début du printemps. Bientôt, Conrad serait libéré ; bientôt, Orfeo serait de retour. Elle pourrait enfin se réconcilier avec le bonheur. La terre printanière semblait vibrer de joie sous ses pas.

Elle s'arrêta soudain, l'oreille tendue. Elle avait déjà senti la terre trembler ainsi quand dom Vittorio et ses moines guerriers grimpaient la colline sur leurs chevaux en direction de Sant'Ubaldo. Orfeo remarqua en même temps qu'elle le nuage de poussière à l'autre extrémité de la clairière. Le panier de pique-nique tomba de sa main.

– Vite ! Au château ! cria-t-il en empoignant le bras d'Amata.

– Les enfants ! Ils sont encore dans les bois.

– Je retournerai les chercher. Rentre au château !

Elle partit en courant. Des voix se firent entendre sur les remparts et la porte s'ouvrit. Elle se retourna juste à temps pour voir Orfeo s'éloigner entre les arbres, et un cavalier se séparer de son groupe et galoper vers lui.

– Orfeo ! cria-t-elle. Derrière toi !

Mais son cri se perdit, trop faible pour dominer le tonnerre des sabots et les cris de guerre des cavaliers.

34

À l'intérieur du château, les chevaliers et les archers se pressaient sur les échelles dressées partout contre les remparts. Amata aperçut Guido à l'un des créneaux. *Au diable la pudeur*, jura-t-elle en empoignant sa jupe et en suivant un homme d'armes le long de l'échelle la plus proche de son oncle.

Concentré sur les préparatifs de guerre, le comte Guido ne la remarqua pas immédiatement. Amata regarda les cavaliers qui galopaient comme des hordes poussiéreuses issues de l'enfer. Ils ralentirent en approchant, puis tirèrent sur les rênes et immobilisèrent leurs chevaux au moment où leur chef levait son épée dans les airs. Le groupe se dispersa devant le château comme une vague sur une plage. Les cavaliers semblaient surpris de constater que l'endroit était désormais fortifié. Il fallait être fou pour prendre d'assaut une telle citadelle ; une telle place-forte ne pouvait tomber que grâce à un siège ou à la ruse.

Les attaquants considérèrent la rangée d'archers qui n'attendaient qu'un signe pour lâcher leurs flèches. Le chef faisait trotter son cheval d'un côté et de l'autre le long de la ligne des cavaliers en brandissant rageusement son épée.

– Où est donc Bruno ? cria-t-il.

Amata devina qu'il cherchait l'homme qui s'était éloigné à la poursuite d'Orfeo. Elle jeta un regard anxieux vers le bois. Elle crut entendre un bruit d'épées frappant l'une contre l'autre, mais elle n'en était pas certaine à cause de la distance.

– Nommez-vous ! ordonna Guido du haut du rempart. Pourquoi vous présentez-vous armés contre nous ?

Le chef fit avancer son cheval dans l'espace entre ses guerriers et la porte principale du château, puis leva sa visière. Il portait le nouveau style de casque, doté d'une visière articulée, et un bouclier de bois léger. Ses membres et son torse étaient protégés par des carrés de cuir durci et décoré, liés sur les côtés, équipement emprunté aux Sarrasins.

Amata sursauta en reconnaissant Calisto della Rocca. Guido lança un regard de désapprobation en direction de sa nièce.

– Je suis Calisto di Simon, seigneur de la Rocca Paida d'Assise ! Je suis désolé d'avoir effrayé vos gens, *signore*. Nous recherchons un voleur, un certain Orfeo di Angelo Bernardone, qui s'est enfui de notre ville dans votre direction.

Une misérable tentative pour se sortir de sa fâcheuse situation. Amata se réjouit de la rougeur qui montait au visage de Calisto et des grognements de ses hommes alors qu'il tentait de se justifier. Guido murmura le nom d'Orfeo en tentant de le situer.

– C'est mon homme d'armes, affirma Amata. Je vous assure, mon oncle, que ce n'est pas un voleur.

Elle se pencha dans l'ouverture d'un merlon.

– Je te connais ! cria-t-elle. Ton père a assassiné Buonconte di Capitanio, le propriétaire de ce château, alors qu'il priait sans armes, et toi, le grand guerrier qui s'attaque à des femmes sans défense, tu as transpercé sa femme Cristiana de ton épée alors qu'elle recouvrait son corps étendu dans la poussière. Tu as aussi abusé de leur fille quand elle n'était encore qu'une enfant sans défense.

La voix calme de Calisto prit tout à coup un ton rageur.

– Je connais cette voix de harpie ! C'est toi que le voleur cherchait quand il a quitté Assise. N'essaie pas de le protéger, ou toi et toute ta maisonnée vous en repentirez.

– *Frocio* ! Espèce de lâche ! Tu n'en as pas le courage, pauvre eunuque, railla-t-elle. Tu te considères comme un homme, mais tu as les couilles d'un moineau !

Le visage du cavalier s'empourpra alors qu'une multitude de rires secouaient les rangs de ses guerriers. Guido suivait cet échange bouche bée, regardant d'abord Amata puis Calisto.

– Que répondez-vous à ces accusations, *signore* ? questionna-t-il.

– Je suis un guerrier. Je ne m'excuse pas pour les victimes de la guerre.

Le visage de Guido afficha la dureté du marbre. Il se pencha contre le créneau, exposant son corps démesuré.

– Moi aussi je suis un guerrier, et un parent de la noble femme que tu as assassinée. J'exige par le droit du sang de t'affronter dans un juste combat, ici et maintenant.

Amata pouvait imaginer ce qui se passait dans l'esprit de Calisto : l'homme était deux fois plus âgé que lui, mais sa taille l'impressionnait. Elle savait aussi que l'honneur était le cadet de ses soucis.

Le cheval de Calisto parut lire dans ses pensées lui aussi, ou peut-être le *signore* avait-il inconsciemment tiré sur ses rênes, car l'animal s'éloigna à reculons vers la rangée de cavaliers. À la grande surprise d'Amata, l'un après l'autre, les hommes levèrent leur lance et la pointèrent vers leur chef, refusant qu'il se glisse parmi eux.

– Ne nous faites pas honte, maître, lança l'un des hommes.

Amata murmura quelques paroles à l'oreille de son oncle. Il éclata de rire.

– Es-tu en train de me dire comment combattre, femme ?

– Faites seulement ce que je vous dis, répondit-elle. Il n'a pas toute sa force dans sa main droite.

Guido se redressa et cria en direction de Calisto :

– Dis à tes hommes de reculer. Je vais te rencontrer seul à seul devant la porte principale, sitôt que j'aurai revêtu mon armure. À pied, avec épées et boucliers.

Calisto s'inclina. Il descendit de cheval et retira le bouclier attaché à son flanc. Son écuyer s'approcha pour prendre les rênes de l'animal. Au même moment, un cheval sans cavalier émergea de la forêt. L'un des cavaliers sortit des rangs pour galoper dans sa direction. L'homme attrapa l'animal puis sembla hésiter. Il jeta un regard vers les arbres, fit demi-tour et ramena le cheval vers le groupe. Amata était morte d'inquiétude; rien ne bougeait dans les bois.

– Descends du mur maintenant, lui enjoignit Guido. Tu n'as pas besoin d'assister à cette scène.

– Je surveille Orfeo, objecta-t-elle. Il est retourné chercher les enfants. L'un des sbires de Calisto s'est lancé à sa poursuite. C'est son cheval qui vient de sortir de la forêt.

– J'aimerais davantage connaître cet Orfeo, s'il survit. Si nous survivons tous les deux.

Il fit le signe de croix et entreprit de descendre de l'échelle.

Pendant que le soleil descendait à l'horizon, Amata regarda la sueur perler sur le visage de Calisto. Les gardes sur les remparts et les assaillants commencèrent à murmurer entre eux, mais aucun son ne venait de la forêt. À un moment, Amata se pencha vers un archer :

– S'il tue le comte Guido, transperce-le d'une flèche. Les préceptes de la chevalerie ne s'appliquent pas pour une ordure de ce genre. Je te récompenserai généreusement.

L'homme sourit et désigna son arbalète.

Le comte Guido sortit sous les acclamations de ses hommes. Amata se dit qu'il ressemblait à une montagne d'acier, avec son camail de métal au-dessus de son haubert en cotte de maille. Par-dessus cet accoutrement, il portait un écu de bandes de métal à l'intérieur d'un lourd vêtement de cuir. Il tenait sous le bras un casque de style anglais en forme de cône qui n'offrait qu'une surface oblique aux coups d'épée. *Calisto va souiller ses sous-vêtements en le voyant.* Son armure brillante était deux fois plus large que celle de Calisto et le fourreau qui pendait à sa taille dépassait de beaucoup la longueur de tous ceux qu'elle avait pu voir. Elle se souvint que les femmes de la maisonnée l'appelaient *Spadalunga*, « Longue Épée », dans son enfance.

Elle retourna à sa position initiale sur le mur, tandis que le comte faisait le signe de croix et ordonnait à un serviteur d'ouvrir la grand-porte. Elle aurait aimé voir le visage de Calisto, mais il avait déjà baissé sa visière. Les longues enjambées de Guido comblèrent rapidement l'espace entre les deux hommes et, plus vite qu'elle ne s'y était attendue, il abattit son énorme épée contre l'armure de son adversaire. Les genoux de Calisto plièrent sous le choc, mais il se redressa et répliqua par un coup violent. Ils firent tous deux quelques pas de côté et, une fois de plus, Calisto abattit son épée, obligeant Guido à céder du terrain.

– Il ne fait pas ce que je lui ai dit, cria Amata d'un ton inquiet à l'archer qui se tenait près d'elle.

Guido, plus âgé et plus lent, recula devant Calisto, sous les acclamations des cavaliers. Le comte semblait confus. Visant la tête de son adversaire, il brandit son épée en un large moulinet, mais Calisto, dans son équipement léger, réussit à parer. Une fois de plus, le seigneur de la Rocca réagit par une volée de coups, repoussant son ennemi dans l'ombre du rempart. Guido ne pouvait guère qu'éviter les coups avec son bouclier.

– Rappelez-vous votre famille ! Rappelez-vous ma mère ! lui cria Amata, mais tant d'autres voix retentissaient qu'elle douta qu'il l'ait entendue. Elle fit deux fois le signe de croix et joignit ses mains pour prier, alors que son oncle s'affaissait sur un genou, son bouclier au-dessus de sa tête.

Calisto, soupçonnant sans doute quelque feinte, ne fondit pas sur lui, et Guido profita de ce moment pour abattre son épée en direction de ses chevilles. Le vieil homme se redressa sur ses pieds, frappant à coups répétés contre le bouclier de son adversaire et déclenchant plusieurs autres assauts de Calisto. Mais ces coups étaient de moins en moins violents, et le comte fit un pas de côté sur la gauche de Calisto.

– C'est ça, exhorta Amata. C'est ça.

Astucieux ! Très astucieux. Guido avait fait en sorte que le jeune homme perde la force de son bras pendant qu'il conservait la sienne. Maintenant, il s'éloigna de la main droite, plus faible, de son adversaire, le forçant à élargir l'angle de chaque coup d'épée. Le coup suivant rebondit faiblement contre l'armure de Guido, alors que l'épée se tordait dans la main de Calisto. Le comte répliqua par un coup puissant qui fendit la partie supérieure du bouclier de son adversaire. Il fit un autre pas vers la gauche pendant que le jeune homme reculait pour porter un autre coup. Calisto s'avança avec plus de prudence, frappant de la pointe plutôt que du tranchant de son épée, mais dans cette situation la lame la plus longue avait l'avantage et il ne pouvait se rapprocher.

Les cavaliers se turent en comprenant que la position des adversaires venait de changer. Guido fit encore un pas vers la gauche, alors que son adversaire reculait pour modifier sa tactique. L'oncle d'Amata s'était une fois de plus déplacé et Amata remarqua avec anxiété que, s'il faisait un pas de plus sur le côté, Guido se retrouverait face à la lumière du soleil. Les hommes sur le mur devinrent aussi silencieux que les cavaliers. Les combattants échangeaient des feintes, mais ni l'un ni l'autre ne gagnait de terrain. À mesure que son inquiétude augmentait, chaque muscle du corps d'Amata se raidissait en même temps que ceux des guerriers. Finalement, ne pouvant plus endurer la tension, elle cria d'une voix perçante :

– Couilles de moineau !

Une multitude d'éclats de rire fusèrent des deux côtés. Calisto émit un rugissement inintelligible et s'élança contre Guido, l'épée brandie. Le comte fit tourner son bouclier de façon que les rayons du soleil se reflètent dans l'étroite ouverture de la visière de Calisto. Une fois de plus, Guido fit un pas de côté et évita le coup de Calisto, qui lâcha son épée. Alors qu'il perdait l'équilibre, le comte enfonça la pointe de son arme entre les courroies de cuir qui protégeaient les côtes du jeune homme, puis plus profondément, entre les côtes elles-mêmes.

Le seigneur de la Rocca tomba sur les genoux avec un cri de douleur. Guido enfonça de nouveau son épée, puis la retira. Le casque de Calisto se tourna vers le haut du rempart.

– Envoyez chercher votre aumônier, supplia-t-il. Je vais mourir !

La tache rouge sur son flanc s'élargissait vers sa cuisse et se répandait sur l'herbe sous son genou. Il lutta pour retirer son casque. Le comte s'approcha et le lui ôta. Amata s'aperçut que Calisto avait fixé son regard sur elle.

– Je vais t'envoyer le même prêtre qui a confessé ton père, lâcha-t-elle.

Elle retira son capuchon, joignit pieusement les mains devant elle et récita de la voix profonde qu'elle avait utilisée devant le lit de Simon della Rocca :

– Puisse ton âme recevoir maintenant sa juste récompense.

Les yeux de Calisto roulèrent dans leurs orbites alors qu'il comprenait peu à peu. Il tomba vers l'avant, se rattrapant avec ses mains et arrachant des touffes d'herbe avec ses ongles.

– Chienne ! Sale chienne ! grommela-t-il, et, dans un gémissement, il expira.

Son écuyer conduisit le cheval jusqu'à son cadavre et, avec l'aide de Guido, plaça la dépouille de son maître en travers de la selle. Le comte Guido, vainqueur du combat, fit tournoyer son épée en un large cercle. La rangée de cavaliers fit demi-tour et leurs chevaux retournèrent vers la clairière, en direction d'Assise.

Pendant que les hommes de Guido l'acclamaient, Amata descendit de l'échelle. Elle courut jusqu'à la porte de sortie et accueillit son oncle en l'enlaçant. Il ôta son casque et dit :

– Tu avais raison. Il avait une faiblesse à la main droite.

Puis elle partit au pas de course, traversa le portail et se dirigea vers la forêt. Elle venait d'atteindre le panier de pique-nique abandonné lorsque Orfeo surgit d'entre les arbres, entouré d'une ribambelle d'enfants. Elle tomba à genoux et joignit les mains. Il avançait lentement, une épée ensanglantée dans sa main droite, et son bras gauche entourant les épaules de Teresina. Amata comprit soudain que les enfants n'étaient pas seulement rassemblés autour de lui. Ils le soutenaient tandis qu'il titubait vers elle.

Amata se releva et fonça vers lui. Orfeo s'effondra dans ses bras tendus. Pendant qu'elle luttait pour le tenir debout, il lui frôla le cou de ses lèvres et murmura :

– *Couilles de moineau*?

– Ce n'est pas une vie pour un marchand, observa Orfeo.

Il se reposait dans le vaste lit du comte Guido, dans la grand-salle, adossé contre une montagne d'oreillers, au côté de Jacopone.

– Je ne suis pas fait pour ces jeux d'épée.

Teresina était étendue sur les couvertures entre les deux hommes, jouant avec un chaton qui s'était approprié un oreiller plus petit. Amata restait assise au bord du matelas, au côté d'Orfeo, pendant que son oncle s'était affalé dans la chaise près du lit et grattait les oreilles d'un chien de meute.

Amata serra la main d'Orfeo.

– Je te libère de tes devoirs en tant qu'homme d'armes, dit-elle. Oncle Guido me raccompagnera en toute sécurité jusque chez moi. De plus, tu dois obéir à une requête.

– Plus je reste couché ici, plus longue sera la distance que j'aurai à parcourir pour rattraper le pape.

Il posa la main sur la chaîne qui entourait son cou.

– Le chevalier qui m'a poursuivi me connaissait. Je crois que c'était un des hommes qui ont assassiné Neno. Quand il est arrivé dans la clairière, il a dit : « Ton anneau ou ta vie, Bernardone. » Finalement, il voulait obtenir les deux. Pourquoi assassiner quelqu'un afin d'obtenir une pierre éraflée et sans valeur ?

Devançant Guido, qui avait tendu le bras, Amata lui arracha l'anneau de la main.

– D'où as-tu cela ? demanda-t-elle. Simon della Rocca a volé un anneau identique à mon père.

– C'est mon propre père qui me l'a donné, expliqua Orfeo.

Le comte Guido se dirigea vers le coffre au pied du lit. Il en sortit un coffret de bois, qu'il tendit à Amata.

– Je ne sais pas ce que Simon t'a montré, mais voici l'anneau de ton père, dit-il.

Les yeux écarquillés, Amata souleva le couvercle. L'anneau qui s'y trouvait était identique à celui d'Orfeo : la même pierre bleue, la même inscription énigmatique.

– Comment est-il entré en votre possession ? s'enquit-elle.

– Ton frère Fabiano me l'a remise quand il est parti vivre avec les moines noirs.

Une bûche émit un bruit retentissant dans le foyer pendant qu'Amata secouait la tête sans comprendre.

– Qu'entendez-vous par « quand il est parti vivre avec les moines noirs » ?

– Mon Dieu ! Tu ne le savais pas, n'est-ce pas, mon enfant ? Comment aurais-tu pu savoir ? Ils t'ont emmenée avant que les moines ne le retrouvent sur les rochers en bas de la chapelle.

– Je l'ai vu plonger dans le vide.

– Il n'est pas mort, Amata. Il restera infirme jusqu'à la fin de ses jours, mais il a survécu à sa chute. Il est cellérier auxiliaire au monastère de San Pietro, à Pérouse, et sera bientôt ordonné prêtre.

– Fabiano est devenu moine ? murmura Amata, ébahie.

– Il ne porte plus le nom de Fabiano, ajouta son oncle. Les moines noirs l'ont baptisé « Anselmo » lorsqu'il a pris l'habit. Les Bénédictins ont coutume de donner un nouveau nom à ceux qui ont laissé le monde derrière eux, pour qu'il ne subsiste aucune trace de leur ancienne vie.

Guido fouilla parmi des piles de vêtements et de tissus, puis regagna sa chaise en tenant à la main un parchemin enroulé attaché par un morceau de ruban noir.

– Il y a soixante-quinze ans, à l'époque des soulèvements communaux, alors que des bandes armées saccageaient et brûlaient les demeures des nobles, les comtes du Coldimezzo ont placé ce château et ses dépendances sous la protection des moines. Le père supérieur de San Pietro est un homme puissant, autant par les armes que par l'immunité dont il jouit auprès du pape et de l'empereur.

Il déroula le parchemin et lut :

S'il arrivait que les habitants d'une commune attaquent les châtelains précités, le monastère s'engage à assurer leur défense. Et si eux ou leurs héritiers ou successeurs devaient se trouver dans le besoin, ils pourraient obtenir du monastère précité tout ce dont ils auraient besoin pour vivre. Et s'ils décident de placer leurs filles nubiles, appelées par Dieu, dans des couvents, le père supérieur et les moines de San Pietro de Cassinensi se feront un devoir, à leurs propres frais, de leur accorder une dot et de les confier à des monastères qui observent la règle de saint Benoît. Les principaux membres de la famille seront pour toujours accueillis à la table du père supérieur.

Guido déposa le document dans les mains d'Amata.

– Les moines ont chevauché aussi vite qu'ils l'ont pu quand ils ont appris l'attaque, mais ils sont arrivés trop tard. Ils ont sauvé ce qu'ils ont pu des édifices, puis ils ont découvert Fabiano, à demi mort. Ils l'ont soigné, ont affirmé que Dieu l'avait épargné et placé sous leur protection pour qu'il passe le reste de sa vie parmi eux. Et ton frère s'est bien adapté à cette vie.

– Mon frère... Toujours vivant après toutes ces années pendant lesquelles j'ai porté son deuil ! Nous avons un adage dans ce pays, seigneur Orfeo : « Une sœur et un frère représentent tout l'un pour l'autre. »

Elle éclata de rire et ajouta :

– Certains disent même qu'un mari c'est bien, mais qu'un frère c'est encore mieux.

– J'espère que tu ne dis pas de telles choses, répliqua Orfeo. Je pourrais devenir jaloux.

Il tendit le bras et lui caressa l'épaule.

– Pourquoi ne rends-tu pas visite à Fabiano, à Pérouse, avant de retourner à Assise ?

Amata jeta un regard rempli d'espoir en direction de Guido, qui inclina la tête et dit :

– Bien sûr. J'aimerais, moi aussi, revoir ce garçon.

Sachant que les aspects juridiques du document allaient intriguer l'ancien notaire, Amata le tendit à Jacopone.

– Fabiano a-t-il dit comment papa – ou, devrais-je dire, Nonno Capitanio – a obtenu l'anneau ? demanda-t-elle à son oncle.

– Oui. Ton père a glissé l'anneau dans sa poche quand les meurtriers ont fait irruption dans la chapelle. Buonconte lui a ordonné de sauter, car il était certain que Fabiano serait massacré s'il restait dans la pièce.

– Mais que signifie l'inscription sur l'anneau, mon oncle ?

Le comte Guido haussa les épaules.

– Ton père peut l'avoir expliqué à Buonconte s'il a souhaité qu'elle soit transmise. Il ne m'en a rien dit.

Jacopone avait fini de lire le document. Il en roula le parchemin et se gratta la tête en essayant de retrouver un souvenir.

– Un jour, j'ai rencontré à Gubbio un frère qui pourrait résoudre ce mystère. Ce frère Conrad clamait qu'il ne comprenait rien, mais c'était un sage. Je pense qu'il connaissait la réponse à toutes les questions. Mais, à ce moment-là, nous nous sommes perdus dans les bois.

– Vous vous êtes comporté en héros dans ces bois, protesta la jeune femme.

Le temps était venu de révéler à Jacopone l'existence de l'autre Fabiano, de Fabiano le frère novice, et de l'invincible dragon qui l'avait sauvé.

35

Dans la pénombre de la cellule, Conrad inscrivait les noms du plus récent catalogue de Jean de Parme, celui de tous les ministres généraux au cours de la brève histoire de l'Ordre. Zefferino, assis sur les marches de l'escalier, aidait Conrad avec la lumière de sa lanterne.

– Les ministres des provinces ultramontaines ont déposé Élie en 1239 et élu Albert de Pise pour lui succéder. Malheureusement, Albert est décédé l'année suivante. Après lui sont venus dans l'ordre Haymond de Faversham, Crescentius de Iesi et, en 1247, moi-même. Quand les ministres m'ont demandé de me retirer après mes dix années de fonction, j'ai nommé mon propre successeur, Bonaventure.

Alors que Conrad inscrivait le dernier nom sur les pierres avec son tesson, il lui revint à l'esprit l'avertissement de Bonaventure, la nuit où le ciel avait paru se fendre en deux, quand le ministre général lui avait ordonné de s'incliner et de baiser son anneau. Ce souvenir lui inspira une autre question :

– Frère Jean, est-ce que le ministre général porte un anneau qui symbolise sa fonction, un objet qu'il transmet à son successeur ?

– Oui. Un modeste lapis-lazuli. Pourquoi ?

Conrad brandit son index et se tourna vers Zefferino.

– *Per favore*, frère, pourrais-tu approcher la lumière ?

Zefferino souleva la lanterne du côté de l'œil valide de Conrad, qui gratta la mousse d'un carré de pierre. Ayant nettoyé une surface assez large, il dessina grossièrement la silhouette surmontée des deux arches qu'il avait vues à deux reprises : une fois sur la pierre d'autel de l'église inférieure, et l'autre, sur l'anneau du ministre général.

– Te rappelles-tu la signification de ces symboles? interrogea Conrad. La première fois que je les ai aperçus, j'ai cru que c'était l'œuvre d'un enfant, mais plus tard je les ai remarqués sur l'anneau de Bonaventure. C'est le même anneau que tu portais quand tu étais ministre général?

– Ce savoir est un secret lié à la fonction, rétorqua Jean d'une voix monotone.

– Je comprends. Je souhaitais seulement satisfaire ma curiosité.

Il hésita pendant un moment puis ajouta :

– J'ai posé cette question en étant convaincu que nous ne quitterions jamais cet endroit... que tout ce que j'apprends sera enterré avec nous.

– Frère Zefferino, reprit le vieux moine après un long silence, pourrais-tu nous laisser seuls un moment? Je souhaite confesser mes péchés auprès du frère Conrad.

Conrad essaya de déchiffrer les sentiments de Jean pendant que Zefferino grimpait l'escalier et verrouillait le cadenas de la grille. Pendant les deux années qu'ils avaient passées ensemble, Jean n'avait jamais formulé une telle demande.

– Mon père, pardonnez-moi car j'ai péché, murmura Jean après avoir entendu la fermeture du cadenas... Pendant dix ans, j'ai privé les fidèles de leur droit de prier devant la tombe de saint François.

– De quelle façon?

– Je sais où il est enterré. Je le savais pendant tout le temps où j'ai été ministre général.

– Essaies-tu de dire que le symbole inscrit dans l'anneau est une carte? La silhouette représente-t-elle saint François lui-même?

– Nous parlons sous le sceau de la confession, et non de la signification des symboles.

– Je comprends, frère. Je ne poserai plus de question à ce sujet.

Conrad fit le signe de croix devant Jean :

– *Ego te absolvo de omnibus peccatis tuis.*

Après un moment, Conrad ajouta :

– J'ai parlé un jour avec donna Giacoma dei Settisoli de la disparition de la dépouille de saint François. Elle a assisté à son enlèvement pendant la procession qui emmenait son corps à la nouvelle basilique. Elle ne pouvait comprendre les raisons du geste des gardes civils, sauf s'ils désiraient protéger les ossements des chasseurs de reliques... à la fois des dévots acharnés et des voleurs.

– C'est ce que j'ai toujours entendu dire. Je n'y vois pas non plus d'autre motif.

Conrad boitilla jusqu'au mur.

– Y a-t-il quelqu'un d'autre, à part Bonaventure, qui connaisse ce secret? insista-t-il en frappant du doigt sur son dessin.

– Aucun que je connaisse. Il y avait un groupe qui se nommait les *Compari della Tomba*, la Confrérie de la Tombe...

– Une confraternité laïque ?

– Oui. J'imagine qu'ils sont tous très âgés maintenant, ou décédés. Ces quatre hommes ont participé à la mise au tombeau et chacun d'eux a reçu le même anneau que le frère Élie. Ils avaient juré de défendre le secret de l'emplacement des restes de saint François au péril de leur vie, d'éliminer quiconque aurait appris ou deviné cet emplacement, et de garder ce secret jusqu'à la mort. Les anneaux doivent être enterrés avec eux, comme les richesses des anciens pharaons.

Même le plus petit hameau avait sa part de confréries secrètes – des réseaux établis par le biais d'initiations rituelles pour former des liens de parenté symboliques, des *comparaggi*, entre les hommes. Il s'agissait de liens sacrés. La fidélité jusqu'à la fin.

– Tu as mentionné quatre laïcs, dit Conrad. Te souviens-tu de leurs noms ?

Il ramassa son tesson et, comme il l'espérait, Jean interpréta ce geste comme un défi lancé à sa mémoire. Il s'étira, roula sur le dos et fixa la grille pendant qu'il réfléchissait.

– Il y avait un homme de la commune de Todi, Capitanio di Coldimezzo. C'était le seigneur qui avait fait don de la terre sur laquelle avait été construite notre basilique. Il y avait aussi Angelo, le frère de saint François. Le chevalier gardien de la cité, Simon della Rocca. Et Giancarlo di Margherita, qui était maire d'Assise cette année-là.

– Et le frère Élie.

– Bien sûr. Élie supervisait l'enterrement. Son secrétaire a fait office de copiste au sein de la confraternité. S'il est toujours vivant, il est sans doute le seul qui sache où se trouvent les reliques. Les ai-je nommés tous les quatre ?

– Tu as fait mieux. Tu en as cité six, le dernier étant le frère Illuminato.

Conrad avait déjà entendu la plupart de ces noms chez donna Giacoma, mais ils prenaient un autre sens. Jean venait d'évoquer une toile de fond qui avait trait à l'énigme de Léon, même si les raisons pour lesquelles Élie avait caché la dépouille lui échappaient. Toutes ces précautions et la violence sur la grand-place n'étaient pas nécessaires pour protéger les reliques du saint. Comme l'avait souligné donna Giacoma, un voleur potentiel aurait suscité la fureur des foules contre lui. Et le fait qu'Illuminato ait tenté de contrecarrer la mission de Conrad rendait celui-ci plus soupçonneux que jamais. Existait-il un rapport étroit entre la lettre de Léon et cette confrérie ?

Une carte ! Il éprouva le besoin immédiat d'interpréter les inscriptions. Parviendrait-il à soutirer ce dernier élément d'information à son compagnon de cellule ?

Un bruit dans son dos lui révéla qu'il ne le pourrait pas ce jour-là. Jean avait replié son bras sous sa tête et entrepris une sieste. Il commença à ronfler alors que Conrad suivait du doigt les contours des deux arches sur le mur.

Pendant la semaine, un groupe accompagnant un marchand à la peau basanée qui livrait des tonneaux de vin toscan à la Ville éternelle avait campé à l'intérieur du Coldimezzo. Orfeo, reposé et guéri de ses blessures superficielles, saisit cette occasion de partir pour Rome à la recherche du pape. De plus, sa chevauchée serait plus agréable au côté du marchand que lorsqu'il était venu de Venise, avec les gardes du corps de Grégoire. Ils avaient en commun la langue du commerce.

Amata respira à pleins poumons l'air frais du matin en faisant des gestes d'adieu à Orfeo. Elle profitait de ce moment de calme avant qu'elle et son oncle ne prennent la route opposée, une journée entière à cheval jusqu'à Pérouse.

Jacopone accepta de rester au Coldimezzo, pour prendre le temps de se rétablir avant de retourner à Assise. Le comte Guido l'avait invité à demeurer en permanence au château et il avait presque accepté. Mais c'était avant qu'Amata ne lui fasse part de son dernier projet, celui de construire dans sa maison un *scriptorium* qui abriterait autant de scribes fiables qu'elle pourrait en trouver pour exécuter des copies du manuscrit de Léon. Elle espérait que Jacopone serait le premier d'entre eux. L'ancien notaire ne put résister au besoin de recommencer à écrire.

– Teresina, conseilla le chevalier à sa petite-fille avant de partir, garde ton papa joyeux et bien nourri, et laisse-le dormir quand il est fatigué.

Elle inclina gravement la tête.

Amata songeait toujours à ses plans pour le *scriptorium* pendant qu'elle et son oncle, accompagnés de leurs hommes d'armes, franchissaient le portail. Elle se réjouissait du bonheur que semblait éprouver Jacopone à l'idée de faire partie d'une famille et se demandait s'il allait abandonner sa vie de pénitent itinérant.

Elle s'adapta vite au rythme de son palefroi, égayée par la brise tiède et les pousses printanières qui bordaient la route. Elle aussi goûtait la paix pour la première fois depuis des années, c'était à la fois doux et désaltérant comme l'hydromel. Elle apprenait à connaître son oncle en tant qu'adulte et non plus du point de vue de la fillette, pour qui tous les adultes étaient semblables. Elle éprouvait de la reconnaissance pour ce géant qui, d'une seule étreinte, lui avait redonné son innocence, sa famille et son passé ; au bout de la route l'attendait Fabiano, le lien rétabli avec cette enfance brisée.

Et l'enfant ! Elle se demanda ce qui l'attirait tant chez Teresina : son esprit pur, son énergie et sa joie sans limite, sa manière de chantonner pendant qu'elle dessinait des scènes sur le sol avec un bâton, sa ressemblance avec sa mère qui rappelait tant à Amata sa propre période d'innocence... Peut-être était-ce le désir d'avoir des enfants que lui inspirait cette *angelina* ?

Les imposants murs gris de San Pietro, le monastère bénédictin qui servait d'avant-poste sud à la cité de Pérouse, surgit devant eux avant même qu'Amata ne comprenne qu'ils étaient arrivés. La journée était trop avancée pour qu'ils puissent voir Fabiano, mais peut-être parviendrait-elle à l'apercevoir une fois qu'ils se seraient installés dans la maison d'invités des moines noirs et auraient pris leur repas. Peut-être pourrait-elle, pendant complies, le repérer parmi les moines dans leurs stalles ou reconnaître sa voix parmi les chanteurs.

Mais non... La voix de Fabiano avait dû muer. Son frère était maintenant un jeune homme de dix-sept ans.

Le frère Anselmo se tenait sur un banc devant son écritoire. En tant que cellérier auxiliaire, l'une de ses tâches était de répertorier tout ce qui était produit pour San Pietro dans les petites fermes que possédait le monastère, le nom des fermiers, ainsi que la quantité et la qualité du travail. Aujourd'hui, il s'agissait de tissus pour les bures, conséquence des activités intérieures pendant le long hiver. Le cellérier lui dictait les détails pendant qu'il écrivait.

Son visage au teint de cire brillait dans la lumière de la chandelle, sur un guéridon près de son pupitre. Il avait entouré de son pied valide une jambe du siège pour assurer davantage son équilibre. Présumant que le frère responsable des hôtes venait chercher quelque fourniture pour le quartier des visiteurs, il leva à peine les yeux quand le moine pénétra dans l'entrepôt.

L'homme échangea quelques mots avec le cellérier, puis celui-ci appela son assistant.

– Anselmo, tu as des visiteurs dans la cour des invités. Nous finirons ce travail plus tard.

La nouvelle le prit par surprise. La première moitié de sa courte vie lui semblait encore plus lointaine, chaque année qu'il passait à San Pietro.

– Mon oncle ?

– Oui, le comte Guido est ici, répondit le responsable. Et il est accompagné d'une jeune femme.

Anselmo sauta de son banc en atterrissant sur son pied valide, un sourire aux lèvres.

– *Amatina* ! Je savais qu'elle me retrouverait un jour !

Il prit contre le mur une paire de béquilles rudimentaires.

– Ta sœur disparue ? Pourquoi penses-tu que c'est elle ?

– Il faudrait que tu la connaisses, frère. Personne ne l'a jamais vaincue !

Même en traînant son pied invalide, Anselmo atteignit la cour plus vite que son supérieur ne l'aurait cru possible. Le vieil homme, comme tous les moines de San Pietro, aimait beaucoup le jeune orphelin infirme qui était venu vivre parmi eux. Ils le gâtaient sans aucune honte, autant que la règle le leur permettait.

Le responsable des hôtes désigna l'homme et la femme qui attendaient à l'autre extrémité de la cour, puis se retira dans le cloître. Anselmo vit son oncle pousser la jeune femme pendant qu'il traversait la cour en boitant.

– Fabiano ! cria-t-elle en volant presque vers lui et en l'étreignant. Je ne t'aurais pas reconnu !

– Anselmo, répliqua-t-il avec un sourire gêné. Je suis *frate* Anselmo maintenant. Et je ne suis pas censé toucher les femmes. Je pourrai m'agenouiller devant toute la communauté et m'en confesser pendant notre réunion du chapitre demain matin.

– Bah ! s'exclama-t-elle.

Elle recula d'un pas et le regarda de la tête aux pieds.

– Tu vas bien ? Tes blessures te font-elles encore souffrir ?

– Je vais bien. Je suis vivant et aussi heureux que je puisse l'être, Amatina. Sans l'attaque, je ne serais pas ici aujourd'hui, et c'est ici que je devais être. Et tu as survécu... Je savais que tu réussirais.

– Oui.

Peut-être était-ce en fin de compte tout ce que son frère devait savoir.

– Mais qui étaient les hommes qui nous ont attaqués ? Un fermier qui les a vus t'enlever a dit qu'ils chevauchaient vers l'est. Oncle Guido t'a cherchée partout. C'était comme si tu avais disparu dans les montagnes.

Il jeta un regard à son oncle.

Guido expliqua :

– C'étaient des mercenaires, des chevaliers d'Assise embauchés par un marchand qui s'était querellé avec ton père la semaine précédente.

– Parce qu'il devait verser un péage pour traverser nos terres, ajouta la jeune femme.

– C'est de cette façon que tout a commencé, mais il y avait autre chose, commenta Anselmo. Je me tenais sous l'arche de la porte. Papa s'est énervé contre le marchand. Il disait qu'il connaissait la signification de l'anneau du marchand parce qu'il en portait lui-même un semblable. Il l'a brandi devant son visage et lui a déclaré que, s'il arrivait malheur à quiconque dans sa maison, il en révélerait la signification au monde entier.

– Je n'ai pas entendu cette partie... Un garçon qui faisait partie de la caravane du marchand m'avait distraite.

– Alors tu crois que le marchand a tué ton père à cause de l'anneau, et non à cause du péage ? intervint le comte.

– Cela semble probable. Mais papa l'avait obtenu de Nonno Capitanio. Grand-papa n'aurait pas condamné son fils à mort comme l'a fait le père d'Orfeo.

– Non, bien sûr, répondit Guido. Connaissant ton père, il croyait probablement que sa signification était trop importante pour ne pas être gardée secrète. Il paraît maintenant évident que Buonconte la connaissait. T'en a-t-il jamais parlé, Anselmo ?

– Je ne l'avais jamais remarqué avant ce jour, répliqua-t-il. Je ne savais même pas qu'il avait glissé cet anneau dans ma poche quand il m'a dit de sauter par la fenêtre. Le frère qui te l'a remis l'a trouvé pendant qu'il soignait mes blessures. Papa a emporté son secret dans la tombe.

Guido s'adressa à Amata :

– Je pense que nous devrions détruire l'anneau à notre retour. Et tu devrais conseiller à ton Orfeo de faire de même avec le sien. Ces anneaux ont représenté une malédiction pour nous tous.

– Alors, nous pouvons être sûrs que celui de Simon a été enterré, sinon à son doigt, du moins à celui de son fils. Vous vous en êtes occupé...

Anselmo regarda sa sœur, et ses yeux s'emplirent de larmes. Tout en essuyant leurs yeux de leur manche, ils se mirent à rire d'eux-mêmes, comme s'ils avaient à nouveau neuf et onze ans. Amata saisit la manche de son frère et l'entraîna jusqu'à un banc, ils entreprirent de se remémorer leurs souvenirs d'enfance. Leur oncle s'était joint à leur conversation avec ses histoires des premiers jours du Coldimezzo, avant leur naissance, à l'époque où lui et leur père étaient eux-mêmes des enfants.

Anselmo ne tarissait pas d'éloges au sujet de sa vie à San Pietro, de son travail au monastère, de la façon dont son talent pour l'écriture l'avait conduit à travailler dans les voûtes du cellérier, de sa joie à l'idée d'être utile à la communauté malgré son infirmité. Il expliqua à Amata qu'elle était la première femme qu'il ait vue en huit ans.

Puis ce fut au tour d'Amata de lui raconter la période où elle avait vécu à Saint-Damien et sa vie à Assise. Son frère sembla déçu que la vie de novice ne l'ait pas attirée. Comment pouvait-on ne pas préférer une vie consacrée à Dieu ?

Amata avait gardé sa plus grande surprise pour la fin.

– Mais, conclut-elle, comment pourrais-je être à la fois religieuse et épouse ?

– Tu es mariée ?

– Pas encore, mais cela pourrait se produire bientôt. Et quand ce sera fait, nous allons nommer notre premier fils Fabiano... et le deuxième, Anselmo. Nous aurons encore un Fabiano dans la famille, et deux Anselmo.

Elle se demanda si elle devait expliquer qu'Orfeo était le fils de l'homme qui avait embauché les assassins et décida que ce serait inutile. Mais elle lui parla de l'amitié entre Orfeo et le pape, et de son voyage à Rome qui, elle le savait, allait impressionner le jeune moine.

À un moment, le responsable des hôtes revint avec des vivres et des breuvages pour qu'ils n'aient pas à quitter la cour. Puis, alors que l'après-midi tirait à sa fin, la cloche retentit pour les vêpres et Anselmo dut retourner à sa vie.

– Reviendras-tu me rendre visite ? demanda-t-il.

– Tous les ans, promit Amata. Aussi souvent qu'on nous y autorisera.

Sa question suivante la consterna :

– As-tu pardonné aux assassins de nos parents ? Tu sais, tu ne connaîtras pas la paix avant de l'avoir fait.

– La plupart sont morts maintenant, et j'ai été heureuse de les voir mourir. J'ai porté cette vengeance dans mon cœur pendant toutes ces années. Et je suis presque parvenue à leur pardonner. Demande-le-moi à nouveau quand je reviendrai te voir avec mon époux, l'an prochain.

– À l'an prochain, alors. Prie pour moi comme je prierai pour toi.

Anselmo se leva et plaça ses béquilles sous ses bras. Avant qu'il ait pu protester, Amata l'embrassa sur la joue.

– Un baiser, dit-elle, parce que nous ne sommes pas morts.

Jean de Parme n'aborda plus jamais le sujet des anneaux. L'ancien ministre général semblait considérer qu'il avait trop parlé, et Conrad ne lui posa plus de questions. Il écoutait patiemment pendant que son compagnon parlait de rêves, de visions et d'apparitions.

Dans l'un de ses rêves, il était assis près d'une rivière tumultueuse et regardait, impuissant, plusieurs de ses frères qui entraient dans l'eau en portant de lourdes charges. Le courant puissant les entraînait et tous se noyaient. Pendant qu'il pleurait, d'autres frères arrivèrent, qui ne portaient aucune charge. Ces frères traversèrent la rivière sans encombre.

– Vraiment, l'Ordre a plus que jamais besoin de tes conseils, dit Conrad. Les premiers moines sont les frères conventuels qui portent sur leurs épaules le poids du monde. Les frères du deuxième groupe sont les spirituels qui adhèrent à la règle de pauvreté et sont heureux de suivre la voie du Christ nu sur la croix. Tu aurais pu traverser la rivière à gué avec eux.

– De cœur, j'étais plus près des spirituels, avoua Jean, même si j'ai tenté de m'élever au-dessus de la mêlée quand je dirigeais l'Ordre. Et les ministres provinciaux ont deviné mes véritables sentiments... C'est pourquoi je te tiens compagnie en ce moment.

Une nuit, Conrad se réveilla au son des chaînes de Jean qui s'agitaient bruyamment. Craignant que des démons ne soient en train de le tourmenter, Conrad pria à voix haute pour obtenir la protection de leurs anges gardiens et secoua son compagnon.

– J'ai rêvé du frère Gerardino et de ses hérésies, expliqua-t-il quand il eut recouvré ses esprits. Je crains pour son âme. Pourtant, on ne peut pas plus le blâmer que les chroniqueurs de notre Ordre. En affirmant que la naissance de saint François marque le second avènement de Jésus, il ne fait qu'interpréter logiquement les légendes.

– Je suis certain que tu as visité dans cette ville la modeste écurie où la dame Pica a donné naissance à

François... alors que son époux était le citoyen le plus riche de la ville. D'après les légendes, un vieil homme avait proclamé que notre fondateur était un saint quand il n'était encore qu'un nouveau-né, tout comme le vieillard Siméon dans l'Évangile. Plus tard, quand François s'est rendu à Rome pour obtenir l'approbation du pape Innocent concernant le nouvel Ordre, il était accompagné de douze disciples. L'un d'eux, le frère Giovanni del Capello, a fini par quitter l'Ordre parce qu'il était incapable de supporter les rigueurs de la règle. Les chroniqueurs l'ont qualifié de deuxième Judas. C'est ainsi que se tisse la trame de toutes les histoires sur les bonnes actions et les miracles de François. Les fresques de Giunta da Pisa, qui illustrent les événements de sa vie dans l'église inférieure, font face aux images tirées de la vie de Jésus. Cela n'a jamais été fait auparavant pour un autre saint. Dans toutes les basiliques, on retrouve des scènes du Nouveau Testament face à celles de l'Ancien. Mais jamais une créature humaine, pas même un grand saint, n'a été aussi directement comparée à Notre-Seigneur.

Le vague cynisme de Jean troubla l'ermite. Il n'avait jamais entendu un moine exprimer des doutes sur la vérité littérale des légendes, bien que Léon eût souvent fait allusion à une vérité plus profonde.

– Il y a les stigmates, intervint Conrad. Donna Giacoma a tenu le corps contusionné et presque nu de François dans ses bras au moment de sa mort. Elle m'a dit qu'il lui rappelait Jésus quand on L'a descendu de la croix.

– C'est vrai. Il y a les stigmates, et pour ce miracle seulement on devrait considérer saint François comme le second Christ.

– Il y a aussi le témoignage du frère qui, dans une vision, avait vu Notre-Seigneur entrer dans la cathédrale de Sienne, suivi d'une multitude de saints. Chaque fois que le Christ faisait un pas, la forme de son pied restait marquée dans le sol. Tous les saints faisaient de leur mieux pour placer leurs pieds dans les empreintes de ses pas, mais aucun n'y parvenait. Puis vint le tour de saint François, qui plaça ses pieds exactement dans les empreintes de Jésus.

– J'ai entendu beaucoup de ces témoignages. Mais j'aurais quand même préféré que les historiens de l'ordre ne poussent pas si loin la comparaison. Ils auraient pu éviter que Gerardino ne sombre dans l'hérésie ou, plus important encore, qu'il ne perde son âme immortelle.

36

Devant le foyer du grand salon, Amata serrait entre ses mains la lettre scellée d'Orfeo pendant que le marchand romain édenté lui racontait son voyage jusqu'à Assise. Elle affichait un sourire poli tandis que ses yeux se concentraient sur la verrue poilue ornant le nez du commerçant. Elle fit appeler Pio et lui demanda de conduire l'homme à la cuisine, en le remerciant alors qu'il s'éloignait.

Elle se précipita dans la cour pour jouir du soleil de midi et s'asseoir à l'écart afin de lire la lettre. Elle arracha le sceau et déroula le vélin.

Cara mia,

Les jours sont très longs, moins parce que nous approchons du solstice que parce que nous sommes séparés. Mes pensées se tournent constamment vers toi. Je rêve à l'enfant à la tresse noire : une femme dans une clairière avec le soleil qui joue dans sa chevelure. N'est-ce pas étrange ? Même si tu déplores que tes cheveux ne soient qu'à longueur d'épaule, je vois des mèches frôler tes bras remplis de fleurs. Je pense que c'est un rêve prophétique et que tu portes dans tes bras les futurs fruits de notre amour, de jeunes bambini.

J'ai le regret de te dire que ma quête jusqu'ici a été vaine ou à tout le moins retardée. Il est quasi impossible d'approcher Grégoire. Je désespérais presque de le voir lorsque j'ai rencontré un ami, le frère Salimbene, qui appartient à la délégation des frères à Lyon. Il m'a présenté à un autre frère, Jérôme d'Ascoli, provincial de la Dalmatie et, depuis quelques semaines, légat de Grégoire auprès des Églises d'Orient. Je pense que ce frère Jérôme ne porte pas Bonaventure dans son cœur car, au moment où je lui ai expliqué le but de ma visite, il a semblé se réjouir de cette occasion de mettre son ministre général dans l'embarras. En tout cas, il a organisé une audience et m'a aidé à préparer ma rencontre avec Sa Sainteté.

Le pape semblait très heureux de me voir, mais il n'a pas immédiatement accédé à ma requête, pour ne pas offenser Bonaventure, qui a été pour lui un allié puissant. Malgré l'affection qu'il me porte, Grégoire m'a dit qu'il ne prendrait pas de décision en ce moment, mais qu'il allait parler au ministre général après le concile.

Il a insisté pour que je navigue avec lui jusqu'en Provence, demain, en me disant qu'il me considérait toujours comme son porte-bonheur. J'ai accepté en espérant qu'il changerait d'avis après le concile. À partir de Marseille, nous remonterons le Rhône en barge jusqu'à Lyon. Au moment où tu recevras cette lettre, le concile aura commencé à la cathédrale de Lyon. Si Dieu le veut, j'espère être de retour à la fin juin en compagnie du frère Salimbene. C'est un chroniqueur passionné par l'histoire de son ordre.

Les journées deviennent de plus en plus chaudes, mais elles sont glaciales en comparaison du feu qui brûle dans mon cœur. Chaque soir, je bénis Dieu pour la chance que j'ai eue de te trouver. J'ai jadis rêvé de me baigner dans les eaux claires de Cathay, mais maintenant je ne souhaite plus que me baigner dans l'eau sombre de tes yeux.

Sous la fenêtre de ma chambre, des vieillards ramassent des branches mortes. Ils marchent ici et là, cherchant lentement, et retournent chez eux, leurs tabliers remplis de petit bois. De la même manière, je tournerai autour

de notre pape jusqu'à ce que je retourne vers toi, ma quête accomplie. D'ici là, n'oublie pas ton serviteur esseulé et prie pour moi en sachant que je demeure pour toujours
Innamorato di te,
Orfeo

Amata relut la lettre plusieurs fois en tordant entre ses doigts une mèche de ses cheveux. Quoique déçue par la nouvelle concernant Conrad, elle retournait sans cesse aux passages dans lesquels Orfeo proclamait son amour. Elle se réjouissait de sa passion, de ses mots qui faisaient fondre son cœur, et du feu qui le dévorait venait jusqu'à elle une pulsation qui la traversait.

Pourtant, d'autres passages la troublaient. Peut-être n'était-ce que la façon de parler des négociants, mais elle n'aimait pas qu'il la compare à une « chance ». Elle se demanda s'il était motivé par l'amour ou par l'ambition d'aller commercer dans des contrées lointaines. Peut-être était-elle devenue trop méfiante envers les coureurs de dot depuis l'incident avec Roffredo Gaetani.

Le nom de Cathay la dérangeait également. Elle se souvenait des histoires qu'il lui avait racontées à propos de son ami Marco, qui n'avait jamais vu son père avant l'âge de dix-sept ans. *Jamais mes enfants n'auront à endurer une telle séparation, et moi non plus.* Elle ne voulait pas d'un époux absent. C'était là une question qu'elle et Orfeo devaient résoudre avant qu'elle ne s'engage. Heureusement, grâce à son oncle Guido, qui avait accepté d'administrer ses biens, le mariage était désormais pour elle un choix et non plus une nécessité.

Elle entendit un bruit de pas derrière elle, venant du cloître. Son oncle lui jeta un coup d'œil en passant, les mains dans le dos, avec une moue de curiosité.

– J'ai reçu une lettre d'Orfeo, annonça-t-elle.

Le comte ne répondit pas, mais elle perçut la question dans ses yeux.

– Je sais que je devrais l'aimer, poursuivit-elle, mais certaines choses me préoccupent. Pourtant, je suis sûre d'une chose : je le préfère à tout autre homme. Est-ce là une assise assez solide pour un mariage, mon oncle ?

– Tu connaîtras la réponse quand tu le reverras, Amatina. De toute façon, on peut se marier par amour et découvrir que le fait d'aimer au quotidien peut aussi représenter une tâche ardue.

– Si je me mariais pour quelque autre raison, ne devrais-je pas gagner l'amour de mon époux pour nous sauver tous deux du désespoir ?

– Tu réussiras, mon enfant. Tu as survécu parmi des barbares. Je prédis que tu survivras également au mariage avec Orfeo.

Il reprit sa promenade en songeant : *Quelle étrange génération ! Se marier par amour... Cela ne se serait jamais produit à mon époque.*

Orfeo enfila son plus beau bliaut par-dessus sa tunique, aplatit ses cheveux de la main et suivit le messager jusqu'au réfectoire des frères mineurs. Grégoire avait invité Orfeo, au titre de neveu de saint François, à dîner avec lui et avec les frères qui devaient intervenir lors du deuxième jour du concile.

L'entourage du pontife occupait la table principale. Une main qui s'agitait à l'autre bout attira l'attention d'Orfeo. Le frère Salimbene lui avait gardé une place sur un banc entre lui et Jérôme d'Ascoli, le moine qui avait aidé Orfeo à rencontrer le pape. Jérôme, un homme plutôt petit et vif, aux traits délicats, avec sa tonsure argentée et ses yeux bleus brillants, contrastait avec son compagnon corpulent et débraillé.

Le pape Grégoire, d'humeur radieuse, sourit à l'assemblée. Il dit le bénédicité et rendit grâce à Dieu pour l'issue heureuse de cette première journée, en particulier pour la réconciliation avec les Églises d'Orient.

Ce matin-là, Orfeo avait entrevu les membres magnifiquement vêtus de la délégation d'Orient alors qu'ils s'agenouillaient devant le trône pontifical.

D'une voix forte, ils avaient déclaré :

– Nous acceptons la primauté et toutes les coutumes de l'Église d'Occident.

Ils s'étaient aussi mis d'accord sur chacun des points litigieux exprimés par Grégoire, notamment le *filioque* dans le credo, qui affirmait que le Saint-Esprit procédait du Père et du Fils, et l'emploi de pain sans levain dans l'Eucharistie.

Pendant que Grégoire répétait à quel point il était heureux, Orfeo murmura à l'oreille du frère Jérôme :

– Qu'est-ce que l'Église d'Orient a gagné en retour ?

À titre d'envoyé spécial de Grégoire auprès de l'empereur byzantin Michel Paléologue, Jérôme comprenait les subtilités des négociations.

– Fort peu, répliqua celui-ci d'une voix basse. Nous avons promis de tolérer la liturgie grecque.

– Rien de plus ?

– La capitulation de Michel n'a rien à voir avec les enjeux religieux. Les Sarrasins empiètent de plus en plus sur son territoire chaque année. Il a besoin de notre soutien militaire et n'est pas en position de marchander.

Il racla le fond de son bol avec un morceau de pain et ajouta, l'ombre d'un sourire aux lèvres :

– Dieu atteint Ses buts par des moyens extraordinaires, sans dédaigner les hordes païennes.

Salimbene intervint :

– Vous pouvez être sûrs que le reste du concile sera plus difficile pour notre Saint-Père. Les cardinaux ont mis quatre ans à l'élire comme successeur de Clément. Dans l'avenir, il veut qu'ils restent confinés après la mort d'un pape. Il interdira toute information extérieure aux cardinaux pendant leur isolement au sein de leur conclave, jusqu'à ce qu'ils aient choisi.

– Ce n'est là qu'une question parmi d'autres, remarqua Jérôme. La journée de demain ne sera pas agréable non plus. Les condamnations à l'endroit du clergé séculier vont commencer.

Même si les frères prêcheurs et les frères mineurs étaient maintenant bien représentés parmi les prélats – les évêques, les archevêques et même les cardinaux –, Grégoire croyait que tous les maux de la terre provenaient des prêtres et des prélats séculiers, qui ne faisaient vœu d'obéissance à aucune communauté religieuse.

Salimbene essuya du revers de sa manche une rigole de sauce qui dégringolait parmi les replis de ses mentons. Il leur lança un clin d'œil :

– *Non est fumus absque igne* – il n'y a pas de fumée sans feu. Même quelques cardinaux pourraient subir les foudres du pape.

– Y compris votre cardinal Bonaventure ? demanda Orfeo.

Le regard perplexe que lui lança Salimbene en entendant la question confirma sa naïveté concernant ces questions religieuses.

– Non, non, dit le moine. C'est lui qui préside aux témoignages contre les séculiers.

Les deux frères tournèrent les yeux vers Bonaventure, assis à côté du pape, et Orfeo suivit leur regard. Le cardinal s'attaquait à un rôti de porc particulièrement gras.

– Notre ministre général devient aussi gros que toi, frère Salimbene, lâcha Jérôme avec un sourire malicieux.

Il parlait avec la diction lente d'un professeur d'élocution.

– Oui, et il était temps. Mais vous noterez tous qu'il n'a pas encore acquis mon tempérament joyeux ou ma santé de fer. Sans parler de ces cercles sombres autour de ses yeux. Même Sa Sainteté s'inquiète à son sujet. Voyez-vous cet air de préoccupation sur le visage pontifical ?

Orfeo sourit devant leur irrespect à l'endroit de Bonaventure, que le reste du monde adulait. Depuis que la délégation pontificale était arrivée à Lyon, il avait plusieurs fois entendu des rumeurs selon lesquelles Grégoire voyait en Bonaventure un éventuel successeur.

– Je pense que je devrais arriver tôt à la cathédrale demain matin, observa Orfeo, sans prendre le temps de manger, et trouver un siège dans la première rangée.

– Le spectacle sera divertissant, acquiesça Salimbene. Tu devras être bien placé. Mets cette demi-miche dans ta poche.

– Si tu n'as jamais vu les fenêtres de la cathédrale de l'intérieur au lever du jour, tu dois t'attendre à un autre spectacle magnifique.

Orfeo passa de la chaleur du matin de juin à l'obscurité froide de la cathédrale. Pour autant qu'il pouvait le distinguer dans la lumière émise par la seule chandelle dont la flamme vacillait sur le maître-autel, il était le premier à franchir les immenses portes du transept.

L'édifice ne comportait aucun de ces énormes piliers qui caractérisaient les églises de son propre pays. Les minces colonnes s'élevaient vers le ciel, forçant les yeux à se tourner vers la voûte en cherchant le point le plus élevé, quelque part là-haut, dans l'obscurité où certains espéraient voir se dévoiler les mystères de Dieu.

Quand le soleil apparut à l'est du Rhône, la lumière envahit la nef tout entière. Des rayons multicolores fusaient dans toutes les directions; toutes les couleurs imprégnaient le maître-autel et le trône pontifical doré, fendant la nef sombre comme des nuées d'êtres célestes vêtus d'arcs-en-ciel.

Hélas, cette vision enchanteresse ne pouvait durer. La porte extérieure commença à s'ouvrir et à se refermer alors qu'entraient les citoyens venus assister au débat du jour. Orfeo prit place entre le transept et la nef, d'où il pourrait distinguer le pape et les frères à l'avant. Il glissa la main dans le sac attaché à sa ceinture et en sortit le pain sec qu'il avait gardé de la veille.

Le grand portail à l'extrémité ouest s'ouvrit complètement et Orfeo avala son dernier morceau de pain. Sous un dais blanc, le pape Grégoire conduisait la procession. Il portait une chasuble d'un blanc immaculé ornée d'une croix bleu pâle. Ses mules de soie et sa tiare étaient elles aussi blanches, et les glands de sa tiare tissés de soie dorée. Dans sa main droite, il tenait une modeste crosse de bois qu'il déplaçait au rythme de ses pas assurés. Pendant qu'il montait jusqu'à son trône et que les chanoines de la cathédrale installaient le dais au-dessus du siège pontifical, l'œil exercé du commerçant qu'était Orfeo remarqua que la chasuble était faite de simple serge de Reims. Les cardinaux suivaient, portant des soutanes, des chapes et des chapeaux rouges, suivis à leur tour par les évêques et le clergé, et les témoins appartenant aux frères mineurs et aux frères prêcheurs. Les deux camps opposés des Ordres et des séculiers se placèrent de chaque côté de la nef. Les frères s'étaient rangés le long du mur sud, en face d'Orfeo, et les séculiers lui tournaient le dos.

Le vieux frère Illuminato, l'évêque d'Assise, prit place à la droite de Bonaventure, lui servant de secrétaire en l'absence de Bernard de Besse. Orfeo reconnut également Jérôme d'Ascoli et quelques-uns de ses compagnons de table : le frère mineur français Hugues de Digne, et l'arche vêque de Rouen, Eudes Rigaud. À la gauche de Bonaventure se tenait le ministre général des frères prêcheurs de saint Dominique.

Le pape Grégoire parla sans se lever.

– Certains affirment que les prêtres et les prélats séculiers ne doivent plus prêcher, entendre des confessions ou célébrer l'eucharistie. De nombreuses villes m'ont demandé de permettre aux frères d'exercer ces fonctions, car ils n'ont plus confiance en leur propre clergé. Les membres du clergé rétorquent que les frères agissent plus mal qu'eux et les privent de leur juste revenu en empiétant sur des devoirs qui ne relèvent que des séculiers. Aujourd'hui, nous commençons l'examen des deux accusations et nous entendrons en premier la légation des frères.

Il fit un geste en direction du cardinal Bonaventure. Le ministre général des frères mineurs se leva d'un air placide mais imposant. Son attitude laissait entendre qu'il avait connaissance des rumeurs selon lesquelles il allait succéder à Grégoire. Orfeo trouva qu'il parlait d'un ton presque las, comme un banquier dressant la liste de ses recettes.

– Le monde semble se trouver dans une situation beaucoup plus grave que par le passé. Par leur mauvais exemple, les membres du clergé affaiblissent la laïcité en ce qui concerne la morale et la foi. Plusieurs ont rompu leur vœu de chasteté en gardant des concubines chez eux, ou en péchant ici et là avec diverses personnes. Les gens simples pourraient penser que ces péchés sont acceptables aux yeux de Dieu si nous, les frères, ne prêchions pas ; et les femmes bercées d'illusions pourraient croire qu'il n'y a rien de grave à commettre des péchés avec ces prêtres, comme – nous le savons tous – certaines en ont été persuadées. Les femmes honnêtes craignent de perdre leur réputation si elles se confessent secrètement aux membres de ce clergé. Le dernier légat pontifical en Allemagne a suspendu les membres du clergé qui exhortaient les religieuses d'un ordre à commettre des péchés. Plusieurs ont subi un sort semblable. Malgré cela, les membres excommuniés du clergé sont restés dans leurs paroisses comme si rien ne s'était passé, crucifiant le Christ chaque jour. Les confessions qu'ils ont entendues et les absolutions qu'ils ont données ont été annulées, et les laïcs n'ont plus eu le droit d'assister à leurs messes. Ainsi, des paroisses entières ont été expédiées en enfer parce qu'elles avaient communiqué avec des excommuniés. Le diable acquiert plus d'âmes de cette manière que par tout autre moyen. Car les prêtres lascifs, les enfants bâtards, les simoniaques... tous ont perdu la possibilité de se voir absoudre de leurs péchés. Ils nuisent au ministère des frères. Si nous devions, dans toutes les paroisses, obéir à la volonté du prêtre local, il y aurait peu d'endroits où on nous permettrait de rester. Que ce soit de leur propre volonté ou en obéissant aux exhortations de leurs évêques, ils nous chasseraient de leurs paroisses plus vite que si nous étions des hérétiques ou des juifs.

Un grondement fusa du côté opposé de la nef.

– Ce ne sont que des généralités diffamatoires, grogna quelqu'un d'une voix forte.

L'archevêque Eudes Rigaud bondit sur ses pieds.

– En 1261, le pape Urbain a réuni un concile à Ravenne pour recueillir de l'argent afin de contrer l'invasion des Tartares. Vous, les membres du clergé paroissial, avez refusé de contribuer jusqu'à ce que vous débattiez des empiétements des frères sur vos privilèges.

Eudes jeta un regard furieux à la rangée de séculiers et continua d'une voix stridente :

– Scélérats ! À qui confierai-je les confessions des laïcs dont je suis le pasteur si les membres des ordres ne peuvent les entendre ? Vous conduisez les femmes derrière l'autel en prétextant les confesser, et là vous agissez comme les fils d'Élie à la porte du tabernacle, commettant un acte abominable. Et vous vous inquiétez du fait que les frères pourraient entendre les confessions parce que vous craignez qu'ils apprennent vos méfaits de la bouche des fidèles.

– Encore des généralisations, affirma la voix qui s'était plainte plus tôt.

– L'évêque d'Olmutz déplore-t-il les généralisations ? rétorqua Eudes en désignant un prêtre adossé au mur de la nef. Dites-moi comment je peux confier au prêtre Gérard ici présent la confession des femmes quand je sais très bien que sa maison est remplie de ses fils et de ses filles, et qu'on pourrait en toute justice le décrire avec les mots du Psalmiste : « Tes fils seront comme des plants d'oliviers autour de ta table » ?. Et je doute que Gérard soit le seul dans cette situation.

Il parcourut des yeux les membres du clergé et son regard s'arrêta sur un évêque dans la première rangée.

– Et vous, Henri de Liège, n'y a-t-il pas deux abbesses et une religieuse parmi vos concubines ? Ne vous êtes-vous pas un jour vanté d'avoir conçu quatorze enfants en vingt mois ? N'est-il pas vrai que vous êtes analphabète et que vous avez été élevé à la prêtrise onze ans seulement après être devenu évêque ?

Il se rassit lourdement, les veines gonflées sur son cou épais, pendant que le dénommé Henri souriait d'un air méprisant :

– Nous sommes condamnés par un frère cardinal et un frère archevêque, et pourtant les frères devenus prélats ont la même réputation scandaleuse que celle que vous nous attribuez.

Orfeo surveillait le visage pensif de Grégoire à mesure que le débat progressait. Le pape s'attendait manifestement à une telle acrimonie et semblait prêt, pour le moment, à la laisser se manifester.

– Bien que j'aie passé plusieurs années à la tête de mon Ordre, dit le ministre général dominicain, je ne peux me souvenir d'une seule occasion où Sa Sainteté le pape – je ne fais pas référence à notre bon pape ici présent – ou un légat m'ait demandé, ou à l'un de nos supérieurs, de leur trouver un évêque de valeur. Au contraire, ils ont choisi leurs propres frères selon leur volonté, soit par népotisme, soit pour quelque motif autre que spirituel, et ainsi on ne peut rien nous reprocher en ce qui concerne leurs choix.

Il se rassit, et Salimbene se leva pour poursuivre sur le même thème.

– Au cours de mes voyages, j'ai moi aussi connu de nombreux frères mineurs et frères prêcheurs promus à l'épiscopat grâce à leurs relations familiales plutôt qu'à une faveur de l'Ordre. Les chanoines de la cathédrale de n'importe quelle ville se soucient peu d'avoir au-dessus d'eux, à titre de prélat, de saints hommes issus d'ordres religieux, même si ces saints hommes brillent autant dans la vie que par leur doctrine. Ils craignent de s'attirer leurs reproches, alors qu'ils préféreraient vivre dans la luxure et le dévergondage. Et puisse Dieu vous châtier !

Salimbene s'épongea le front.

Le frère s'était échauffé à son propre discours, ses joues grasses étant devenues si rouges qu'Orfeo craignit une attaque d'apoplexie.

– J'ai connu des prêtres devenus usuriers, poursuivit Salimbene, forcés de s'enrichir pour nourrir leurs nombreux bâtards. J'ai vu des prêtres qui tenaient des tavernes et qui vendaient du vin, et dont la maisonnée était remplie de bâtards, passer leurs nuits dans le péché et célébrer la messe le lendemain. Et quand les fidèles avaient reçu la communion, ces prêtres jetaient les restes d'hosties consacrées dans les fissures du mur, le corps même de Notre-Seigneur ! Ils gardent leurs missels, leurs corporaux et leurs ornements sacerdotaux en mauvais état, rugueux et tachés. Les hosties qu'ils consacrent sont si petites qu'on peut à peine les distinguer entre leurs doigts ; elles ne sont pas rondes, mais carrées et parsemées d'excréments de mouches. Ils utilisent pour la messe un grossier vin de pays ou du vinaigre...

– Lacune que condamne certainement un prêtre renommé pour ses dégustations de vins fins, cria une voix du fond de la cathédrale.

L'un des cardinaux observateurs se leva de son banc et s'avança à grands pas dans la nef vers le centre. Avec ses sourcils noirs proéminents, ses yeux jaunâtres et son nez crochu, il ressemblait à un faucon s'apprêtant à foncer sur sa proie.

Orfeo regarda les gens autour de lui.

– Qui est-ce ? demanda-t-il.

La plupart de ses voisins haussèrent les épaules, mais un homme vêtu d'une longue toge noire et de la coiffe carrée des universitaires murmura :

– C'est Benedetto Gaetani. L'un de vos concitoyens, à en juger par son habillement. Il aspire à la papauté.

Benedetto s'inclina en direction du pontife.

– Pardonnez-moi, Saint-Père. Je sais que cette journée devait être consacrée aux témoignages des frères, mais je ne peux plus demeurer silencieux à propos des outrages dont j'ai été témoin. Comme Sa Sainteté le sait, je suis un Ombrien de Todi. J'ai passé ma vie entière dans la contrée qui a donné naissance à ces frères mineurs.

Il ébaucha un geste en direction de Bonaventure.

– Mon vénérable frère le cardinal sait très bien que ses fils vagabonds sont tout aussi corrompus. Ils abusent de leur liberté en se livrant à la gloutonnerie et en usant de familiarité avec les femmes. Il sait mieux que quiconque ici pourquoi les dirigeants des frères mineurs ont été forcés à renoncer à la direction spirituelle des Dames pauvres. En ce qui concerne leur vœu de pauvreté, les fils du frère Bonaventure ont si bien réussi à mendier dans tout le pays qu'ils doivent maintenant garder des serviteurs pour transporter leurs coffres d'argent. Seuls les tenanciers de tavernes savent comment ils dépensent tout cet argent. Ces frères notent les noms des donateurs en promettant de prier pour leur âme, mais, sitôt qu'ils disparaissent derrière la première colline, ils prennent leur pierre ponce et nettoient le parchemin afin de revendre la même feuille plusieurs fois. Ils courtisent le peuple en lui donnant des pénitences faciles et en évitant les devoirs désagréables comme l'excommunication.

Les deux prétendants au pontificat se lançaient des regards furieux d'un bout à l'autre de la nef. À cet instant apparut une lueur de confusion dans les yeux calmes de Bonaventure. Il porta la main à sa poitrine, respirant avec peine. Après un moment, le ministre général se leva, le visage d'un teint de cendre. Il tira sur le cordon rouge qui retenait son chapeau de cardinal ; sa mâchoire bougeait comme s'il allait parler, mais il se rassit sans réfuter les accusations de Benedetto.

Le cardinal Gaetani profita de son silence. Il pointa un doigt accusateur en direction de Bonaventure et poursuivit sa diatribe.

– Vous expulsez de l'ordre ou, pis encore, torturez ou emprisonnez les frères qui imitent leurs fondateurs en pratiquant une sainte pauvreté. Même Jean de Parme, admiré par tous pour sa sainte réputation, pourrit dans un cachot depuis seize ans. N'est-ce pas vrai, frère Bonaventure ? Niez-vous ce que je viens de dire ?

Le ministre général des frères mineurs tenta de reprendre le contrôle du débat.

– Je souhaitais seulement l'harmonie au sein de l'Ordre.

Son visage était devenu blanc comme neige. Il grogna à nouveau, plus fort et plus douloureusement cette fois, et se courba sur son siège comme une feuille léchée par les flammes. Le frêle Illuminato tenta de le retenir, mais le poids de Bonaventure les entraîna tous deux vers le sol. Des cris s'élevèrent des quatre coins de la cathédrale. Orfeo crut discerner un sourire au coin des lèvres minces du cardinal Gaetani.

Le marchand tourna son attention vers le lieu du désordre, juste à temps pour voir Illuminato faire le signe de croix au-dessus de son maître. Puis le secrétaire eut un geste curieux. Il porta la main de Bonaventure à ses lèvres, comme s'il avait l'intention de la baiser, mais d'un doigt du mourant il retira un anneau qu'il laissa tomber dans sa propre poche.

Grégoire, ébahi, se tenait debout devant son trône, penché sur sa crosse.

– Qu'on lui donne l'extrême-onction ! cria-t-il enfin.

Orfeo regarda avec étonnement le cardinal agonisant. Là, devant lui, gisait le tout-puissant geôlier du frère Conrad, confronté à sa propre mort et tout aussi impuissant que l'avait été le charretier Neno. Comme le cardinal Gaetani, Orfeo lutta contre son envie d'exulter, car il entrevoyait enfin une issue favorable à sa requête.

37

– Tu m'impressionnes, Amatina. Qui t'a enseigné cet art ?

Le comte Guido regardait sa nièce préparer une feuille de vélin : elle gratta le fin parchemin avec sa pierre ponce, l'amollit avec de la craie et le lissa avec un rabot. Elle étira le vélin sur son grand pupitre en pente, perça de minuscules trous dans les marges avec un stylet de métal et utilisa une règle pour tracer de fines lignes horizontales entre les trous.

Sur le lutrin près de son pupitre se trouvait une seule page, minutieusement découpée dans le parchemin du frère Léon, où était percée une fenêtre entourant la ligne à copier.

– Le sieur Jacopo m'a enseigné comment procéder. C'est un travail qui exige de l'attention, et garde mon esprit et mes mains occupés. Donna Giacoma avait embauché des tuteurs pour m'apprendre à lire et à écrire.

Le chant de Teresina résonnait tout près, dans la loggia sud où les pupitres avaient été montés. De l'autre côté de la cour, le martèlement des charpentiers retentissait le long de la galerie. Les hommes construisaient le coupe-vent où Amata prévoyait d'aménager les activités de copiage pendant les mois d'hiver.

Elle prit un couteau tranchant et entreprit d'aiguiser la pointe d'une plume. Guido lui avait annoncé qu'il allait retourner au Coldimezzo à la fin de la semaine, et Amata s'inquiétait. De quelle manière pouvait-elle dire à son oncle qu'elle souhaitait garder Teresina auprès d'elle ? Et elle avait un autre motif. En hommage à donna Giacoma, elle désirait transmettre la générosité de cette femme à la représentante de la génération suivante. Le grand-père de Teresina accepterait-il ? Depuis la mort de sa fille Vanna, il avait transféré son affection sur la fillette ; elle était devenue son univers. Et même si Teresina pouvait vivre avec son père à Assise, Amata devait admettre que Jacopone était mal préparé au rôle de parent.

– Ça pourrait aussi bien être des traces de mouches pour moi, avoua-t-il. Je n'ai jamais pu m'asseoir assez longtemps pour apprendre à lire. J'ai toujours embauché un notaire pour tenir mes comptes.

– Un notaire honnête, j'espère !

Teresina apparut à la porte :

– Je viens d'apercevoir papa à travers la meurtrière. Il court dans la ruelle. Papa ressemble à une cigogne quand il court.

Le son des pieds nus de Jacopone résonna à travers la maison et le long de l'escalier de la loggia. Il s'arrêta devant eux et s'adossa contre la rampe, tentant de reprendre son souffle.

– La délégation des frères arrive de Lyon, parvint-il à dire.

Amata sauta de son banc. Cela signifiait qu'Orfeo devait approcher d'Assise, lui aussi. Peut-être avait-il voyagé avec eux.

– Il y a autre chose, continua le pénitent. Bonaventure est mort, et les ministres provinciaux se sont réunis pour élire un nouveau ministre général. Cela ne peut être que de bon augure pour le frère Conrad.

Il donna une petite claque sur l'épaule de Guido.

– Venez, *suocero*. Allons à la basilique pour voir ce que nous pourrons y apprendre.

Les hommes partirent bras dessus, bras dessous, pendant que Teresina les suivait en gambadant dans l'escalier.

Amata rassembla les pages du manuscrit sur le lutrin et les replaça en sécurité avec le reste du parchemin. Elle ôta son tablier taché d'encre et examina les traînées sombres sur ses doigts et ses mains. Elle devait se laver.

Amata se précipita au rez-de-chaussée, mais ne fut pas assez rapide. Elle entendit le cri de Teresina à la porte d'entrée et se retourna pour voir l'enfant pendue au cou d'Orfeo, pendant qu'il faisait de son mieux pour la soutenir d'un bras passé autour de sa taille. Il tenait dans son autre main un parchemin scellé.

Son visage mal rasé et couvert de poussière se fendit en un large sourire à la vue d'Amata. Il se pencha jusqu'à ce que les pieds de Teresina touchent le sol.

– Ton chevalier errant est de retour, lança-t-il. J'ai avec moi le précieux document de libération de ton ami Conrad.

Il posa un genou sur le sol, jouant jusqu'au bout le rôle du chevalier courtois. Il tendit le bras pour lui saisir la main, mais elle mit immédiatement ses deux poings derrière son dos.

– Ais-je offensé la dame de mon cœur ? demanda-t-il.

Teresina éclata de rire.

– Ses mains sont toutes tachées d'encre. Elle était en train d'écrire un livre.

– J'aurais dû le deviner, dit Orfeo en se levant.

– Vous l'avais-je bien décrite, Padre ? dit-il par-dessus son épaule.

Amata n'avait pas remarqué le moine qui attendait près de la porte, mais elle reconnut son rire de bon vivant avant même qu'il ne pénètre dans le hall.

– Bienvenue, frère Salimbene, dit-elle. Je constate que, par la grâce de Notre-Seigneur, vous êtes toujours aussi robuste.

– Nous sommes-nous déjà rencontrés, Madonna ?

– Oui. Si vous rendiez visite à votre nièce, à la maison des Dames pauvres, vous vous rendriez compte que son chaperon s'est enfui.

– Est-ce vous ? La petite fille pleine d'entrain ? dit-il en observant ses traits avec une curiosité amusée. C'est une histoire que j'aurais plaisir à entendre.

– Quand tous deux vous serez installés et que j'aurai pu me nettoyer les mains.

Elle se tourna vers Orfeo.

– Je veux aller avec toi à la porte du Sacré-Couvent quand tu iras libérer Conrad. Je souhaite voir son visage lors de sa première bouffée de liberté.

– Cela n'arrivera pas tôt, Amatina. Nous devrons attendre que les frères élisent un nouveau ministre général et, ensuite, lui présenter le pardon de Grégoire. Le Saint-Père et Caetano Orsini, le cardinal protecteur de l'ordre, ont exprimé leur préférence pour Jérôme Coli, le frère dont je t'ai parlé dans ma lettre... De plus, il ne serait peut-être pas bon que tu voies le frère Conrad immédiatement. Tu ne sais pas à quel point il a changé ces deux dernières années. Si tu paraissais ébranlée en le voyant...

Il se tut, incapable d'en dire plus...

Il plongea la main dans le sac à sa ceinture.

– Je t'ai apporté un cadeau. Un petit miroir de bronze, dit-il en frottant l'objet contre sa manche et en le lui tendant. Manques-tu tellement de plumes, Amata, que tu doives écrire avec le bout de ton joli nez ?

Salimbene leva sa coupe au-dessus de son assiette vide, bénissant le repas qui venait de se terminer. Il tapota son ventre et poursuivit son histoire :

– Ce prêcheur du nom de Piero a atteint un tel degré de folie, à cause des honneurs qui lui étaient rendus et des dons de prêcheur qu'il possédait, qu'il en était venu à croire qu'il pouvait opérer des miracles. En visite un jour chez les frères mineurs, il s'alla chez notre barbier se faire raser, et se mit dans une rage terrible contre lui parce qu'il n'avait pas ramassé les poils de sa barbe pour les conserver en tant que relique. Mais le frère Diotisalve, un frère mineur de Florence – un véritable boute-en-train – répondit au fou selon sa folie. Se rendant un jour au couvent des frères prêcheurs, il déclara qu'il n'y demeurerait en aucun cas, à moins qu'on ne lui donne un morceau de la bure du frère Piero, qu'il souhaitait conserver comme relique. Ils lui remirent alors un grand morceau de la bure que Piero avait utilisée de la manière la plus dégoûtante en se soulageant après le repas ; il la jeta ensuite dans une fosse d'aisance. Puis il dit à ses frères : « Mes frères, aidez-moi, car je cherche une relique de votre saint, que j'ai perdue dans ce cloaque. » Quand ils se rendirent sur place, ils découvrirent qu'il s'était moqué d'eux et rougirent de honte.

Alors qu'on le servait, Salimbene poursuivit :

– Une autre fois, ce même frère Diotisalve se promenait dans les rues de Florence par une journée d'hiver. Il glissa sur la glace et tomba face contre terre, de tout son long. Voyant cela, les Florentins, qui sont très portés sur les bouffonneries, éclatèrent de rire et l'un d'eux lui demanda, alors qu'il gisait sur le sol : « Avez-vous quelque chose à cacher en dessous de vous ? », ce à quoi le frère Diotisalve répondit : « Certainement. Votre femme. » Loin de se fâcher, les Florentins firent l'éloge du frère en disant : « Que Dieu le préserve, il est véritablement l'un d'entre nous. »

Amata gloussa, mais avec moins d'enthousiasme que l'oncle Guido et les serviteurs. Elle pensait à Saint-Damien et aux visites de Salimbene à sa nièce. Étrangement, son humour l'amusait moins qu'à l'époque où elle résidait au couvent. Elle savait qu'il continuerait de raconter ses histoires jusque tard dans la nuit.

Tout en se rappelant la piètre opinion de Conrad à l'endroit de Salimbene, Amata avait pris le risque, en présence d'Orfeo, de montrer au chroniqueur quelques pages du manuscrit de Léon. Elle lui révéla son projet d'en faire autant de copies qu'elle et Jacopone le pourraient. Amata avait vu son enthousiasme croître pendant qu'il lisait. Quand elle lui demanda s'il souhaitait les aider, il accepta :

– Je pourrai sans doute n'en effectuer qu'une partie avant que l'envie de voyager ne me reprenne, mais je dois lire le reste de cette chronique.

– Êtes-vous discret, frère ? demanda-t-elle. L'ordre n'approuverait sans doute pas le récit de Léon s'il connaissait son existence.

– Au nom de l'amitié que je vous porte, ainsi qu'à votre fiancé, je jure de rester discret !

Amata rougit en entendant le mot « fiancé ». Elle n'avait accordé à Orfeo aucun consentement officiel et ne le ferait pas avant qu'ils aient eu la possibilité de parler. Elle remarqua toutefois qu'Orfeo avait réagi au commentaire du frère par un sourire prudent.

– Discret même après avoir avalé plusieurs cruches de vin, frère Salimbene ? insista la jeune femme.

– Madonna ! Vous me déshonorez.

Salimbene avait pris un air chagrin.

Maintenant, Amata espérait ne pas avoir commis une erreur pendant qu'elle considérait le frère au bout de la table, voyait son énorme nez rougir de plus en plus et entendait sa voix de plus en plus sonore. Orfeo ou Jacopone devraient rester auprès de lui chaque fois qu'il quitterait la maison.

Elle se tourna pour voir Orfeo lui souriant d'un air radieux, même si les autres réagissaient plutôt à ce que venait de dire Salimbene. Lui aussi s'était montré plus sombre que d'habitude pendant la soirée. Son frère Piccardo était venu, le matin, lui annoncer que leur père était mort pendant le voyage d'Orfeo à Lyon. Malgré la cruauté de son père à son endroit, Orfeo avait eu du mal à accepter la nouvelle.

Curieusement, Amata n'avait éprouvé aucune joie particulière, même si Angelo Bernardone avait été l'objet de sa rancœur. Sa visite à Fabiano avait mis fin à son désir de vengeance. Si son frère infirme pouvait pardonner à leurs ennemis et même leur accorder sa bénédiction, ne pouvait-elle se laisser guider par ses sentiments les plus nobles ? Grâce à tous les maîtres qui l'avaient entourée, elle tirait des leçons de la vie. Et, n'eût été la trahison du vieux Bernardone, Orfeo ne se serait pas rebellé, ni lancé dans une odyssée qui l'avait mené jusqu'à elle.

Amata se leva et lui tendit la main tout en faisant signe aux autres de rester assis et de continuer à s'amuser. Elle guida Orfeo jusqu'aux chaises près de l'âtre, où elle avait eu tant d'agréables conversations avec donna Giacoma.

Bien sûr qu'ils allaient se marier. Elle l'aimait et le lui avait déjà juré quand il était parti pour Lyon afin d'obtenir la libération de Conrad. Et il l'avait sauvée des Gaetani et avait défendu les enfants contre les soldats de Calisto. Que pouvait-elle exiger de plus ?

Pourtant, une voix ne cessait de la hanter, remettant en question ses motivations. Cette voix exigeait d'elle que, pour sa propre paix d'esprit, elle lui imposât une ultime épreuve. Quand il tira sa chaise près de la sienne, elle lui demanda :

– Rêves-tu parfois à ce que sera notre vie quand nous serons mariés ?

Le coude appuyé sur le bras de sa chaise et le menton dans la main, il réfléchit un moment.

– Il existe au sud d'ici, Amatina, un monde qui dépasse l'imagination, un monde où il fait chaud l'année durant et où les gens font preuve d'une hospitalité incroyable. L'exact contraire du froid et de l'hostilité que nous avons connus pendant la majeure partie de notre vie en Ombrie. Il y a là-bas quelque chose de notre propre contrée, mais avec toute la couleur, la musique et la sagesse de l'Orient. L'empereur Frédéric II a dit un jour : « Si le Seigneur avait connu la Sicile, il ne se serait pas tant préoccupé de la Terre sainte. »

– Le frère Salimbene pense que Frédéric était l'Antéchrist.

– Frédéric était un génie, même s'il a plusieurs fois provoqué la colère d'un pape. Quand il a repris Jérusalem aux Sarrasins, on n'a pas fait sonner les cloches et le patriarche de la ville a refusé de célébrer une messe en son honneur. Pourquoi ? Parce qu'il avait reconquis Jérusalem grâce à son amitié avec le sultan Al-Kamel et non par la force des armes. Il avait épousé la fille du sultan en plus d'une cinquantaine d'autres Sarrasines. Il partageait l'amour des musulmans pour la sagesse et admirait même leur livre saint, le Coran. Frédéric a peuplé la Sicile de philosophes et d'astrologues venus de partout en Orient, et engagé des traducteurs pour rendre leurs œuvres disponibles en latin. Son trésor préféré était l'astrolabe que lui avait donné le sultan.

Pour la première fois de la soirée, Orfeo affichait son enthousiasme :

– À Palerme, où l'empereur avait fait construire sa grande forteresse, on peut voir des mosquées et des maisons blanches et carrées, comme en Orient. On dit qu'au milieu du jour toute sa cour se levait pour réciter les prières de Mahomet. Sa maisonnée était dirigée par des Turcs et des Nègres, et il ne voyageait jamais sans ses chameaux, ses léopards, ses singes, ses lions, ses oiseaux exotiques, et même une girafe.

– Tu as vu ces créatures ?

– Oui, Amatina. Pendant mon séjour à Lyon, je pensais à toi en admirant les vitraux de la cathédrale et je souhaitais pouvoir partager les merveilles de la terre avec toi.

– Et quel est ton travail, dans tes rêves ?

– Je suis devenu un commerçant à grande échelle. Je voyage dans tout l'Orient, peut-être même à Cathay. Cette partie de mon rêve n'a jamais changé depuis l'époque où je fréquentais Marco.

– Et moi ? Que ferai-je pendant que tu voyageras sur les grands marchés du monde ? Sommes-nous partenaires dans tes entreprises ?

– Tu profites du soleil de Palerme, *cara mia*, dit-il en riant. Les marins ne permettraient jamais à une femme de mettre les pieds sur une galère. Ils croient que cela porte malheur. Tu es mon épouse patiente et dévouée.

Il rit à nouveau puis ajouta en agitant un index :

– Et *fidèle*. Quelqu'un doit élever nos enfants. Il y a de nombreux enfants dans mes rêves.

– Alors, tu reviendras à la maison de temps en temps pour m'engrosser ?

Le ton tranchant étonna Orfeo.

– Ce n'est qu'un rêve, Amatina. Je pensais que tu souhaitais avoir beaucoup d'enfants.

– C'est ce que je souhaite. Mais ton rêve me semble dispendieux. Tu auras besoin d'argent à grande échelle pour faire du commerce à grande échelle.

– Mais quand nous combinerons...

Elle posa un index sur les lèvres du jeune homme.

– Oncle Guido administre maintenant ma fortune. J'avais pensé lui demander d'en mettre de côté une grande partie avant de me marier, pour Teresina. Et, bien sûr, je dois beaucoup aux moines de San Pietro, qui ont sauvé la vie de mon frère. Ils aimeraient agrandir leur maison d'hôtes. Voudrais-tu m'épouser si je n'avais pas plus de revenus que ce dont nous avons besoin pour entretenir cette maison ?

Même le reflet de la lueur de la chandelle dans les pupilles d'Orfeo ne put raviver l'étincelle que cette question avait fait disparaître.

– Je pense que tu joues avec moi, Madonna.

Il se leva au moment où Teresina arrivait en trottinant pour recevoir ses baisers de bonne nuit.

La fillette l'adore, pensa Amata. *Comme son visage s'illumine quand il la prend dans ses bras ! Et je l'aime aussi, malgré tout, et je veux qu'il me serre aussi contre lui, mais je...*

Elle se sentit soudain terriblement fatiguée, et déçue de ce qu'elle venait d'entrevoir sur le visage d'Orfeo.

Elle embrassa Teresina sur le front et leva les yeux pour voir son oncle s'approcher de la fillette.

– Je vais aider Nonno Guido à te mettre au lit, déclara-t-elle. Je dois lui parler.

– À quel sujet ? demanda Teresina.

– À ton sujet, petite princesse.

La pleine lune de juillet éclairait la chambre dans laquelle Amata dormait seule. Elle appréciait le luxe d'avoir sa propre chambre dans cette maison, la chambre qu'utilisaient autrefois les fils de donna Giacoma. Les dernières semaines avaient constitué une exception. La petite silhouette de Teresina était recroquevillée sur une paillasse dans un coin, ses membres pâles comme un linceul dans l'obscurité.

Amata se retourna sur le dos et s'étira. Les yeux grands ouverts, elle fixait le baldaquin, et une larme glissa le long de sa tempe. Cette soirée aurait dû être la plus heureuse de sa vie. Elle était entourée d'amour et pourtant, en seulement quelques heures, le vin doux s'était transformé en un fiel amer.

Avait-elle été égoïste ou trop optimiste ? Elle avait espéré que Guido appuierait son projet concernant Teresina. Après que l'enfant eut terminé ses prières et fermé les yeux, Amata avait conduit son oncle dans le corridor et il l'avait écoutée en silence. Une lueur de réprobation avait traversé ses yeux lorsqu'elle avait suggéré qu'il lui laisse la fillette.

Il reconnut qu'un jeune couple serait sans doute mieux en mesure d'élever Teresina une fois Amata et Orfeo mariés, mais il ne voyait aucune raison pour que la fillette demeure à Assise afin d'apprendre à lire et à écrire. À ce moment, quelque démon incita la jeune femme à ajouter :

– Je ne suis pas certaine d'épouser Orfeo. Je veux une vraie famille. Je crains qu'il ne soit toujours absent.

– Sottises, rétorqua Guido. Les hommes sont toujours absents. Je n'ai pas vu ma femme pendant trois ans alors que je participais à la croisade de l'empereur Frédéric. Quand une grande cause ou une affaire importante exige leur présence, les hommes d'honneur doivent partir. Le monde s'élargit, Amata, et les hommes aventureux comme Orfeo chercheront toujours à en repousser les limites. Tu devrais te réjouir d'être courtisée par un tel homme.

– Quand il me regarde, j'ai peur qu'il ne voie rien d'autre que ma dot.

– C'est normal, répondit Guido en la prenant par les épaules, comme s'il espérait la ramener à la réalité. Qu'est-ce que tu as, mon enfant ?

Il la scruta, son visage tout près du sien. Quand il parla, elle sentit l'odeur âcre du vin :

– Je te promets ceci, Amata. Je ne confierai pas Teresina à tes soins avant le jour de ton mariage. Je ne l'enverrai pas vivre dans un foyer où règne la confusion. Comme prévu, je retournerai au Coldimezzo avec elle dans trois jours.

Il se dirigea avec raideur vers le grand salon en maugréant. Elle attendit que la rougeur disparaisse de ses joues et de ses oreilles, mais elle avait l'impression de devoir des excuses à Orfeo.

À son retour, le salon était presque désert, à l'exception des serviteurs et des frères couchés à l'autre extrémité. Orfeo attendait, sur sa chaise, l'air maussade, mais il ne lui laissa pas la possibilité de parler. Il se leva et dit d'un ton rude :

– Je pense que je devrais apporter mes affaires chez le sieur Domenico demain matin et y demeurer... Je te laisse l'ordre de libération de ton ami. Le frère Salimbene le transmettra au prochain ministre général.

– Reviendras-tu me voir ? Quoi qu'il arrive, je veux que nous demeurions amis.

Il répliqua sur un ton évasif que le sieur Domenico pourrait avoir besoin qu'il reprenne la route et s'éloigna pour rejoindre les autres hommes.

Amata partit se coucher le cœur brisé. En hésitant à promettre de se marier, elle avait agacé Guido et blessé l'orgueil d'Orfeo, et cet orgueil se dressait maintenant entre eux comme un obstacle insurmontable.

38

Conrad entendait, au-dessus de sa cellule, la démarche traînante de Zefferino suivie d'un bruit de pas qu'il ne connaissait pas. La première pensée qui lui vint à l'esprit fut que le geôlier amenait un nouveau prisonnier.

Il leva faiblement la tête en voyant la lueur d'une torche dans l'ouverture au haut de l'escalier. Le cadenas s'ouvrit. Zefferino leva la grille, et lui et un autre frère descendirent les marches.

– Frères, expliqua le geôlier, le frère Jérôme Coli, votre nouveau ministre général, vient s'entretenir avec vous.

Les prisonniers se levèrent au son de leurs chaînes qui cliquetaient. Sur un geste de Jérôme, Zefferino retira une grosse clé de l'anneau attaché à sa ceinture et s'accroupit aux pieds de Conrad. Il déverrouilla les menottes de ses chevilles et les jeta sur le sol d'un air triomphant.

Le ministre général dit à Conrad :

– Notre Saint-Père, le pape Grégoire, pardonne tes offenses contre notre Ordre, frère. Tu es libre de partir. Tu es également le bienvenu si tu veux demeurer ici, au Sacré-Couvent, jusqu'à ce que tu aies recouvré la santé. Je te recommande de prendre ton temps et de te confier aux bons soins de notre frère infirmier.

Conrad plissa les yeux devant l'éclat de la torche. Il sentit le sang affluer dans ses jambes libérées. Malgré tous les mois pendant lesquels il avait espéré ce moment, la soudaineté de sa libération la rendait presque incroyable.

Jérôme poursuivit :

– Bientôt, quand tu seras rétabli, nous reparlerons. J'ai un projet pour toi. Je veux que tu sois mon émissaire auprès des frères spirituels pour les aider à rentrer au bercail. Comme tu sembles bien disposé envers leurs pratiques et que tu es un ancien prisonnier des conventuels, ils t'écouteront quand tu leur expliqueras pourquoi l'Ordre doit changer s'il veut croître et survivre. Je suis sûr que le frère Jean, ici présent, l'avait compris lorsqu'il était ministre général.

– Votre confiance m'honore, frère Jérôme, mais j'ai fait un vœu que, je l'espère, vous me laisserez accomplir. J'ai promis à Notre-Seigneur que, si je quittais un jour cet endroit, je travaillerais pendant un certain temps parmi les lépreux. Mais notre frère Jean de Parme est aimé de tous. Ne pourrait-il être votre émissaire ?

– J'ai l'intention de libérer ce révérend frère aussi, acquiesça Jérôme en scrutant les ombres qui jouaient sur le vieux moine. Mais je doute qu'il puisse endurer le voyage que nécessite une telle entreprise.

Il s'adressa à Jean :

– Avez-vous déjà imaginé où vous iriez si vous étiez libéré, Padre ?

– J'y ai pensé des centaines de fois... Je veux me rendre à Greccio... seulement à Greccio... Je veux finir mes jours devant l'écurie où saint François a revécu la nativité.

Pendant que Zefferino déverrouillait ses chaînes, Jérôme ouvrit les mains en direction de Conrad :

– Tu vois, le frère Jean ne peut pas. Parle-moi de ce vœu... Pendant combien de temps comptes-tu œuvrer auprès des lépreux ?

– Jusqu'à ce que j'apprenne ce que j'ai besoin de savoir.

– Et qu'as-tu besoin de savoir ?

– Je n'en suis pas certain. Je sais seulement que Dieu me l'indiquera au moment qu'Il jugera opportun. Cela peut prendre une journée, ou le reste de ma vie.

– Mon désir de rétablir l'unité au sein de notre ordre m'a rendu impatient, frères. De toute évidence, vous aurez tous deux besoin d'une période de répit pendant que vous vous réhabituerez à la liberté. Va accomplir ton vœu, Conrad. Mais je garde l'espoir d'utiliser tes services un jour, quand tu auras terminé ta mission et retrouvé tes forces.

Un reniflement bruyant en provenance des marches de pierre attira leur attention. Dans la lueur de la torche, Conrad vit des pleurs rouler sur les joues du garde.

– Le frère Jean aura besoin d'un compagnon pour le conduire à Greccio. Peut-être le frère Zefferino... si vous pouviez lui trouver un masque... Son visage défiguré le préoccupe...

Jérôme parut surpris.

– Tu plaides en faveur de ton geôlier ?

– Il a joué le rôle du bon berger auprès de nous pendant ces deux années. Je crois que son petit troupeau lui manque déjà.

Jérôme jeta un coup d'œil sur le trio en réfléchissant.

– Qu'en dis-tu, Zefferino ? demanda-t-il. Es-tu disposé à remettre tes clés à un autre frère et à quitter cet endroit ?

Le geôlier émit un rire étranglé.

– Je suis prêt à partir, mais je préfère accompagner le frère Conrad. Le frère Jean a besoin d'un compagnon plus jeune et plus robuste. Conrad, toi et moi sommes borgnes et, à deux, nous aurons une bonne paire d'yeux.

Conrad effleura la cicatrice au-dessus de sa joue.

– Ai-je un visage qui risque d'effrayer les enfants ?

– Tu as beaucoup vieilli, mon ami, reconnut Zefferino. Quand tu es arrivé ici, tes cheveux étaient noirs comme la fourrure d'une martre et maintenant tu as la fourrure hivernale d'une hermine. Tu te déplaces comme un âne à l'agonie et tu seras aussi aveugle qu'une chauve-souris en voyant la lumière du jour. Bref, sans ta barbe de prophète, nous formerions les deux parties d'un même tout.

Conrad boitilla jusqu'à l'escalier et posa une main sur l'épaule de Zefferino.

– Conduis-moi, frère. Si tu peux te joindre à moi pour chanter des hymnes de grâce, nous formerons une paire qui déconcertera tous ceux qui fondent leurs espoirs sur les avantages matériels.

Zefferino avait raison en ce qui concernait la lumière du jour. Malgré sa hâte de quitter le Sacré-Couvent, Conrad avait à peine franchi la porte du monastère qu'il dut voiler son œil valide avec la manche de sa bure. D'un pas mal assuré, il se précipita dans l'intérieur sombre de l'église inférieure, son geôlier sur ses talons. Comme un enfant qui apprend à marcher, il se dirigea d'un pas hésitant vers la tombe de Léon.

– Il y a du nouveau, annonça Zefferino. Cette plaque n'y était pas la dernière fois que je suis venu. C'est la tombe d'une femme. « *Jacoba... Sancta Romana.* »

– Jacoba ?

Conrad fit le signe de croix puis étendit la main pour tenter de déchiffrer l'inscription du bout des doigts.

– De quand date l'inscription ?

– De l'hiver dernier.

– *Requiescas in pace, fra Jacoba.*

– Un frère qui porte un nom de femme ? s'étonna Zefferino.

– Une belle et gente dame, frère, et une histoire que je te raconterai sur la route. Je te dirai tout sur elle pendant que nous marcherons, ajouta-t-il en se demandant si donna Giacoma avait pu réaliser son projet de faire d'Amata son héritière.

À l'autre extrémité du transept, une voix s'éleva sur un ton de réprimande. Une rangée de torches s'alluma dans l'angle nord de la basilique. Conrad distingua deux silhouettes qui s'avançaient dans la lumière, entre des échafaudages. Excepté leur langage cru, ils évoquaient les anges de l'échelle de Jacob. La voix qui avait attiré son attention s'éleva de nouveau sur un ton rocailleux, dans le dialecte florentin.

– Mes pigments sont prêts, Giotto. Dépêche-toi, mon garçon. Je veux finir la Madone aujourd'hui.

Conrad traversa la nef et s'approcha de l'échafaudage pour observer le peintre à l'œuvre. Il s'arrêta net en entendant à nouveau le ton de réprimande.

– J'apprécierais, frères, que vous restiez à une certaine distance. Ne distrayez pas mon apprenti.

Conrad écarquilla les yeux. Au début, la lueur des torches l'aveugla, et il se demanda si les saints baignaient constamment dans une semblable luminosité. Après un moment, il put distinguer les couleurs sur le mur, de nombreux chérubins entourant une Madone inachevée assise sur un trône. Elle tenait dans ses bras ce qui aurait pu passer pour un enfant réel.

À la gauche de la Vierge, se tenait un saint François grandeur nature vêtu de la simple bure de l'Ordre. Ses yeux sombres fixaient un endroit derrière Conrad ; ses lèvres épaisses ne souriaient pas. Un halo doré encadrait les oreilles proéminentes et le visage olivâtre du saint, sa barbe en bataille et sa tonsure, ses sourcils clairsemés. L'artiste avait représenté François une main sur la poitrine tandis que, dans l'autre, il tenait une bible, ou peut-être la règle de l'ordre. Les stigmates étaient visibles sur chaque main. Conrad remarqua aussi les empreintes des clous sur les pieds nus. La blessure provoquée par la lance sur le flanc était représentée par une déchirure dans sa tunique.

Les yeux paisibles du fondateur retinrent l'attention de l'ermite. Il se souvint que François était presque aveugle au moment où le séraphin l'avait marqué des stigmates. Il éprouva un élan de reconnaissance en songeant à son œil valide.

– C'est extrêmement beau, dit-il au peintre.

– La beauté est mon métier.

En entendant un soupçon de sarcasme dans la réponse de l'artiste, Conrad se demanda si l'homme ne mettait pas en opposition son œuvre et l'apparence des frères qui la contemplaient. Lui et Zefferino n'incarnaient pas l'image de la beauté. Avec sa sensibilité délicate, le Florentin les trouvait sans doute repoussants. Le sentiment de bravade qui l'animait s'évanouit soudain et il couvrit sa tête de son capuchon.

– Viens, frère, dit-il à son compagnon. Je connais un endroit où nous serons les bienvenus.

Le visage dissimulé sous leur capuchon, Conrad et Zefferino patientaient dans le grand salon de la maison d'Amata. Le serviteur Pio n'avait pas reconnu Conrad, même quand le frère eut demandé si la jeune fille vivait toujours ici.

Comme il avait depuis longtemps pardonné à son geôlier, Conrad n'avait pas encore songé que Zefferino pourrait se voir rejeter. Mais Amata ne l'avait aperçu qu'une fois, dans l'obscurité de la chapelle abandonnée, et l'homme n'avait révélé son nom que lorsqu'il s'était confessé à Conrad. L'apparence de Zefferino avait changé pendant que ses blessures guérissaient. Mais la réaction de son compagnon en voyant Amata pourrait être différente s'il établissait un lien entre elle et le novice sur la route. Mieux valait éviter le sujet pendant les quelques jours où ils allaient séjourner chez Amata.

Il inclina la tête quand il entendit la jeune femme pénétrer dans la pièce.

– Que la paix soit avec vous, frères. Cherchez-vous un refuge dans ma demeure ?

– Oui, Amatina, répondit Conrad. Pour mon compagnon et pour moi.

– Conrad ? interrogea-t-elle d'une voix tremblante.

– Oui. Je suis libre.

– Oh, mon Dieu ! Laissez-moi vous regarder.

Elle tendit les mains vers son capuchon, mais il l'arrêta d'un geste.

– S'il te plaît, non. Je te ferais peur.

– Que vous ont-ils fait ?

– Pas « ils », Madonna, intervint Zefferino. C'est moi qui l'ai torturé.

– Tu n'étais que l'instrument de Dieu, rétorqua Conrad d'un ton brusque. Ne sois pas dur avec toi-même.

Elle posa une main sur l'épaule de Conrad, qui ne bougea pas.

– Alors, vous avez l'intention de vous cacher sous votre capuchon pendant le reste de votre vie ? Rappelez-vous que vous êtes maintenant dans la maison de votre amie la plus loyale, ajouta-t-elle en lui caressant la tête à travers le tissu. Pourquoi ne pas vous exercer ?

Conrad se pencha vers son compagnon.

– Toi aussi, Zefferino. Nous le devons, sinon nous ferions aussi bien de retourner dans notre cachot.

Ensemble, ils retirèrent leur capuchon. Amata lutta pour retenir ses pleurs. Elle s'essuya la joue et recula d'un pas, scrutant tour à tour les deux hommes. Conrad se sentit soulagé qu'elle ne reconnaisse pas en Zefferino le frère qui avait tenté de la transpercer avec sa pique.

– Conrad. Conrad, vous m'avez manqué... Je n'ai jamais tant eu besoin de vous parler que maintenant.

Elle réussit même à afficher un mince sourire.

– Et j'ai une surprise pour vous. Suivez-moi.

Amata et Zefferino l'aidèrent à grimper jusqu'à la loggia. Une fois encore, il n'offrit aucune résistance quand la main de la jeune femme lui saisit le coude.

En haut de l'escalier, Conrad vit deux scribes – un frère et un laïc – penchés sur leurs écritoires. Tous deux lui semblaient vaguement familiers, bien qu'il ne fît pas entièrement confiance à sa vue. Parfois, il semblait encore se mouvoir dans un nuage et, en ce moment, le petit *scriptorium* d'Amata lui semblait un endroit irréel.

– Frère Salimbene, sieur Jacopone, annonça Amata, regardez qui est là. Vous souvenez-vous du frère Conrad ?

La tristesse assombrit le visage de Jacopone alors qu'il levait la tête. Il regarda en direction de la balustrade. Salimbene, quant à lui, n'avait pas suffisamment connu Conrad pour se souvenir de son apparence passée.

– C'est un document incroyable que le frère Léon vous a confié, déclara le chroniqueur, même s'il y manque des scènes miraculeuses.

Amata expliqua rapidement la nature du texte qui se trouvait sur les lutrins des copistes.

– J'espère que cela vous agrée, Conrad. Vous m'aviez un jour demandé de le faire, dit-elle en lui lançant un regard timide.

Avec l'aide de Zefferino, il boitilla jusqu'aux pupitres et examina les vélins.

– Vous avez du talent, affirma-t-il en s'arrêtant près du frère Salimbene. Pour ce qui est des miracles, le frère Léon avait seulement l'intention d'écrire une histoire vraie. Il ne se serait pas permis d'embellir sa chronique avec de faux événements.

Salimbene s'inclina d'un air contrit, peut-être par respect pour l'état de Conrad :

– Il avait raison. J'ai connu plusieurs personnes qui ont invoqué de fausses visions pour en tirer des honneurs, en se faisant passer pour de saints hommes à qui Dieu aurait révélé des secrets. Et le nombre de fausses reliques que j'ai vues pendant mes voyages ! Les moines de Soissons se vantent de posséder une dent de lait de l'Enfant Jésus, tom bée le jour de son neuvième anniversaire. J'ai vu le cordon ombilical de Notre-Seigneur dans trois reliquaires... J'ai aussi vu son prépuce tout entier en sept endroits différents. Ils en font étalage à chaque fête de la Circoncision.

Jacopone déposa sa plume avec une expression honteuse.

– J'ai touché le prépuce une fois et j'étais extrêmement ému, avoua-t-il. Mes prières s'en sont trouvées inspirées pendant des semaines.

Salimbene sourit d'un air sarcastique.

– Ainsi en est-il de la foi simple. C'est après tout le meilleur argument en faveur des miracles et des reliques. La veuve qui serre son obole entre ses doigts ne comprend rien aux choses abstraites. Mais ne se départirait-elle pas avec joie de tout ce qu'elle possède pour une fiole contenant quelques précieuses gouttes du lait de la Vierge ?

Conrad fronça les sourcils, mais ne répliqua pas.

– Je suis fatigué maintenant, dit-il à Amata. Où puis-je m'étendre ?

Quand ils atteignirent le bas des marches et qu'ils furent hors d'écoute, il exprima ses doutes à propos du jugement de la jeune femme.

– Je fais confiance à Jacopone, et je suis heureux de le voir à ce pupitre, mais je crains que tu n'aies commis une erreur en montrant au frère Salimbene le manuscrit de Léon. Il peut sembler indifférent, mais sa loyauté est davantage dirigée vers les conventuels.

– C'est un chroniqueur. Son intérêt envers l'histoire de l'Ordre dépasse de loin ses opinions concernant ses factions.

– Mais une fois qu'il aura satisfait sa curiosité... ?

– Il nous a juré solennellement, à moi et à...

Amata s'interrompit, ne sachant comment décrire Orfeo. Elle ne pouvait l'appeler son « fiancé ». Elle n'était même plus certaine de pouvoir le considérer comme un ami.

– Il faut que je vous parle, Conrad. Peut-être le frère Zefferino pourrait-il vous confier à mes soins après le dîner ?

Zefferino inclina la tête.

– Si vous souhaitez faire une sieste ou si vous avez besoin de quoi que ce soit, vous n'avez qu'à le demander. Toute ma maisonnée est à votre disposition, conclut-elle en s'adressant aux deux hommes.

Après le repas, elle conduirait son ami dans un coin ombragé de la cour et, pendant aussi longtemps qu'il pourrait l'écouter, elle lui raconterait tout ce qui lui était arrivé depuis leur séparation.

39

Orfeo vérifia la bâche qui recouvrait les tombereaux pour s'assurer que ses hommes les avaient solidement attachés. À une table près de lui, le vieux Domenico comptait les toisons, les sacs de laine et les rouleaux de tissu achevés. Plusieurs charretiers amenèrent des bœufs et les attachèrent par un joug aux autres chariots et charrettes.

D'habitude, Orfeo se sentait envahi par une énergie nouvelle pendant qu'il voyageait. Mais pas aujourd'hui. Il tentait de se concentrer sur les affaires en cours, mais il se préparait sans enthousiasme à son voyage.

Plusieurs semaines s'étaient écoulées depuis qu'il avait entendu dire que le « moine d'Amata » s'était installé chez elle. Elle avait fait parvenir à Orfeo une note de remerciement et l'avait invité à venir rencontrer Conrad, mais il n'avait pu se résoudre à y répondre. Leur dernière rencontre l'avait piqué au vif.

Il traversa la cour pour s'assurer que tous les charretiers étaient présents. La plupart de ces hommes avaient voyagé avec lui l'hiver précédent pendant son séjour en Flandre et en France. C'était une bande de gaillards dépenaillés et indisciplinés, mais Orfeo savait que son équipe pouvait surmonter n'importe quel obstacle. Un seul n'avait pas fait ses preuves, le charretier d'âge moyen qui avait remplacé

Neno. Jusque-là, les autres avaient bien accepté le nouvel arrivant.

Orfeo passa les doigts sous un joug pour s'assurer qu'il était protégé aux endroits où il frotterait l'épaule du bœuf et regarda le long de la file de véhicules. Derrière la dernière charrette, encadré par le soleil levant, un moine encapuchonné approchait à pas raides et incertains. Une longue barbe blanche semblable à celle d'un patriarche d'Orient pendait sur sa poitrine. L'homme observa d'abord le sieur Domenico, puis Orfeo. Orfeo fit la grimace en apercevant le globe oculaire cicatrisé et la lueur dans l'œil valide du moine.

– Orfeo di Angelo Bernardone, dit le moine.

Il avait prononcé le nom sans qu'il s'agisse d'une interrogation, comme s'il confirmait seulement sa pensée.

– Vous l'avez trouvé, frère. Que puis-je pour vous ?

– Rien pour moi. Vous m'avez déjà fait beaucoup de bien. Que Dieu vous bénisse pour avoir obtenu ma liberté auprès du pape.

Le moine repoussa lentement son capuchon, révélant l'abondante chevelure illuminée par les rayons du soleil. Hébété, Orfeo ne parla pas immédiatement. Il s'était représenté un homme beaucoup plus jeune, et même beau – un homme par lequel Amata aurait pu être attirée.

– J'ai été heureux d'aider un innocent, marmonna-t-il en concentrant son attention sur le joug.

– Je voulais aussi vous dire que vous êtes un idiot, ajouta l'ermite.

Orfeo sentit ses épaules se raidir. Le sieur Domenico et plusieurs charretiers levèrent la tête. Toutefois, il remarqua que leur curiosité se concentrait sur lui et qu'ils refusaient de regarder le visage du frère Conrad.

– Je ne pense pas que vous soyez en mesure de me dire une chose pareille !

– Je prendrai ce risque si vous me rétorquez que vous ne pouvez aimer une femme pour ce qu'elle est, bien plus que pour sa richesse. J'en connais une qui vous aime autant qu'elle chérit son âme.

À la fois blessé et embarrassé, Orfeo jeta un coup d'œil à ses compagnons :

– Excusez-moi, sieur Domenico... J'ai besoin de quelques moments pour parler à ce frère.

Orfeo conduisit le prêtre au-delà du portail de la cour. Que lui avait révélé Amata ?

– Je peux lire dans vos yeux que j'avais raison, commença le moine. Elle vous manque autant que vous lui manquez. Et, en voyant votre employeur tout à l'heure, il m'est venu une idée. Elle pourrait se révéler fructueuse, si vous consentez à épouser Amatina par amour seulement, comme elle le souhaite.

D'un regard, Orfeo l'exhorta à continuer. Il savait que sa voix tremblerait s'il tentait de parler maintenant.

Conrad lui expliqua en détail son projet, en ponctuant chaque étape d'un « si vous l'aimez vraiment ». Compte tenu des maigres connaissances de Conrad en matière de commerce, Orfeo jugea ses conseils plutôt sensés.

– Le sieur Domenico doit évidemment donner son accord, et mon frère Piccardo aussi, répondit-il.

Oui, il souhaitait que l'idée de Conrad fonctionne. Il prit la main du moine entre les siennes et la secoua vigoureusement.

– Cette fois, c'est peut-être vous qui m'aurez sauvé, frère, dit-il.

– Alors, que Dieu exauce vos souhaits. Ayez la bonté de délivrer un message de ma part à Amatina, *signore*, quand vous la verrez. Je ne lui ai pas dit au revoir quand je suis parti de chez elle ce matin, parce que je craignais qu'elle n'essaie de retarder mon départ. Dites-lui que je suis parti pour l'Ospedale di San Salvatore delle Pareti et que je reviendrai quand je le pourrai.

– La léproserie ?

Conrad acquiesça.

– J'ai laissé chez elle le frère qui m'accompagnait, sans lui faire part de mon intention. Encore une fois, je voulais partir discrètement. S'il veut me suivre, il est le bienvenu. Je ne sais pas quand je reviendrai, et mon choix pourrait ne pas lui convenir. *Addio, signore.* Que Dieu vous bénisse, vous et votre dame !

Zefferino s'était retourné sur sa paillasse une bonne partie de la nuit avant de sombrer dans un sommeil agité. Il se sentait de plus en plus envahi par l'anxiété. Il ne s'était pas trouvé hors des murs du monastère depuis le jour où les frères l'avaient découvert à demi mort dans la chapelle abandonnée et l'avaient porté jusqu'au Sacré-Couvent.

Un peu avant l'aube, Conrad se leva. À travers son œil à demi ouvert, Zefferino le vit se diriger vers la porte, comme il l'avait fait après avoir entendu sa confession dans la chapelle. Pendant un moment, Zefferino craignit d'avoir été abandonné, mais les bruits qui l'entouraient étaient humains, et non animaux. Il se rendormit.

Il se réveilla lorsque les serviteurs rangèrent leur literie, bâillant et s'étirant, et sollicitèrent la bénédiction de Dieu pour la journée de travail qui les attendait. Le lit de Conrad était vide.

Zefferino se leva, rabattit son capuchon et suivit le mouvement général. Il voyait comment les autres évitaient de le regarder.

Il constata bientôt que son compagnon ne se trouvait pas dans les environs, pas même à la table du déjeuner. Pendant qu'il grignotait, Amata vint le voir et lui demanda où se trouvait son ami. Zefferino ne put que hausser les épaules. Le babillage dans le salon sonnait à ses oreilles comme les ailes des chauves-souris qui voletaient dans les tunnels du donjon.

– Je vais voir s'il est dans la chapelle, décida-t-elle.

Tête baissée, Zefferino grimpa l'escalier. Il ne rencontra que le scribe Jacopone. Il regarda le copiste utiliser son couteau pour découper une page dans un épais parchemin et l'étendre sur le lutrin. Le frère saisit le parchemin et examina le fragile matériel. Il avait entendu parler de ce « papier ». Il était peu coûteux et plus commode si on le comparait au parchemin, mais peu apte à résister à l'humidité d'une bibliothèque de monastère. Il plaça son petit doigt dans la perforation.

– Il y a une histoire liée à cette déchirure, dit Jacopone. Le manuscrit a sauvé la vie de notre hôtesse par une nuit sombre. Un frère assassin lui aurait déchiré les entrailles avec sa pique, sans ce parchemin qu'elle avait attaché contre sa poitrine. Je lui rappelle encore aujourd'hui de louer Dieu pour les écrits du frère Léon.

Zefferino serra le parchemin entre ses mains.

– Un frère ? Pourquoi un frère voudrait-il assassiner quelqu'un de si généreux ?

– Si vous l'aviez vue cette nuit-là, vous ne la qualifieriez pas de généreuse : elle se battait comme un lion et elle a tué elle-même l'un des hommes de la bande... Pour une raison que j'ignore, les frères voulaient enlever Conrad. Ils nous ont surpris dans les bois à la tombée de la nuit.

Zefferino ferma son œil valide. Il entendit les bruits effrayants de cette nuit-là, les cris autour de lui, la sonnerie de trompette et le feu qui se dirigeait vers son visage.

– Vous y étiez aussi ? questionna-t-il.

– J'y étais, mais je suis arrivé presque trop tard pour les aider. J'ai mis le feu à leur chef et le reste de la bande s'est dispersé.

Le manuscrit tomba avec un bruit sourd et se déroula à demi. Jacopone sauta de son tabouret et l'attrapa avant qu'il ne se déroule complètement.

– Attention, frère ! Vous allez bien ?

Zefferino glissa ses mains dans ses manches et inclina la tête. Sa gorge se serra et il lâcha d'une voix rauque :

– *Angelus Domini*, l'ange du Seigneur. *Vous* !

Le balcon de bois trembla légèrement. Amata grimpa les marches, suivie de Salimbene.

– Conrad est parti, annonça-t-elle à Zefferino. Il a dit que vous pourriez le trouver à l'hôpital des lépreux, si vous souhaitez le suivre.

Elle se tourna vers Jacopone, le visage rouge d'excitation.

– Le messager a été envoyé par le sieur Orfeo. Il arrivera demain et espère apporter de bonnes nouvelles.

Jacopone et Salimbene poussèrent des cris de joie.

– Je savais qu'il ne pouvait rester éloigné longtemps, Madonna, commenta Salimbene.

Incapable de réprimer son sourire, Amata se tourna vers Zefferino.

– Je vous présente mes excuses, frère, pour nos démonstrations de réjouissance. Mes amis savent à quel point ce message est important pour moi. Toutefois, je m'inquiète à l'idée que le frère Conrad vive parmi ces lépreux répugnants. Savez-vous pourquoi il est allé à cet endroit ?

– Pour respecter un vœu, Madonna.

– Avez-vous l'intention de le rejoindre ? Je peux demander à la cuisinière de vous préparer des vivres pour le voyage. Conrad doit être parti sans avoir mangé.

Zefferino brandit une main devant son œil, repoussant des images de flammes.

– Avec votre permission, Madonna, j'aimerais rester ici une nuit de plus. Au matin, je retournerai au Sacré-Couvent.

Au moment de s'endormir, c'est à Conrad et non à Orfeo qu'Amata consacra ses dernières pensées. Elle considérait toujours le frère comme le seul homme qui l'ait aimée sans condition. Même si elle avait tenté de son mieux de cacher son aversion le jour de son retour, elle éprouvait du chagrin pour lui. Elle ne verrait plus jamais ses yeux gris pétillants.

La servante Gabriella lui empoigna soudain le bras, la tirant hors du lit.

– Habillez-vous vite, Madonna. Il y a le feu dans la cour.

Se mouvant dans un brouillard de sommeil et de fumée, Amata, drapée dans sa cape, quitta sa chambre en courant.

Un incendie au cœur de l'été, alors que tous les foyers, sauf celui de la cuisine, étaient propres et inutilisés ? Quelqu'un devait avoir oublié d'éteindre une chandelle. Elle recula d'un pas devant la lueur des flammes qui dansaient comme un lever de soleil diabolique sur les murs de pierre. Serviteurs et hôtes puisaient de l'eau dans la fontaine au centre de la cour pendant que d'autres effectuaient des allers-retours entre l'incendie et le puits public le plus proche.

Elle se frotta les yeux et, de sous une arche, promena son regard dans la cour. La partie du balcon de bois sur laquelle se trouvaient les écritoires était au centre de la conflagration. Une énorme boule de feu avait envahi l'escalier menant à la section sud. Les hommes qui combattaient l'incendie grimpaient à grandes enjambées du côté nord avec leurs seaux et le long des balcons latéraux en tentant d'empêcher que le feu se répande, mais les pupitres étaient déjà carbonisés.

Amata tenta de repérer à travers les flammes le cabinet où elle avait rangé le manuscrit de Léon et les copies en cours. Alors qu'elle regardait, le balcon sud s'effondra et entraîna avec lui une partie de la loggia en projetant des morceaux de poutres enflammées dans la cour. Amata aperçut une partie d'un lutrin dans les débris.

Tout est perdu !

Les murs de pierre et les toits de tuile pourraient résister aux flammes, les menuisiers pourraient reconstruire la loggia, mais la chronique de Léon avait disparu à jamais. Elle avait manqué à la parole donnée à Conrad !

La bataille pour sauver le reste de la maison se poursuivit jusqu'à l'aube. Le gardien de nuit avait réveillé les voisins et tous se mirent à la tâche, formant des brigades qui s'éloignaient dans toutes les directions à partir de l'entrée principale. Des hommes robustes transportaient à deux les plus lourds baquets d'eau.

Peu après que la cloche de l'église eut sonné l'heure des primes, maestro Roberto vint lui annoncer qu'ils avaient éteint les flammes. Étourdie, elle marcha avec lui jusqu'au centre de la cour et parcourut du regard les pierres et les arches noircies. Rien de ce qui était fait de bois, pas même les cadres de portes, n'avait été épargné. Jacopone était assis parmi les cendres sur le banc de pierre où elle avait parlé avec Conrad le soir de son retour. Il tenait sa tête entre ses mains et marmonnait à voix haute. Pio la rejoignit, le corps couvert de suie.

– Pio a sauvé votre maison, Amatina, dit Roberto. Il a été le premier à sentir la fumée et a réveillé les autres.

– Que Dieu te bénisse, murmura-t-elle.

Les autres membres de la maisonnée éteignaient les derniers tisons ou rassemblaient les débris loin des murs. Ni le frère Salimbene ni le compagnon de Conrad ne travaillaient avec eux.

– Les moines sont-ils sains et saufs ? s'inquiéta-t-elle.

– Je ne les ai pas aperçus, répondit Roberto.

– J'ai aperçu votre scribe au début de l'incendie, précisa Pio. Il a été le premier à atteindre la loggia. Il a dû sentir la fumée, lui aussi. Après avoir réveillé les autres, je suis revenu ici en courant et je l'ai vu qui se précipitait déjà dans l'escalier nord. J'ai cru qu'il cherchait des baquets d'eau et je lui ai crié d'aller à la cuisine, mais je ne l'ai pas revu.

Jacopone leur cria d'une voix forte :

– *Angelus Domini*. Le frère borgne l'avait prédit.

– Un ange ? s'étonna Amata.

D'un air las, ils entrèrent dans la maison. Une note de trompette unique, mélancolique, jaillit du coin où était assis Jacopone. Amata se retourna au moment même où l'homme la dépassait en courant. Il parcourut le corridor à grandes enjambées jusqu'à la porte.

– Cousin ! lui cria Amata, mais le pénitent avait déjà disparu.

40

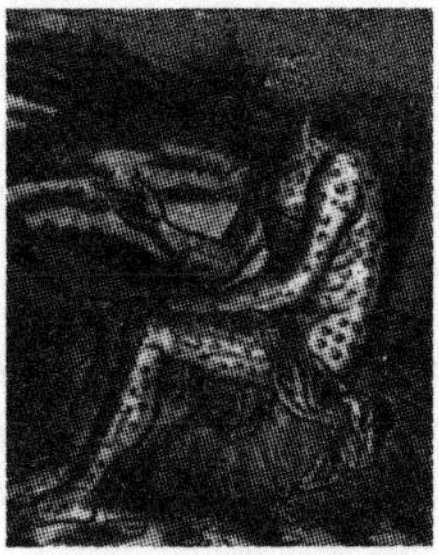

Un lépreux accroupi au soleil près de la porte l'aperçut en premier. La créature fit résonner sa crécelle d'avertissement avant que Conrad n'atteigne le bas du sentier qui séparait les deux plus longs édifices de l'hôpital. Alertés par le bruit, d'autres spectres en tunique brune émergèrent de leurs cellules – des femmes et des enfants à gauche et des hommes à droite – et commencèrent à parler dans un étrange charabia. Conrad s'arrêta net. Il n'aurait pas été davantage horrifié s'il avait vu des cadavres sortir d'un cimetière. Une fois de plus, Léon l'avait entraîné au cœur de ses peurs les plus profondes. Il ferma les yeux et pria pour que Dieu lui accorde la persévérance nécessaire.

– *Servite pauperes Christi*, murmura-t-il pour lui-même.

Le quartier des lépreux était flanqué de deux bâtiments plus petits. Conrad devina qu'ils abritaient les moines et les religieuses de l'Ordre des Crucigeri, qui prenaient soin des malades. L'un des frères sortit la tête par une fenêtre. Une autre silhouette, celle d'un homme grand et mince à la peau brunâtre, portant la longue robe rouge et la coiffe d'un médecin, grimpa le sentier à sa rencontre. Les glapissements des lépreux ne cessèrent qu'au moment de l'apparition du médecin.

– Bonjour, frère.

D'une voix rauque, l'homme se présenta sous le nom de Matteus Anglicus, Matthieu l'Anglais.

– Que la paix de Dieu soit avec vous, répliqua Conrad. Je suis venu travailler.

Matteus le scruta des pieds à la tête, mais ne détourna pas le regard. Il avait vu sa part de visages grotesques.

– Qu'est-ce qui vous pousse à venir travailler ici ?

– L'imitation de mon maître, saint François, et un vœu solennel.

– Relevez votre capuchon.

Conrad s'exécuta pendant que le médecin faisait la moue.

– Vous devrez attendre ici pendant que j'irai vous chercher une paire de sandales. Règle numéro un : aucun membre de mon personnel ne marche pieds nus dans l'enceinte de l'hôpital.

– Je violerais mon vœu de pauvreté.

– Alors vous déciderez lequel de vos vœux solennels vous avez l'intention de respecter. Si vous voulez travailler ici, vous commencerez par considérer mes ordres comme la volonté de Dieu en ce lieu. Je laisse aux moines l'orientation spirituelle des patients, et eux me confient les besoins physiques. Si vous souhaitez du baume sur votre conscience, je peux vous promettre que vous vivrez de manière assez pauvre. Et je vous donnerai les sandales les plus inconfortables que je puisse trouver.

Conrad acquiesça à contrecœur et le médecin sourit.

– Alors, je vous souhaite la bienvenue, frère. Puisque vous venez de quitter le cachot, je suis persuadé que vous êtes un homme bon.

– Comment... ?

Matteus montra du doigt l'œil de Conrad.

– Vous avez été torturé. Vos cheveux sont blancs, votre peau est pâle comme celle d'une jeune fille, une peau qui n'a pas vu le soleil depuis longtemps. Votre barbe n'a pas été rasée depuis des années. Vos chevilles n'ont pas de poils et portent les marques de frottement des entraves. De plus, vous portez la bure en lambeaux des spirituels et marchez pieds nus, ce qui était en soi un motif suffisant d'emprisonnement sous le règne de Bonaventure.

– Vous êtes donc au courant de la division...

– J'ai songé un jour à devenir membre de votre ordre, mais j'ai préféré ma robe rouge à votre bure grise. Il y a soixante ans, le pape Honorius a interdit l'étude de la médecine aux prêtres ; en conséquence, j'ai choisi de ne pas devenir prêtre.

Conrad le suivit jusqu'à l'enceinte et attendit que le médecin aille chercher les sandales. Une brise légère rafraîchissait son front, mais apportait également l'odeur écœurante de la chair putréfiée. Il résista à l'envie de couvrir son nez avec sa manche. Il venait de pénétrer dans le monde des morts-vivants et savait que l'odeur nauséabonde collait aux créatures squelettiques qui continuaient de l'observer des fenêtres de leur cellule. Le visage de l'homme le plus proche de lui, celui qui avait averti les autres, affichait les lèvres épaisses et les protubérances bleuâtres de quelqu'un qui venait de contracter la maladie. Mais le nez aplati laissait deviner que le cartilage avait commencé à se décomposer.

Heureusement, plusieurs d'entre eux cachaient leur visage derrière des voiles. Mais, chez les malades les plus atteints, Conrad distingua des cratères de pus là où se trouvaient jadis des yeux, des cavités pourrissantes à la place des nez et des bouches, des amas de chair déformée, des oreilles pendantes dépassant de beaucoup la taille d'oreilles normales, des mains dépourvues de doigts, des bras sans mains, des torses enflés ou ratatinés, des peaux parsemées de cicatrices ou des lésions suppurantes. Des enfants qui ressemblaient à des nains âgés et apathiques dévisageaient Conrad.

Ce spectacle le maintenait dans un état de fascination macabre. Il se demanda s'il ne voyait pas en ce moment l'image de son propre avenir inéluctable, son corps ravagé par la maladie aux dernières étapes de la décomposition.

Il avait hâte que Matteus revienne et il ne se détendit qu'à son retour. La vue des lépreux l'avait désorienté. Les sandales ajoutaient encore à cette sensation d'étrangeté en désensibilisant ses pieds. Il ne pouvait plus sentir les cailloux, non plus que la poussière ou les brins d'herbe. Seulement le cuir. Toute la surface de l'enceinte semblait recouverte de cuir.

– La première fois qu'on les voit de près est toujours la plus éprouvante, commenta Matteus en le conduisant dans une chambre de la petite maison derrière le dortoir des lépreux. Vous pouvez attendre dans ma cellule pendant que nous nettoyons un endroit pour vous.

La chambre encombrée du médecin contrastait avec l'esprit analytique de l'homme. La cellule contenait un lit étroit dans le coin le plus éloigné de la porte, une table et deux tabourets sous l'unique fenêtre, et une longue table de travail rectangulaire au centre de la pièce. Sur la petite table reposaient un crâne et un sablier, et sur le mur adjacent pendait un crucifix peint à la main, éléments qui rappelaient aux patients de Matteus la nature éphémère de la vie et le salut à venir. La grande table était couverte de bouts de chandelles, de flasques d'urine, de piluliers, d'un alambic, d'un mortier et d'un pilon, ainsi que d'une pile de manuscrits reliés. Un livre ouvert avait été souillé par un cercle coloré, peut-être une tache d'urine. Conrad se souvint d'avoir lu quelque chose dans un texte sur l'uroscopie à Paris : si le fluide du malade était rouge et épais, il avait une humeur sanguine; s'il était rouge et clair, il était constamment en colère. Chaque teinte – pourpre, vert, bleu, noir – correspondait à une maladie.

Des flacons de poudre portant des étiquettes qui symbolisaient les éléments métalliques, une cruche contenant des mandragores narcotiques, et des épices médicinales – cannelle, cubèbe et macis – s'étalaient sur le manteau de la cheminée. Une étagère près du lit soutenait quantité de volumes.

– Ne restez pas là, bouche bée, frère, lui dit Matteus en faisant un geste de la main. Je remercie Constantin l'Africain pour ces livres. Après avoir voyagé dans tout l'Orient la majeure partie de sa vie, il est devenu moine et s'est installé au mont Cassin. Il a consacré le reste de son existence à la traduction de textes médicaux pour nous, les étudiants de Salerne. On y trouve aussi bien des écrits des maîtres grecs en arabe que des œuvres de Sarrasins. C'est ainsi que Galène est devenu notre bible, si vous me permettez la comparaison, et que nous avons appris par cœur les dix livres du *Pantechne* d'Ali ibn al-Abbas.

Conrad examina les livres avec des sentiments partagés, à la fois ébahi par leur nombre et gêné de sa curiosité d'érudit. Saint François n'aurait pas approuvé ! Il dénombra quatre des quarante-deux textes d'Hermès Trismégiste, le *Theatrum Sanitatis* d'Aboul Asan, un traité sur l'hydrophobie canine, le livre d'Avicenne et, sur la tablette suivante, le rabbin Maimonide et ses compatriotes espagnols, Avenzoar et Averroès.

La tablette du bas contenant les écrits des maîtres de Matteus à Salerne : un Trotula de Salerno et une pharmacopée, *Antidotorium*, d'un certain Præpositus de la même école. Ce dernier traité était maintenu à la verticale par une pile de travaux sur l'usage médical des herbes, notamment le *De Virtutibus herbarum* de Platearius. Pourquoi les auteurs chrétiens occupaient-ils la tablette la plus basse ?

Il ouvrit le *Methodus medendo* de Galène et fronça les sourcils en voyant le dessin de la page frontispice : un Esculape païen tenant un caducée ailé flanqué de ses filles Hygie et Panacée.

– Un bon chrétien pourrait redire à cette collection, observa-t-il. Je préférerais voir les saints jumeaux Côme et Damien ou saint Antoine sur cette page. Ils symbolisent aussi la croyance dans le pouvoir guérisseur de Notre-Seigneur.

Matteus haussa les épaules.

– Croyez-moi, frère, je troquerais volontiers ces médecins contre ceux de notre propre foi, mais j'en connais très peu à l'exception de mes enseignants de Salerne.

Malheureusement, notre Sainte Mère l'Église s'entête à considérer le corps comme une malédiction, et la maladie comme un châtiment divin. J'ai entendu un jour un pénitent à Assise qui implorait le ciel de contracter une maladie : « *O Signore, per cortesia, manname la malsania* ! ». Il aurait été heureux d'attraper n'importe quoi, fièvres quartes ou tierces, hydropisie, maux de dents ou d'estomac... Que puis-je faire avec mon art de guérisseur pour contrer une telle attitude ?

– Je pense connaître ce pénitent. Vous serez heureux d'apprendre qu'il est en meilleure santé que depuis des années... Dites-moi, quelle est à votre avis l'origine de la maladie si ce n'est un châtiment pour la nature malfaisante de l'homme ou la volonté de Dieu de mettre à l'épreuve sa force d'âme ?

– Vous faites référence à Job...

– Comme un exemple parmi d'autres, oui, admit Conrad. Ou, puisque nous nous trouvons dans cet hôpital, on pourrait mentionner Bartolo, le lépreux de San Gimignano. Il supportait son sort avec une résignation si joyeuse que les gens l'appelaient le Job de Toscane.

Le médecin réfléchit un moment.

– En vérité, ni moi ni aucun de mes confrères ne savons avec certitude d'où proviennent les maladies. Les docteurs ne s'entendent pas, et personne ne peut décider qui a raison.

Tout en parlant, Matteus fouilla dans une pile de manuscrits sur sa table de travail. Il en retira finalement un mince traité relié.

– Allez près de la fenêtre et examinez ce document. Il est très bref et a été rédigé par un de mes compatriotes, Bartholomée l'Anglais. Il se trouve qu'il a été novice au sein de votre Ordre. Veuillez l'étudier jusqu'à ce que votre cellule soit prête. Vous y trouverez des renseignements de base sur votre travail ici.

Après le départ de Matteus, Conrad approcha le livre de son visage. Il n'avait pas essayé de lire depuis qu'il avait perdu son œil. Il tenait le parchemin plus près de la lumière de la fenêtre, tentant de rendre les lettres et les mots plus clairs en plissant son œil valide.

Le frère Bartholomée traitait d'abord des causes de la lèpre, en commençant par les nourritures qui surchauffaient le sang ou étaient susceptibles de le corrompre : le poivre, l'ail, la chair de chiens malades, le poisson et le porc mal fumés, les pains de moindre qualité faits d'orge ou de seigle. Il poursuivait en décrivant, avec force détails, la nature contagieuse de la maladie : comment les personnes trop confiantes pouvaient la contracter en faisant œuvre de chair avec une femme qui avait couché avec un lépreux, comment un enfant alimenté au sein d'une nourrice lépreuse suçait la mort au téton, comment la maladie pouvait être transmise à la naissance. Le parchemin tremblait dans la main de Conrad alors qu'il lisait le paragraphe sur la dernière cause de la lèpre : « Même le souffle ou le regard d'un lépreux peuvent transmettre la maladie. »

Bartholomée abordait, un peu plus loin, le traitement des lépreux : « Il est très difficile de guérir la lèpre sans recourir à Dieu » ; une évidence, puisque Dieu avait au départ infligé la maladie.

Bartholomée offrait plusieurs choix qui n'avaient rien à voir avec la spiritualité : les saignées, pourvu que le lépreux soit assez robuste ; la purge des vers et des ulcères ; les médicaments à l'intérieur du corps, les plâtres et onguents à l'extérieur. Le frère concluait ainsi son traité : « Le meilleur remède pour soulager ou dissimuler la lèpre est une vipère rouge au ventre blanc, à condition qu'on lui retire le venin et qu'on lui coupe la tête et la queue. Le corps, qu'on laissera tremper dans un bol de sangsues, doit ensuite être mangé. »

Conrad replaçait le traité au moment même où Matteus revenait. Il sentit renaître son ancien esprit querelleur mais, alors que trois ans auparavant il aurait contredit ce Bartholomée, il tint sa langue. Dieu l'avait envoyé ici pour qu'il apprenne. Il devait poser des questions et écouter.

– Votre expérience confirme-t-elle les hypothèses de votre compatriote ?

Matteus s'empara du traité et le feuilleta rapidement.

– C'est le régime alimentaire, dit-il enfin. Nous ne servons que des viandes fraîches ici. À cette époque de l'année, quand les fruits et les légumes sont disponibles, nous réussissons à obtenir des guérisons complètes.

Sa réponse étonna Conrad.

– Je pensais que seul un miracle pouvait guérir la lèpre.

– Dans mon pays, j'ai entendu parler de guérisons miraculeuses, en particulier au tombeau de Thomas de Canterbury. Un puits situé dans la crypte du saint contient de l'eau bénite mêlée à une goutte de son sang, et plusieurs affirment avoir été guéris en la buvant. Mais ici, je ne peux expliquer les réussites que par le régime alimentaire.

– Dans ce cas, pourquoi tous vos patients ne sont-ils pas guéris ?

– Vous avez un esprit alerte, frère. Peut-être ferons-nous de vous un médecin aussi. Et c'est là une bonne question, ajouta-t-il en parcourant du doigt le manuscrit de Barthomée. Le mot *lepra*, ou « écailleux », tel que les Grecs l'utilisent, décrit n'importe quelle maladie qui entraîne un écaillement de la peau. Plusieurs malades viennent ici, des gens qui ont été chassés de leur maison et ont perdu leur gagne-pain à cause des déclarations de quelque prêtre qui ne connaît rien à la médecine et ne sait pas que le sang des lépreux émet un grincement quand on le frotte entre les mains ou qu'il surnage dans un bol d'eau claire, ni ne reconnaît les symptômes que sont la perte de sensation dans les doigts et les orteils, ou la teinte cuivrée de la peau. Certaines de ces maladies de la peau sont guérissables et j'ai pu renvoyer plusieurs patients dans leurs familles. Mais, d'après mon expérience, il n'existe pas de remède à ce que j'appelle la « vraie lèpre » et que les Grecs appelaient *elephantiasis* à cause de l'épaississement et de l'aspect rugueux de l'épiderme. J'ai essayé les purges et la vénésection, et une dizaine d'autres remèdes que suggéraient divers auteurs. J'ai même essayé les cures animales.

– En faisant ingérer à vos patients de la chair de vipère ?

– La vipère rouge et blanche est une créature rare dans cette partie du monde. Mais, selon la recette d'Avenzoar, j'ai enduit les lésions des lépreux avec du bézoard tiré des yeux du cerf. En vain. Les traitements traditionnels des blessures, l'application de la chaleur d'un chat ou d'un chien agonisant n'ont pas réussi non plus.

Matteus ôta sa coiffe et se laissa tomber sur le tabouret. Conrad étudia le visage rougeaud de son compagnon, les sourcils minces, la légère bosse décolorée sur le front, l'enflure du lobe de l'oreille qu'il n'avait pas remarquée plus tôt. Le médecin eut un sourire amer.

– Oui. Ce sera bientôt mon tour, reconnut-il.

– Alors, la maladie est contagieuse, comme l'affirme Bartholomée.

– Apparemment, bien que j'aie vécu ici sans aucun symptôme pendant quinze ans. Parmi les Crucigeri qui me prêtent main-forte, certains travaillent quelques années seulement avant de contracter la lèpre. Vous devrez vous en préoccuper si vous restez longtemps avec nous. Malgré cela, une vieille religieuse vit ici depuis vingt-deux ans sans qu'aucun symptôme ne se soit manifesté.

– Alors, comment la maladie se répand-elle ?

– J'aimerais le savoir. J'ai tenté de suivre les indices de Bartholomée. J'ai eu des conversations très intimes avec les personnes mariées avant qu'elles n'arrivent ici. La plupart d'entre elles continuaient d'avoir des contacts avec leurs conjoints, même après les premiers symptômes ; habituellement, l'autre personne ne contractait pas la maladie. Il y avait des exceptions dans les cas où elles continuaient d'embrasser leurs partenaires, même après l'apparation de cloques autour des lèvres.

Matteus haussa les épaules.

– Je vois que ma franchise vous perturbe, frère, mais j'essaie de répondre en partie à votre question. Le médecin se préoccupe du comportement physique ; le corps n'est rien de plus que la tablette sur laquelle nous écrivons.

Comme je l'ai dit plus tôt, je laisse les jugements moraux aux prêtres. De toute façon, j'en suis venu à croire que la bouche est la partie la plus infectieuse du corps. Voilà pourquoi mon personnel porte des sandales. Pour protéger ses pieds des crachats de nos patients.

Conrad promena ses doigts dans sa barbe. Il imaginait François, Léon et les autres frères des premiers temps travaillant parmi les lépreux dans ce même hôpital, quelque soixante ans auparavant, pieds nus, jeûnant et subsistant grâce à la plus misérable nourriture, et embrassant ces malheureux sur la bouche en signe d'humilité. Pourtant, il n'avait jamais entendu parler d'un seul cas où leur manque de précaution eût causé la lèpre : ils avaient joui de la protection particulière de Dieu dans leur saint service. Conrad conclut que les théories de Matteus constituaient à peine plus que des conjectures. Malgré cela, il remua avec reconnaissance ses orteils dans les sandales usées.

Orfeo considéra la loggia en ruine ainsi que les planches et les poutres entassées dans la cour d'Amata.

– Ce n'est pas le meilleur moment pour annoncer la nouvelle. Mais je suis content que tout le monde soit sain et sauf, Amatina.

Elle lui prit le bras et appuya la joue contre son épaule.

– La loggia n'a pas d'importance, dit-elle. Je l'aurai fait reconstruire avant l'hiver. C'est la perte du manuscrit de Léon qui m'attriste.

– Rien n'aurait empêché que cela se produise. Le frère Conrad comprendra. Il y verra la volonté de Dieu. C'est de cela qu'il s'agit.

Elle eut un sourire amer.

– Je suis heureuse que tu sois revenu, Orfeo. J'avais presque perdu l'espoir de te revoir.

– Je croyais que tu ne voulais pas me voir. La prochaine fois que tu parleras à ton ami, tu pourras le remercier de m'avoir remis sur la bonne voie. Je suppose que le frère Conrad ne te l'a pas dit, mais je venais de terminer le chargement des charrettes du sieur Domenico et m'apprêtais à partir pour la Flandre.

– Je l'ignorais. Conrad n'est pas venu ici depuis qu'il t'a parlé. Domenico était-il contrarié par ce retard ? Vous aurez du mal à atteindre la Flandre avant les premières neiges, maintenant.

– Il n'est plus mon employeur, déclara-t-il en donnant un coup de pied sur un morceau de bois calciné qui aboutit sur la pile près de la fontaine.

– Orfeo ! Non ! Comment vivras-tu ?

Son visage s'illumina d'un large sourire.

– C'est ce que je suis venu te dire. Le sieur Domenico est un vieil homme fatigué de tant d'années dans le commerce. Je lui ai offert d'acheter ses marchandises et ses charrettes, ses bœufs et le reste, même son entrepôt et son emplacement sur le marché. Et il a accepté. Bien sûr, je n'avais pas toute la somme nécessaire, mais mon frère Piccardo a accepté de partager les frais et de devenir mon partenaire.

– Piccardo ferait concurrence à ses frères ?

– Oui, s'il peut devenir autonome. Quand notre père est mort, Piccardo a reçu une somme d'argent, mais c'est Dante, l'aîné, qui a hérité de l'entreprise familiale. Et Piccardo avait du mal à travailler sous les ordres de Dante... Nous emprunterons le reste à un prêteur sur gage. Si nous avons la chance de notre côté et faisons de bonnes affaires, nous rembourserons en quelques années. Et voici le meilleur : Piccardo accepte de se charger de la plupart des voyages. Je vais diriger l'entrepôt et notre étalage sur le marché, et tenir les livres ici, à Assise.

Il prit ses deux mains dans les siennes et la regarda dans les yeux. Pendant un moment, la cour, les murs de pierre noircis, même les contours de son corps et de son visage se brouillèrent alors qu'elle croisait son regard. Elle ne voyait que le feu brûlant au centre de ses pupilles.

– Nous pouvons nous marier maintenant, Amatina, engendrer notre famille, si tu acceptes de m'épouser. C'est toi que je veux et que j'aime. L'argent n'est pas si important pour moi. Le fait d'être ensemble suffira ; le reste viendra avec le temps et le dur labeur.

– Et tu te contenteras des plaisirs du foyer ?

– Je peux seulement te jurer que je ferai tous les efforts nécessaires.

– Je ne peux rien demander de plus.

Elle n'hésita qu'un instant avant de se jeter dans ses bras :

– Je te veux plus que tout au monde. C'est ce que je voulais t'entendre dire le soir où nous nous sommes séparés.

Il la serra contre sa poitrine.

– Je peux parfois être balourd. Il faut m'expliquer les choses. Promets-moi d'être indulgente à mon égard !

Amata enfouit son visage dans les replis de sa tunique jusqu'à ce qu'elle sente ses bras se détendre. Elle se rendit compte qu'il regardait quelque chose ou quelqu'un par-dessus son épaule. Elle se retourna et avisa Pio qui se tenait debout d'un air embarrassé à l'extrémité de la cour. Derrière lui, les servantes se remirent à frotter et dépoussiérer.

– Le repas est presque prêt, Madonna, dit-il.

– Pio, nous allons nous marier ! laissa tomber Orfeo.

Le jeune page sourit d'une oreille à l'autre en regardant tour à tour Orfeo et Amata. Étrangement, sa réaction la décevait. Peut-être s'attendait-elle à plus de tristesse de sa part.

– Avec votre permission, Madonna, lui annonça Pio en faisant une brève révérence, je veux me marier, moi aussi.

– Toi, Pio ? Mais avec qui ?

Elle jeta un coup d'œil vers le groupe de servantes et vit que tous les yeux s'étaient tournés vers Gabriella. Le rouge monta aux joues de la jeune fille et tout le groupe disparut en riant dans le vestibule, suivi de près par un Pio tout aussi embarrassé.

Amata se souvint que la nuit de l'incendie, elle avait été réveillée par Gabriella, alors que Pio avait été le premier à réveiller les hommes. Comment ne l'avait-elle pas remarqué ?

Elle prit la main d'Orfeo, et son pas retrouva son entrain habituel tandis qu'ils se dirigeaient vers le grand salon.

– À propos de l'argent... J'avais seulement besoin d'être certaine, Orfeo. Nous n'avons pas besoin de recourir à un prêteur sur gage. Et, au besoin, je travaillerai à tes côtés avec autant d'ardeur que n'importe quel homme. Aussi, j'espère que nous pourrons parfois voyager ensemble. Nous savons tous deux qu'il y a encore de l'eau salée qui court dans tes veines. Et je n'ai toujours pas vu le lever du soleil sur les vitraux, dans la cathédrale de Lyon...

41

Après le petit déjeuner, le lendemain, Matteus vint chercher Conrad.

– Accompagnez-moi pendant mes tournées d'aujourd'hui, frère. Je vous présenterai vos patients et vous expliquerai vos tâches.

À la demande du médecin, Conrad remplit un seau d'eau dans une citerne et le suivit dans l'espace ouvert qui séparait le réfectoire du dortoir des hommes. Matteus frappa doucement à une porte.

– C'est la cellule du vieux Silvano. D'abord, nous le lavons et nettoyons sa chambre, puis nous le nourrissons.

Conrad concentra son attention sur le crucifix cloué au battant, se raidissant contre la misère qu'il allait affronter de l'autre côté. Une odeur nauséabonde s'échappa de la pièce quand Matteus ouvrit. Le goût amer du gruau à demi digéré remonta à la gorge de Conrad.

Une silhouette se tenait recroquevillée sur une chaise dans un coin – une créature aveugle et âgée, tapie dans sa bure de grosse toile trop grande pour son corps. Matteus fit signe à Conrad de se placer de l'autre côté de la chaise pendant qu'il criait au lépreux :

– Une autre journée ensoleillée, Silvano. Nous allons aérer votre chambre et vous faire prendre l'air.

Ils soulevèrent le vieil homme dans sa chaise et le transportèrent à l'extérieur en le plaçant de façon que les rayons du soleil réchauffent son dos.

– Voici le frère Conrad, poursuivit le médecin d'une voix forte. Il s'occupera de vous à l'avenir.

Matteus enroula une couverture autour du lépreux pendant que Conrad remplaçait les draps, tachés de sang séché et de pus, qui recouvraient la paillasse de Silvano. Il versa de l'eau sur le plancher et commença à frotter.

Quand il eut terminé, Matteus secoua doucement le vieillard.

– Nous allons vous donner un bain sous peu, dit-il.

Silvano, qui commençait à reprendre vie au soleil, fit pour la première fois un signe d'assentiment. Le médecin envoya Conrad chercher de l'eau chaude à la cuisine, pendant qu'il continuait sa tournée en envoyant dans la cour les moins faibles de ses patients.

Conrad remplit son seau dans un grand chaudron mis à chauffer dans la cuisine. Il rapporta l'eau propre dans la cellule de Silvano, où Matteus lui demanda de retirer le voile du lépreux et de desserrer sa robe. À son grand soulagement, Conrad réussit à garder son repas dans son estomac alors qu'il nettoyait le corps et le visage en décomposition. Plutôt qu'un haut-le-cœur, il resssentit, à la vue des lésions de l'homme, un élan de pitié et de compassion. Des larmes lui montèrent aux yeux pendant qu'il tordait son chiffon au-dessus du seau fumant.

Matteus observait avec attention le moine pendant qu'il remplaçait le tissu sur les plaies de Silvano, drainant autant qu'il le pouvait le fluide jaunâtre. Enfin, Conrad frotta le vieil homme avec une serviette et enroula des bandes de tissu autour de ses mains et de ses pieds. Il résista à l'envie d'embrasser le vieillard, comme l'aurait fait saint François.

– Que la paix de Dieu soit avec vous, sieur Silvano.

Le lépreux agita faiblement la main en guise de réponse.

– Il vous remercie, expliqua Matteus.

– Il ne peut pas parler ?

L'homme fit un geste en direction de sa bouche ouverte, et à ce moment seulement Conrad remarqua le moignon desséché à l'endroit de sa langue.

Alors qu'ils se dirigeaient vers la cellule suivante, Matteus posa une main sur son épaule.

– Comment vous sentez-vous ?

– Honteux. Hier encore, je les voyais comme des pécheurs qui méritaient leur sort. Comme le disait saint François, ce sont les pauvres du Christ.

– Vous commencez à comprendre, c'est ce qui importe. Vous ferez beaucoup de bien, ici.

Le patient suivant, un homme beaucoup plus jeune que Silvano, étonna Conrad. Son corps n'affichait presque aucune lésion, seulement une plaque desséchée dans le dos, plissée comme les pétales d'un œillet. Mais ses doigts s'étaient repliés sur eux-mêmes comme des serres ; son pouce reposait, inutile, contre sa paume, et une pellicule laiteuse, constellée de grains semblables à de la craie, recouvrait la cornée de ses yeux. En nettoyant la plaque séchée, Conrad jeta un regard interrogateur en direction de Matteus.

– Même parmi les vrais lépreux, on trouve plusieurs formes de la maladie. Certains n'ont aucune tumeur, d'autres une seule, d'autres encore quelques-unes seulement. Leur couleur varie du rose pâle, comme celle-ci, au rouge foncé. Elles peuvent apparaître n'importe où sur le corps. Mais même si cette plaque est sèche pour le moment, elle est engourdie. Il ne pourrait sentir votre eau même si elle était bouillante. Cette partie de sa chair est morte à jamais.

Matteus parlait du lépreux d'une manière désinvolte, comme s'il se trouvait dans une autre pièce. L'homme regardait droit devant lui et semblait ne s'intéresser aucunement à leur conversation. Conrad y voyait la lassitude qui l'avait effrayé la veille, quand il pensait avoir pénétré dans le monde des morts-vivants. Quand il eut terminé, il bénit le lépreux comme il l'avait fait pour Silvano, mais le patient réagit encore moins que le vieil homme. Un sourire sans joie aux lèvres, Matteus frotta doucement le crâne chauve avant de partir.

– J'ai vu plusieurs cas semblables au sien, expliqua-t-il une fois à l'extérieur. J'appelle ces lépreux des cas extrêmes. Comme cet homme, ils présentent une seule lésion, souvent moins sèche que la sienne. Et bien que les sensations soient amoindries à cet endroit, ils continuent de ressentir de la douleur. Leurs lésions sont de forme ovale, souvent avec un centre saillant et un rebord palpable.

Conrad retourna chercher de l'eau fraîche à la cuisine, essayant de retenir l'explication de Matteus. Toutes ces informations à assimiler... Sur le sentier, il croisa plusieurs Crucigeri qui transportaient eux aussi de l'eau. Il avait fait la connaissance des cinq moines et des trois religieuses. Concentrés sur leur tâche du moment, ils le saluèrent de hochements de tête courtois.

Ces religieux avaient une attitude austère par rapport aux moines noirs de dom Vittorio, peut-être parce qu'ils évoluaient dans un monde moins éloigné du Jugement dernier, peut-être aussi parce que leur travail leur donnait peu de raisons de sourire. Conrad admirait leur silence et le fait qu'ils consacrent leur vie à ces exclus.

Au bout d'un mois, Conrad s'était bien intégré aux Crucigeri, exécutant ses tâches dans une paisible monotonie. Il conversait presque chaque jour avec Matteus et travaillait souvent à ses côtés après avoir pris soin des malades confiés à sa garde. L'ancien ermite avait beaucoup appris au sujet de ses patients et des multiples facettes de leur mal, mais rien qui aurait pu l'aider à comprendre pourquoi Léon l'avait orienté vers l'hôpital.

Les soirées d'été devenaient plus fraîches, mais les après-midi restaient assez ensoleillés pour que les lépreux puissent se tenir à l'extérieur. Un après-midi, Conrad aperçut le vêtement rouge du médecin dans l'allée des cellules et s'empressa de le rejoindre, portant son seau d'eau chaude. Matteus venait d'installer l'un de ses patients à l'extérieur.

– Comment allez-vous aujourd'hui, Mentore ?

Le visage impassible, l'homme leva les bras et fit glisser ses manches. Sa peau affichait de nombreuses lésions, mais Conrad remarqua qu'elles étaient en grande partie couvertes d'une croûte gris-rouge. Les nodules sur son visage semblaient en voie de guérison. C'était la première fois qu'il voyait un quelconque signe d'amélioration. Peut-être Mentore était-il atteint d'une de ces maladies de la peau que Matteus avait mentionnées. Conrad plongea son regard dans les yeux du médecin, y cherchant une lueur d'espoir, mais il n'y vit qu'une profonde tristesse.

– Êtes-vous prêt ? s'enquit il d'une voix douce.

Le lépreux inclina la tête en signe d'assentiment.

– Je vais vous envoyer un prêtre qui entendra votre confession et vous administrera les sacrements, continua Matteus en faisant signe à Conrad de s'approcher... Prenez particulièrement soin de lui aujourd'hui. Vous le préparerez à rencontrer son Sauveur.

– Mais ses lésions semblent en voie de guérison. Sa peau n'a jamais paru en si bonne santé !

– Quelques-unes de ses lésions auront même disparu d'ici demain. C'est le signe d'une mort imminente, que tous ici ont fini par reconnaître. Ils espèrent ce moment, sinon avec joie, du moins avec soulagement.

Le visage et les yeux de Mentore restaient impassibles. Si l'homme éprouvait une quelconque émotion, il n'en révélait aucun signe. Conrad se souvint de la conversation qu'il avait eue avec Jacopone sur la route d'Assise, au sujet de la poésie et de l'expérience, et de la respiration intermittente des mourants. Cet homme condamné était tranquillement assis sur son tabouret et respirait de manière assez régulière, stoïque.

Conrad trempa sa serviette dans l'eau chaude et lava une main de l'homme. Une phrase de la lettre de Léon lui revint à l'esprit : *Les ongles du lépreux mort sont incrustés de vérité*. Il souleva l'autre bras du lépreux, mais les deux mains se terminaient par des moignons à la jointure des doigts. Il lui faudrait attendre pour trouver la signification de la phrase de Léon. Mentore n'avait plus de doigts, et encore moins d'ongles. Il en était de même de ses pieds, dont il ne restait que des nœuds tordus en guise d'orteils.

Cette nuit-là, Conrad, dérangé par des sons qui ressemblaient à des hurlements de loups, dormit mal. Alors qu'il s'éveillait dans l'obscurité, il comprit que les hurlements provenaient du quartier des lépreux. *Mentore doit être mort*. Un coup à sa porte, et la voix de Matteus qui lui demandait de se rendre à la chapelle confirmèrent sa supposition.

Le médecin tenait une torche à la main, car le ciel s'était chargé de nuages pendant la nuit, voilant la lune. Une pluie fine tombait lorsqu'ils traversèrent la cour.

Les moines avaient déjà transporté le cadavre dans la chapelle, où il gisait, étendu sur une table entourée de chandelles. De chaque côté du chœur, les Crucigeri récitaient à l'unisson des psaumes pénitentiels. Les lépreux capables de marcher s'étaient rassemblés à l'arrière de l'édifice.

Conrad joignit les mains et suivit Matteus jusqu'au corps. Il voulait ajouter sa propre bénédiction aux prières rituelles. Comme Matteus l'avait prédit, les tubercules avaient disparu. La peau auparavant marbrée luisait, aussi blanche que la chandelle posée près de la tête.

L'attention de Conrad fut attirée par les bras du lépreux, qui reposaient sur sa poitrine. Les lésions sur le dos des mains s'étaient asséchées et brillaient comme des pointes de lance noircies dans la lumière de la torche. Les doigts tremblants, Conrad souleva une des mains et la retourna. Il s'était formé là aussi une croûte dure et noire sur la lésion de la paume. Conrad touchait la plaie du bout des doigts et le membre entier bougeait d'un seul mouvement. Il replaça doucement le bras dans sa position initiale.

Une main sur le rebord de la table, il s'agenouilla et fixa, à l'extrémité de la nef, l'image du Christ crucifié au-dessus de l'autel. Son cœur se remplit d'une paix qu'il n'avait pas connue depuis des mois.

Il comprenait ! Comme Giancarlo di Margherita, il avait touché l'ongle avec sa propre main – *l'ongle du lépreux mort* !

Conrad était assis dans la chambre de Matteus après les funérailles.

– Il y a deux choses que je voudrais savoir, dit-il. Ces symptômes de la lèpre peuvent-ils se manifester soudainement, disons dans une période de quarante jours ?

Il s'inclina, laissant reposer ses coudes sur la table du médecin. Il possédait tous les éléments de l'énigme, mais il lui manquait quelques confirmations pour les relier. Le texte de Léon pouvait anéantir l'admiration générale envers saint François. Malgré cela, aux yeux de Conrad, le véritable récit de l'apparition des stigmates était plus merveilleux et plus noble que le mythe, tout comme la vérité sur la folle jeunesse de François surpassait la version aseptisée de Bonaventure.

– Normalement, ces symptômes n'apparaissent que lentement, sur une longue période, répondit Matteus. Mais j'ai connu des cas où les lésions survenaient du jour au lendemain, dans une explosion de spasmes déchirants. L'inflammation recouvre alors le dos des mains et le haut des pieds. Les mains, surtout, deviennent chaudes et enflées, et fort douloureuses.

Le médecin passa un doigt sur les veines qui striaient le haut de sa main, pour montrer la zone affectée.

– Ce stade aigu peut durer de quelques jours à quelques semaines avant que l'insensibilité ne s'installe. À mesure que l'inflammation diminue, les jointures et les tendons se contractent ; ils conservent la position qu'ils avaient au repos pendant le stade aigu, comme les doigts repliés que vous avez vus chez certains de nos malades.

– Et les yeux ?

– Vous êtes un fin observateur, frère. En effet, cette forme aiguë de lèpre attaque d'abord les mains et les pieds, mais aussi les yeux. D'habitude, le patient devient aveugle : premièrement parce que la maladie dessèche les iris, et deuxièmement parce qu'elle provoque une paralysie de tout le visage le patient est alors incapable de protéger ses yeux contre les rayons du soleil en fermant les paupières. C'est pour cette raison que nous asseyons nos patients le dos au soleil.

– Tout ce que Léon a écrit est vrai...

Une impression de vide s'insinua dans son calme intérieur, un sentiment semblable à la dépression.

– Frère ?

L'inquiétude dans la voix de Matteus ramena Conrad à la réalité. Il éprouvait tout à coup le besoin impérieux de partager ses conclusions avec le médecin, les événements et les découvertes de sa quête de presque trois ans. Un laïc érudit, moins menacé par ses conclusions qu'un disciple de saint François, l'écouterait avec plus de patience que ses frères religieux.

Les paroles qui pourraient modifier à tout jamais l'histoire de l'ordre commencèrent à sourdre de lui dans cette pièce poussiéreuse, au cœur de la vallée qui abritait la léproserie. Conrad parla de l'amour de François envers les lépreux, du mont de l'Alverne et des hymnes qu'avait dictés le saint à cet endroit, de la cécité qui avait commencé sur la montagne, de la manière dont donna Giacoma avait décrit le saint au moment de sa mort, de la peau laiteuse et de la blessure semblable à une rose sur son flanc, de la façon dont Élie s'était emparé du corps et l'avait caché, et de la manière dont les ministres généraux avaient modifié ses biographies. Puis il confia au médecin le contenu de la lettre de Léon. La signification lui semblait maintenant évidente : le *pauper Christi*, le lépreux que servait Léon, n'était autre que le Petit Pauvre d'Assise, *il Poverello*...

Matteus acquiesçait en silence pendant que Conrad démêlait son écheveau.

– Et votre saint François, demanda-t-il enfin, a-t-il reconnu lui-même l'existence des stigmates ? N'a-t-il pas déclaré, comme saint Paul, *Ego stigmata Domini Jesu Christi in corpore meo porto* – « Je porte en mon corps les marques du Seigneur Jésus » ?

– Il a seulement dit : « Mon secret m'appartient. » Pourtant, sa joie sur le mont de l'Alverne est plausible. Dans sa grande humilité, il cherchait à se rabaisser. Il aurait plutôt remercié le séraphin de lui avoir transmis la lèpre que les stigmates, convaincu de mériter la première et d'être indigne des seconds. Après l'épisode du mont de l'Alverne, il pouvait affirmer, comme le Seigneur crucifié : « Mais moi, je suis un ver, et non point un homme. » Il pouvait partager l'humiliation du Christ sans partager la gloire de Ses blessures.

– Admettez-vous qu'il ait vu un ange, demanda Matteus, même s'il était peut-être déjà aveugle à ce moment ?

Conrad se sentit blessé par le scepticisme qu'il perçut dans la voix du médecin.

– Même un aveugle peut voir grâce à sa vision intérieure, répliqua-t-il.

Après un moment d'hésitation, il ajouta :

– Il m'est arrivé quelque chose de semblable dans l'obscurité de ma cellule de prison.

– Pardonnez-moi, frère. Je regarde un tel phénomène sous l'angle de la médecine. Par exemple, d'un point de vue strictement médical, je ne serais pas surpris d'apprendre qu'un homme ayant jeûné pendant quarante jours en méditant sur l'archange Michael et sur la Sainte Croix voie apparaître devant lui un séraphin portant les stigmates du Christ. Personnellement, je trouve que l'expérience spirituelle de saint François sur la montagne a plus d'importance que ses manifestations physiques.

– Pourquoi ? s'étonna Conrad.

– Quand un empereur récompense un soldat pour son courage avec quelques cadeaux de valeur, les gens applaudissent. Pourtant, l'objet n'est qu'un symbole du courage dont le soldat a fait preuve. Mes patients regardent ma robe rouge avec un respect mêlé d'admiration. Pourtant, ce vêtement ne signifierait rien sans les années d'études qu'il symbolise. Comprenez-vous où je veux en venir ?

– Vous dites que ce qui est arrivé physiquement à François sur le mont de l'Alverne n'a pas d'importance ? Que la spiritualité qui a engendré ces manifestations physiques importait davantage ?

– Oui, à mes yeux de chrétien.

Conrad regarda le petit nodule au front de Matteus.

– Il se peut qu'un jour vous soyez vous aussi marqué par ces blessures.

– Oui, c'est possible. Et, à partir de maintenant, j'aurai recours à cette pensée pour soulager les regrets que je pourrais avoir.

Matteus tapota la table, hésitant à en dire plus. Enfin, il ajouta :

– Pour des raisons physiques, je n'ai jamais cru, de toute façon, à l'histoire des stigmates de saint François.

En réponse au regard surpris de Conrad, il montra les paumes de ses mains.

– Quand j'étudiais l'anatomie, j'ai réalisé que Notre-Seigneur ne pouvait pas avoir eu les paumes percées lorsque les Romains l'ont cloué à la croix. La chair de ses mains n'aurait pu supporter son poids pendant trois heures sans se déchirer.

Avec son pouce gauche, Matteus pressa les tendons de son poignet droit.

– C'est ici qu'ils ont dû planter le clou pour soutenir son corps. Malgré cela, d'après ce que j'ai entendu, les blessures de saint François seraient apparues dans ses paumes. Je me suis toujours demandé, s'il avait réellement été marqué des blessures de la crucifixion, pourquoi il ne présentait pas les lacérations de la couronne d'épines sur sa tête. Et qu'en est-il des quarante coups de fouet que Jésus a reçus sur le dos ? Je n'ai pas entendu parler de telles marques sur le dos du saint.

– Et n'avez-vous jamais exprimé ces doutes ?

Matteus éclata de rire.

– Vous êtes assez particulier pour poser une telle question en sortant du cachot. Avez-vous entendu parler du frère prêcheur Thomas d'Aversa ?

Conrad secoua la tête.

– Il faisait des sermons à Naples, alors que j'étudiais à Salerne. D'après la légende, il a un jour, en public, aspergé d'eau bénite des stigmates. Pour cette raison, le pape lui a interdit de prêcher pendant sept ans, ce qui, pour un dominicain, équivaut à se faire interdire d'être pauvre. Ce frère Thomas est actuellement l'inquisiteur de Naples. Il se décharge de sa déception – qu'il impute à saint François – sur vos frères spirituels en les assassinant lentement au moyen de diverses tortures, ce qui me ramène à votre question. Non, frère, je n'ai jamais exprimé mes doutes, et je n'en ai pas l'intention. Je n'ai jamais été le genre d'homme qui rame contre le courant.

Matteus étira les lèvres en un sourire pincé.

– Et vous ? Que prévoyez-vous de faire de votre nouveau savoir ?

– Je vais expliquer tout cela au frère Jérôme d'Ascoli, notre nouveau ministre général. Je pense que Dieu m'a volontairement caché la vérité jusqu'à maintenant. Jusqu'à la mort de Bonaventure. Jérôme est un homme honnête et équitable. Il fera ce qui est bien.

Matteus siffla doucement en se levant de table.

– Vous aspirez vraiment au martyre, n'est-ce pas ?

Il se rendit jusqu'à la porte et regarda en direction du soleil levant.

– Je serai désolé de vous perdre si tôt, dit-il par-dessus son épaule.

– Je suis heureux ici, dit Conrad. Avec la permission de mon supérieur, je reviendrai ici avec joie.

Matteus désigna la brume en direction de l'ouest.

– Regardez. L'arche d'alliance.

Conrad aperçut un double arc-en-ciel au-dessus des arbres.

– Comment avez-vous appelé cela ?

– C'est un jeu de mot, frère. Le signe, en forme d'arche, de la promesse que Dieu a faite à Noé.

– Mais vous l'avez comparé à l'arche d'alliance, le saint des saints où les Hébreux conservaient les Dix Commandements.

– N'y voyez aucune interprétation profonde, frère.

– Je comprends. Mais mon esprit s'est déjà engagé sur une voie différente, mon ami. Dieu vous bénisse, Matteus. Vous m'avez dit où était enterré saint François.

42

Conrad attendait Jérôme d'Ascoli dans la pénombre de l'église inférieure. Par prudence, il avait demandé au ministre général de le rencontrer à l'extérieur du monastère. Il appréciait la fraîcheur des terres cuites sous ses pieds nus, libérés des sandales. Plus jamais, espérait-il, ils n'auraient à endurer le froid d'une prison souterraine.

Comme c'était le jour du Seigneur, le peintre et son apprenti avaient pris congé. Leurs échafaudages déserts surplombaient le coin nord-est de l'abside. En attendant le ministre général, Conrad prit plaisir à observer la fresque de la Madone et de saint François. Sans la présence de l'artiste pour se plaindre de l'interruption, il pouvait étudier de plus près la ressemblance entre la représentation et saint François lui-même. Les lèvres et les oreilles du saint paraissaient plus épaisses qu'au moment où il avait vu la fresque pour la première fois, et son regard qui semblait le traverser lui rappela les patients aveugles de Matteus. Le visage du saint exprimait le caractère imperturbable qu'il avait remarqué chez les lépreux.

Conrad songea que la similitude avec les lépreux venait sûrement de sa vision diminuée ou du faible éclairage diffusé par une unique lampe à huile sur le maître-autel. Comme Cimabue n'avait jamais vu François de son vivant, le personnage qu'il avait peint était tiré de son imagination.

Mais, par ailleurs, le Saint-Esprit n'avait-il pas guidé son pinceau dans le cadre d'une telle œuvre sacrée ?

Il entendit fermer une porte à l'arrière de la nef. Un moine s'approcha d'un pas vigoureux dans la semi-obscurité et s'arrêta près du maître-autel.

– Frère Conrad ! l'accueillit Jérôme d'un ton joyeux. Je ne m'attendais pas à te revoir de sitôt.

– Je ne pensais pas non plus revenir si vite, mais j'ai appris quelque chose de très important à San Salvatore, quelque chose d'assez important pour que je vienne vous en parler.

– Ici, dans l'église ? Pourquoi pas à mon bureau ?

Conrad, qui hésitait à admettre son manque de confiance même envers le ministre général, marmonna :

– Je ne voulais pas subir le sort du porteur de mauvaises nouvelles.

– Quelle est cette nouvelle, frère ?

Conrad désigna la fresque. Peut-être pourrait-il arracher un aveu au ministre général en allant droit au but.

– *Francesco Lebbroso*. François le Lépreux. Il semble y avoir un élément de vérité dans cette appellation, ne croyez-vous pas ?

Tout en parlant, Conrad étudiait le visage de Jérôme, essayant d'y déceler la moindre réaction. Les yeux bleus regardèrent dans la direction indiquée, mais il n'y lut aucun signe de compréhension.

Conrad poursuivit en se servant des mots qu'il avait appris au cours du mois passé auprès de Matteus :

– Le médecin de la léproserie aurait probablement diagnostiqué chez lui la « lèpre lépromateuse limitrophe », qui se distingue par une seule lésion de forme ovale et de couleur rosée sur le côté, ainsi que par une diminution de la vision et des croûtes maculaires sur les mains et les pieds.

Les yeux de Jérôme se rétrécirent.

– Je comprends où tu veux en venir, frère Conrad. La question que je me pose, c'est : « Pourquoi ? ». As-tu, alors que tu gisais enchaîné dans ta cellule pendant ces trois années, ourdi un complot mensonger, approuvé par les premiers compagnons de saint François et peut-être initié par ton maître lui-même ? Ta visite à la léproserie a-t-elle nourri quelque idée qui avait déjà germé dans ton imagination ? Tu n'es pas le premier à mettre en doute les stigmates, mais je dois admettre que je suis étonné d'entendre de tels propos de ta part. Tu es le premier à qualifier saint François de lépreux.

– S'il vous plaît, veuillez écouter ce que j'ai à dire, frère Jérôme.

Le ministre général soupira, ses yeux reflétant une tristesse et une sympathie habituellement réservées aux esprits dérangés.

Tandis qu'il guidait Jérôme sur la route qu'il venait de suivre avec Matteus Anglicus, le ministre général écoutait, les bras repliés sur la poitrine. À un moment, il joignit ses mains délicates derrière son dos et se mit à faire les cent pas entre la fresque et le maître-autel en jetant de temps à autre un regard sur la fresque. Son visage resta impassible quand le frère eut terminé son récit.

– Illuminato ne vous a-t-il pas expliqué tout cela quand vous êtes entré en fonction ? demanda Conrad. Ceci ne fait-il pas partie des traditions secrètes ? Quand j'étais en prison, j'ai eu l'impression que Jean de Parme le savait. Il l'a laissé entendre sans toutefois l'admettre ouvertement.

– Il n'y a aucun secret rattaché à la fonction. Ni toi ni moi ne saurons jamais avec certitude si Élie a sciemment engendré un tel mythe il y a cinquante ans. L'évêque Illuminato le sait peut-être, mais il ne m'a jamais communiqué un tel secret. Par ailleurs, même si ta théorie est vraie, je peux encore approuver la décision d'Élie. J'aurais peut-être agi de cette façon dans les mêmes circonstances.

– Mais alors, vous auriez favorisé un mensonge. Pourquoi ? Saint François n'aurait jamais approuvé une telle supercherie.

Jérôme s'attarda sur le visage indifférent de la fresque. Puis il se retourna vers Conrad.

– Au moment de sa retraite sur le mont de l'Alverne, saint François avait déjà abandonné la direction de l'ordre à son vicaire désigné, Élie. Il a consacré les dernières années de sa vie à la contemplation, se laissant sombrer dans une sainte folie et confiant à Élie le soin de s'occuper d'une organisation en plein essor. Malgré cela, François demeurait la figure de proue, le saint qui a incité les jeunes hommes et les jeunes femmes à se débarrasser de leurs biens terrestres. Élie pouvait-il permettre que ce symbole se cache dans une léproserie, même s'il connaissait la raison de la transformation physique de son maître ? Pouvait-il laisser le monde soupçonner que notre saint fondateur pouvait avoir commis un péché si terrible que Dieu l'ait châtié en lui infligeant la lèpre ? François aurait fait beaucoup moins de bien en devenant un second Job qu'il ne l'a fait en devenant le second Christ. Plus que tout autre, Élie comprenait la situation. C'est pourquoi, quand le pape en vint à souhaiter qu'on érigeât un monument afin de vénérer saint François, on ne put trouver personne d'aussi qualifié qu'Élie pour construire cette basilique. Élie amassa l'argent et termina sa tâche avec une rapidité incroyable. Pourtant, une fois son œuvre achevée, l'inscription qu'il fit apposer sur l'édifice était fort humble : *Frater Elias peccator* – frère Élie, pécheur.

Jérôme prit entre ses mains la longue barbe de Conrad comme l'aurait fait un enfant offrant un bouquet et le fixa d'un air affectueux.

– Tu es arrivé cinquante ans trop tard avec votre hypothèse, frère. Si Léon avait voulu que le monde connaisse la maladie de François, il en aurait parlé à cette époque. Il a choisi de te laisser cette responsabilité. Pense aussi que les gens croiront ce qu'ils veulent. À mon avis, tu découvriras que les stigmates de Notre-Seigneur ont beaucoup plus d'attrait aux yeux des gens que *Francesco Lebbroso*.

La dernière phrase du ministre général se répercuta au long de la nef comme une déclaration irrévocable. Alors qu'il lâchait petit à petit la barbe de Conrad, l'obscurité silencieuse de l'église se referma autour de l'autel. Conrad imagina les esprits des premiers compagnons de François se levant de leurs tombes dans la chapelle, en rangs serrés, l'exhortant à continuer d'essayer de faire éclater la vérité au grand jour.

– Mais nous pouvons le prouver. Nous pouvons exhumer sa dépouille. Le médecin de San Salvatore m'a affirmé qu'en examinant le squelette il pouvait dire si François avait souffert de cette maladie.

– Et comment ? Personne n'a jamais vu les reliques depuis qu'Élie les a cachées.

– L'endroit où se trouve le cercueil a été gravé sur l'anneau de fonction que vous portez.

Jérôme parut surpris. Il porta l'anneau à ses lèvres, soupira et tourna les talons. Conrad le suivit jusqu'à la lampe à huile devant laquelle Jérôme tint le lapis-lazuli. La pierre brillait d'une manière plus douce que les terres cuites sous leurs pieds.

– Elle semble égratignée. L'évêque Illuminato m'avait offert de la faire polir, avoua le ministre avec un sourire empreint d'ironie. Son insistance pour faire effacer la gravure semblerait confirmer ton histoire.

– Cela n'a rien d'étonnant ! Il veut emporter ce secret dans la tombe ! s'exclama Conrad. Mais on retrouve la même inscription ici, sur la pierre de l'autel. Je l'ai trouvée par hasard, un jour.

Il conduisit Jérôme du côté de l'inscription. Il souleva la nappe et parcourut du bout des doigts les sillons de l'arche double, la silhouette avec des cercles concentriques sur les épaules – les cercles qui, il le comprenait maintenant, représentaient la tête du saint et le halo qui l'entourait. Et qu'est-ce que le cercle plus grand, autour de la silhouette, pouvait représenter, sinon son sarcophage ?

Les yeux de Jérôme s'agrandirent dans la faible lumière.

– L'anneau comporte effectivement un tel dessin.

– Je crois que les deux arches représentent les tabernacles sur les maîtres-autels des églises supérieure et inférieure, dit Conrad. Ils contiennent le saint des saints, le corps consacré de Notre-Seigneur, comme l'Arche d'origine contenait les tables de la Loi données à Moïse. Ce personnage avec le halo enfermé dans la crypte sous l'arche inférieure est saint François. Nous nous tenons en ce moment même au-dessus de sa tombe.

– C'est possible. Mais il me faudrait des preuves plus crédibles que ton interprétation imaginative pour que je démolisse l'autel et commence à creuser.

– Vous pourriez forcer l'évêque Illuminato à admettre la vérité. Nous devons divulguer la vérité.

– Je ne suis pas convaincu de la nécessité d'une telle mesure, répliqua Jérôme, ni que l'évêque Illuminato corrobore ton histoire.

Il marcha lentement autour de l'autel en examinant la base comme s'il la voyait pour la première fois.

– Voici ce que je vais faire, frère Conrad. Je veux que tu ne souffles mot à quiconque de tes trouvailles d'ici la fête des Stigmates, dans deux semaines. Comme c'est également le cinquantième anniversaire du jour où saint François a reçu les stigmates, toute la chrétienté sera présente, y compris le pape Grégoire, si sa santé le permet. Nous préparons cet événement depuis des mois, et nous ne voulons pas compliquer les choses. Peux-tu me faire cette promesse ? Ou dois-je t'ordonner le silence pendant deux semaines ?

– Pourquoi ne pas tout simplement me condamner au silence perpétuel, comme l'a fait Élie avec le frère Léon ?

Jérôme saisit Conrad par les épaules :

– Parce que, franchement, j'ai tendance à te croire ; parce que je sais que tu as souffert en essayant de découvrir la vérité de Léon ; et, surtout, parce que je préférerais que tu gardes le silence de ta propre volonté.

Deux semaines. Le ministre général était-il sincère ? S'agissait-il d'une trêve jusqu'à ce que Jérôme trouve un moyen de le réduire au silence à jamais ?

Conrad réfléchit. Il hésitait à aborder des questions d'ordre privé, mais la situation semblait maintenant l'exiger.

– J'ai eu une vision du frère Léon, la nuit où j'ai reçu son message. Il réitérait l'ordre qu'il m'avait donné dans la lettre : découvrir la vérité derrière la légende. Mais il n'était pas venu seul. Saint François était apparu à ses côtés, comme pour ajouter son autorité personnelle aux exhortations de Léon.

– Et qu'a-t-il dit ?

– Rien. Il n'a pas dit un mot, bien que j'aie ressenti un élan d'amour infini émanant de lui.

– Voilà sans doute l'origine de ton trouble. « Celui que le Seigneur aime, il le discipline. » De toute façon, je te donne ma parole que nous reparlerons de tout cela après la cérémonie.

– Ici ?

– Si tu le souhaites, ou dans mon bureau. Tu n'as rien à craindre de ma part. Je ne suis pas un tyran. Je ne te ferai pas couper la langue ou arracher l'œil qui te reste. Mais j'ai besoin de deux semaines. Peux-tu m'accorder ces deux semaines ?

Conrad joignit les mains.

– En vertu d'une obéissance forcée, non. Mais par respect pour vous, oui. Vous pouvez compter sur mon silence pendant deux semaines.

Il fit une génuflexion devant le tabernacle doré de l'autel, inclina la tête vers les précieuses reliques qu'il savait maintenant cachées sous l'autel, et s'éloigna dans l'obscurité de la nef.

Une odeur de bois brûlé flottait dans la ruelle à l'extérieur de la maison d'Amata. C'était, pensa Conrad, plutôt l'odeur d'un matin d'hiver que celle d'un après-midi de septembre. Quand maestro Roberto lui ouvrit la porte, les yeux tristes de l'intendant lui apprirent qu'un événement grave était survenu pendant son absence. Plutôt que de laisser cette tâche à sa maîtresse, Roberto conduisit directement le frère dans la cour et lui montra les ruines de la loggia. Pendant ce temps, Pio courait trouver Amata, qui rejoignit les deux hommes près de la fontaine.

Sans mot dire, Conrad contempla l'écritoire qui dépassait des décombres. L'odeur de destruction était aussi repoussante pour son esprit que pour ses narines. Peu à peu, il perçut la présence de la femme à ses côtés.

– Nous n'avons découvert aucune trace du parchemin, dit Amata.

Celui que le Seigneur aime, il le discipline, se répéta Conrad.

– Comment cela est-il arrivé ?

– Jacopone accusait un ange.

– Seul un serviteur de l'Ange déchu, Lucifer, aurait causé de tels dommages.

– Jacopone a dit « *angelus Domini* ». Vous savez comment ses pensées s'égarent, parfois.

– Je devrais lui parler, fit Conrad.

– Il est parti, frère, interrompit Roberto. Il est retombé dans sa folie.

– Et qu'en est-il du frère Salimbene et du frère Zefferino ?

– Ils ont disparu pendant l'incendie, mais Pio a vu Salimbene courir le long de la loggia.

– Salimbene ne se serait pas enfui s'il y avait eu la moindre possibilité de récupérer la chronique de Léon, observa Conrad. Pour un tel manuscrit, il risquerait volontiers sa vie. Il pourrait aller jusqu'à le voler pour combler une lacune dans l'histoire de l'ordre. À mon avis, il a disparu avec le manuscrit... Il pourrait même avoir provoqué l'incendie pour couvrir un vol délibéré.

– En un sens, j'espère que vous avez raison, dit Amata. Nous saurions au moins que le manuscrit existe encore quelque part.

– Sans doute dans une des armoires du frère Lodovico. L'Ordre est trop attaché à son passé pour détruire toute trace des écrits de Léon.

Il plissa son œil valide en regardant le mur noirci qui avait jadis soutenu le scriptorium d'Amata.

– Ce n'est pas encore le moment, conclut-il. Quand le temps sera venu, Notre-Seigneur fera apparaître la chronique au grand jour.

Sa propre remarque lui donna à réfléchir. Il se surprit à se demander si la même idée pouvait s'appliquer à la lèpre de François. Peut-être n'était-ce pas le désir de Dieu qu'il annonce maintenant sa découverte. Peut-être Jérôme lui avait-il demandé ce délai pour cette raison, en lui accordant les deux prochaines semaines pour se réconcilier avec ce fait.

– J'ai une autre nouvelle à vous apprendre, dit Amata sur un ton hésitant.

– Ton marchand est passé par ici ?

– Encore mieux ! Nous avons publié les bans à l'église. Nous voulons que vous présidiez à notre mariage.

Conrad compta sur ses doigts.

– Les bans doivent être publiés deux autres fois. La dernière fois, ce sera le dimanche avant...

– Avant la fête des Stigmates, en l'honneur de l'oncle d'Orfeo, termina Amata. Orfeo pense qu'il est de bon augure que notre mariage coïncide avec la célébration de la plus grande distinction de son oncle François. Il a dit que nous pourrions imaginer que les décorations et la cérémonie nous étaient destinées. Et saint François bénira sûrement notre foyer avec de nombreux enfants.

Conrad ne souriait plus, mais il garda ses doutes pour lui. C'était la première mise à l'épreuve de sa promesse envers le ministre général. Dans sa joie, Amata ne remarqua pas son changement d'humeur.

– Merci, Conrad. Alors, voilà qui est arrangé.

Tout sourire, elle se tourna vers son intendant.

– Maestro Roberto, nous allons préparer la noce pour cette soirée. Je veux que vous envoyiez un courrier chez oncle Guido au Coldimezzo, et je dois acheter des *panni franceschi* pour ma robe. Nous avons si peu de temps !

Elle prit Roberto par le coude, l'entraînant hors de la cour et s'exclamant par-dessus son épaule :

– J'espère aussi avoir une surprise pour vous au moment de la noce, Conrad.

Il tendit les bras en prenant un air interrogateur, mais elle éclata de rire.

– Ce ne sera pas une surprise si je vous la dévoile maintenant, cria-t-elle avant qu'elle et l'intendant ne disparaissent.

Conrad s'approcha de la pile de décombres, se pencha et en tira un fragment de parchemin calciné. Il pouvait à peine lire les quelques mots couverts de suie, rédigés par Jacopone, mais il plia le parchemin et le glissa dans sa bure. Comme Amata, il espérait que la chronique était intacte et se trouvait en sécurité – même si elle lui serait pour toujours inaccessible – au Sacré-Couvent. Sinon, ce fragment de manuscrit représenterait le seul témoignage des cinq décennies d'indignation de Léon.

43

Les derniers jours précédant le mariage et la solennité de la cérémonie elle-même passèrent comme dans un rêve aux yeux d'Amata. L'atmosphère qui régnait au sein du défilé conduisant les nouveaux mariés à leur banquet changea à la sortie de l'église.

Conrad s'excusa, prétextant qu'il avait prévu de passer la nuit à la Portioncule.

– Je serais inutile à votre banquet, expliqua-t-il à Amata.

Libéré de toute influence religieuse, l'un des invités entonna une chanson en l'honneur de l'ancien Dieu romain du mariage, et ajouta des invocations à Vénus et à Cupidon.

Lorsqu'ils furent installés dans le grand salon de la maison d'Amata et d'Orfeo, le vin coula à flots. Apparemment, l'oncle Guido avait amené du Coldimezzo son cellier tout entier. Les serviteurs se mêlaient aux charretiers, aux marchands et aux invités de la noblesse, et la fête dégénéra rapidement en bacchanale. Amata, heureuse devant cette scène – les couples dansant, blottis l'un contre l'autre sur des bancs, murmurant et rougissant –, prédit à Orfeo que plusieurs autres propositions de mariage seraient faites avant la fin de la soirée.

Un des couples tenta en vain de s'éloigner sans attirer l'attention. Les amoureux cherchaient l'intimité de la pièce du deuxième étage, même si, à cause de l'incendie, ils ne pouvaient l'atteindre que par une échelle. La femme s'agrippait au haut de l'échelle pendant que plusieurs hommes ivres tentaient de retenir son compagnon sur les premiers barreaux, laissant l'homme arrêté à mi-chemin entre le paradis et l'enfer. Il réussit finalement à atteindre la pièce, et les invités poussèrent des cris de joie quand il tira l'échelle et la plaça derrière lui. Profitant du désordre, Orfeo murmura à Amata que c'était le moment parfait pour s'évader.

La journée avait été douce pour la mi-septembre, et aucune brise n'agitait les rideaux de leur lit à baldaquin. L'odeur aromatique du chèvrefeuille se répandait dans la pièce par les volets de la fenêtre.

Elle délia la corde dorée qui serrait sa robe blanche et détacha le voile de ses cheveux. Orfeo la regardait d'un air affamé, tenant toujours son gobelet de vin, pendant qu'elle secouait ses boucles noires et faisait glisser sa robe pardessus sa tête.

– Orfeo, pourquoi ne te déshabilles-tu pas ? dit-elle d'une voix plaintive.

Il fit courir un doigt sur ses seins et autour de ses mamelons. Le corps d'Amata était envahi d'un désir que ne faisait qu'amplifier la rosée d'amour qui jaillissait d'elle. Tous ses muscles frissonnèrent avant même qu'Orfeo ne la pénètre. Pendant un moment de plaisir incommensurable, il s'immobilisa, jusqu'à ce que le corps entier de la jeune femme entre en éruption et qu'il la ramène tranquillement, haletante et tremblante, à leur point de départ.

Son membre avait conservé toute sa rigidité. Quand elle commença à émettre des petits cris involontaires, Orfeo accéléra ses mouvements, jusqu'à ce qu'il s'effondre sur la poitrine de la jeune femme dans un long cri.

Étonnamment, son énergie masculine n'avait pas diminué. La poitrine, les épaules et le dos d'Orfeo étaient si musclés qu'Amata pouvait à peine l'entourer de ses bras. *Tous les hommes devraient passer cinq ans à ramer sur une galère*, se dit-elle avant que des vagues d'extase ne chassent toute pensée, traversant et parcourant son corps pendant qu'Orfeo transformait ce moment en éternité.

Elle se laissa aller, ballottée par ses sensations, jusqu'à ce qu'elle pense ne plus pouvoir supporter cette douce torture. La respiration d'Orfeo se fit de plus en plus profonde alors qu'il aspirait l'air, geignant comme si lui aussi était sur le point de se briser, et, cette fois, ils s'effondrèrent ensemble.

Ils restèrent étendus pendant un long moment, puis Amata pressa doucement les mains contre son ventre. Orfeo se souleva sur les coudes et écarta doucement ses cheveux de son front humide pendant qu'il la regardait en souriant. La tendresse de ce geste l'excita presque autant que la sensation physique.

Les torches de résine firent entendre toute la nuit leurs sifflements dans les bois autour de la Portioncule. Conrad sortit au petit matin et admira le spectacle alors que des centaines d'autres torches descendaient la colline vers la chapelle. Les représentants des guildes étaient venus en masse et déroulaient les bannières de leurs métiers au son des trompettes au moment où le soleil apparaissait au sommet du mont Subasio.

Conrad, l'amoureux de la solitude, qui passait inaperçu dans sa bure grise, se trouva soudain plongé dans un tourbillon de couleurs. En compagnie des autres frères qui s'étaient rassemblés à la chapelle, il suivit le long de la colline les chevaliers et les gardes civils derrière les prêtres, les évêques et les cardinaux avec leurs habits somptueux et, en tête du défilé, le pape Grégoire lui-même.

Aussitôt qu'ils entreprirent leur marche, une foule de citoyens se précipitèrent à leur rencontre. Dans leur enthousiasme, ils avaient brisé les branches basses des oliviers qui bordaient le sentier, à l'endroit même où Conrad s'était arrêté trois ans auparavant. Le vert pâle des feuilles agitées par le vent contrastait avec les couleurs des bannières. Les membres de la Compagnia di San Stefano, un groupe de flagellants d'Assise, entonnèrent un hymne aux stigmates.

Béni soit saint François
Qui est apparu crucifié
Comme le Rédempteur...

Les cavaliers tentaient de contrôler leurs montures énervées par les torches et les cris. La couleur du ciel sans nuages passa du gris au pourpre et à l'indigo puis à un bleu lumineux pendant l'heure que prit la procession pour atteindre les murailles de la ville et la Porta San Pietro. Là, la foule se sépara, les frères et les prélats poursuivant leur chemin jusqu'à l'église inférieure, alors que la populace envahissait l'église supérieure et débordait sur la Piazza di San Francesco.

Conrad s'éloigna des deux groupes pour se placer à l'extrémité sud-est du parvis et observer le spectacle dans son ensemble.

On avait invité quelques notables à la cérémonie principale dans l'église inférieure. Conrad aperçut Orfeo et Amata dans ce groupe, et remarqua les yeux vagues d'Orfeo ainsi que les bâillements d'Amata.

Orfeo parlait à un jeune homme plus grand et plus mince que lui, peut-être son frère Piccardo qui s'était associé à son entreprise. Pendant ce temps, Amata s'était accroupie près d'un brancard porté par quatre serviteurs. Conrad crut reconnaître l'un des serviteurs, mais il ne se fiait ni à sa vision ni à sa mémoire pour deviner l'identité de l'homme à cette distance. La personne étendue sur le brancard avait déployé sur son corps une couverture de voyage, et la guimpe qu'elle portait laissait deviner qu'il s'agissait d'une femme. Amata semblait connaître la malade, qui s'était sans doute rendue ce jour-là à la basilique dans l'espoir d'une guérison miraculeuse.

Amata se redressa et scruta les frères qui entraient dans l'église. Conrad suivit son regard. Il pensa reconnaître Zefferino à ses mouvements saccadés, bien que le frère se tînt le dos courbé et la tête inclinée sous son capuchon. Il vit aussi le jeune Ubertin de Casale, qui l'avait averti du danger deux ans plus tôt.

Conrad aperçut alors l'homme qu'il souhaitait ne plus voir. Salimbene, les bras repliés sur sa bedaine proéminente, avait été jumelé dans la procession au frère Lodovico. Soudain saisi d'un besoin urgent de leur parler du manuscrit de Léon, et sans tenir compte de la cérémonie en cours, il se dirigea à grands pas vers l'église inférieure. Le fait de les rattraper à l'extérieur du monastère pourrait représenter sa seule chance de savoir avec certitude si la chronique existait toujours ou si elle avait été détruite dans l'incendie. Bien qu'il voulût faire confiance à Jérôme, le souvenir de ses deux années au fond d'un cachot était encore trop présent à son esprit ; il lui faudrait des années avant de pouvoir retourner au Sacré-Couvent.

Il avait presque atteint la procession, lorsqu'un garde civil lui bloqua le chemin. L'homme tenait sa pique à l'horizontale et refoula Conrad et ceux qui l'entouraient, pour dégager une allée à travers la place.

– Laissez passer le doge de Venise ! hurla le garde.

L'enthousiasme de la foule se calma jusqu'à devenir un murmure, alors qu'un homme de la noblesse, somptueusement vêtu, descendait de sa litière. L'homme inclina la tête d'un côté et de l'autre, acceptant l'hommage que lui rendaient les spectateurs. Il s'était éloigné de plusieurs pas en direction de l'église quand le concert de voix reprit derrière Conrad.

La procession des frères s'était avancée également. Pressé de toute part, Conrad se sentit soudain le souffle court. Salimbene attendrait. Il s'était engagé sur les marches en cherchant un endroit moins encombré quand il entendit la voix d'Amata derrière lui.

– Vous voilà, frère Conrad ! criait-elle. Venez dîner à la maison ce soir.

– Si je le peux ! Je dois d'abord parler au frère Jérôme.

Il réussit à regagner l'endroit qu'il avait occupé en arrivant sur la place où la foule était moins dense. Maestro Roberto, en compagnie du comte Guido et de sa petite-fille, fendit la foule pour se diriger vers lui. L'intendant souriait d'une oreille à l'autre et fit un grand geste de la main pour montrer la foule qui l'entourait.

– Avez-vous déjà vu pareil spectacle, frère ?

Conrad avait suivi des yeux les gestes de l'homme. La majorité des gens faisaient face à la basilique. Certains pleuraient, se frappaient la poitrine et levaient les bras vers les cieux. D'autres riaient et étreignaient leurs voisins. Conrad entendit deux hommes se présenter mutuellement des excuses et se demander pardon pour des offenses passées. Quelques-uns se tenaient calmement debout et priaient, les yeux fermés. Comme toujours, des vendeurs parcouraient la foule, offrant des pâtés de viande et des pâtisseries à ceux dont la dévotion exigeait également une nourriture concrète. Un homme se tenait agenouillé à la lisière de la foule. Sa tête était inclinée, et son corps entièrement recouvert d'un lourd manteau noir, malgré la chaleur du matin. La taille de l'homme, son aspect sombre et ses larges épaules rappelèrent à Conrad le pénitent Jacopone.

Conrad éprouvait de la tristesse devant la crédulité générale dont il était témoin, de l'émerveillement devant l'enthousiasme de la foule, de l'indignation envers la prolifération du mensonge d'Élie. *Les gens aiment les miracles, et plus ils sont fantastiques, plus ils y croient*, se dit-il.

Les stigmates de François enflammaient les imaginations et renforçaient le zèle religieux des croyants, même si ce n'était que pour cette seule journée de commémoration. Avait-il le droit, ou le devoir, d'ébranler une telle foi... même s'il avait le pouvoir de convaincre l'un de ces dévots ?

L'homme agenouillé se redressa et lança un regard absent par-dessus la foule, les yeux rouges d'avoir pleuré, sa chevelure formant une masse ébouriffée. Il priait, ignorant le chaos autour de lui, même lorsque Teresina, qui l'avait aperçu également, se précipita vers lui en tirant sur sa cape :

– Papa ! Te voilà ! Nous t'avons cherché partout !

44

La cérémonie se poursuivit jusque tard dans l'après-midi, et Conrad dut attendre après les vêpres pour obtenir son audience. Quand il pénétra dans la sacristie de l'église supérieure où Jérôme avait accepté de le rencontrer, il se trouva devant un homme grand en soutane et calotte blanches, devant une fenêtre, les mains jointes derrière le dos. Les anneaux qui brillaient à ses doigts témoignaient de ses hautes fonctions.

L'homme d'Église se retourna. Sa peau cireuse s'étirait comme du vieux vélin sur ses pommettes proéminentes. Des poches mauves pendaient sous les yeux aux paupières lourdes.

– Bienvenue, frère, dit-il d'un ton cérémonieux qui contrastait avec le sifflement de sa respiration. Votre ministre général a exaucé notre souhait de rencontrer le frère que la curiosité avait mené en prison. Les éloges d'Orfeo di Bernardone à votre endroit ont piqué notre curiosité.

Conrad s'agenouilla sur le plancher de pierre et inclina la tête.

– Je vous dois la vie, Votre Sainteté.

Il conserva cette posture humble jusqu'à ce qu'il sente la douce pression des mains sur sa tête pendant que le pape prononçait une bénédiction en latin. Grégoire posa les mains sur ses épaules et lui ordonna de se lever.

– Le frère Jérôme n'a pu se joindre à nous. Il se prépare à voyager avec le doge, qui retourne à Venise demain, précisa le pontife en indiquant au frère une chaise devant la sienne. Voyez-vous, nous avons encore plus besoin de son sens du commandement que votre ordre. Nous lui avons demandé de retourner à Byzance pour s'occuper des derniers détails de la réunification de l'Église.

Conrad se demanda dans quelle mesure Jérôme avait parlé de lui au pape. Le ministre général avait-il suggéré à la plus haute autorité de l'Église de l'empêcher de divulguer le fait que saint François était lépreux ?

– L'unité entre les membres du corps mystique du Christ représente une bénédiction de Dieu, poursuivit Grégoire, et en particulier l'unité entre les frères. Le frère Jérôme nous a parlé de son projet de vous utiliser comme intermédiaire pour combler le fossé au sein de votre ordre, lorsque vous aurez retrouvé votre santé. C'est une tâche noble et importante. Il devra se fier plus qu'il ne le supposait aux frères comme vous, maintenant que nous avons sollicité ses services à nos propres fins. En mon nom personnel et au nom de l'Église, nous nous jugerions satisfait de vous avoir libéré.

Le pontife scruta le visage de Conrad, mais celui-ci s'efforça de rester impassible. Il ne s'était pas encore remis de sa surprise.

– Le frère Jérôme éprouve beaucoup de sympathie pour vos frères spirituels. Il a grandi à Ascoli, dans les Marches. Il comprend que ces frères modérés et d'esprit pratique soient plus en mesure de réaliser le projet de réforme de l'Église de saint François – de briser les barrières entre les prêtres et le peuple – que les membres plus zélés. Je pense que votre Ordre devrait moins mettre l'accent sur la pauvreté et davantage sur la simplicité, moins sur l'ascétisme et davantage sur l'austérité. La nuance est subtile, mais elle réconfortera beaucoup plus de fidèles que les pratiques de vos amis.

Le pape montra du doigt la bure de Conrad.

– Par exemple, nous préférerions voir un frère portant un vêtement de bon tissu épais qui lui durera des années et empêchera son esprit d'être distrait dans une basilique glaciale, plutôt que de le voir porter des guenilles. Nous espérons que vous en viendrez à la même conclusion après y avoir réfléchi.

Grégoire se leva et marcha jusqu'à la fenêtre en tournant le dos à Conrad, qui effleura les manches reprisées de son vêtement. Il avait déjà eu cette conversation avec donna Giacoma et sentit la colère monter en lui.

– Le frère Jérôme, reprit Grégoire, nous dit que vous seriez heureux d'œuvrer à la léproserie, mais nous croyons que Dieu vous a réservé un rôle plus noble. Nous avons suggéré à votre ministre général que vous passiez quelque temps en retraite au monastère du mont de l'Alverne pour y méditer sur l'objectif plus vaste de la vie de saint François ainsi que sur sa mission en ce qui concerne l'Église dans son ensemble.

– Pourquoi le mont de l'Alverne ? demanda-t-il avec une feinte ignorance, sachant que c'était l'endroit où s'étaient manifestées les lésions de François. La vérité ne reste-t-elle pas la même partout ?

Le dos du pontife se raidit.

– « *Quid est veritas ?* », a demandé Pilate à Notre-Seigneur. Qu'est la vérité ? Malheureusement pour l'humanité, il n'a pas attendu la réponse de Jésus. Nous avons deux fois votre âge, frère Conrad, et avons consacré plusieurs de ces années à la lecture de chroniques et de récits prétendument exacts. Nous avons observé que la plume des scribes pouvait coucher sur le papier des vérités uniformes et variables aussi facilement que les marteaux des armuriers façonnent les épées.

– Mais j'ai raison en ce qui concerne la lèpre de saint François.

Grégoire détourna la tête, le visage empreint de tristesse, comme pour souligner le fait que Conrad avait fait preuve d'impertinence en parlant de manière si directe.

– Un jour, un homme sage imagina que Dieu lui tendait de Sa main droite toute la vérité de l'univers. Dans Sa main gauche, le Créateur ne tenait que la recherche active de la vérité, y compris le fait que l'homme allait toujours errer dans cette quête. Il dit à l'homme sage : « Choisis ! ». L'homme prit humblement la main gauche de Dieu et dit : « Père divin, donnez-moi celle-ci, car la vérité absolue n'appartient qu'à Vous. »

La voix du pape claqua comme un fouet lorsqu'il ajouta :

– Vous avez sûrement remarqué aujourd'hui sur le parvis que la vérité à laquelle vous vous accrochez n'est pas si simple ni si absolue. Votre vérité serait comme une lance enfoncée au cœur de la foi du peuple.

Conrad inclina la tête. Fort de ses convictions, il avait dépassé les limites qu'il s'était données. Il devait au souverain pontife une allégeance totale, et sa reconnaissance.

– Pardonnez-moi, Saint-Père, pour mon orgueil, murmura-t-il.

Il ferma son œil valide tout en songeant que son cœur allait éclater, tellement y régnaient le chaos et la confusion. Il poursuivit d'une voix basse :

– J'en suis venu à la même conclusion que Votre Sainteté en observant la foule et j'éprouverais des regrets éternels si je faisais obstacle à la dévotion du peuple. Ce n'est pas le moment de faire une telle révélation. Pourtant, par égard pour cette même vérité, ne devrions-nous pas au moins rédiger une note dans une chronique pour ceux qui viendront après nous ?

– Non, dit Grégoire en posant doucement mais fermement sa main sur son épaule. Non, mon fils... Mais nous vous sommes redevable, poursuivit-il, pour les souffrances que vous avez endurées, et parce que... parce que, tout simplement, nous sommes d'accord avec le frère Jérôme sur le fait que vous avez probablement raison. Votre découverte ne devrait subir qu'une mort... une mort temporaire. Au moment où Dieu le souhaitera, Il pourra la ressusciter.

Voici donc notre compromis : un frère vous accompagnera jusqu'au mont de l'Alverne et, par son entremise, vous commencerez la tradition orale de votre *Francesco Lebbroso.* Orale et non écrite. Vous ne ferez rien de plus et laisserez le reste entre les mains du Tout-Puissant.

– Et puis-je choisir mon compagnon ?

– À condition que votre ministre général appuie votre choix.

Que Dieu m'accorde ce souhait! pensa Conrad. Une lueur d'espoir avait surgi en lui. Il en éprouva un calme inattendu, un sentiment de réconfort en songeant qu'un jour un frère exposerait la vérité sur la supercherie d'Élie.

– Si le frère Jérôme était ici, je lui demanderais aussi de me libérer pour cette soirée afin que je puisse aller faire mes adieux à Orfeo et à sa nouvelle épouse. J'ai promis de me joindre à eux pour le repas de ce soir.

– Je n'y vois aucun inconvénient, frère, car j'ai beaucoup d'affection pour lui... Quand viendrez-vous chercher votre compagnon ?

– S'il pouvait me rencontrer à la porta di Murorupto après tierces demain matin...

Le pontife inclina la tête et accepta de transmettre la requête, puis accompagna Conrad à la porte principale de la basilique.

Et c'est ainsi que le dilemme qui avait tourmenté Conrad depuis sa rencontre avec le frère Jérôme se résolut par un décret pontifical.

Pendant que Conrad rencontrait le pape, la piazza di San Francesco s'était vidée alors que la foule se dispersait pour le repas du soir. Un chien solitaire qui fourrageait parmi les restes laissés par les pèlerins sur les pavés vint renifler aux pieds du frère. L'animal le suivit jusqu'à l'extrémité de la place, et Conrad gratta la tête du chien en éprouvant un soudain désir de voir Chiara, le faon apprivoisé qui paissait à l'extérieur de sa cabane.

Il ne restait qu'à régler la question de l'existence, ou de l'endroit où pouvait se trouver la chronique de Léon.

Conrad avait espéré poser la question au frère Jérôme mais, comme le ministre général partait pour Venise, il avait manqué l'occasion de lui parler. Et il savait que, même s'il réussissait à affronter Salimbene ou le bibliothécaire à propos du manuscrit, il n'obtiendrait pas une réponse honnête. Il en serait encore réduit à arracher les planches d'une armoire en pleine nuit, expérience qu'il espérait ne jamais revivre. Mais son compagnon de route vers le mont de l'Alverne pourrait peut-être, au moment où il lui transmettrait l'histoire de la lèpre de François, reprendre l'histoire de Léon.

En arrivant chez Amata, il trouva la maisonnée rassemblée dans le grand salon. Le festin avait déjà commencé. À la table des serviteurs étaient assis les quatre hommes qui avaient transporté le brancard à l'extérieur de l'église. Il reconnaissait maintenant celui dont l'allure lui avait semblé familière : c'était le serviteur de Rosanna, celui qui lui apportait chaque semaine de la nourriture dans sa cabane.

Conrad se précipita vers la table réservée à la famille et aux invités d'honneur, mais Rosanna ne s'y trouvait pas.

Amata croisa son regard et lui fit signe de venir s'asseoir entre elle et Guido. Le comte accueillit chaleureusement le frère et lui fit une place sur le banc pendant qu'Amata faisait signe à un aide-cuisinier d'apporter une autre assiette.

– Je vous avais promis une surprise, Conrad ! dit-elle. J'ai invité Monna Rosanna à Assise pour la fête de François, même si je ne savais pas alors qu'elle était malade. Nous espérons, grâce à l'intercession du saint, que sa santé s'améliorera pendant son séjour ici.

– Est-elle gravement malade ?

– Oui. Le médecin pense qu'elle ne survivra pas, à moins d'un miracle. Trop de grossesses difficiles. La bénédiction et la malédiction de notre sexe.

Conrad serra les dents. *La compagne la plus chère de son enfance obligée de souffrir parce que son époux se comportait comme un étalon en rut !* Il ne s'était pas passé une année depuis son mariage sans qu'elle ne porte un enfant.

Amata prit une gorgée de vin. Elle posa sa main sur le bras de Conrad et dit :

– Elle vous réclame depuis son arrivée.

Le frère avait commencé à se lever avant même que le serviteur n'apporte la nourriture, mais la main d'Amata se resserra sur son bras.

– Elle se repose confortablement, Conrad. Prenez d'abord votre repas et parlez-nous de vos projets. Nous espérons que vous resterez quelque temps avec nous. Jacopone tirera lui aussi profit de votre compagnie.

Elle fit un signe de tête en direction d'un banc de bois, sous l'une des tapisseries du salon. Teresina avait terminé son repas et se tenait assise près de son père, la tête contre son épaule, et gardait son immense main dans les siennes. Le pénitent hochait mollement la tête.

La rechute de Jacopone attrista Conrad. Il couvrit son visage de sa main pendant un instant, puis se ressaisit et expliqua qu'il devait partir pour le mont de l'Alverne le lendemain matin.

– Je ne peux te donner qu'un conseil, Amatina, acheva-t-il. Trouve à Jacopone quelque chose à rédiger. Demande ses services à titre de notaire, fais-lui écrire ses poèmes, copier des livres, n'importe quoi. Il possède la sensibilité exacerbée de l'artiste. L'écriture représente sans doute le meilleur et le seul exutoire pour ces âmes tourmentées. Il pourrait même essayer de vivre dans notre monastère de Todi. Il est connu là-bas, et il y était fort respecté avant que cette folle tristesse ne s'empare de son esprit.

Conrad vit qu'Amata était déçue par sa réponse, mais le pape avait formulé ses exigences et, qui plus est, il devait prendre soin de son propre esprit. La compagnie de tous ces gens qu'il aimait allait lui manquer, mais il devait les quitter. Il se tenait à un autre carrefour et devait changer de direction.

Pendant qu'il buvait son bouillon, Conrad songea à Rosanna, qu'il avait déjà quittée par deux fois – quand il était entré chez les frères et qu'il avait appris la nouvelle de ses fiançailles et, plus récemment, quand il avait abandonné son ermitage pour revenir à Assise. Maintenant, il devait selon toute apparence la laisser partir une troisième fois, peut-être la dernière.

La soupe lui sembla insipide et il remarqua à peine le babillage autour de lui. Il lui revint à l'esprit un vers d'un poème populaire : *Faisant mes adieux à mes amis, je suis entré dans l'automne du mont de l'Alverne.* Il avait à peine touché à son repas lorsque les serviteurs commencèrent à desservir.

Amata resta à la table pendant que les autres allaient chercher leurs paillasses.

– Conrad ? Si vous n'avez pas d'appétit, nous pouvons aller voir Rosanna maintenant. Mais avant que nous ne nous souhaitions bonne nuit, promettez-moi que vous ne vous en irez pas furtivement au petit matin comme vous l'avez fait quand vous êtes parti pour San Lazzaro.

– Je te le promets, Amatina.

Il s'arrêta un moment puis ajouta :

– J'espère que Dieu dirigera encore mes pas vers ta maison un jour, mais pour l'instant je ne peux voir au-delà du mont de l'Alverne. Vous me manquerez tous terriblement, mais cette séparation sera plus facile en sachant que tu vis en paix comme le souhaitait Giacomina, et comme nous le souhaitions tous.

Il n'offrit aucune résistance lorsqu'elle lui prit la main et le conduisit à la pièce dans laquelle il avait étudié ses manuscrits. Quand il s'arrêta sur le seuil, Amata lui souffla à l'oreille : « Orfeo m'attend », puis elle retourna discrètement vers le salon. Le feu qui brûlait dans un coin de la pièce laissait échapper une fumée qui montait le long de la cheminée de pierre jusqu'au plafond, mais la femme qui gisait sur une paillasse respirait sans peine. Elle battit des paupières, puis ses yeux s'agrandirent lorsqu'elle vit le moine à la porte.

– C'est moi. Conrad, dit-il.

– Qu'ont-ils fait à mon ami ? Amata m'avait prévenue que tu avais beaucoup changé en prison, mais je ne m'attendais aucunement...

Conrad s'agenouilla près d'elle et posa un doigt sur ses lèvres.

– On dit que Dieu traite durement ceux qu'Il aime, de la même façon que les enfants traitent leurs jouets préférés. Il doit beaucoup nous aimer, toi et moi, Rosanna.

– Je voulais obtenir tes prières pour la délivrance de mon âme et pour la protection de mon époux et de mes enfants quand je serai partie. Je sais que je vais mourir, Conrad.

Il pouvait à peine sentir la pression de ses doigts sur sa main.

– J'ai aussi une confession à te faire, ajouta-t-elle.

Conrad relâcha sa main et s'assit. Rosanna rit doucement dans la semi-obscurité.

– Non, non. Rien de si officiel. Je me suis confessée au prêtre d'Ancône avant de partir, au cas où je ne supporterais pas le voyage. Aujourd'hui, c'est une confession d'amie à ami. S'il te plaît, prends ma main dans la tienne. Pendant toutes mes années de mariage avec Quinto, poursuivit Rosanna, j'ai été amoureuse d'un autre homme. Est-ce que cela te choque ?

Conrad cessa momentanément de respirer.

– L'as-tu aimé au sens charnel ? demanda-t-il en craignant la réponse.

– Non. Seulement dans mes rêves de petite fille, et maintenant dans mes rêves de femme mûre. Je pense que, pour ne pas l'avoir compris, il était l'homme le plus naïf qui ait vécu.

– Pourquoi n'as-tu pas avoué tes sentiments ?

– Tu sais que les filles n'ont aucunement le choix. J'ai déclaré mon amour pour lui à mes parents le soir où ils m'ont annoncé que j'allais être fiancée à Quinto. Je me suis mise dans une colère terrible et j'ai juré que je n'épouserais... que toi. Pourquoi crois-tu qu'ils se sont empressés de t'envoyer chez les frères ?

La paillasse bruissa alors qu'elle se tournait sur le côté avec difficulté.

– Et vois comment nous nous retrouvons aujourd'hui. Deux vieilles poupées de chiffon, qui auraient dû former le couple le plus heureux du monde. Je sais que tu m'aimais aussi, même si ce n'était que l'amour innocent d'un jeune garçon.

La gorge serrée, Conrad ne put répondre. La lueur de la lune qui se levait toucha un coin de la pièce à travers la fenêtre. En regardant cet unique rayon pâle, il mesura tout à coup la solitude qu'il avait ressentie toute sa vie.

– Dis-le, Conrad. Laisse-moi te faire mes adieux en paix.

Il serra sa main dans les siennes, effleurant les doigts frêles de la femme. Il parla finalement d'une voix rauque :

– Nous savons que nos âmes ne meurent pas, Rosanna. Nous ne devons pas attacher tant d'importance à ces adieux. Nous parlerons à nouveau un jour, dans un lieu plus heureux.

– Dis-le, Conrad. S'il te plaît.

Il essaya de se relever, mais la main de Rosanna se resserra sur la sienne.

– Conrad !

Il relâcha la main et la reposa doucement sur sa poitrine.

– Dieu sait à quel point je t'aime, Rosanna. Jusqu'à cet instant même, Dieu seul savait que je n'avais jamais cessé.

Il frôla des lèvres le front moite de la femme, puis plaça les mains sous ses épaules et la releva à demi sur la paillasse. Il la tint contre sa poitrine pendant un long moment, luttant contre les larmes qui, il le savait, ne demandaient qu'à couler pendant qu'il la laisserait partir définitivement. Il déposa son corps sur le matelas et, cette fois, laissa ses lèvres frôler les siennes.

– Merci, Conrad, murmura-t-elle.

– *Addio*, Rosanna. Au revoir, mon amie.

Il se releva avec peine et marcha jusqu'à la porte. Il chancela, s'agrippant au chambranle pendant qu'il dirigeait son regard vers le ciel brillant d'étoiles.

– Je te retrouverai là-bas, dit-il.

Conrad pressa le pas dans la cour d'Amata. La lumière de la lune jouait dans sa barbe blanche. Il aurait souhaité prendre racine ici, au milieu des décombres de l'incendie, engendrer de la mousse et du lichen comme un vieux chêne et être l'hôte d'un million d'insectes, ombrager la bienveillante maisonnée d'Amata.

Mais il ne pouvait se permettre un tel luxe. Il avait beaucoup de chemin à parcourir. Non pas seulement pour se rendre au mont de l'Alverne mais pour atteindre le royaume de Dieu enfoui en lui, comme Jésus l'avait prêché.

Le lendemain, il transmettrait le fardeau de Léon à son compagnon de route, Ubertin de Casale, le représentant de la prochaine génération. Pendant sa quête, il n'avait pas trouvé Dieu, non plus qu'il ne l'avait trouvé dans la bure rapiécée qui recouvrait son corps frissonnant. Il savait que le Père céleste se situait au-delà de tous les désirs humains, au-delà d'un morceau de parchemin calciné dans sa poche et de l'âme pure de l'Ordre, au-delà de l'immense basilique édifiée en l'honneur de François, au-delà de toute chose que Conrad pourrait nommer ou même imaginer.

Il éprouva la certitude que le chemin menant à Dieu s'évanouirait dans le mystère, peut-être dans le pur néant, qui ne serait sûrement pas un endroit, non plus qu'un lieu vide – nulle part ailleurs que dans l'amour. L'apôtre inspiré par l'Esprit l'avait deviné : « Dieu est Amour. »

Et là, au cœur de l'Amour initial, il reverrait Rosanna.

Épilogue

Après son séjour sur le mont de l'Alverne, le frère Conrad d'Offida acquit la célébrité en tant que prêcheur itinérant et visionnaire. Voué à la cause de la branche spirituelle de son Ordre, il mourut au monastère de Santa Croce à Bastia en 1306 et fut par la suite béatifié. Un de ses contemporains, le frère Angelo Clareno, attesta que Conrad avait porté la même tunique pendant cinquante ans, une sorte d'hommage à l'entêtement de l'homme et à la résistance du tissu. Seize ans après sa mort, des Pérugins volèrent les ossements bénis de Conrad et les gardèrent dans leur propre ville.

Ubertin de Casale devint le dirigeant des spirituels à la fin des années 1200. Dans son livre intitulé *Arbor Vitæ* (L'Arbre de vie), il mentionne le manuscrit perdu de Léon. Ubertin cita les extraits du manuscrit que le frère Conrad avait copiés, mais fut traité de menteur pour n'avoir pu produire le texte même ; celui-ci n'a jamais été retrouvé.

En 1294, le cardinal Benedetto Gaetani fut élu pape sous le nom de Boniface VIII. Il allait plonger la papauté dans la plus longue et la pire crise de son histoire. Si l'on admet la justesse du raisonnement de Conrad, selon lequel les prophéties de l'abbé Joachim de Flore faisaient allusion à l'année 1293, on pourrait logiquement affirmer que Boniface représentait le début de l'abomination de la désolation prédite par la vision de l'abbé.

Jacopone de Todi intégra l'ordre des Franciscains en 1278. Il devint, lui aussi, un personnage marquant parmi les spirituels. Ses *Louanges* poétiques, écrites dans la langue vernaculaire, lui valurent l'amour du peuple en même temps que le mépris d'un poète concurrent, Dante Alighieri. Comme Jacopone dénonçait à grands cris la corruption au sein de l'Église, le pape Boniface VIII le fit incarcérer. Mais c'est là une autre histoire.

L'année où son père s'était joint aux Franciscains, Teresina, devenue adolescente, quitta Assise pour la Sicile, en compagnie d'Orfeo, d'Amata et de leurs quatre enfants. À Palerme, Orfeo fonda un établissement faisant du commerce dans tout le Levant, quelques années à peine avant les Vêpres siciliennes – et c'est là encore une autre histoire.

Le 14 avril 1482, le pape Sixte IV canonisa l'ancien ministre général, le frère Bonaventure. En 1588, le pape Sixte V proclama le saint Docteur de l'Église et lui attribua le titre de Docteur séraphique.

En 1818, une équipe de travailleurs qui creusait dans la crypte sous l'église inférieure de la basilique découvrit la dépouille du saint, cinq cent cinquante ans après sa disparition. On n'a jamais effectué de test sur les reliques pour y trouver des indices de la lèpre.

• • • SAGIM • CANALE • • •

Achevé d'imprimer en avril 2006
sur rotative Variquik
à Courtry (77181)

pour le compte des Éditions Michel Lafon

Imprimé en France

Dépôt légal : avril 2006
N° d'impression : 9302
ISBN : 2-7499-0439-0
LAF 792

L'imprimerie Sagim-Canale est titulaire de la marque
Imprim'vert® 2005